KB206381

정수첩요로 수행하는 것은 바로 정토대경淨土大經을 닦는 지름길이고, 보왕삼매의 나루터에 들어가는 것이다. 깊게 말하자면 정토오경일론淨土五經一論을 한편에 실제로 융합하고, 선禪·교教·정淨·율律·밀密의 중요한 뜻을 남김없이 거두었다. 정밀함을 취하고 경문과 조사의 뜻을 넓게 사용하여, 수행자를 이익하게 하고 공덕이 수승하니, 찬탄을 다할 수 없다!

정수첩요보은담
淨修捷要報恩談

정수첩요 하련거 거사 지음
보은담 황념조 거사 강설

안양인 박영범 옮김

【原文: 香港佛陀教育協會恭敬整理】

【옮기는 글】

시절인연이 성숙하여 〈정수첩요보은담〉을 세상에 소개하게 된 것을 매우 기쁘게 생각한다. 약 20여 년 전 도서관에서 인광대사님의 법문책을 우연히 읽게 된 것을 계기로 정토법문을 알게 되었다. 이후 무량수여래회에서 펴낸 책의 부록에 수록된 하련거 거사님의 〈정수첩요〉를 읽고서 매번 독송하였다. 한편 이에 관한 주석을 보고 싶어 이를 찾던 중에, 황념조 거사님께서 강설하신 〈정수첩요보은담〉을 발견하고 부족한 재주로 이를 한글로 옮기게 되었다. 많은 분들과 선연을 맺기를 간절히 기원하면서 인광대사님의 법문 한 대목을 소개하며 서문을 대신하고자 한다.

"오직 마음일 뿐 실지 경계는 없다(唯心無境)는 말은, 모름지기 유심의 도를 크게 깨닫고 원만히 증득한 세존(世尊)께서 말씀하셔야 허물이 없다. 만약 일반 범부중생이 그런 말을 지껄인다면, 단멸(斷滅)의 지견(知見)에 떨어지게 되고, 여래께서 닦아 증득한 법문을 파괴하는 삿된 이단일 뿐이다."1)

【일러두기】

본문 이외의 주역(註譯)에서는 간혹 중국의 역사를 소개하고 있는데, 이는 법문의 이해와는 별반 관련이 없는 경우가 있

1) 인광대사, 김지수 옮김, 화두놓고 염불하세, 2002, 불광출판사, 407쪽

고, 역사를 이해하는 관점은 독자에 따라 다를 수 있을 것이다. 각주는 옮긴이가 직접 붙인 것으로, 출전을 미처 밝히지 못한 것이라도 대부분은 다른 곳에 인용한 것이다. ( ) 속의 한글은 원문을 그대로 한글로 옮긴 것이다. 한편 독자들의 이해의 편의를 위하여 ( ) 속에 한자원문을 병기한 경우가 있다. 그리고 [ ] 속의 한글은 옮긴이 스스로가 삽입한 문구이다. 원문의 한 문장이 지나치게 긴 경우에 문장을 나누어 옮겼다. 옮김에 사용한 원문은 홍콩불타교육협회(香港佛陀教育協會)에서 제작한 것이다.

帶業往生
橫出三界
臨終一念
阿彌陀佛

불기 2566년(서기 2022년) 11월
안양인 박영범 합장

차 례

서문

정토법문은 일승요의(一乘了義)[2]이고, 세 가지 근기[3]를 두루 가피[4]하며, 가로로 삼계를 초월하고[5], 사토[6]에 직접 오르게 하며, 극히 원만하고 극히 단번에 이루는 불가사의 법문으로, 인광대사[7]께서는 「구경(究竟)에 부처님께서 본래 회포를 털어 놓으신 법으로, 일체 선·교·율을 훨씬 초월하고, 일체 선·교·율을 모두 거둔다」라고 이르셨다. 그 중에 《무량수경》은 정토법문의 총강이고, 정토 여러 경전 중에서 가장 중요한 것으로, 그 중요성은 말하지 않아도 안다. 그러나 세간에 존재하는 [무량수경의] 다섯 번역본은 차이가 매우 커서, 수행자들이 두

---

2) 정공법사님에 의하면, '일승'은 성불적 법문을 지칭하며, 불승(佛乘)이라고도 하며, '요의'는 구경요의(究竟了義)의 의미이다. 한편, '요의'의 의미는 '진실의 의리(義理)를 직접적으로 명백하고 완전하게 나타내는 일'이므로(출전: 네이버 한자사전), 일승요의는 '성불의 완전한 법문'으로 이해할 수 있겠다(옮긴이 주).

3) 상·중·하 세 근기. 한편 근기(根機)는 중생이 교법을 듣고 이를 얻을 만한 능력이라는 뜻이고, 근기(根器)는 타고난 성질과 기량이라는 뜻이다.

4) 가피(加被)란 부처님께서 중생의 소원을 이루도록 해주시는 것

5) 삼계는 욕계·색계·무색계

6) 천태종 지의(智顗)가 세운 네 종류의 불국토. 범성동거토, 방편유여토, 실보무장애토(또는 실보장엄토), 상적광토를 말한다. 관무량수경묘종초(觀無量壽經妙宗鈔)에 나와 있다. 관무량수경묘종초는 천태 지자대사께서 설(說)하시고, 사명지례(四明知禮)대사께서 술(述)하신 것이다.

7) 정토종 제13대 조사이신 인광대사님의 법문집 '인광대사가언록(김지수 옮김, 불광출판사)'이 번역 출간되어 있음

루 읽기가 어렵고, [그렇다고] 한 가지 본만을 수지하는 것은 곤란함이 있다. 송나라의 왕용서, 청나라 말기의 위묵심은 모두 회집본[8]을 지었고, 청나라의 팽제청은 곧 절요본[9]을 내어서 그것을 확대 발전시켰다. 애석하게도 위 세 가지 본은 모두 결함이 있어 선본(善本)이라고 부르기에는 부족하다.

중화민국에 이르러, 하련거 노거사께서 대원심을 발하고, 다시 [무량수경을] 회집하였다. 두루 오역삼본(五譯三本)[10]을 참조하고, 심혈을 기울인지 10년 만에, 마침내 정확하고 상세하며 풍부한 선본을 이루었는데, 《불설대승무량수장엄청정평등각경》이다. [하련거 거사는] 다시 비심(悲心)이 깊어 말법시대의 정업(淨業)[11]에 대해 배움이 얕은 중생을 가엾게 여기셨는데, [그들은] 소본(小本)[12] 《당역(唐譯)》을 알지 못하고, 《정토대경(淨土大經)[13]》을 독송하지 않으며, 도리에 밝지 않아 믿음과 발원이 깊지 못하여, 진실한 수용[14]을 얻기가 어렵다. [하련거 거사가] 경문을 편집하고, 조사의 뜻을 더하여, 《정수첩요》를 이루었다. 또 [정수첩요는] 《오념간과(五念簡課)[15]》라 칭하는데, 매 1배마다 천친보살[16]의 「예배(禮)·찬

8) 여러 판본을 편집한 단일본
9) 요점을 간추린 본
10) 5가지 번역과 3가지 본. 여기서 3가지 본이란, 2가지 회집본과 1가지 절요본을 일컫는 것으로 보임
11) 정토수행으로 극락에 왕생하는 업
12) 소본(小本)은 아미타경을 말한다. 구마라십이 번역한 것을 구역이라 하고, 현장이 번역한 것을 신역이라 하는데, 현장의 번역본은 《칭찬정토불섭수경》이라 칭한다.
13) 무량수경
14) 수용(受用)은 '누림', '누려서 씀', '받아서 씀'의 의미임
15) 예배·찬탄·발원·관상·회향을 하는 간단한 공과(公課) 또는 과업(課業)라는 뜻
16) 천친보살은 세친보살이라고도 하며, '무량수경 우바제사 원생게' 등 500부의 대승논서를 저술하는 등 대승불교 유식학파의 논사로 활동하고 정토

탄(讚)·발원(願)·관상(觀)·회향(向)」 오념을 거두어 힘은 적게 들지만 효과는 크다. 간단히 말하면 [정수첩요로 수행하는 것은] 바로 《정토대경(淨土大經)》을 닦는 지름길이고, 보왕삼매의 나루터에 들어가는 것이다. 깊게 말하자면 「정토오경일론(淨土五經一論)[17]」을 한편에 실제로 융합하고, 선(禪)·교(教)·정(淨)·율(律)·밀(密)[18]의 중요한 뜻을 남김없이 거두었다. 정밀함을 취하고 [경문과 조사의 뜻을] 넓게 사용하여, 수행자를 이익하게 하고 공덕이 수승하니, 찬탄을 다할 수 없다!

황념조 노거사는, 연공(蓮公)[19]의 계승자이고, 매공(梅公)[20]의 친조카로, 연공의 부촉을 받아서 《불설대승무량수장엄청정평등각경해(佛說大乘無量壽莊嚴清淨平等覺經解)》를 저술하였는데, 외경론(外經論)과 조사의 가르침 190여 부에 광범위하게 집중하여 《대경(大經)》을 해석하였는데, 선·교·율·밀의 심지(深旨)를 두루 거두어 정토를 널리 펴고, 묘하게 오의(奧義)를 설명하며, 후련하면서도 매우 깊다. 비로소 선본(善本)의 좋은 주해(善註)이고, 바로 정종(淨宗)[21]에 있어 선(善) 중의

불교를 선양하였다. (출전: 정토오경일론, 비움과 소통, 56쪽). 또 운서주굉 지음, 연관 옮김, 왕생집, 2012, 호미, 368쪽 참조

17) 정토종(淨宗, 蓮宗)의 기본경전인 정토삼경은 불설아미타경·무량수경·관무량수경을 말한다. 여기에 청나라 때 위원거사가 화엄경의 「보현행원품」을 추가하여 정토사경이 되었고, 중화민국 초기에 정토종의 제13대 조사이신 인광대사께서 능엄경의 「대세지보살 염불원통장」을 추가하여 정토오경이라 한다. 일론은 천친보살의 '왕생론'을 말한다. (출전: 무량수여래회 편역, 불설대승무량수장엄청정평등각경친문기, 2018, 16~17쪽 참조)

18) 선종·교종·정토종·율종·밀종

19) 하련거 공의 약칭. 본문에서는 주로 하노사(夏老師)로 약칭하고, 단 1번 연부(蓮父)라고 칭하였음

20) 매광희(梅光羲) 거사

21) 정토종(淨土宗)의 줄임말. 연종(蓮宗)이라 부르기도 함

선(善)이다. 여가시간에 대중들을 위하여 《정수첩요》를 강연하시고, 법요(法要)를 짧은 시간에 설명하시며, 소담(笑談) 중에 미묘한 말씀을 하시고, 짧은 말씀 속에서 현밀(顯密)을 융합하며, 미묘한 비유 속에 완혹(頑惑)을 풀어내니, 이것이 바로 정업수행(淨修)의 「요긴한 것 중의 요긴함」이다. 세상에 전하는 것은 《정수첩요》의 세 번째 녹화를 강해한 것으로, 《정수첩요보은담(淨修捷要報恩談)》이라 이름한다. 노인[22]의 간곡한 가르침, 간절한 당부, 깊은 정과 진지한 뜻은 사람들로 하여금 봄바람을 쐬게 하고, 감로(甘露)를 마시게 하는 것과 같다.

오늘날 유통되는 《정수첩요보은담》의 각종 비디오 음성 버전은 모두 어느 정도씩 삭제되어 전모를 보기가 어렵다. 녹화 원본은 다시 찾을 수 없다고 들었는데, 결국 교정기준의 근거를 잃었다. 비록 이전부터 정업동수(淨業同修)[23]가 있어, 염공(念公)[24]이 해설한 내용의 기록을 정연하게 편제하여, 인쇄와 유통을 통하여, 수행을 배우게 하였으니, 공덕을 헤아릴 수 없구나! 그러나 [강설 중의] 말이 촉박한 곳과 뜻의 미세함을 변별할 때, 여전히 이해의 소홀함과 선지(善旨)의 미진함을 면하기 어렵다. 여기에 중화화장정종학회(中華華藏淨宗學會) 동수(同修)가 두루 여섯 가지 녹음파일을 모아서 상당히 완전한 원고로 정리하였다. 북경의 정종동수(淨宗同修)는 염공의 음성을 완전히 숙지하기 위하여, 《정수첩요보은담》을 반복하여 80~90번을 공손히 경청하였고, 모호한 곳에

22) 황념조 거사
23) 동수(同修)는 도반(道伴) 또는 도우(道友)의 의미인데, 본문에서는 동학(同學) 또는 동인(同仁)으로도 표현한다. 정업동수는 정업을 함께 수행하는 도반이라는 의미
24) 본문에서는 황념조 거사를 염공(念公)이라고 자주 약칭함

서는 심지어 100번 이상 경청하였다. 이로써 지성스러운 정근(精勤)의 공행(功行)으로 중화화장정종학회가 정리한 원고를 수정하였는데, 소원하는 바는 최대한 염공의 본뜻을 환원하는 것으로 《정수첩요보은담》의 선본(善本)을 만들어 대중에게 베풀고, 후세에 전해지게 하는 것이다. 그 의연함이 탁월하고, 번뇌를 참으며, 노고를 참고, 선한 발원과 선한 행을 하니, 정말 대단하고 가상하기 그지없는 것이다.

이 편집이 곧 출판될 것을 기뻐하면서, 그래서 그 인연의 시말을 약술하여, 서문으로 삼고, 조금이나마 찬탄하여 기뻐하는 뜻을 표한다.

서기 2015년 2월 석정공(釋淨空)[25]이
홍콩에서 삼가 서문을 쓰다.

25) 중화권 정토법문의 큰 지도자이신 정공법사(淨空法師)

문득 맑은 연못에 달그림자 원만하여라.
미혹의 구름, 자욱한 안개 겹겹이 지나가고,
나는 불념佛念한다 말하겠네.
남들은 내가 염불念佛한다 말하지만,
굴러서 천년의 암흑을 깨뜨리네.
나무아미타불 여섯 글자, 한 권의 경전

하련거夏蓮居 거사
(1886-1965)

정수첩요(일명 오념간과)

하련거 노거사 지음(著)

淨宗一法，易行難信，非探教海，莫窺津涯。雖《華嚴》以十願為歸，天親以五念為門，而末法淺學，未易遽入也。必須熟讀《大經》，方能略明綱要。然而今之修淨業者，大率僅持《小本》，於《小本》僅持《秦譯》，能持《唐譯》且誦《大經》者，殊不易睹。此其所以號稱習淨者多，而具深信切願者少。信願未深，而欲得真實受用不亦難乎！

정종일법은 행하기는 쉬우나 믿기는 어려우니, 가르침의 바다를 탐구하지 않고, 나루터 끝만 바라보고 있지 말아야 한다. 비록 《화엄》에서 열 가지 발원[26]을 귀의처로 삼았고, 천친보살께서 오념을 수행문으로 삼았을지라도「말법시대 배움이 얕은 사람들은 쉽고 재빠르게 들어가지 못한다. 반드시 《대경》[27]을 숙독하여야 비로소 [정토법문의] 강요를 간략히 밝힐 수 있다. 그러나 지금 정업을 수행하는 자는 대략 겨우 《소본》[28]만을 수지하고 있고, 소본도 《요진시대 번역본》[29]만 겨우 수지하고 있다. 더구나 《당나라시대 번역본)》[30]을 수지할 뿐만 아니라 무량수경을 독송할 수 있는 사람은, 매우 찾

26) 화엄경 보현행원품의 보현십원(普賢十願)을 말한다. 본문에서는 주로 십대원왕(十大願王)이라고 표현하고 있다. 왕(王)은 강조의 의미이다.
27) 무량수경
28) 불설아미타경
29) 구마라십이 한역(漢譯)한 아미타경
30) 현장법사가 새로 한역(漢譯)한 아미타경. 《칭찬정토불섭수경》이라 칭함

아보기 드물다. 이는 [아미타불] 명호를 칭념하며 정업을 익히는 사람은 많지만, 깊은 믿음과 간절한 발원을 갖춘 사람은 드물기 때문이다. 믿음과 발원이 아직 깊지 않아서 진실한 수용을 얻고자 하여도 또한 어렵지 않겠는가!」

庚辰之歲，病中發願，敬集經文，副以祖意，作為簡課，俾授初機。約自他感應於三業之間，括讚觀願向於一禮之際，妄想不易乘隙，而正念自得現前，需時既少，收效良多。是以付印以來，已歷四版，受持獲益，先後相望，節時省力，行者稱便。

경진년 병고 중에 발원하여 공경히 경문을 수집하고, 조사의 뜻을 더하여, 간단한 수행법을 만들어, 처음 수행하는 사람들에게 전수하도록 하였다. [정수첩요로 수행하는 과정에서] 대략 삼업[31]을 짓는 사이에 자기와 부처님이 감응하고, 한번 예배할 때 찬탄·관찰·발원·회향을 포괄하여, 망상이 쉽게 틈을 타지 못하게 하고, 정념이 스스로 현전하여 걸리는 시간은 처음부터 적지만 거두는 효과는 매우 크다. 이를 인쇄한 이래 벌써 4판이 되었다. [정수첩요를] 받아 지녀 이익을 얻고, 앞과 뒤가 서로 조망되며, 시간이 절약되고 수고를 덜 수 있어, 수행자들은 편하다고 말한다.

果能隨文運心，久習純熟，則於性修不二、境智一如之理，不待研討，自生信解。再讀《大經》，於淨土法門，有如順水行舟，颺帆逕渡矣。但每條均係經文法語，萬勿滑口率意，致蹈輕慢。務宜誠敬虔恭，如覲慈光，方合天親菩薩四修五念之旨，自能獲密益於潛移默運中。如嫌簡略，則有《大經五念儀》，行將脫稿，請益諸方也。適屆聯合普遍祈禱法會圓滿之期，勉循同修善信之請，略題數語，用誌

31) 신(身)·구(口)·의(意) 삼업

緣起云。

만약 [정수첩요의] 문장을 따라 마음을 운행하여, 오래 닦아 익혀 무르익으면, 곧 성덕과 수덕이 둘이 아니고, 경계와 지혜가 하나로 같은 이치에 대해 연구나 토의를 하지 않아도, 저절로 믿음과 이해가 생긴다. 다시 《대경》을 독송하면 정토법문에 있어서, 물결 따라 가는 배에 돛을 올려 [생사윤회의 바다를] 가로질러 건너는 것과 같다. 다만 [정수첩요의] 각 조[32]마다 모두 경문과 법어이니, 만에 하나라도 말만 매끄럽게 하거나, 멋대로 하거나, 뜻이 경솔하거나, 행함에 이르러 가볍고 오만하지 말아야 한다. 마땅히 성실하고 경건하게 공경하여, 자비로운 광명을 뵙듯이 하면, 바야흐로 천친보살의 사수·오념의 가르침에 계합하여, 드러나지 않고, 은밀히 옮겨서 조용히 운용하는 중에 저절로 비밀한 이익을 얻을 것이다. 간략한 것이 싫을 것 같으면, 장차 《대경오념의》가 있어 탈고하려고 하니, 여러분들의 가르침을 청하는 바이다. 마침 연합보편기도법회의 원만 기간에 이르러, 동수인 선남선녀의 요청에 따라 마지못해, 간략히 몇 마디를 적어 연기의 기록으로 삼을 따름이다.

淨宗學人鄆城夏蓮居識於燕京寓廬歡喜念佛齋
정종학인 운성 하련거가 연경의 거처인 환희염불제에서 적다.

【주역(註譯)[33]】

32) 정수첩요 원문에서 아라비아 숫자로 구분하고 있는 32개의 섹터(sector)에 대하여, 황념조 거사께서는 '조(條)', '단(段)' 등으로 지칭하신다. 또 본서의 편집후기에서는 '배(拜)'라고 지칭하기도 한다.

33) 주(註)를 달아 풀이함

1. 하련거, 원래 이름은 하계천(夏繼泉), 자(字)는 부재(溥齋), 호(號)는 거원(渠園)이다. 산동(山東) 운성(鄆城) 사람으로, 중년 이후에 정업(淨業)을 전수(專修)하였고, 연거(蓮居)로 개명, 또 호(號)는 일옹(一翁)이다. 1884년 4월 20일 신강(新疆) 우전(于闐)에서 출생하였고, 1965년 12월 14일 북경에서 서방에 왕생하였는데 향년 82세였다. 을축년(1925년)에 산동 군벌 장총창이 해를 가하여, 일본으로 피난하여 머물렀는데, 일본 조야(朝野)의 존중을 받았다. 각 종파의 기숙(耆宿)이 [하련거 거사를] 직접 만나지 않음이 없었다. [하련거 거사는 그들에게] 심요(心要)를 숨김없이 토로하였다. 현준지사(賢俊之士)가 많이 와서 [하련거 거사에게] 학문을 배웠다. 귀국 후에, 문을 닫고, 《무량수경》의 다섯 종의 번역본을 회집하였다. 심혈을 기울여 연구하여 훌륭한 경지에 이르렀으며, 3년 동안 누 아래로 내려가지 않고, 경을 교정하기를 수회하여, 바야흐로 경사스럽게 완성을 알리니, 온 세상이 함께 기뻐하여, 선본(善本)이라 이른다. 뒤에 북경에 와서 법을 넓히는데, 광제사(廣濟寺) 방장이신 현명(現明) 노화상의 요청에 따라 정토법문을 선강(宣講)하였다. 널리 영재를 육성하여, 수십 년이 하루 같았다. 법익(法益)을 얻은 자는 그 수가 이를 수가 없었다. 1946년 백교(白教)의 대덕이신 공갈활불께서 이르시길 : 「여기 무상밀법금강아사려(無上密法金剛阿闍黎)[34]의 지위를 맡을 만한 사람은, 하공 한 사람이 유일하다」라고 하셨다. 해방 후 선종(宗門)의 기숙(耆宿) 허운(虛雲) 노법사가 그

---

34) 아사려는 그 지혜와 도덕으로 제자를 가르쳐 그 행동이 올바르고 합당하며, 스스로 제자의 모범이 될 만하다'고 하여 스승 또는 상사(上師)라고도 한다(用其智慧與道德教授弟子，使之行為端正合宜，而自身又堪為弟子楷模之師」，故又稱導師或上師) [출전: https://zh.m.wikipedia.org/wiki/阿闍黎, 2021. 7. 10. 확인]. 아사리(阿闍梨)라고도 함

를 찬탄하여 이르시되, 「뜻밖에 북방 [사람들]이 이와 같은 대선지식을 만날 수 있다」라고 하셨다. 1955년 북경시 서성구(西城區) 정협부주석(政協副主席)에 선출되었다. 1962년, 연공이 80세에, 애국심을 표하기 위해, 일생을 근검절약하며 수집하여 소장한 역사적으로 진귀한 문물 300여 점을 고궁박물원, 산동박물관과 운성현(鄆城縣)에 나누어 헌납하였다. 《광명일보(光明日報)》《대중일보(大衆日報)》에서 일찍이 기사를 게재하여 보도한 적이 있다. 관련 기관은 인민대회당에 연회를 열어 답례하고, 아울러 국무원 지도자인 습중훈·하연 등도 역시 참석하였다. 만년에 늘 시문이 간행물에 발표되었다. 예를 들어 1961년 9월 28일에 《광명일보》에서 《수려사(秀麗辭)》를 발표하였다. 진예 부총리가 읽은 후, 중남해 자광각에서 연회를 베풀어, 그 자리에서 제네바행 견문을 상세히 이야기 하고, 아울러 시문(詩文)을 즐거움으로 삼았다.

2. 「경진년,」 이것은 양력 1940년이다.[35)]

3. 1945년, 연공은 각계 연합보편기도식재법회(聯合普遍祈禱息災法會)를 발기하여, 「연합기도법회연기(聯合祈禱法會緣起)」를 지었는데, 당대 중생의 갖가지 죄악, 인과응보의 이치를 널리 열거하고, 동참한 사람 각자가 할 수 있는 모든 일을 다 할 것을 호소하고, 연합기도로써 [말법의] 시운(時運)을 만회하고, 또 염불법회의 의의를 논하여, 각지에 널리 알려지게 하였다. 이번 연합보편기도법회는 음력 4월 8일(양력 5월 19일) 석가탄신일에 북해(北海) 단성(團城)에, 대형의 주야간 불칠도량(佛七道場)을 이루었다. 법회 전후로 대체로 7주야에, 불성(佛聲)이 끊이지 않았다. 도량의 사중(四衆)은 피곤한 기

35) 1940년 2월 (출전: 정토오경일론, 2016, 비움과소통, 342쪽)

색 하나 없을 뿐만 아니라, 목소리마저 격앙되어 있었다. (하노거사 생애 소개에 대한 발췌 참조)

4. 연경(燕京), 현재의 북경을 가리킨다. 옛날에 연나라(燕國)의 도성이어서 이 이름을 얻게 되었다.

5. 1936년, 연공은 이미 북경에 정착하였는데, 북경에서의 거처를 「기려(寄廬)」라고 칭하였다. 거처는 북경 모아(帽兒)골목 6호에 있었다. 「우려(寓廬)」와 「기려(寄廬)」는 다른 명사 같은 뜻으로, 모두 「우소(寓所)」의 뜻이다. 연공의 시집 《정어(淨語)》중에 수록된 《증모거사십육수贈某居士十六首 병서並序》 1편의 시, 낙관(落款)이 : 「병자중동(丙子仲冬)에, 연옹이 연도 기려의 교강실에서 기록하다(蓮翁記於燕都寄廬之校經室)」로 되어 있다. 「우려(寓廬)」와 「기려(寄廬)」가 모두 거처임을 알 수 있다. 지금 대략 두 예를 들어서 증빙할 수 있다. 예를 들어 만청(晚清)의 저명한 교육가인 손대양(孫詒讓) 선생의 절강(浙江) 서안현성(瑞安縣城)의 「소서우려(邵嶼寓廬)」는 손노선생의 당년(當年) 귀향 후 독서장소이다 ; 또한 1920년대에 세워진 《연남기려(燕南寄廬)》의 경우, 원래는 유명한 연극공연 예술가인 장영걸(張英傑)의 사택이었다.

6. 「환희(歡喜)」라는 단어의 내력은 연공이 정토법문을 만나 환희가 무량하여, 마침내 이것이 불법의 대안락임을 느끼게 된 것이다. 염공의 《독〈각호집〉유감讀角虎集有感》에서 개시(開示)[36]한 녹화영상 중에는 이런 구절이 있어 《환희》라는 단어의 내력을 방증할 수 있다(현재 공경히 듣고 여기에 수록한다) : 「그래서 나의 스승인 하련거 노사(老師)는, 이 정토법문

36) '열어 보이다'라는 의미

을 듣고 돌아와서 방안에서 이렇게 즐거워하였다. 며칠 동안 웃었는데 너무 기뻤다! 그분이 말씀하시길 : 나는 이번 [생]에 [육도를] 벗어날 방법이 있다! 이 법문을 제외하고 육도를 벗어나려는 것은, 정말 어렵다! 『견사혹(見思惑)』을 모조리 끊어야만 나갈 수 있다. 『견사혹』은 우리들의 저 『탐(貪)·진(瞋)·치(痴)·만(慢)』으로, 단지 이것은 우리들 인간세상의 『탐·진·치·만』뿐만 아니라, 욕계천, 색계천, 무색계천의 『탐·진·치·만』도 모두 제거가 되어야만, 당신은 곧 [육도를 벗어나] 갈 수 있다. 육도를 벗어나기가 이렇게 어렵다! 그래서 우리들은 이 한 구절 불호(佛號)에 의지하는데, 우리들의 『믿음이 있고 발원이 있어서,』 다시 당신이 염(念)을 많이 하거나 염을 적게 하거나, 염이 좋거나 염이 나쁘거나 상관없이, 당신이 원하는 것이 진실이라면, 반드시 왕생한다! 이로 인하여, 우리들은 이 사바(세계)를 벗어나, 우리들은 극락에 왕생하는데, 사람마다 모두 몫이 있다! 그래서 우리도 여러분과 하노사가 같기를 희망하는데, 『환희(歡喜)』이다 ! 장래를 위해, 우리는 지금 극락세계에서 다시 만날 수 있는 인연을 맺는데, 나는 공양(供養)은 여기까지 하게 된다.

香讚

戒定真香 虔誠修供養 普令聞薰 善根皆增上
香氣心光 悉遍滿十方 誠感佛慈 加護恆吉祥
南無香雲蓋菩薩摩訶薩（三稱)

향찬

계율과 선정의 진실한 향기를 경건하고 정성스럽게 수행하여 공양하옵니다. 듣고 훈습하여 선근이 모두 널리 자라나게 하시옵소서. 향기로운 마음빛이 남김없이 시방에 두루 차고, [저희들의] 정성이 부처님의 자비에 감응하니 가호가 있어 늘 길상하옵니다.

나무향운개보살마하살
(3번 부른다)

一心觀禮，娑婆教主，九界導師，如來世尊，於五濁世，八相成道，興大悲，憫有情，演慈辯，授法眼，杜惡趣，開善門，宣說易行難信之法，當來一切含靈，皆依此法而得度脫，大恩大德，本師釋迦牟尼佛。南無本師釋迦牟尼佛（一拜三稱）一

제1배

한마음으로 관하여 예배하옵니다. [석가모니부처님께서는] 사바세계의 교주이시고, 구법계 [중생]을 이끌어 주시는 스승이시며, 여래·세존이시옵니다. 오탁악세에서 팔상을 보이시어 도를 이루셨습니다. 대비심을 일으켜 유정중생들을 불쌍히 여기시고, 자비한 말씀을 연설하시며, 법안을 주시고, 악취를 끊도록 하시며, 선도의 문을 열게 하시옵니다. 행하기는 쉬우나 믿기는 어려운 [정토]법[문]을 널리 설하시어, 미래의 일체 유정중생들이 모두 이 법[문]에 의지하여 제도를 받고 해탈하게 될 것이옵니다. 큰 은혜와 큰 공덕을 지니신 본사 석가모니부처님이시여!

나무본사석가모니불

(1번 절하면서 3번 부른다)

一心觀禮，極樂教主，因地聞法，即發無上正覺之心，住真實慧，誓拔勤苦生死之本，棄國捐王，行作沙門，號曰法藏，修菩薩道，於無量劫，積植德行，所發殊勝大願，悉皆圓滿成就，名具萬德，聲聞十方，接引導師，阿彌陀佛。南無阿彌陀佛（一拜三稱）二

제2배

한마음으로 관하여 예배하옵니다. 극락교주께서는 수행의 원인자리에서 설법을 듣고, 즉시 무상정등정각의 마음을 내시었습니다. 진실한 지혜에 머무시면서, 끝없는 고통이 있는 생사의 근본을 뽑아버리기를 서원하시었습니다. 국왕의 자리를 버리고 사문이 되셨으니, 법장이라 불리시었고, 보살도를 닦아 무량겁에 덕행을 쌓으셨습니다. 발원하신 수승한 대원을 모두 다 원만하게 성취하시고, 명호에 만덕을 갖춰 그 명성이 시방에 가득하옵니다. [중생들을 극락세계로] 접인하여 이끌어 주시는 스승 아미타부처님이시여!

나무아미타불

(1번 절하면서 3번 부른다)

一心觀禮，從是西方，去此世界，過十萬億佛土，有佛世界，名曰極樂，法藏成佛，號阿彌陀，名無量壽，及無量光，如來應正等覺，十號圓滿，安隱住持，具足莊嚴，威德廣大，淸淨佛土，阿彌陀佛。南無阿彌陀佛（一拜三稱）三

제3배

한마음으로 관하여 예배하옵니다. 이 세계를 떠나 서쪽으로, 십만억 불국토를 지나면, 부처님 세계가 있어, 극락이라 이름하옵니다. 법장[비구]가 성불하셨나니, 아미타라 불리시고, 무량수·무량광이라 이름하오며, 여래·응공·정등각 등 십호가 원만하시옵니다. 안은히 주지하시고, 장엄을 구족하셨으며, 위덕이 광대하옵니다. 청정불국토에 계신 아미타부처님이시여!

나무아미타불

(1번 절하면서 3번 부른다)

一心觀禮，淸淨法身，遍一切處，無生無滅，無去無來，非是語言分別之所能知，但以酬願度生，現在西方極樂世界，常寂光土，接引法界眾生，離娑婆苦，得究竟樂，大慈大悲，阿彌陀佛。南無阿彌陀佛（一拜三稱）四

제4배

한마음으로 관하여 예배하옵니다. 청정법신께서는 모든 곳에 두루 계시옵니다. 생겨남이 없고 없어짐도 없으며, 감도 없고 옴도 없나니, [이는] 언어로 분별하여 알 수 있는 바가 아닙니다. 오로지 발원대로 중생을 제도하기 위하여, 현재 서방극락세계 상적광토에서 법계의 중생을 접인하시어, 사바세계의 고통을 여의게 하고 구경의 즐거움을 얻도록 하시옵니다. 대자대비하신 아미타부처님이시여!

나무아미타불

(1번 절하면서 3번 부른다)

一心觀禮，圓滿報身，所居之處，永無眾苦諸難惡趣魔惱之名，亦無四時寒暑雨冥之異，寬廣平正，微妙奇麗，超逾十方一切世界，實報莊嚴淨土，阿彌陀佛。南無阿彌陀佛（一拜三稱）五

제5배

한마음으로 관하여 예배하옵니다. 원만보신께서

머무시는 곳은 영원히 뭇 고통, 여러 어려움, 악취, 마장, 번뇌의 이름이 없습니다. 또 사계절, 추위와 더위, 비와 흐림의 변화가 없습니다. 매우 넓고 고르고 반듯하며, 미묘하고 진기하고 고와, 시방의 일체세계를 뛰어넘습니다. 실보장엄토에 계신 아미타부처님이시여!

나무아미타불

(1번 절하면서 3번 부른다)

一心觀禮，壽命無量，光明無量，菩薩弟子，聲聞天人，壽命悉皆無量，國土名字，都勝十方，無衰無變，建立常然，殊勝希有，阿彌陀佛。南無阿彌陀佛（一拜三稱）六

제6배

한마음으로 관하여 예배하옵니다. [아미타부처님께서는] 수명이 무량하시고 광명이 무량하시며, 보살 제자, 성문·천인의 수명도 모두 다 무량합니다. [극락]국토와 그 명칭은 모두 시방보다 뛰어나고, 쇠퇴함이 없으며 변화가 없어, 그 세우심이 항상 그러하옵니다. 수승하고 희유하신 아미타부처님이시여!

나무아미타불

(1번 절하면서 3번 부른다)

一心觀禮，無量壽佛，亦號無量光佛，亦號無邊光、無碍光、無等光，亦號智慧光、常照光、清淨光、歡喜光、解脫光、安隱光、超日月光、不思議光，光中極尊，佛中之王，阿彌陀佛。南無阿彌陀佛（一拜三稱）七

제7배

한마음으로 관하여 예배하옵니다. 무량수불은 또 무량광불이라 불리십니다. 또 무변광·무애광·무등광이라 불리시며, 또 지혜광·상조광·청정광·환희광·해탈광·안은광·초일월광·부사의광이라 불리시옵니다. 광명 중에서 극히 존귀하시고 부처님 중의 왕이신 아미타부처님이시여!

나무아미타불

(1번 절하면서 3번 부른다)

一心觀禮，無量光壽，如來世尊，光明普照十方世界，眾生有緣遇斯光者，垢滅善生，身意柔軟，所有疾苦莫不休止，一切憂惱莫不解脫，如是威神光明，最尊第一，十方諸佛所不能及，阿彌陀佛。南無阿彌陀佛（一拜三稱）八

제8배

한마음으로 관하여 예배하옵니다. 무량한 광명과 수명의 여래·세존께서는 광명을 시방세계에 널리 비추시옵니다. 인연이 있어 그 광명을 보는 중생은 [마음의] 때가 소멸하고 선함이 생겨나며, 몸과 뜻이 부드러워지고, 모든 질병과 고통이 쉬어 멈추지 아니함이 없으며, 일체의 근심과 번뇌를 해탈하지 못함이 없습니다. 이와 같이 위신광명이 가장 존귀하고 제일이어서 시방제불은 이를 수 없는 아미타부처님이시여!

나무아미타불

(1번 절하면서 3번 부른다)

一心觀禮，極樂世界，教主本尊，於彼高座，威德巍巍，相好光明，一切境界無不照見，如黃金山，出於海面，其中萬物，悉皆隱蔽，唯見佛光，明耀顯赫，有無數聲聞菩薩恭敬圍繞，阿彌陀佛。南無阿彌陀佛（一拜三稱）九

제9배

한마음으로 관하여 예배하옵니다. 극락세계 교주 본존께서는 저 높은 자리에 계시고, 위덕이 높고 크시옵니다. 상호광명은 일체 경계를 비추지 아니함이 없습니다. 마치 황금산이 바다 위로 솟은 것처럼 그 중 만물은 모두 가려지고, 오직 부처님의 광명만이 밝고 눈부시게 빛나고 있음을 볼 수 있을 뿐입니다. 무수한 성문과 보살들이 공경히 둘러싸고 있는 아미타부처님이시여!

나무아미타불

(1번 절하면서 3번 부른다)

一心觀禮，極樂世界，教主本尊，今現在彼，為諸有情，宣說甚深微妙之法，令得殊勝利益安樂，十方菩薩瞻禮聞法，得蒙授記，稱讚供養，阿彌陀佛。南無阿彌陀佛（一拜三稱）十

제10배

한마음으로 관하여 예배하옵니다. 극락세계 교주 본존께서는 지금 저곳에서 모든 유정중생들을 위하여, 깊고 미묘한 법을 널리 설하시어, 수승한 이익과 안락을 얻게 하시옵니다. 시방의 보살들이 우러러 예배하고 설법을 들으며, 수기를 받고, 칭찬과 공양을 올리옵니다. 아미타부처님이시여!

나무아미타불

(1번 절하면서 3번 부른다)

一心觀禮，佛由心生，心隨佛現，心外無境，全佛是心，境外無心，全他即自，洪名正彰自性，淨土方顯唯心，感應道交，呼應同時，十萬億程，去此不遠，心作心是，阿彌陀佛。南無阿彌陀佛（一拜三稱）十一

제11배

한마음으로 관하여 예배하옵니다. 부처님은 마음에서 생겨나고, 마음은 부처님의 나타남을 따르옵니다. 마음 밖에 [달리] 경계가 없어 부처님 전체가 마음입니다. 경계 밖에 [달리] 마음이 없어 모든 것이 곧 자기입니다. [아미타불 만덕]홍명은 바로 자성을 나타내고, 정토는 바야흐로 [모든 것이] 오직 마음뿐이라는 [이치를] 드러냅니다. [중생과 부처님 사이에] 감응도교의 호응이 동시에 이루어지나니, 여기서 [극락세계로 가는] 십만억 노정은 멀지 않습니다. 이 마음이 짓고, 이 마음 그대로인 아미타부처님이시여!

나무아미타불

(1번 절하면서 3번 부른다)

一心觀禮，顯密一體，身土不二，稱名無異持咒，教主即是本尊，大日遮那，同歸光壽，華藏密嚴，不離極樂，豎窮三際，橫遍十虛，阿彌陀佛。南無阿彌陀佛（一拜三稱）十二

제12배

한마음으로 관하여 예배하옵니다. 현교와 밀교가 일체이고, 몸과 국토가 둘이 아니며, [아미타불] 명호를 부르는 것과 주문을 수지하는 것은 다르지 않습니다. [아미타]교주가 곧 본존이시니, 대일여래·비로자나불께서 함께 무량광불·무량수불로 돌아가고, 화장세계와 밀엄세계가 극락세계를 여의지 않습니다. 세로로는 과거·현재·미래에 다하고, 가로로는 시방허공에 두루 하신 아미타부처님이시여!

나무아미타불

(1번 절하고 3번 부른다)

一心觀禮，六字統攝萬法，一門即是普門，全事即理，全妄歸真，全性起修，全修在性，廣學原為深入，專修即是總持，聲聲喚醒自己，念念不離本尊，阿彌陀佛。南無阿彌陀佛（一拜三稱）十三

제13배

한마음으로 관하여 예배하옵니다. [나무아미타불] 여섯 자 [명호]가 만법을 모두 거두오니, 이 하나의 법문이 곧 모든 법문입니다. 전체 현상이 곧 이체이고, 전체 망상이 진여로 돌아가며, 전체 성덕이 수덕을 일으키고, 전체 수덕이 성덕 속에 존재합니다. 널리 배움은 원래 [하나의 법문에] 깊이 들어가기 위함이고, 전일하게 수행하는 것이 바로 총지입니다. [염불] 소리 소리에 자기를 불러 깨우고, 생각 생각에 본존을 여의지 않겠습니다. 아미타부처님이시여!

나무아미타불

(1번 절하면서 3번 부른다)

一心觀禮，無量光壽，是我本覺，起心念佛，方名始覺，託彼依正，顯我自心，始本不離，直趨覺路，暫爾相違，便墮無明，故知正遍知海，雖入眾生心想，寂光真淨，不涉一切情計，微妙難思，絕待圓融，阿彌陀佛。南無阿彌陀佛（一拜三稱）十四

제14배

한마음으로 관하여 예배하옵니다. 무량광불·무량수불이 저희들의 본각이옵니다. 마음을 일으켜 염불해야, 비로소 시각이라 이름합니다. 저 [극락국토의] 의보·정보를 의지하여 저희들의 자심을 드러내니, 시각과 본각이 여의지 않아 깨달음의 길로 곧장 나아갑니다. [그러나 시각과 본각이] 잠시 어긋나게 되면 곧 무명에 떨어집니다. 그러므로 비록 정변지의 바다가 중생의 심상에 들어가 있을지라도, 적광은 진실로 청정하다는 것을 알고서, 일체의 [감]정과 헤아림에 관계하지 말아야 합니다. 아미타부처님이시여!

나무아미타불

(1번 절하면서 3번 부른다)

一心觀禮，萬德洪名，能滅眾罪，果能一向專念，自然垢障消除，不但道心純熟，且可福慧增長，臨命終時，聖眾現前，慈悲加佑，令心不亂，接引往生極樂世界，七寶池中，華開得見，阿彌陀佛。

南無阿彌陀佛（一拜三稱）十五

제15배

한마음으로 관하여 예배하옵니다. [아미타불] 만덕홍명이 뭇 죄를 소멸시키옵니다. 일향으로 전념하면 자연히 [마음의] 때와 장애가 사라지고, 도심이 무르익을 뿐만 아니라, 또 복덕과 지혜가 증장하게 됩니다. 임종시에는 성중들께서 앞에 나타나시어 자비의 가피를 주시니, [저희들의] 마음은 산란하지 않사옵니다. [저희들이] 접인받고 극락세계에 왕생하여, 칠보연못에서 [연]꽃이 피어나 뵈옵게 되는 아미타부처님이시여!

나무아미타불

(1번 절하면서 3번 부른다)

一心觀禮，極樂世界，德風華雨，妙香天樂，泉池林樹，寶網靈禽，色光聲香，遍滿佛土，成就如是功德莊嚴，增益有情，殊勝善根，大願大力，阿彌陀佛。南無阿彌陀佛（一拜三稱）十六

제16배

한마음으로 관하여 예배하옵니다. 극락세계는 공덕의 바람과 꽃비, 미묘한 향기와 하늘음악, 샘·연못과 나무숲, 보배그물과 신령한 새, 빛깔·광명·소리·향기가 불국토에 두루 가득합니다. 이와 같은 공덕장엄을 성취하여, 유정중생들의 수승한 선근을 증익하게 하시는 대원대력의 아미타부처님이시여!

나무아미타불

(1번 절하고 3번 부른다)

一心觀禮，極樂世界，黃金地上，寶樹行間，蓮華池內，寶樓閣中，發菩提心，念佛往生，住正定聚，永不退轉，容色微妙，超世希有，咸同一類，無差別相，悉是清虛之身，無極之體，諸上善人，皆由一向專念阿彌陀佛。南無阿彌陀佛（一拜三稱）十七

제17배

한마음으로 관하여 예배하옵니다. [상선인들께서는] 극락세계 황금땅 위, 줄지어 선 보배나무 사이, 연꽃이 피어 있는 연못 안, 보배누각 가운데로 보리심을 발하고 염불하여 왕생하셨습니다. 정정취에 머무시고, 영원히 불퇴전이옵니다. 용모는 미묘하여 세간 사람들을 뛰어넘어 희유하며, 모두 같은 부류이고 생김새에 차별이 없으며, 모두 청허의 몸과 무극의 체질입니다. [이러한] 모든 상선인들께서 다 같이 일향으로 전념하는 아미타부처님이시여!

나무아미타불

(1번 절하면서 3번 부른다)

一心觀禮，極樂世界，菩提樹下，寶欄楯邊，聞妙法音，獲無生忍，受用種種大乘法樂，福慧威德，神通自在，隨意所須，應念現前，一生補處，諸大菩薩，皆由一向專念阿彌陀佛。南無阿彌陀佛（一拜三稱）十八

제18배

한마음으로 관하여 예배하옵니다. [일생보처의 여러 대보살들께서는] 극락세계 보리수 아래, 보배난간 주변에서, 미묘한 법음을 듣고 무생법인을 얻어, 갖가지 대승법락 누리옵니다. 복·지혜·위덕이 있으며, 신통이 자재하고, 필요한 것들이 뜻한 대로 생각에 따라 앞에 나타납니다. [이러한] 일생보처의 여러 대보살들이 모두 일향으로 전념하는 아미타부처님이시여!

나무아미타불

(1번 절하면서 3번 부른다)

一心觀禮，極樂世界，道場、樓觀、講堂、精舍，諸往生者，方便同居，或樂說法，或樂聽法，或現神足，或在虛空，或在平地，隨意修習，無不圓滿，菩薩聖眾，皆由一向專念阿彌陀佛。南無阿彌陀佛（一拜三稱）十九

제19배

한마음으로 관하여 예배하옵니다. 극락세계 도량·

누각·강당·정사에 계시는 여러 왕생자들께서는 방편유여토와 범성동거토에서 혹 즐겁게 법을 설하고, 혹 즐겁게 법을 들으며, 혹 신족통을 나타내고, 혹 허공에 있거나, 혹 평지에 있으면서, 뜻하는 대로 수행하고 익혀서 원만하지 아니함이 없습니다. [이러한] 보살성중이 일향으로 전념하는 아미타부처님이시여!

나무아미타불

(1번 절하면서 3번 부른다)

一心觀禮，十方世界，示現廣長舌相，說誠實言，稱讚無量壽佛不可思議功德，欲令衆生聞彼佛名，發清淨心，憶念受持，皈依供養，所有善根至心迴向，隨願皆生，得不退轉，乃至無上正等菩提，恆河沙數諸佛。南無阿彌陀佛（一拜三稱）二十

제20배

한마음으로 관하여 예배하옵니다. [항하의 모래알 같이 많은 여러 부처님께서는] 시방세계에서 광장설상을 나타내 보이시면서, 정성되고 진실한 말씀을 설하시어 무량수불의 불가사의한 공덕을 칭찬하시옵니다. 중생들로 하여금 저 [아미타]불의 명호를 듣고, 청정한 마음을 발하여 기억·생각하고 받아 지녀서, 귀의하고 공양하게 하시옵니다. 모든 선근을 지극한 마음으로 회향하여, 발원한 대로 모두 왕생하고, 불퇴전의 지위와 더 나아가 무상정등보리를 얻도록 하시옵니다. 항하의 모래알같이 많은 여러 부처님이시여!

나무아미타불

(1번 절하면서 3번 부른다)

一心觀禮，四維上下，稱讚本師，於一切世間，說此易行難信之法，勸諸有情，至心信受，護念十方念佛眾生，往生淨土，恆沙世界一切諸佛。南無阿彌陀佛（一拜三稱）二十一

제21배

한마음으로 관하여 예배하옵니다. [항하의 모래알 같이 많은 세계의 일체 여러 부처님께서는] 사유상하에서 일체 세간을 향하여, 이 행하기는 쉬우나 믿기는 어려운 [정토]법[문]을 설하시는 본사[석가모니부처님]을 칭찬하시면서, 유정중생들에게 지극한 마음으로 믿고 받들기를 권하시옵니다. 시방의 염불중생을 호념하시어, [극락]정토에 왕생하게 하시는 항하의 모래알 같이 많은 세계의 일체 여러 부처님이시여!

나무아미타불

(1번 절하면서 3번 부른다)

一心觀禮，經云：當來經滅，佛以慈愍，獨留此經，止住百歲，遇斯經者，隨意所願，皆可得度，是故我今至心頂禮，廣大、圓滿、簡易、直捷、方便、究竟，第一希有，難逢法寶，大乘無量壽莊嚴清淨平等覺經。南無阿彌陀佛（一拜三稱）二十二

제22배

한마음으로 관하여 예배하옵니다. [대승무량수장엄청정평등각]경에서 이르시기를, '미래에는 경전들이 사라질 것이니라, 부처님께서 자비와 연민으로 이 경전을 홀로 남기어, 100년 동안 머물러 있게 하시니, 이 경전을 만나는 사람은 발원한 대로 모두 제도를 받을 수 있을 것이다'라고 하셨습니다. 그러므로 저는 지금 지극한 마음으로 정례하옵니다. 광대하고, 원만하며, 간결하고 쉬우며, 바로 가는 지름길이고, [최고의] 방편이며, 구경이고, 제일 희유하여, 만나기 어려운 법보인 대승무량수장엄청정평등각경이여!

나무아미타불

(1번 절하면서 3번 부른다)

一心觀禮，一乘了義，萬善同歸，凡聖齊收，利鈍悉被，頓該八教，圓攝五宗，橫超三界，逕登四土，一生成辦，九品可階，十方諸佛同讚，千經萬論共指，寶王三昧，不可思議，微妙法門。南無阿彌陀佛（一拜三稱）二十三

제23배

한마음으로 관하여 예배하옵니다. [정토법문은] 일승요의이고, 만 가지 선이 함께 돌아가는 곳이며, 범부와 성인을 고르게 거두고, 뛰어난 근기와 어리석은 근기를 모두 가피하옵니다. 한꺼번에 팔교를 갖추고 원만하게 오종을 거두며, 가로로 삼계를 뛰어넘어 곧바로 [극락의] 네 가지 국토에 오르게 하시옵니다. 일생에 성취해 마쳐 구품연화대로 나아갈 수 있게 하시옵니다. 시방제불이 다 같이 찬탄하고, 천 가지 경전과 만 가지 논서가 다 함께 가리키는 보왕삼매이자, 불가사의하고, 미묘한 [정토]법문이여!

나무아미타불

(1번 절하면서 3번 부른다)

一心觀禮，彌陀化身，從聞思修，入三摩地，反聞自性，成無上道，修菩薩行，往生淨土，願力宏深，普門示現，循聲救苦，隨機感赴，若有急難恐怖，但自皈命，無不解脫，萬億紫金身，觀世音菩薩。南無阿彌陀佛（一拜三稱）二十四

제24배

한마음으로 관하여 예배하옵니다. [관세음보살님께서는] 아미타부처님의 화신이시옵니다. 들어 생각하고 수행하여 삼마지에 들어가서, 자성을 돌이켜 들어 위없는 도를 이루시고, 보살행을 닦아 [극락] 정토에 왕생하셨습니다. 원력이 크고 깊어 모든 곳에 두루 나타내 보이십니다. [중생의] 소리를 좇아 고난으로부터 구제하시며, 그 근기에 따라 감응하시옵니다. 만약 급박한 위난과 공포가 닥칠지라도, 스스로 [관세음보살님께] 귀명하기만 한다면, 해탈하지 못함이 없습니다. 만억 자금색 몸을 갖추신 관세음보살님이시여!

나무아미타불

(1번 절하면서 3번 부른다)

一心觀禮，淨宗初祖，以念佛心，入無生忍，都攝六根，淨念相繼，不假方便，自得心開，入三摩地，斯為第一，與觀世音現居此界，作大利樂，於念佛眾生，攝取不捨，令離三途，得無上力，無邊光智身，大勢至菩薩。南無阿彌陀佛（一拜三稱）二十五

제25배

한마음으로 관하여 예배하옵니다. [대세지보살님께서는] 정토종의 초조이시옵니다. 염불심으로 무생법인에 들어가셨습니다. 육근을 모두 거두어, 깨끗한 생각이 계속 이어지게 하여, [다른] 방편을 빌리지 않고도, 스스로 마음이 열려서, 삼마지에 들어가는 것을 제일[의 수행으로 삼으시옵니다]. 관세음보살님과 함께 이 세계에 머무시면서, 큰 이익과 즐거움을 지어, 염불중생을 거두고 취하여 버리지 않으시며, 삼악도를 여의게 하시고, 위없는 힘을 얻도록 하시옵니다. 가없는 광명과 지혜의 몸을 갖추신 대세지보살님이시여!

나무아미타불

(1번 절하면서 3번 부른다)

一心觀禮，無量壽如來會上，座列上首，德為眾尊，《華嚴》經主，萬行莊嚴，化身金剛薩埵，永為密教初祖，不捨因地，遍收玄妙，十大願王導歸極樂，大願大行，普賢菩薩。南無阿彌陀佛（一拜三稱）二十六

제26배

한마음으로 관하여 예배하옵니다. [보현보살님께서는] 무량수여래회상에서, 상수에 자리하시고, 그 덕은 모두에게 존경받사옵니다. 화엄경의 주인으로 만행을 장엄하시고, 금강살타로 화신하여 영원히 밀교의 초조가 되시옵니다. 수행의 원인자리를 버리지 않으시면서 두루 현묘함을 거두십니다. 십대원왕으로 [중생들을] 극락세계로 이끌어 가시는 대원대행 보현보살님이시여!

나무아미타불

(1번 절하면서 3번 부른다)

一心觀禮，法王長子，七佛之師，勝妙吉祥，無垢大聖，願共衆生同生極樂，繫心一佛，專稱名號，即於念中，得見彌陀，一行三昧，大智宏深，文殊師利菩薩。南無阿彌陀佛（一拜三稱）二十七

제27배

한마음으로 관하여 예배하옵니다. [문수사리보살님께서는] 법왕의 장자이고, 일곱 부처님의 스승이며, 승묘길상이고, [마음에] 때가 없이 [깨끗한] 대성인이십니다. 모든 중생들이 같이 극락에 왕생하기를 발원하시어, [중생으로 하여금] 한 부처님께 마음을 매어두고 전일하게 명호를 불러서, 생각 가운데서 바로 아미타부처님을 뵙도록 하시옵니다. 일행삼매의 대지혜가 크고 깊으신 문수사리보살님이시여!

나무아미타불

(1번 절하면서 3번 부른다)

一心觀禮，靈山會上，親承佛誨，授與《大乘無量壽經》，囑以弘揚淨土法門，現在兜率內院，當來三會龍華，菩提樹下，成等正覺，福德無邊，彌勒菩薩。南無阿彌陀佛（一拜三稱）二十八

제28배

한마음으로 관하여 예배하옵니다. [미륵보살님께서

는] 영산회상에서 석가모니부처님의 가르침을 친히 계승하셨고, [석가모니부처님께서] 대승무량수경을 수여하여, 정토법문을 널리 펼칠 것을 부촉하셨습니다. 현재 도솔천 내원에 계시오며, 장차 용화세계의 보리수 아래에서, 무상정등정각을 성취하시고 3회의 설법을 하시옵니다. 복덕이 가없으신 미륵보살님이시여!

나무아미타불

(1번 절하면서 3번 부른다)

一心觀禮，無量壽如來會上，舍利弗等諸大尊者，及賢護等十六正士，咸共遵修普賢大士之德，具足無量行願，安住一切功德法中，諸大菩薩。南無阿彌陀佛（一拜三稱）二十九

제29배

한마음으로 관하여 예배하옵니다. 무량수여래회상의 사리불 등 여러 대존자와 현호 등 16정사께서는 다 함께 보현대사님의 덕을 본받아 수행하십니다. 무량한 행원을 구족하시고, 일체 공덕법 가운데 안은히 머물러 계시는 여러 대보살님이시여!

나무아미타불

(1번 절하면서 3번 부른다)

一心觀禮，從上以來，蓮宗諸祖，暨弘宗演教，皈向淨土，諸大善知識，以及本身皈依、授戒、傳法、灌頂，諸位大師。南無阿彌陀佛（一拜三稱）三十

제30배

한마음으로 관하여 예배하옵니다. 위로부터 내려오신 연종의 여러 조사들께서는 선종을 널리 펴시고 교리를 연설하셨지만, [마침내] 정토[법문]으로 돌아온 여러 대선지식들이시옵니다. 스스로 [정토법문]에 귀의하시어 수계·전법·관정을 행하신 여러 대사들이시여!

나무아미타불

(1번 절하면서 3번 부른다)

一心觀禮，盡虛空遍法界，常住三寶，十方護法菩薩，金剛、梵、天、龍、神，聖賢等眾。南無阿彌陀佛（一拜三稱）三十一

제31배

한마음으로 관하여 예배하옵니다. 진허공 변법계에 항상 계시는 삼보님과 시방의 호법보살·금강·범천·천인·용·신·성현 등이시여!

나무아미타불

(1번 절하면서 3번 부른다)

一心代為生生世世及現在生中父母、師長、六親眷屬、冤親等眾，頂禮三寶，求哀懺悔，普代法界眾生，迴向西方極樂世界，同生淨土，同圓種智。南無阿彌陀佛（一拜三稱）三十二

제32배

한마음으로 세세생생 살아오면서 만났거나 혹은 현생에 계신 부모님, 스승님과 어른, 가족과 친척, 원수거나 친한 중생들을 대신하여 삼보에 정례하고 애절하게 참회를 구하옵니다. 널리 법계중생을 대신하여 서방 극락세계에 회향하옵니다. 다 같이 극락정토에 왕생하고, 다 같이 일체종지를 원만히 이루게 하여 주시옵소서.

나무아미타불

(1번 절하면서 3번 부른다)

無量壽佛讚

無量壽佛甘露王 威德願力難量
洪名虔稱消災障 化火宅為清涼
菩提心中接佛光 福慧善根自長
一向專念莫徬徨 勤薰戒定香
信願行三是資糧 苦海得慈航
南無西方極樂世界大慈大悲大願大力接引導師阿彌陀佛
南無阿彌陀佛 (千聲或萬聲)

무량수불 찬탄

무량수불 감로왕의 위덕과 원력은 헤아리기 어렵습니다. [아미타불] 만덕홍명을 경건하게 칭하면 재난과 장애가 소멸하고, 삼계의 불타는 집은 극락의 청량한 경계로 바뀌옵니다. 보리심 가운데서 [아미타부처님의] 광명을 접인하나니, 복덕·지혜·선근이 저절로 자라납니다. 일향으로 아미타부처님을 전념하면서 방황하지 않고, 부지런히 계율과 선정의 향기를 훈습하겠습니다. 믿음·발원·염불 이 세 가지 자량은 고해를 [건너는] 자비의 배입니다.

나무서방극락세계
대자대비 대원대력 접인도사 아미타불
나무아미타불
(1,000번 혹은 10,000번 부른다)

惟願
天下和順 日月清明 風雨以時 災厲不起
國豐民安 兵戈無用 崇德興仁 務修禮讓
國無盜賊 民無怨枉 強不凌弱 各得其所
並願以印行功德 迴向法界一切有情
所有六道四生 宿世冤親 現世業債 咸憑法力 悉得解脫
現在者增福延壽 已故者往生淨土 同出苦輪 共登覺岸

오직 원하옵나니

천하가 화평하고 순조로우며, 일월이 청명하고, 비와 비람이 때에 맞으며, 재해와 역병이 일어나지 않사옵니다.
나라는 풍요롭고 사람들은 편안하며, 무기는 쓸모없고, 덕을 숭상하고 인이 흥성하며, 예의와 겸양을 닦는 것에 힘쓰옵니다.
나라에 도적이 없고, 사람들은 원망이 없으며, 강자가 약자를 능멸하지 않고, 각자 소원하는 바를 얻사옵니다.
아울러 [정수첩요를] 출판하는 공덕을, 법계의 일체 유정중생에게 회향하오니,
모든 육도사생, 숙세의 원수거나 친한 이, 현세의 업장과 빚이, 함께 법력에 의지하여, 모두 해탈을 얻사옵니다.
현재 살아있는 자는 복이 증가하고 수명이 늘어나

며, 이미 작고한 사람은 정토에 왕생하여, 같이 고통스러운 윤회에서 벗어나, 함께 깨달음의 언덕에 오르옵니다.

京佛教文化研究所 北京广化寺监制 佛历二五四七年七月印

정수첩요 보은담

황념조 노거사 1990년 7월 북경 황부(黃府)에서 강설

《정수첩요》는 세상을 떠나신 스승 하련거 노거사의 매우 중요한 저작이다. 진실한 수행과 성취가 있는 사람으로서 그분이 쓴 글이나 말은 일반인과 다르다. 그래서 본문을 연구하기 전에 한번 이 《서문》을 보자. 《정수첩요》 이 일편을 시작하자마자 《서문》을 볼 수 있다. 《정수첩요》는 또 《오념간과(五念簡課)》라고도 부른다. 이 《정수첩요》는 천친보살의 《오념법문》으로, 그래서 「오념법문」의 간단한 공과(功課)라고 칭하여 [정수첩요와] (《오념간과》) 두 개의 이름이 있다. 그래서 현재 내가 여러분에게 이러한 내용을 모아서 알리는 것도 이것이 세 번째이다.

아무튼 원영법사(圓瑛法師)는 능엄경을 강설하여 100번도 넘게 강설하셨다. 그의 매회 강의에는 새로운 체회(體會)[37]와 새로운 진보가 있었는데 불법은 바로 이와 같다. 그런고로 나도 제3차 [강설]을 이전 2차례 [강설]과 비교한다면 비교가 된다. 그것[즉 2차 강설]은 오래된 교본이고 거기에는 기록이 조금 있기 때문이다. 이렇게 비교를 해보면, 앞 1차에서의 이야기가 매우 부족했고, 인식이 매우 충분하지 않았다고 느낀다. 부처님의 은혜에 감사드리고, 그래서 지금 우리가 이야기하는 명칭은 바로 《정수첩요보은담》이다. 이런 이야기와 말은 은혜가 있음을 알기 때문에, 은혜에 감사하고 은혜를

37) 이해, 체득(體得)

갚기 위해서 이렇게 이야기하는 것이다. 이 《서문》 속에서, 우리는 모조리 소개하는 식으로 이 《서문》을 전부 다 소개하지는 않는데, 우리들은 그것의 중요 부분을 (중시하여 [소개한다].)

「淨宗一法，易行難信，非探教海，莫窺津涯.」
「정종일법은 행하기는 쉬우나 믿기는 어려우니, 가르침의 바다를 탐구하지 않고, 나루터 끝만 바라보고 있지 말아야 한다.」

곧바로 그분이 말씀하신 것인데 : 「정종일법은 행하기는 쉽고 믿기는 어려우니, 가르침의 바다를 탐구하지 않고, 나루터 끝만 바라보고 있지 말아야 한다.」 정토법문은 「행하기는 쉽고 믿기는 어려운 법」으로, 「믿기가 어려운데,」 그러므로 비록 「행하기는 쉽지만,」 또 「믿기가 어렵다.」 부처님의 교법을 「가르침의 바다」라고 칭하는데, 망망대해처럼 끝을 알 수 없다. 당신은 직접 「가르침의 바다」 속에 이른 것이 아니니, 직접 가서 탐구하고 토론하고, 직접 대해 속에 들어가야 하며, 바닷가에서 기다리지 말아야 한다. 당신은 교법을 깊이 탐구하지 않는 사람으로 당신은 불법을 이해하지 못하였다. 어떻게 들어갈(入) 수 있는지, 제도(度)할 수 있는지, 어떻게 할 수 있는지 모르는데, …… 그 끝은 광대하고, 「무변」인데, 이러한 것들을 모른다.

「雖《華嚴》以十願為歸，天親以五念為門，而末法淺學，未易遽入也。」
「비록 《화엄》에서 십원을 귀의처로 삼았고, 천친보살께서 오념을 수행문으로 삼았을지라도 「말법시대 배움이 얕은 사람

들은 쉽고 재빠르게 들어가지 못한다.」

비록 《화엄경》이 「십대원왕」으로 극락으로 돌아가게 하여(十大願王導歸極樂), 여러분들에게 「귀착지(歸宿)[38]」를 명료하게 가리켜 주었을지라도, 당신은 가르침을 배워야 한다. 최고봉에 도달하는 것이 바로 《화엄경》인데, 《화엄경》은 마지막이 「십대원왕으로 극락에 돌아가게 하는 것)」이다. 그래서 정공법사는 줄곧 도처에서 경을 강의하였는데, 도처에서 경을 강의하다가, 나중에 《화엄경》을 강의하면서, 강의가 이곳에 이르자, 그는 정토법문에 귀의하였다. 최고의 경전은 《화엄경》이지만, 《화엄경》의 마지막은 「십대원왕」으로 중생들에게 함께 극락왕생하도록 모두 권하는 것이다. 그래서 말하자면, 지금 정공법사가 하나의 예인데, 바로 이 「십대원왕」이 그를 극락으로 인도하고, (염공은 강의가 여기에 이르자, 큰 웃음을 참지 못하였다) 지도하였는데, 그가 바로 이러한 본보기이다. 가르침의 바다에서, 정공 노법사 그도 이 「가르침의 바다에서 모래를 헤아리는 것」으로는 [육도에서] 벗어나기 힘들다고 말했다. 당신은 단지 가르침을 연구만 한다. [이는] 「가르침의 바다에서 모래를 헤아리는 것」으로, 큰 가르침의 바다에 가서 모래가 많고 적음을 헤아리는데, 당신의 이 헤아림은 청초(清楚)하지 않으며, 「귀착지」를 알지 못한다.

비록 《화엄경》은 이렇게, 「귀착지」를 명료하게 알려주었을지라도, 천친보살께서는 이 「오념」으로 법문을 만드셨다. **「오념」이란 :** 「첫째 예배, 둘째 찬탄, 셋째 발원, 넷째 관찰, 다섯째 회향이다.」 그래서, 모두가 오념으로 반드시 왕생하는 것을 수행할 수 있는데, 이것이 「오념」이다. 천친보살은 이

38) 돌아가 머물 곳

「오념」을 「수행문(門)」으로 만들었는데, 하나는 「귀착지」를, 하나는 「수행문(門)」을 가리킨다. 「문」이 있다는 것은 「문이 있어서 들어갈 수 있다는 것」인데, 여러분에게 「문」이 있다고 알린 것이다. 하지만 「말법시대에는 배움이 얕은데,」 지금은 말법시대가 되었고, 부처님이 멸도하신지 이미 2,000여 년이 되었으며, 진정하게 저 부처님 역법에 따라서 계산하면, 3,000년이 되었다. 지금 여러분들에게 통용되는 것은 이천 몇백 년이다. 물론 인도의 그 「패엽경문(貝葉經文)」에 찍은 점의 수로부터 나온 것이다. 집결(集結)[39]을 1차하여, 1년에 집결을 1차례 하여 하나의 점을 찍는데, 점을 세면 2,500여 개에 이른다. 하지만 인도가 식민지로 전락하고, 외국이 통치하여, 많은 세월이 흘렀고, 많은 전란을 겪었으며, 당신[40]이 나[41]를 때리고 삼키고, 내가 당신을 삼키고 하는데, 해마다 점점이 모두 있을 수 있겠는가? 확실하지 않다 ; 이 점의 일부분에서 손실이 있지 않았겠는가? 역시 확실하지 않다. 그래서 그것[즉 패엽경문에 점을 찍는 것]은 (보기에는) 증거가 틀림없는 것 같지만, 사실은 의문이 아주 크다. 그런데 중국은 그 3,000여 년을 어떻게 보냈는가? 한나라 때(漢朝) 불법이 전래된 이래, 우리는 그 당시의 연대를 하나로 환산하고, 부처님의 출생을 환산하였는데, 우리 주(周) 왕조의 어느 어느 해, 어느 어느 해이다. 중국이 이렇게 「천간지지(天干地支), 갑, 자, 병, 정」을 써서 이렇게 배열하여 왔는데, 영원히 착오가 없고, 자고이래 착오가 없다. 그때 환산한 것이 정확하고, 지금에 이르러서도 역시 정확할 것이다. 그러니까 중국의 그때 이후로 살피고 환산하여, 부처님이 세상에 출현하심으로부터 지금까지 3,000년이라고 강설하는

---

39) 결집(結集)
40) 인도를 침략한 나라
41) 인도

것이다. 여러분들에게 널리 퍼진 것은 이 2,500년이라는 것인데, 그 「패엽경문」 위에 [찍힌] 점의 점 숫자에 근거하고, 따른 것이다. 과거에 [패엽경문을] 집결하였는데, 나중에 다시 뒤집어서 말리고, 1차례 작업으로 점을 찍고, 1년에 1차례인데, 이 점의 숫자를 세어 본 결과이다.

그래서 현재는 「말법(末法)시대」에 도달하였는데, 「정법(正法)시대」는 부처님이 세상에 계시고, (멸도하신 이후의) 500년이며, 「상법(像法) 시대」는 1,000년, 「말법」은 10,000년이다. 그래서 많은 사람들이 「법이 곧 끝난다」라고 말한다 ; 법은 끝나지 않았다! [말법시대에 접어들어] 겨우 1,000여년이 지났고, 앞으로 8,000여 년이 남아 있으니, 이것은 (법이 결코 끝나지 않았음이다.) 그러나 말법에 이르러, 우리의 이 겁은 「감겁(減劫)」에 해당하여, 중생의 근기(根機)가 갈수록 나빠진다. 이 시대는 「말법」이고, 당신 본인은 또 「배움이 얕은데(淺學),」 당신이 배우는 것이 매우 얕아서 당신은 여전히 이 [정토]법문에 들어가기가 쉽지 않다. 그래서 현재 스스로를 「정토종(淨土宗)」이라고 부르는 사람들이 아주 많은데, 심지어는 법사(法師)까지도, 실제로는 여전히 깊이 들어가지 못했다.

「必須熟讀《大經》, 方能略明綱要。」
「반드시 《대경》을 숙독하여야, 비로소 [정토법문]의 강요를 간략히 밝힐 수 있다. 」

어떻게 하면 비로소 깊이 들어갈 수 있는가? 「《대경》을 반드시 숙독해야 하는데,」 그래서 지금의 법사는 몇 분이나 대경을 숙독하고 있는가? 매우 적고, 매우 드물다! 그래서, 정공법사가 이 방면에 있는데, 우리는 [정공법사를] 매우 찬탄한다! [대경을 숙독하는 사람은] 결코 많지 않다! 그는 앞장서서, 「《대경》을 숙독」하고 또 제창하여 이끌었다. 「반드시 《대경》을 숙독하여야, 비로소 [정토법문]의 강요(綱要)를 간략히 밝힐 수 있다.」 그래야만 당신은 정토법문의 「강요(綱要),」 그것의 강령(綱領), 중요한 점이 있는 곳을 비로소 아주 간략하게나마 조금이라도 밝힐 수 있을 것이다 ; 강요를 알아야 비로소 심오한 뜻의 전부를 이해할 수 있다. 이렇게 하는 것은 단지 간략(하게 밝히는 것이다.) 「《대경》을 숙독하는 것」은 단지 「간략하게 밝히는 것」이다.

「然而今之修淨業者，大率僅持《小本》，於《小本》僅持《秦譯》，能持《唐譯》且誦《大經》者，殊不易睹。」

「그러나 지금의 정업을 수행하는 자는 대략 겨우 《소본》만을 수지하고 있고, 소본도 《진역》만 겨우 수지하고 있다. 더구나 《당역》을 수지할 뿐만 아니라 무량수경을 독송할 수 있는 사람은, 매우 찾아보기 드물다.」

그러나 지금의 정업수행자들은 어떠한가? 「대략 《소본》만 겨우 지니고, 일반적으로 《아미타경》만 읽을 줄 알 뿐이며 《무량수경》을 읽을 줄은 모른다. 《소본》의 경우, 이 《소본》 중에서 단지 《요진시대 번역본》만 독송하는데, 여러분이 지금 읽는 것은 구마라십의 번역으로, 《진역(秦譯)》이라고 칭한다. 그때는 [중국이] 남북으로 나뉘었고, 구마라십은 북쪽에 있었는데, 그곳은 「요진(姚秦)」이라 부르고, 국호는 「진(秦)」이라 불렀다 ; 진시황제의 그 진(秦)이 아니라, 육조(六朝) 때의 진(秦), 「요진(姚秦)」이다. 《진역》을 독송하는 것이 바로 구마라십의 번역본(을 독송하는 것)이다. 《대본》[42]은 읽지 않고 《소본》43)만 읽고, 《소본》도 구마라십이 번역한 이 1본만 읽는다. 현재 여러분은 읽을 줄도 모르고, 명칭도 모르는데, 현장법사44)가 다시 번역한 《아미타경》 (즉 《칭찬정토불섭수경(稱讚淨土佛攝受經)》)도 모른다. 현장법사, 그분은 매우 총명하셨고, 인도에서 돌아올 때 경을 매우 많이 가지고 오셨다. 기본적으로 만약 그가 이 구마라십이 이미 번역한 것들을 사전에 알았더라면, 그가 다시 번역하지 않았을 것이다. 단지 2부의 경이 있는데, 그가 이미 [번역된 것]을 알고 있었음에도, 그가 다시 번역을 하였다. (그 중) 1부가 《금강경》이다. 《금강경》은 현장스님이 번역한 것을 《능단금강경(能斷金剛經)》이라고 칭한다 ; 또 《아미타경》인데, 그는 다시 번역하였다. 그래서 그는 번역에 관하여 [그 연유를] 말하기를 원했는데, 거기에는 설(명)이 있으며, 그는 그 속에서, 그가 번역한 판본에는 중요한 보충이 있다[라고 밝히고 있다]. 그러나 현재 《아미타경》과 관련하여 여러분, 정토를 수행하는 사람은 단지 구마라십의 1본만 알 뿐, 현장의 이 1본은 모르고 있다. 그래서 현재 《당역》을 수지할 수 있고, 이 정업(淨業)[을 닦음에 있어] 《진역》을 수지할 뿐만 아니라, 게다가 《당역》도 지송할 수 있고, 현장의 번역본을 독송할 수 있고, 게다가 다시 《대경》을 읽는 것을 「보는 것은 아주 쉽지 않은데,」 보는 것이 매우 쉽지가 않다. 비단 하노사 당시뿐만 아니라 현재에도 보기 힘들다. 현재 정공법사는 하노사의 회집본인 《무량수경》45)을 중시하는데, 그것을 (정토)「오경」46)책 판본

42) 대경(大經)과 같은 말로 무량수경을 말함

43) 소경(小經)과 같은 말로 불설아미타경을 말함

44) 당나라 스님으로 법상종(法相宗)의 제1대 조사이고, '대당서역기'의 저자, 소설 '서유기'의 실제 모델

45) 하련거 거사께서 5종의 무량수경을 하나로 회집하심. 《무량청정평등각경》은 후한 때 월씨국 사문 지루가참이 낙양에서 번역, 《불설제불아미타삼야삼불살루불단과도인도경》은 '무량수경'이라고도 '아미타경'이라고도 하는데

속에 열거하였다. 그래서 이것은 매우 만나기가 어려운 것이다.

「此其所以號稱習淨者多，而具深信切願者少。信願未深，而欲得真實受用不亦難乎！」
「이는 아미타불 명호를 칭념하며 정업을 익히는 사람은 많지만, 깊은 믿음과 간절한 발원을 갖춘 사람은 드물기 때문이다. 믿음과 발원이 아직 깊지 않아서 진실한 수용을 얻고자 하여도 또한 어렵지 않겠는가!」

「이는 [아미타불] 명호를 칭념하며 정업(淨)을 익히는 사람은 많지만」이다. 보기에도, 말하기에도, 정업을 수행하는 사람이 매우 많다고 말하지만, 진정으로 「깊은 믿음과 간절한 발원을 갖춘 사람은 드물다」이다. 그래서 정토수행은 당신의 「깊은 믿음과 간절한 원력」이 있음을 요하고, 그래서 당신의 「깊은 믿음과 간절한 발원」이 바로 결정코 왕생하는 것이다. 현재 정업을 수행하는 자를 정토종의 사람이라 호칭하는데, 하지만 진정으로 믿을 수 있고, 간절할 수 있으며, 절박한 이러한 발원은 매우 적다. 믿음과 발원이 깊지 않으면, 「진실한 수용」을 얻고자 생각하여도, 「어찌 어렵지 아니하겠는가,」 그것은 어려운 것이다. 그래서 우익대사[47]께서 말씀하시길, 왕생할 수 있고 없고는 믿음과 발원에 달려 있다. 당

오나라 때 월씨국 우바새 지겸이 번역, 《무량수경》은 삼국시대 조위曹魏 인도 사문 강승개가 낙양 백마사에서 영가 4년 임인년에 번역, 《무량수여래회》는 당나라 때 남인도 삼장 보리유지가 번역, 《불설대승무량수장엄경》은 조송趙宋 사문 법현이 번역(출전: 정공법사 강술, 무량수여래회 편역, 불설대승무량수장엄청정평등각경친문기, 2018, 136쪽)

46) 무량수여래회에서 편역한 '정토오경일론'과 '불설대승무량수장엄청정평등각경친문기' 부록에 〈정수첩요〉 한글 번역이 각각 실려 있다.

47) 정토종 제9대 조사

신이 아무리 잘 염(念)해도, 믿음과 발원이 없이는 왕생할 수 없다. 당신은 현재 이해가 너무 적어, 당신은 「여실(如實)」한 「믿음과 발원」을 일으킬 수가 없는데, 이것은 매우 어려운 것이다.

「庚辰之歲，病中發願，敬集經文，副以祖意，作為簡課，俾授初機。約自他感應於三業之間，括讚觀願向於一禮之際，妄想不易乘隙，而正念自得現前。需時既少，收效良多。」
「경진년, 병고 중에 발원하여 공경히 경문을 수집하고, 조사의 뜻을 더하여, 간단한 수행법을 만들어, 처음 수행하는 사람들에게 전수하도록 하였다. [정수첩요로 수행하는 과정에서] 대략 삼업을 짓는 사이에 자기와 부처님이 감응하고, 한 번 예배할 때 찬탄·관찰·발원·회향을 포괄하여, 망상이 쉽게 틈을 타지 못하게 하고, 정념(正念)이 스스로 현전하여, 걸리는 시간은 처음부터 적지만, 거두는 효과는 매우 크다.」

경진 그 1년에, 병중에 발원을 하였는데, 이는 하노사 그분 자신이었다. 하나의 큰 원을 발하여, 매우 공손하게 일부분 각종 경전 속의 문구들을 집결(集結)하기를 원하였다. 「조사의 뜻을 더함,」 이것이 하노사의 정토종이 특별히 다른 점인데, 인광법사님과도 모두 다른 바로, 「[선을 말씀하신] 조사의 뜻을 더함인데,」 「조사의 뜻」을 결합시켰다. 그래서 현재 여러분 모두 말하기를 : 「당신들이 하나를 배우는데, 한편 『정토』를 염(念)하면서, 한편 「선(禪)」을 하면 [이것은] 본분 외의 일이고 전념(專)하지 않는 것이다.」 [그러나] 이것 [즉 정토를 염하면서, 한편 선(禪)을 하는 것]도 필요한데, 말법 시대의 중생들의 근기(根器)가 나쁘므로, 당신은 일문(一門)도 잘 배우지 못하는데, 당신이 다시 더 많이 일문을 더하는 것은 더욱 잘 배우지 못하는 것이다. 다만 절대적으로 「당신이 정토수행을 하는 것을 허용하지 않는 사람이면, 당신이 선종을 건드리는 것도 허용하지 않는다.」 그러면 「선도 있고 정토도 있는」 사람이 있을 수가 없다 ; 그리하여 「선(禪)도 있고 정토(淨土)도 있는」 사람이 없으면 「뿔 달린 호랑이(戴角虎)」도 없다[48] ; 「뿔 달린 호랑이」가 없는데, 그래서 **「선도 있고 정토도 있는 것은 뿔 달린 호랑이와 같다.」** 이것 때문에 하노사의 이런 것[즉 선을 말씀하신 조사의 뜻을 더함]들은 우리가 매우 주의해야 할 부분이다.

그래서 여러 분들이 모두 가지고 있는 설법은 모두 원칙(적 상황을 가지고 있다.) 우리는 인광법사에 대해 약간의 오만한 뜻도 없지만, 이 점은 매우 하노사와 서로 비교가 되며, 두 분은 다른 점이 있다. 그러나 인광법사 본인은 선(禪)에 대해 여전히 잘 이해하고 있으며, 더욱이 우익대사를 찬탄하면서, 그[49]가 말하길 : 물론 부처님께서 [불설아미타경에 대하여] 이 주석을 다시 쓰시더라도, 역시 우익대사를 넘을 수 없다. 이것은 대수행인의 말씀으로 그래서 대조사의 말씀이니, 우리는 매우 존경하고 매우 찬탄한다. 하지만 선(禪)에 대한 이 한 방면의 말씀은 하노사의 태도와 여기에 있어 약간 차이가 있다. 하노사께서는 명백(하게) 말씀하시길, 나는 이 [정수첩요] 속에서, 한편으로는 경전에 근거를 두고, 한편으로는 조사의, 선종의 여러 가지 풍격(風格)을, 여러 가지 정신이 함께 융회되도록 하였다. 「조사의 뜻」이라, 그래서 늘 묻는데, 「무엇이 조사의 뜻인가? 무엇이 서쪽에서 온 뜻

48) 영명연수대사(정토종 제6대 조사)께서 '사료간(四料簡)'에서 선(禪)도 있고 정토(淨土)도 있는 사람을 '뿔 달린 호랑이'에 비유하셨다.

49) 인광대사(정토종 제13대 조사)

(西來意)[50]인가?」「조사의 뜻, 서쪽에서 온 뜻」도 《정수첩요》 속에 있다. 그래서 우리는 《정수첩요》를 독송하는데, 정토종의 각종 경전의 많은 정화(精華)를 이해할 뿐만 아니라, 선종 조사의 뜻도 안에 있는데, 왜냐하면 집결할 때 「[선을 말씀하신] 조사의 뜻」을 결합했기 때문이다. 이 점은 여러분이 매우 응당 유념해야 한다.

그래서 [정수첩요는] 하나의 간단한 과업(果)으로 만들어졌고, 모두 합하여 32배로 매우 간단하며, 몇 편이 안 된다. 「초근기(初機)를 이롭게 함」이어서, 초근기로 하여금 수행할 수 있도록 한다. 그러면 이 하나의 간단한 과업(簡課)의 내용은 어떤 것인가? 「대략 삼업(三業)을 짓는 사이에 자기와 부처님이 감응함인데,」 우리가 수행하는 것은 바로 「감응(感應)」을 해야 한다. 「감응」은 바로 내가 「자(自)」이고, 부처님이 「타(他)」인데, 이 「자」와 「타」가 「감응」하는 것으로 이것이 가장 좋은 것이다. 어떻게 「감응」에 이를 수 있는가? 우리들 이 「신(身)」「구(口)」「의(意)」 이것들로 우리는 업을 짓고 있는데 이를 「삼업(三業)」이라 칭한다. 바로 「신」「구」「의」 이 삼업(속에) 있는데, 사람은 이 「삼업」 속에 있다. 그러나 이 삼업 속에서 우리는 능히 「자타감응(自他感應)」에 도달할 수 있다. 당신의 몸으로 예배하는 것은 「신업(身業)」이고, 입으로 염송하는 것은 「구업(口業)」이며, 뜻은 경문을 염하고 경문의 매우 깊은 뜻(奧義) 속에 안주(安住)한다. 당신의 신·구·의 이것을 「능감(能感)[51]」으로 삼아, 당신은 「감응(感應)」을 얻을 수 있고, 부처님의 가피를 얻을 수 있다. 「괄(括)」은 바로 포괄

---

50) 선종 공안(公案)의 하나
51) 느낄 수 있는 주체를 이른다. 소감(所感: 느끼는 대상)과 반대되는 말이다.

이다. 「한번 예배하는 가운데 찬탄, 관상, 발원, 회향을 포괄하는데」, 이것이 「오념법문」이다. 「오념법문」은 「예배, 두 번째가 찬탄, (그 뒤가) 관찰, 발원, 회향」으로 이것이 「오념법문」이다. 그래서 「찬(讚)·관(觀)·원(願)·향(向),」 이 「찬탄·관찰·발원·회향」을 모두 이 「머리」 속에 들어 있게 한다. 당신은 고두(磕頭)[52]를 해야 한다. 그러나 그 이전에 당신은 「한마음으로 관하여 예배하는 것(一心觀禮)」이 있고, 「관(觀)」이 있다 ; 이 속에는 「찬탄」이라는 말이 있고, 「발원」도 안에 있으며, 「회향」도 안에 있다. 그래서 세친보살은 이 오념의 법문을 말씀하셨는데, 이것이 바로 수지(修持)[53] 속에 융합되어 있고, 그래서 《오념간과》라 칭한다.

이미 말했듯이, 「망상이 쉽게 틈을 타지 못하는데,」 망상의 할컴이 기회를 잡을 수 없고 빈틈을 파고들 수 없다. 당신은 그것에게 기회를 주지 않는다. 왜냐하면 당신은 한번 한번 이어가면서, 이 머리를 [바닥에] 닿게 한 후[54], 이어서 다시 「한마음으로 관하여 예배」를 한다. 여기 문구 문구는 모두 매우 치밀해서 절을 마친 후에 당신은 다시 염불하는데[55], 염불 중에 「나무아미타불」을 3번 칭하고, 일어나서 또 [다음 조를] 읽는다. 「망상」은 기회가 없고, 뚫고 들어갈 틈이 없어

52) 머리를 땅에 대고 절하는 것
53) 불교도들이 자신의 망념으로 생긴 여러 가지 잘못을 불법에 따라 수정하고, 지계로 악을 끊고 선을 고양하며, 꾸준한 실천을 통하여, 불과를 증득하는 목적을 달성하는 것이다(佛教徒依佛法修正自己因妄念而產生的種種錯誤, 持戒以止惡揚善, 通過持之以恆的實踐, 而達到求證佛果的目的) [출전: https://baike.baidu.com/item/修持/3233139, 2022. 10. 1. 확인)
54) 즉 고두를 한 후에
55) 여기서는 절을 마친 후에 염불을 한다고 되어 있으나, 본문의 뒷부분까지 함께 고려해 보면, 절하는 중에 나무아미타불 3번을 하는 것이 맞다.

서, 「기회를 타서 침입하는 것」이 불가능하다. 「정념(正念)이 스스로 현전하는데,」 망상은 틈을 타고 들어올 수 없어서, 당신의 정념은 자연히 현전한다. 이것은 응당 참으로 단순 명쾌한 것이다. 「걸리는 시간은 처음부터 적지만, 거두는 효과는 매우 큰데,」 이 32배는 1회에 다 완료가 되고, [걸리는] 시간은 매우 적지만, 「효과를 거두는 것」은 아주 많다.

「是以付印以來，已歷四版，受持獲益，先後相望，節時省力，行者稱便。」
「이를 인쇄한 이래 벌써 4판이 되었다. 받아 지녀 이익을 얻고, 앞과 뒤가 서로 조망되며, 시간이 절약되고 수고를 덜 수 있어, 수행자들은 편하다고 말한다.」

다른 것과 서로 비교하면, 그래서 「앞과 뒤가 서로 조망되고, 시간을 절약하고 기력을 아끼는 것」으로, 또 시간을 절약하고 아끼고, 또 기력(精力)을 아낀다. 그래서 현재 여러분 모두는 바쁘고, 또 모두 긴장되고, 또 여러분 모두 (기력이 유한하다). 출가인은 한가하지 않고, 어떤 출가자는 우리보다 도리어 바쁘다. 그의 절은 관광지가 되어, 그는 아침에 일찍 일어나자마자 절이 깨끗이 청소되어지도록 바라고, 이후에 관광객이 오면 설탕, 담배연기, 사탕을 싼 종이 …… 하루 종일 긴 빗자루로 쓸고 있다. 그가 말하길, 다시 무엇을 열심히 하는 공부라고 하느냐? 허리가 시큰거리고 다리가 아픈데, 아무것도 「꼼짝할 수가 없다.」 여러분은 바쁘고, 시간은 (유한하다). 그래서 출가, 어떤 사람은 다시 출가를 생각하는데, 나는 당신이 어디 가서 출가한다는 것이냐라고 말한다. 현재? 그래서 지금 말인데, 집에서도 여러 가지 일이 바쁘고, 미국은 중년들의 전쟁터로 싸우고 다투며, 경쟁하고 있다. 그래서 「전문적인 수지(專門修持)」를 바라는 것은 매우 어렵다. 바로 이런 법문이 있어서, 간단하게 요점을 잡아, 효과가 매우 높다. 우리는 효율, 고효율을 말하는데, 시간은 적게 들이고, 효과가 큰 것, 이것이 효율이 높은 것이다. 우리는 그 고효율의 법문을 모색해야 한다.

「수행자(行者)들」은 모두 「편하다고 말한다.」 그래서 전후에 매우 많은 사람들이 수행을 하고, 많은 사람들은 줄곧 90여 살까지 수행을 하였다. 내가 한 사람을 보았는데, 그는 여전히 노상에서 한편으로 [정수첩요를] 수행하면서 한편으로 읽는다. 그는 차를 타지 않고, 수십 리를 걸으며, 그는 한편으로 걸으면서 한편으로 이것을 수행한다. 걸으면서 …… 당연히 고두(磕頭)는 못하는데, 마음속으로 내가 고두하고 있는 중이라고 관상(觀想)한다.

「果能隨文運心，久習純熟，則於性修不二、境智一如之理，不待研討，自生信解。再讀《大經》，於淨土法門，有如順水行舟，颺帆逕渡矣。」
「만약 [정수첩요의] 문장을 따라 마음을 운행하여, 오래 닦아 익혀서 무르익으면, 곧 성덕과 수덕이 둘이 아니고, 경계와 지혜가 하나로 같은 이치에 대해 연구나 토의를 하지 않아도, 저절로 믿음과 이해가 생긴다. 다시 《대경》을 독송하면, 정토법문에서, 물결 따라 가는 배에 돛을 올려 [생사윤회의 바다를] 가로질러 건너는 것과 같다.」

이러한 말, 당신이 「만약 문장에 따라 마음을 움직일 수 있다면」, 이 개별 문장에 따라 당신의 마음은 바로 여기서 그것을 따라 (움직이면,) 「마음의 움직임(心之運轉)」은 《정수첩요》 속의 문장과 일치한다. 「오래 익혀 무르익게 되면,」 무르익은 후에 당신은 「성덕과 수덕이 둘이 아니고(性修不二), 경계와 지혜가 하나로 같은(境智一如)」 이치에 대하여, 연구하지 않아도 자연히 「믿음과 이해」에 도달하게 된다. 그래서 「성덕과 수덕이 둘이 아니고(性修不二), 경계와 지혜가 하나로 같다(境智一如).」 이 두 마디 말은 지금 강의하지 않고, 나중에 강의하려 한다. 이 [정수첩요] 문장 속에서 이것은 매우 중요하다. 당신의 「본성(本性)」과 당신의 현재 「수지(修持)」인데, 당신은 본성이 부처이고, 당신은 현재 수지를 하며, 당신은 32배를 하고 있다. 당신의 이 수지와 당신의 본성은 하나의 일이다. 그리고 「경계」와 「지혜」인데, 당신의 이 경계, 극락세계의 온갖 「경계」를 관상하는 것과 이 「지혜」, 금강의 지혜(金剛的智慧)와 두 가지가 아니다.

그래서 어떤 사람이 《금강경》과 《아미타경》에 모순이 있다고 말하면서, 《금강경》은 일체 모양(相)이 있는 것은 다 허망(虛妄)하다고 한다. 당신은 《아미타경》이 우리에게 또 「황금으로 이루어진 땅,」 또 이것 저것을 알려주는 것을 아는데, 이것은 전부 「모양이 있는 것(有相)」으로, 이 두 경은 모순이란 말인가! 두 경은 결코 모순이 되지 않는다. 독송하는 당신이 모순인 것이다. 「경계」와 「지혜」는 하나이고(一如), 「경계」가 바로 「지혜」로, 이런 도리를 우리는 앞으로 다 발휘해야만 한다. 그러므로 이때에 《대경》을 다시 읽으면, 「정토법문에서, 물결 따라 가는 배에 돛을 올려 [생사윤회의 바다를] 가로질러 건너는 것과 같다.」 당신은 물결 따라 가는 배를 타고 있고, 또 순풍도 부니, 돛을 걸어서 곧바로 건너간다.

「但每條均係經文法語，萬勿滑口率意，致蹈輕慢。務宜誠敬虔恭，

如覲慈光，方合天親菩薩四修五念之旨，自能獲密益於潛移默運中。如嫌簡略，則有《大經五念儀》，行將脫稿，請益諸方也。適屆聯合普遍祈禱法會圓滿之期，勉循同修善信之請，略題數語，用誌緣起云。」

「다만 [정수첩요의] 각 조마다 모두 경문과 법어이니, 만에 하나라도 말만 매끄럽게 하거나, 멋대로 하거나, 뜻이 경솔하거나, 행함에 이르러 가볍고 오만하지 말아야 한다. 마땅히 성실하고 경건하게 공경하여, 자비로운 광명을 뵙듯이 하면, 바야흐로 천친보살의 사수·오념의 가르침에 계합하여, 드러나지 않고, 은밀히 옮겨서 조용히 운용하는 중에 저절로 비밀한 이익을 얻을 것이다. 간략한 것이 싫을 것 같으면, 장차 《대경오념의》가 있어 탈고하려고 하니, 여러분들의 가르침을 청하는 바이다. 마침 연합보편기도법회의 원만 기간에 이르러, 동수인 선남선녀의 요청에 따라 마지못해, 간략히 몇 마디를 적어, 연기의 기록으로 삼을 따름이다.」

아래에서는 더 이상 말하지 않는데, 다시 한번 설명해 보면, 이 속의 매 조(條), 매 조는 모두 경문이니, 대략적인 뜻[을 이해하는 것]은 불필요하고, 공경하고 공경해야만 하는데, [이는] 바로 천친보살의 「사수오념」이다. 「오념(五念)」은 우리가 이미 설명했고, 다시 사수(四修)가 있다. 사수의 뜻은 첫째가 「**공경수(恭敬修)**」인데, 우리들은 정토법문을 매우 공경하고 아미타불과 일체 성중(聖衆)을 공경해야 한다. 두 번째는 「**무여수(無餘修)**」인데, 당신은 아미타불의 명호를 부르고, [이는] 바로 「아미타불의 명호만을 전념하는 것으로,」 또 이 경[56]중의 이러한 여래·성중의 명호와 다른 것을 섞지 않아, 이것이 바로 「무여수」이다. (세 번째는) 「**무간수(無間修)**」인

56) 황념조 거사께서는 정수첩요를 드물게 '경(經)'이라 칭하기도 한다.

데, 이는 깨끗한 생각이 계속 이어지는 것으로 중간에 끊어짐이 없는 것이다. (네 번째는) 「**장시수(長時修)**」인데, 생명을 마치는 것을 기한으로 삼아 나의 이 일생, 내 생명을 마칠 때까지, 내가 비로소 염불을 완성하는 것이다. 이를 「사수」라 부른다. 「오념」은 내가 방금 말한 저 다섯 가지이다. 천친보살의 주장의 요지는 「사수오념」인데, 이 사수오념은 자연히 은밀한 이익(密益)을 얻게 한다. 이제 더 이상 말하지 않지만, 이것은 중요하며, 우리도 여기서 아는데, 정업(淨業)을 닦아야 하고, 《무량수경》을 독송해야 하며, 하노사께서 회집한 《아미타경》[57]을 읽어야 하고, 여러 가지가 있다. 이 중에서 가장 쉬운 것이 바로 《정수첩요》이다. 그래서 우리들은 오늘, 여러분과 함께 이 내용을 공동으로 연구해보도록 할 것이다.

【주역】

7. 염공의 만년(晩年)의 모든 품행과 도의(行誼)는 모두 「보은」을 위한 것으로, 《대경(大經)》을 주해하고, 묘법을 자세하게 설명하며, 구경방편(究竟方便)의 법문으로 「중생의 끝없는 고통이 있는 생사의 근본을 뽑아낸다」; 염공의 이번 생은 오로지 이 「보은」을 위해 온 것이라고 말한다 해도, 또한 지나치지 않다. 염공은 만년에 머무는 곳의 문에 게(偈子) 한 수를 붙였는데, 그 속에서 후세 사람들은 노인의 자비롭고 넓은 마음을 바라볼 수 있다 —— 나이가 들어 몸이 약하니 다시 병이 많다. 남은 시간이 많지 않아 보은으로 버티어 간다. 폐문을 하고 책을 짓는데 전념하기를 바란다. 손님을 만나면서

57) 하련거 거사께서 구마라십 번역본과 현장의 번역본을 하나의 경으로 회집하셨다는 의미로 보임

귀빈에게 감사할 겨를이 없다.

8. 염공은 항상 후학후배들에게 「**남을 이롭게 해야 하고, 보은을 해야 한다**」고 가르치고 이끄셨다. 1995년 제3기 《불교문화(佛教文化)》에 염공의 외손녀 백진거사(白真居士)가 염공이 생전에 간곡하게 자녀들에게 간곡하게 타이르신 말씀을 들었던 것을 진술한 것이 등재되어 있다 : 「다른 이를 이롭게 해야 해! 부처님의 은혜를 갚아야 해! 중생의 은혜를 갚아야 해!」 이 말씀으로 역시 염공의 일생의 모습을 묘사할 수 있다.

9. 정공 노법사가 《발대서원(發大誓願)》 (제2회) 제3집의 강해 도중에 말씀하시길 : 「발원심(願心)은 간절해야 하는데, 나는 이 일생에서 무엇을 할 것인가? 바로 정토왕생을 구하고, 나는 이 일을 위해 왔으며, 나는 이 일을 한다. 내 인생의 목적은 바로 극락세계에 왕생하는 것이고, 극락세계에 왕생하는 것은 원만한 성불을 이루기 위함으로, 반드시 정각을 이루는데, 나는 이 길을 분명히 걷는다. 다른 사람이 가는 길은 그의 길이고, 나는 그의 길을 가지 않는데, 나는 이 길을 걷는다. 이 길은 노사(老師)[58]께서 나에게 소개해 주셨고, 우리는 노사께서 나를 속이지 않으리라고 굳게 믿는다. 선생님께서 이 법문을 나에게 소개해 주신 것은, 고심을 하신 것으로, 우리들은 은혜에 감사한다. 어째서인가? 나는 그분의 말을 받아들이지 않았는데, 최소 7, 8번을 말해도 나는 모두 받아들이지 않았다. 내가 이 법문을 받아들인 것은 《화엄경》을 강설하고, 《법화경》을 강설하고, 《능엄경》을 강설하면서이다. 《화엄

58) 이병남 거사. 정공법사의 스승 중의 한 분으로 정공법사에게 정토법문을 권유하였음

경》을 반쯤 강의하다가, 어느 날 문득 우리의 심중에(心目當中) 가장 존경하고, 가장 동경하는(嚮住的) 것이 문수·보현이라는 생각이 들었다. 문수의 지혜, 보현의 실천, 그것은 지식인으로 하여금 매우 찬양·경앙(景仰)·찬탄을 자아내게 한다. 이 두 분의 보살은 무엇을 수행하여 성불하였는가? 경문은 뒤에 있어 읽지 못해서, 아직 배우지 못했다. 뒤로 넘어가서, 전체 경전을 한번 읽어보니, 《사십화엄》 39권에서는, 모두 극락세계에 염불왕생하여 성불한 것이다. 나는 이제 겨우 믿고서, 죽을 때까지, 다시 의심하지 않는다. 시간을 얼마나 썼는가? 30년이다. 어떻게 설명해야 하나? 믿기 어려운 법(難信之法)으로, 그것은 진실로 청초(淸楚)하고 명백하지 않으면 받아들일 수 없다. 나는 30년의 시간을 썼는데, 30년을 강경(講經)하였고, 강경의 강의가 30년이 되어서야 비로소 믿게 되었다. 그래서 경에서 말한 믿기 어려운 법이라는 것, 이 뜻을 나는 체회할 수 있지만, 일반인들은 쉽게 체회하지 못한다. 진실로 믿기 어려운데, 그러나 진정으로 믿는다면 공부는 힘을 얻는다.

10. 인도에 가장 먼저 온 유럽 식민지배자는, 새로운 항로를 개척한 포르투갈인으로, 대략 16세기 초이다. 17세기에 네덜란드, 영국과 프랑스가 차례로 동쪽으로 와, 인도에서 식민의 우세를 쟁탈하는 투쟁을 전개하였다. 18세기 중반경 영국과 프랑스의 인도에서 쟁탈은 격화되었다. 7년 전쟁(1756~1763년)이 발발한 후, 영국과 프랑스의 인도 쟁탈은 더욱 격렬해졌고, 영국은 인도의 광대한 영토를 점령하기 시작했다.

11. 인광조사(印祖)의 「패엽경(貝葉經)」「유망(遺亡)」에 대한 중요

한 평술(評述)이 있는데, 「증광인광법사문초(增廣印光法師文鈔)」에 수록된 《약사여래본원경중각발(藥師如來本願經重刻跋)》에서, 인광조사가 말씀하시길 : 「모름지기 옛날 패엽은 오직 원문을 대조해 보면, 간혹 유망(遺亡)이 있어, 이로 인해 번역문이 전부가 누락되거나 서로 다르다. 후인이 추가로 넣어(添入), 불심(佛心)에 깊이 계합하였다.」 이로써 「패엽경」의 「점」에 근거하여 「부처님이 태어나서부터 지금까지의 연도」를 계산하는 것은 실제로는 정확하지 않다는 것을 알 수 있다.

12. 「천학(淺學)」 : 학식이 짧고 얕다. (한漢·공안국孔安國)《고문古文〈효경孝經〉공씨전孔氏傳》에서 나온 말로 : 「고문古文《효경(孝經)》은 공씨(孔氏)에게서 비롯되었는데, 현재 문장 18장으로, 여러 유자(諸儒)들이 각자 임의로 교설(巧說)하여, 여러 집안의 올바른 도리(數家之誼)로 나누어서, 『천학자(淺學者)』를 육경(六經)으로 삼았다.」 또 (청清·요내姚鼐)《〈태산도리기(泰山道里記)〉서序》에서 말하길 : 「남은 《천학》이 또 우연히 억측까지 있었는데(餘『淺學』又偶過臆度), 다행히도 옛것을 좋아하는 것에 적합하고 왕래를 힘써 오래하여 바로 산중자이다(徒幸有合於好古力索久往來是山中者).」

13. 서항지(徐恆志) 노선생(서노선생은 전에 상해불교협회이사, 상해불교거사림 강사, 홍일대사(弘一大師)연구회 고문 등 직무를 역임하였다) 《심장을 갈라 피를 쏟아, 공(功)은 만세(萬世)에 있다. ㅡ 나와 황념조 노거사의 일단의 경을 교정한 인연을 기재한다》라고 이름한 1편의 문장을, 또 1992년 《법음(法音)》 잡지에 게재하였다. 문장은 사람들에게 잘 알려지지 않은 해묵은 일화를 서술하고 있는데, 예를 들면 염공이 일찍

이 미국에서 정공 노법사를 처음 만난 것, 아울러 설려(雪廬) 노인[59]에 대한 염공의 흠모하는 말 등이다. 현재 발췌한 부분 단락은 다음과 같다 : 「대략 1986년 6월에 황념조 노거사가 《대승무량수경해(大乘無量壽經解)》를 완성하였을 때, 당시 상해불교회 출판유통팀의 책임자인 정송영(鄭頌英) 노거사는 깊이 찬탄하며, 인쇄하여 유통시키려고 마음먹었다. 내(서노거사 본인)가 먼저 한번 교열(校閱)하려는데, 스스로 생각하길 덕이 박하고 지혜가 얕아서, 아마 감당하기 어려울 것이다. 하공[60]과 황노거사[61]의 회집(會集)에 대한 발원과 《대경(大經)》에 대한 주해(註解)를 계속 생각하니, [그분들의] 10년 동안의 신고(辛苦)가, 매우 귀중한데, 어찌 방치할 수 있을 것인가! 그래서 원고를 자세히 교열(校閱)하여, 1년에 7번 교정(校正)하고, 황노거사와 20번 편지를 왕복하고 …… 그 노인은 미국 워싱턴에 있었는데, 말씀을 과다하게 하셨고, 특히 떠나기 수일 전에 질문자가 연속하여 끊이지 않아서, 목소리가 쉬어, 거의 나오지 못하고, 기력(中氣)이 크게 상하였으며, 피로가 극에 달하여서, 돌아와서는 최대한 휴식을 취하였더니, 점점 다시 평안해졌다. 편지에서 말씀하시길 : 『이번 여행은 다행히 상사(上師)의 삼보가피(三寶加被)를 입어 임무를 초과하여 완수하였다. 이번 미국 여행의 주요목적은 본래 미국유주(美國維州: Commonwealth of Virginia)와 타이페이(臺北) 두 곳의 연화정사(蓮華精舍)의 골간(骨幹)인 무상밀승(無上密乘)을 전강(傳講)하는 것인데, 뜻밖에 워싱턴의 화부불교회(華府佛教會)와 수승한 인연을 맺었다. 그 회장인 정공법사는 이미 금년 4월에 화부(華府)에서 하련거 스승께서 회집하신 《대승무량수경(大乘無量壽經)》의 강연을 크게 하였는

59) 이병남 거사
60) 하련거 거사
61) 황념조 거사

데, 그리고 내가 이 경전에 쓴 《발어(跋語)》의 한 소절을 인용하여, 강습의 첫머리로 인쇄하여, 대중을 격발(激發)시켰다.』 황노거사는 1987년 10월에 편지로 나(서향지 노거사 본인)에게 알렸다 : 『이씨가 작년에 왕생하였는데, 90여세(97세)로, 정공법사가 이르는 것에 따르면, 이씨는 생전에 염불할 때 일찍이 극락세계를 친견하였다. 돌아가신 스승(先師) 하노거사께서 천진에서 폐관(閉關)을 하실 때, 경계라면, 당연히 초보임에도, 염불의 공(功)이 순수하였을 때의 그 묘경(妙境)은 실로 말할 수 없었다.』 두 존숙(尊宿)이 모두 전일하게 염불하여, 친히 수용(受用)을 얻고서, 우리 부처님의 자비를 충분히 증명하여, 이 감정을 초월하고 견해를 떠난(超情離見), 광대한 미묘법문(微妙法門)을 열어, 세 가지 근기로 하여금 화택(火宅)에서 벗어나게 이끌어 주시고, 군맹(群盲)[62]을 잠자리에서 구제하시는 대은대덕(大恩大德)은 진실로 몸을 부수어도 갚기 어렵다.

14. 1941년 겨울, 인광 노법사께서 소주(蘇州) 영암산사(靈巖山寺)에서 평안하게 왕생하셨다(安詳西逝). 연공께서 공경히 진(秦), 당(唐)의 두 번역본 《아미타경》 경문을 수집하여, 연구(聯句) 《만인광대사(挽印光法師)》를 지어 애도하였다 : 「법음을 선류하여(法音宣流), 수승한 이익과 안락을 얻게 하신다(令得殊勝利益安樂) ; 자비와 가우로(慈悲嘉佑), 이와 같은

62) 참성품을 잃어버리고 망령된 온갖 생각이 분주하게 일어났다 꺼졌다하기 때문에, 온갖 세계에 돌아다니면서 났다 죽었다 하는 무리들, 곧 정식(情識)이 있는 것들은 모두 함령(含靈)이라 한다. 그러므로 사람뿐 아니라 모든 동물과 귀신들과 하늘 사람들까지 합쳐서 하는 말인데, 유정(有情), 중생(衆生), 함식(含識), 군생(群生), 군맹(群萌), 군품(群品) 같은 여러 가지 말로 쓴다. 부처님은 구제의 대상을 인류에게만 한정하는 것이 아니라 이와 같은 중생 전부를 가르치고 건지시는 것이다. (출전: https://studybuddha.tistory.com/958, 2022. 10. 8. 확인)

공덕장엄을 성취하셨다(成就如是功德莊嚴).」 이 시는 역시 《정어(淨語)》 중에 수록되어 있다. 이로 인해 염공의 말이 증명되었는데, 연공은 확실히 인광조사에 대해 대단히 흠모하고 존경하였다

15. 농공(攏共) : 공계(共計), 총계(總計)

16. 「세친(世親)」 : 또 천친(天親)이라 이름하는데, 범어 이름은(梵名) Vasubandhu로, 파수반두(婆藪槃豆)로 음역하는데, 무착(無著)의 이복형제이다. 세친은 북인도에서 소승(小乘)을 선양하고, 대승을 은폐(隱蔽)하였는데, 형 무착이 그것을 불쌍히 여겨, 질병을 핑계 삼아, 그를 유인하여 오게 하여 만났고, 옆방에서 《화엄경(華嚴經)·십지품(十地品)》을 낭독하게 하였다. 세친은 그것을 듣고, 바야흐로 형의 고심을 알게 되었다. 그는 이전에 소승을 널리 펴고 대승을 비방한 착오를 깊이 뉘우치고, 혀를 잘라 사과를 하려 하였다. 무착이 그에게 말하길 : 네가 전에 혀로 대승을 비방하였는데, 지금은 어찌하여 혀로 대승을 찬양하지 않는가? 세친은 소승을 버리고 대승에 들어가, 광범위하게 논서(論)와 주석(釋)을 지어, 대승을 선양하고, 《유식론(唯識論)》 등 여러 대승론(大乘論)을 지었다.

17. 서항지(徐恆志) 노거사(서노거사는 생전에 일찍이 염공의 《무량수경해(無量壽經解)》 원고를 교정하여, 1년 동안, 7차례 원고교정을 하였다)가 안강두(安康杜) 거사가 보내온 서신에 대한 답에 「망상(妄想)을 거둠」에 대한 이런 일단의 개시(開示)가 있다. 서노거사가 말씀하길 : 「**학불(學佛)[63]의 요지는**

63) 부처님의 가르침을 배우는 것

단지 망상을 쉬는 것이다. 인자(仁者)가 지금 제일 필요한 것이 우선 망상을 거두어 어지러이 내달리지 않도록 하는 것이다. 지금은 업무도 보아야 하고, 또 시도 배워야 하고, 기공(氣功)도 배우고, 서화(書畫)도 배우고, 불법(佛法)도 배우는데, 이렇게 두서가 번잡하고, 잡념이 흩날리니, 병에 걸리지 않는 것만 해도 다행이다. 부처님께서 《사십이장경(四十二章經)》에서 말씀하시길 : 『**마음을 한곳에 두면(制心一處), 이루지 못할 일이 없다(無事不辦)**.』 맹자가 역시 말하길 : 『학문의 길은 다른 것이 없으니, 방심(放心, 放出去的心)을 구(求)할 뿐이다. **사람은 풀어진 닭과 개가 있으면 그것을 구하고, 마음을 풀어놓고도 구할 줄 모르니, 슬프구나!**』 노자가 말씀하시길 : 『학문을 날로 더하고, 도를 위해 나날이 덜어내어, 덜어내고 또 덜어내서, 무위(無為)에 이른다 ; 무위(無為)는 무불위(無不為)이다.』 따라서 고금 성현의 안심입명(安身立命) 공부는 계정혜(戒定慧) 세 방면으로부터 시작하지 않는 이가 없는데, 그래서 학불(學佛)은 일체학문의 근본임을 알아야 한다. 애석하게도 세상의 일반 학불자는 근본부터 착수할 줄 모르고, 왕왕 복을 구하고 장수를 구하며, 신통을 구하고, 기문둔갑(奇門遁甲)을 구한다. 불법에서 볼 때, 가엾게도, 본각심성(本覺心性)이 밝지 않기 때문에, 진여실상(真如實相)을 알지 못하고, 시종 문 밖에서 배회하면서, 시간과 정력을 허비한다. 《금강경》에서 말씀하시길 : 『범소유상(凡所有相) 개시허망(皆是虛妄) 약견제상비상(若見諸相非相) 즉견여래(即見如來).』 또 말씀하시길, 『약이색견아(若以色見我) 이음성구아(以音聲求我) 시인행사도(是人行邪道) 불능견여래(不能見如來)』이다. 부처님은 이와 같이 결단성 있고 단호하게 말씀하셨는데, 학불자는 여전히 유상유위(有相有為)의 법을 추구하는데, 정신이 아득하여 깨닫지 못하니, 어찌 애석하지 않겠는가! (서

노거사의 저서인 《서간절록(書簡節錄)·답안강두거사(答安康杜居士)》에서 발췌)

18. 이곳「만약 [정수첩요의] 문장을 따라 마음을 운행하여, 오래 닦아 익혀서 무르익으면, 곧 성덕과 수덕이 둘이 아니고(性修不二), 경계와 지혜가 하나로 같은(境智一如) 이치에 대해 연구나 토의를 하지 않아도, 저절로 믿음과 이해가 생긴다」의 묘용(妙用)은 「**운행에 맡기면서도 머문다(任運而住)**」와 같다. 우리들은 「우리들 마음의 운전은 《정수첩요》의 문장과 일치하는데, 오래 닦아 익혀서 무르익으면, 『성덕과 수덕이 둘이 아니고(性修不二), 경계와 지혜가 하나와 같은(境智一如)』 도리에 대하여, 연구하지 않아도 자연히 믿음과 이해가 생길 수 있다.」 이렇게 도달한 효과가 바로 「운행에 맡기면서도 머문다(任運而住)」로, (즉 자연스럽게) 「진실한 지혜」에 머물고 일체여래의 다함이 없는 과덕의 본체(一切如來無盡果德的本體)에 머문다. 현재 이전에 정종의 동수가 염공이 미국 여행 중에 개시한 [강연]을 녹음한 것에 근거하여 정리한 《결택견(抉擇見)》의 한 문장을 발췌 기록하여, 여기에 구체적인 설명을 가한다. 염공이 강설하시길 : 자연에 맡기는 것이 이렇게 머무는 것이다(任著自然就這麼而住). 『**스스로 생기고 스스로 나타나는 것에서(於自生自顯之上), 즉시 닦고, 즉시 행하고, 즉시 과를 이룬다(即修即行即果)**』, 이것은 공갈상사(貢噶上師)께서 항상 말씀하신 것이다. 이 말은 비록 적으나, 이것은 『문자반야(文字般若)』라 말할 수 있다. 다소나마 『대원만견(大圓滿見)』에 반응하여, 여기에서 우리는 다소나마 체회할 수 있는데, 이것은 공갈상사(貢師)께서 개시(開示)하여 주신 수승한 점이다.」

19. 본문에 있는 「밀익(密益)」은 즉 「정정취(定之聚)에 머무는 것」이다. 염공은 《대승무량수경해(大乘無量壽經解)·결증극과제이십이중(決證極果第二十二中)》속에서 도(道)를 개시(開示)하였다 : 「본품회집本品會集 《위(魏)》《당(唐)》《송(宋)》 세 가지 번역의 경문에서 말씀하시길 : 『이미 태어났거나(若已生), 태어날 것이거나(若當生), (「태어날 것이거나(若當生)」은 《당(唐)》《송(宋)》 두 번역에서 볼 수 있음), 모두 다 정정취에 머문다(皆悉住於正定之聚).』 미타대원의 깊고 광대함이 더욱 뚜렷하다. 극락에 이미 왕생한 자는 정정취에 머물 뿐만 아니라 보리(菩提)를 반드시 증득한다. 더 나아가서 현재나 미래에 **장차 극락에 왕생하는 사람은 단지 보리심을 발할 수 있어서 일향으로 전념하여 미타의 본서원과 상응할 수 있는 자로, 비록 예토(穢土)[64]에 거주하여 여전히 [번뇌망상에] 묶인 범부(具縛凡夫)이기는 하지만 이미 정정취에 머물러 반드시 보리를 증득한다.** 이는 진실로 감정을 초월하고 견해를 떠난 것이고, 불가사의하며, 절대원융하고, 구경방편(究竟方便)이다. 또 《당역(唐譯)》에서 말씀하길 : 『미래에 왕생하는 자는 모두다 구경무상보리(究竟無上菩提)로 열반처(涅槃處)에 이른다. 어째서인가? 만약 사정취(邪定聚)나 부정취(不定聚)는 저 [왕생에 대한] 원인(因)을 세우는 것을 완전히 이해할 수 없기 때문이다.』 대개 미래에 극락왕생할 자들은 모두 왕생의 바른 원인(正因)을 세운다고 이를 수 있다. 이 바른 원인에 의지하여 반드시 왕생의 과(果)를 이룬다. 필연적으로 일생보불(一生補佛)[65]이다. 그러므로 『결정코 아뇩다라삼먁삼보리를 증득한다』고 이른다. 저 사정취와 부정취의 사람은 즉 진실로 생사를 위하여(真為生死), 보리심을 발하고(發菩提心), 깊은 믿음

64) '더러운 세계'라는 뜻으로 정토의 반대말
65) 일생보처(一生補處)와 같은 말. 한 생만 지나면 성불하는 보살

과 발원으로(以深信願), 부처님의 명호를 수지(持佛名號)[66] 할 수 없다. 그래서『저 [왕생에 대한] 원인(因)을 세우는 것을 완전히 이해할 수 없기 때문이다.』라고 이른다.

또 당나라 선도대사는 경장(經藏)에 깊이 들어가, 정정취의 이익을 밝혔는데, 사바세계와 극락세계 두 국토에 통한다. (미타의『정정취에 들어가는(入正定聚)』대원(大願)의 이익은 저 국토 극락과 이 국토 사바를 관통하여 드러남을 말한다.) 《견해(甄解)》에서 말씀하길 :『이 국토[67]의 정정취, 이것이 밀익(密益)이고, 저 국토[68]의 정정취, 이것이 현익(顯益)이다.』또 말씀하시길 :『만약 현생의 밀익자를 위한 것이라면, 금가(今家[69] 즉 선도대사)께서는 독보적인 의미이다(不共義).』《견해(甄解)》에서 선도대사께서 말씀하신 바를 극찬한 것을 볼 수 있는데, **미래에 [극락에] 태어날 사람은 이미 사바에 있으면서도 《정정취의 밀익(正定聚之密益)》에 들어가게 되니, 수승한 독보적인 묘의(不共之妙義)를 이루었다.** 소위 밀익(密益)은 대개 이 이익을 조용히 얻음을 지적한다. 또《소본(小本)》은 역시 이것과 상호 호응하는 경문을 가지고 있는데, 경에서 말씀하시길 :『만약 어떤 사람이 이미 발원하였거나, 지금 발원하거나, 미래에 발원하여 아미타불의 국토에 태

66) 진위생사(真為生死), 발보리심(發菩提心), 이심신원(以深信願), 지불명호(持佛名號), 이 16글자는 정말로 염불법문의 한 위대한 강령이자 종지이다. [출전: 김지수 편역, 의심 끊고 염불하세(철오선사어록), 2014, 불광출판사, 88~89쪽]
67) 사바세계를 이르는 듯함
68) 극락세계를 이르는 듯함
69) 금가(今家) : 불교에서 자기 종파 혹은 그 조사를 말한다. 금사今師, 일가一家. 구사舊師·구설舊說) 대한 의미로 말한다(仏教で､自己の宗派､あるいは､その祖師をいう。今師､一家。旧師 · 旧説に対する意味でいう) [출전: https://www.weblio.jp/content/今家, 2021. 7. 3. 확인)

어나기를 원한다면, 이 모든 사람 등은 모두 아뇩다라삼먁삼보리에 대하여 불퇴전을 얻는다.』[70] 이것은 현재나 미래에 일체 서방정토에 왕생을 구하는 것을 발원하는 사람은 모두 무상보리에서 퇴전하지 않는다는 것을 표현한다. 이와 같이 불퇴전의 수승한 이익은 역시 사바세계와 극락세계 두 국토에 통하고, 지금의 경문과 같은 현묘한 뜻임을 알 수 있다. 아미타불의 대원대력은 불가사의하다. 위 문장을 읽은 후에 더욱 연공의 대은대덕을 그리워하는데, 《정수첩요(淨修捷要)》로서 구경방편의 지혜문을 열어서 「현재 정정취에 머물고 있음」을 드러내었으니, 「미래 성불의 과위」를 또 어떻게 의심하겠는가? 이것이 바로 수행인이 「깊은 믿음과 간절한 발원」을 일으키는 시작점이다.

70) 구마라십이 번역한 《불설아미타경》의 말씀

제1배 사바세계 스승님

한마음으로 관하여 예배하옵니다. [석가모니부처님께서는] 사바세계의 교주이시고, 구법계 [중생]을 이끌어 주시는 스승이시며, 여래·세존이시옵니다. 오탁악세에서 팔상을 보이시어 도를 이루셨습니다. 대비심을 일으켜 유정중생들을 불쌍히 여기시고, 자비한 말씀을 연설하시며, 법안을 주시고, 악취를 끊도록 하시며, 선도의 문을 열게 하시옵니다. 행하기는 쉬우나 믿기는 어려운 [정토]법[문]을 널리 설하시어, 미래의 일체 유정중생들이 모두 이 법[문]에 의지하여 제도를 받고 해탈하게 될 것이옵니다. 큰 은혜와 큰 공덕을 지니신 본사 석가모니부처님이시여!

나무본사석가모니불

(1번 절하면서 3번 부른다)

제1조, 이 1조는 우리들 이 세계의 「도사(導師)[71]」를 소개하는 것이다. 그래서 일체 모두는 「스승을 존경하고 도를 중시하는 것」이 필요한데, 만약 당신이 도를 중시한다면 반드시 스승을 존경해야 한다. 그래서 우리들이 「스승」을 대하는 것은, 이것이 모두 일반적이다 ; 특히 불법이 이러한데, 이러한 것은 석가모니여래가 아니면, 누구도 우리들에게 진실하고 중요한 문제, 또 문제를 해결하는 방법에 도달하는 것을 알려줄 수 없었다. 「도사(導師)」이실 뿐만 아니라, (다시) 우리들의 은사(恩師)께서는 그 은혜가 부모님보다 수승하다. 부모는 우리들의 이 육신을 낳았으나, 부처님은 우리들의 「혜명

71) 이끌어 주시는 스승

(慧命)[72]」을 낳고 「혜명」을 주셨다. 그래서 우리들이 예배를 말하려고 할 때, 첫 예배는 본사(本師)에 대한 예배로, 석가모니불이 우리들의 「본사」이다. 다음 고두(磕頭)를 할 때에 「나무본사석가모니불」한다. 석가모니는 부처님에 대한 명호인데, 불(佛)은 「공통의 호칭(通號)」이다 ; 모두 「불」이라 칭하는데, 아미타불도 불이고 약사불도 불로서, 불은 「공통의 호칭」이다. 그러나 석가모니 네 자는 「별도의 호칭」으로, 이것은 오로지 석가모니부처님만 가지신 것을 가리키니, 「별도의 호칭」이라 칭하는 것이다. 그래서 이 1배는 본사석가모니불께 예배하는 것이다.

그리고 우리들이 예배를 하고 속으로 찬탄을 하는데, 무엇을 찬탄하는가? 우리들이 찬탄하는 것은 바로 그분이 우리들에게 「정토법문」을 알려주신 것이다. 그렇다면 여러분 모두는 석가모니부처님께서 팔만사천 법문의 갖가지 공덕을 말씀하셨는데, 왜 이것만 거론하는 것일까라는 의심을 품을 수 있지 않은가? 당신이 정토종의 입장이기 때문에, 그래서 단지 정토만을 말하는 것은 [혹시] 아닌가? 이 속에서 우리는 이해에 있어 진일보할 수 있다.

선도대사(善導大師)는 당나라 때 대덕(大德)으로, 그가 장안에 있을 때, 그의 교화로 장안(長安) 사람은 거의 모든 사람들이 모두 염불을 하게 되었다 ; 다른 사람들이 그에게 준 모든 돈을 사경(寫經)하는데 사용하였고, 현재 돈황에서 출토되었다. 또 다른 사람들이 그에게 공양한 돈은 매우 많았으며, 그가 다른 사람에게 사경을 요청한 것과 그 자신이 사경한 것이 있다. 그는 매우 엄숙하였고, 그는 부녀들을 보면 이를

72) 지혜의 생명

보이지 않고 미소를 지었다. 그래서 이 계율, 여러 가지인데, 여러분 모두 (그에 대하여 매우 공경한다). 일본인들은 그를 극히 공경하였고, 또한 극히 우러러 보았다. 그래서 모두 말을 전하길, 그가 아미타불의 화신이라 말한다. 연지대사께서는 「**모두가 이분을 아미타불의 화신으로 존칭하는데, 비록 그것이 아니더라도, 또한 관음·세지· 문수·보현과 동등한 인물이다**」라고 말씀하셨다.[73] 그래서 선도대사에 대하여, 나는 한편의 문장을 가지고 있다. 《선도대사를 의지하여 아미타불을 칭념하네》로 이분은 한 분의 대덕이시다. 중국인들은 이분을 공경하지 않는데, 역사를 잘못 알고서 이분이 자살했다고 생각한다. 그것은 실은 기록의 착오이다. 당시 그에게 질문한 사람이 나무 위에 올라가서 뛰어내려 죽었고, 선도대사는 이 일을 하지 않았다. 그래서 대만에 참운(懺雲)이 있는데, 이 사람을 아는지, 참운법사는 이틀 전에 여기 있지 않았는가? (염공은 강의가 여기에 이르자 껄껄 웃었다.) 나는 그에게 이 사건에 대하여 물었지만, 그는 알지 못했다. 그는 말했다 :「나는 아무것도 모른다.」 선도대사가 (자살로) 죽은 것이 아닌데, 그는 선도대사가 자살한 것이다라고 생각했다. 내가 나의 이 《선도대사신전(善導大師新傳)》을 그에게 주었고, 그는 가져가서 [선도대사가 자살한 것이 아님을] 널리 알린다고 했다. 그래서 이런 사정인 것이다. 이 선도대사를 우리는 공경한다. 선도대사는 어떻게 강의를 하시는가? 그분이 말씀하시길, 「**여래께서 세상에 출현하신 이유(如來所以興出世)**」**는**, 여래 그분께서 세상에 나오신 것은, 「**오직 아미타불 본원의 바다를 설하는 것(唯說彌陀本願海)**[74]」으로, 모든 부처

73) 운서주굉 지음, 연관 옮김, 왕생집, 2012, 호미, 77쪽 참조
74) 아미타불께서 48대 근본서원을 발하여 법계의 중생을 모두 접인 하시고, 극락세계에 왕생한 중생을 교화하여 성불케 하는 것을 대원의 바다로 비유

님께서는 세간에 출현하시고자 하여, 그분들이 유일하게 말씀하시고자 하는 것은 무엇인가? 바로 아미타불의 48원이라는 대원의 공덕해(大願的功德海)이다. 그래서 일체 부처님께서 인간세상에 출현하시어 세간에 나타나 중생을 구도(救度)75)하시는데, 그들이 유일하게 말하고자 하는 것은 「정토법문(淨土法門), 염불법문(念佛法門)」이다. 그래서 우리들은 이 점에서 정토의 종요(淨土宗要)를 충분히 중시해야 한다.

내가 말하는데, 「당신이 어떤 법문을 수행하든지 관계없이, 당신이 정토왕생을 구하려는 생각을 떠나서, 당신이 만약 금생에 생사해탈을 하려하고, 만약 육도윤회를 초월하여 벗어나려 한다면, 나는 이것이 불가능하다고 말할 수 있다!」 그래서 이렇게 말하는데, 정토법문은 큰 은혜이고 큰 공덕이다. 시방불은 모두 우리 스승인 석가모니불을 찬탄하고 있는데, 그분의 무엇을 찬탄하는가? 그분이 이 세상에서 이러한 [정토]법문을 설할 수 있다는 것을 찬탄하는 것이다. 그래서 하노사가 이렇게 한 것은 편견이 아니라, 선도대사와 마찬가지이다. 선도대사(善道大師)와 마찬가지일 뿐만 아니라, 시방불(十方佛)과도 (마찬가지이다). 시방불은 석가모니불의 이 점을 찬탄하고, 그분의 다른 것은 칭찬하지 않는데, 이는 《아미타경》에 나와 있다. 이로 인하여 우리도 이와 마찬가지로 먼저 이 정신부터 알아야 한다. 그래서 우리는 이 속에 몇 가지 중요한 점이 있다는 것을 알아야 한다 : 하나의 중요한 점은 우리는 반드시 스승을 존중해야 하고, 우리는 가르침에 따라 봉행해야 하는데, 이것은 우리들을 계발시킨다 ; 두 번째를 말하자면, 저 아미타불의 본원의 바다(本願海)는 저 시방여래께서 같이 행하는 것이고, 바로 아미타불께서 성취한

75) (종교에서) 사람을 구조하고 제도(救助濟度)하는 것

것이며, 또 저 시방여래께서 공동으로 찬탄하는 것이다.

첫 번째 구절은 「한마음으로 관하여 예배하옵니다(一心觀禮)」이다. 매 하나의 조(條)마다 모두 「한마음으로 관하여 예배하옵니다」가 있다. 「한마음(一心)」은 매우 깊은 말이라고 말할 수 있는데, **「한마음」은 언설(言說)을 떠난 것이다.** 우리 모두는 「두 마음(二心)」 속에 있고, 우리 모두는 모순적이고, 상대적(對待)이다. 그래서 진진여(陳真如)가 모주석(毛主席)에게 글을 올려 불법을 논하면서 말하길 : 「당신이 절대(絕對)를 말하면 이미 상대(相對)적인 것이다」라고 하였다. 「절대(絕對)」 자체는 상대(相對)와 대립되는데, 그래서 언어로는 안 된다. 「한마음」은 둘이 아닌 것(不二)으로 상대적(對待)인 것이 아니다. 그래서 불교에서 항상 「절대(絕待)」를 이야기 하는데, 이 대(待)는 절대가인(絕代佳人)의 그 대(代)가 아니고, 대(待)인데, 이 대(待)는 상대적의 대(待)로, 상대적(對待)인 것이 없다. 그래서 우리들 세간 일체법은 좋고 나쁨이 상대적이고, 삿됨과 바름이 상대적이고, 부처와 중생이 상대적(對待)이고, 너와 내가 상대적(對待)이고, 남자와 여자가 상대적(對待)으로, 모두가 「상대적(對待)인 법」이고, 모두가 둘이다. 그래서 《유마힐경(維摩詰經)》은 「불이법문(不二法門)」이다. 본래 둘이 아닌 것(不二)이다! 그는 둘이 있어 이것이 원인이 되어 중생이 호도되고, 망동(妄動)되어, 변화를 이루고 무명(無明)을 이루어, 무명 후에 바로 둘이 나타났다.

그래서 우리들이 가장 공경하고, 가장 청정한 것은 「본래를 회복(本來)하는 것」이고, 바로 「불이(不二)」이며, 바로 「한마음(一心)」으로, 최고는 이와 같다. 현재 우리는 어떻게 시작할 것인가? 당신이 여기서 수행함에 있어, 당신의 마음속에 다른 것은 모두 내려놓고, 당신의 마음은 온 마음 온 뜻으로, 한마음 한 뜻으로 여기서 이 [정수첩요] 문장들을 읽으면서, 여기서 관상(觀想)하고, 여기서 절하는, 이것이 「한마음」이다. [이로써] (한마음을 쓰는 것을) 막 시작하였다. 이럴 때는 다른 것을 생각하는 것이 필요하지 않은데, 다시 오늘 내가 이 [정수첩요] 교안(教案)을 어떻게 고치길 바라는지 생각하는[76], 이때에 내려놓는 것(放下)이 필요하다. 교안을 생각하는 것은 나쁜 일이 아니나, 이때 당신은 생각하는 것이 필요하지 않다. 나쁜 일을 생각하면 더욱 안 되는 일이고, 일체를 내려놓아야 한다. 이때 온 마음 온 뜻으로, 이렇게 하면 되는데, 여기서부터 시작한다.

「예(禮)」를 한다는 것은 예배이니, 32배를 함으로써, 그는 예배를 함으로써 부처님께 절하는 것을 중심으로 삼는다. 그러나 이 예배는 우리 지식인들에게 매우 유용한데, 현재 외국에는 아직도 허다한 운동이 있지만, 국내에는 매우 많은 사람들이 (어떤 운동도 하지 않기 때문이다.) 당신의 예배는, 또한 과다하지 않아서, 신체가 좋지 않은 사람, 환자도 모두 가능하여, 천천히 절할 수 있다. 「부처님께 절하는 것은 가장 좋은 운동으로,」 불교도가 부처님께 절하는 것뿐만 아니라, 감옥 속의 예배까지도, 어떤 사람은 이를 운동으로 삼고, 그는 몸에 좋은 것이 있다고 말하는데, 그래서 우리는 고두한다. 또 우리들은 저 고두를 자기 마음 따라, 아주 공경스럽게 하는 것이 필요하다. 그래서 「지극한 마음으로 예배하는 것은 항하와 같은 죄를 멸하는데, 당신이 지극히 공경하는 마음으로 한번 고두하면, 항하의 모래 같은 그런 많은 죄

76) 황념조 거사 자신이 《정수첩요보은담》 교안을 어떻게 고칠까 생각한다는 의미

를 없앨 수 있다. 복을 얻는 것을 말하자면, 당신이 정성껏 한번 고두하면, 당신 발밑에 있는 미세한 티끌의 수만큼이나, [미래세에] 장차 모두 전륜왕의 지위에 있게 된다. 그래서 저 모든 것은 「인소과대(因小果大)」로, 하나의 「원인」은 매우 작지만 「과보」는 극히 크다. 공덕도 이와 같고, 악한 일도 이와 같다. 우리들은 모두 이 문제를 알아야 한다. (어떤 사람이 말하길,) 내가 [살아가면서] 무슨 나쁜 짓을 한 것은 아니지 않은가! [그러나] 오직 「인소과대」이다! 다시 말해 선도 이와 같고, 악도 이와 같다.

관(觀)은, 상등적인 것은 「관조(觀照)」로 일반범부는 도달하지 못한다 ; 하등적인 것은 「관상(觀想)」으로 조금 낮은 것이다 ; 「관상(觀想)」이 아직 도달할 수 없는 말이라면, 먼저 「생각(想)」으로부터 시작한다. 이 일, 내가 마음속으로 생각하는 것은 무엇인가, 현재 생각하는 것이 이 [정수첩요의] 내용이다. 우리들이 저 생각(想) 중에서 이 [정수첩요의] 문장을 따라 아주 섬세하고, 매우 전심(專心)이며, 다른 일이 없어서, 또 「문장을 따라 관에 들어감(隨文入觀)」이라 부르기도 하는데, 이 문장을 따라 「관(觀)」 속으로 들어간다. [정수첩요의] 이 한 구절은 무엇인가? 내 마음이 이 위에 있다 ; 또 한 구절은 무엇인가? 마음속에서 시종 이것을 떠나지 않는다. **오래 오래 지속되는, 이것이 소위 「관상(觀想)」의 관(觀)으로, 관(觀) 속으로 들어가는 것이다.** 진정으로 「관조(觀照)」에 도달하면, 관조(觀照)의 「관(觀)」은 「관상(觀想)」적 「관(觀)」보다 높다. 다시 「조(照)」자에 이르면 매우 대단하다. 이 **「조(照)」자는, 바로 벗어난 마음이다. 바로 「오온이 공함을 비추어 보고(照見五蘊皆空), 일체의 고통과 재앙에서 벗어나는 것(度一切苦厄)」이다. 거울처럼 분명하고, 흔적도 남지 않으며, 무**

엇이든 지극히 청초(淸楚)하다. 남자가 오면, 남자가 나타나고, 여자가 오면, 여자가 나타난다 ; 당신이 검은 반점과 솜털이 있다면, 모두 매우 또렷하여 추호도 어긋남이 없다. 애증도 없고, 또한 취하고 버림도 없다 ; 누가 가버리면 그 어떤 흔적도 남지 않는다 ; 이것이 「조(照)」로, 이 어떤 것을 「조(照)」라 부른다. 그래서 **「조(照)」를 쓸 수 있게 되면, 「일체 고통과 재앙에서 벗어나게」 된다.**

우리들은 《반야심경》을 읽는데, 읽은 후에 우리들은 그대로 번뇌를 비추니(照), 조금도 건넌 것이 없는데, 그렇지 않은가? 당신은 「생각(想)」 [속]에 있기 때문인데, 「생각」은 그런 대역량이 없다. 단 오래 오래, 오래 오래 해서, 당신은 그래도 [번뇌를] 좀 덜 수 있을 것이다. 어느 날 「조(照)」를 쓸 수 있게 되는데, **「조(照)」를 사용할 수 있게 되면, 당신은 「보살」이다.** 보살에는 몇 가지 등급이 있는데, 대보살, 소보살이다. 그래서 「한마음으로 관하여 예배하옵니다」는 이러한데, 이렇게 말할 수 있는데, 이것은 초근기도 시작할 수 있고, 대보살도 이렇게 수행할 수 있다. 그래서 「한마음으로 관하여 예배하옵니다」라는 네 글자는 적응도가 아주 넓다.

우리는 누구를 「관(觀)」하고, 누구에게 「예(禮)」하는가? 누구에게 「예배」하는가? 이분은 우리 「사바세계(娑婆世界)」의 교주이시다. 우리는 이 세계를 「사바세계」라고 하는데, 「사바」 두 글자에 포함된 의미는 「감인(堪忍)」이다. 「堪」은 土방에, 甚자이다. 나는 여전히 할 수 있고, 나는 여전히 이런 것을 감당할 수 있다[는 의미이다]. 「감인」은 여전히 참고 받아들일 수 있는 것인데, 다시 말하자면 우리 세상은 비록 온갖 고통이 있지만, 모두들 충분히 살 수 있으며, 여전히 사람들이 여전히 매우 기쁘게 살고 있다. 병이 나면, 매우 고통스럽고, 소리를 지르는데, 세상에나, 땅에나 ; 병이 지나간 후에는, 나와서, 또 뛰면서 춤을 추고 또 기뻐하며, 술을 마신다. 그는 「감인」할 수 있고, 여전히 참고 받아들일 수 있다. 고통은 매우 심한 고통이고, 모든 것이 고통으로, 고통 아님이 없는데, 단지 아직 참고 받아들일 수 있다는 것이, 이 세상의 특징이다. 이 세계는 선과 악이 있고, 그래서 사람들 모두는 이 가운데에 있고, 반은 선이고 반은 악이다. 사람마다 모두 조금의 선을 가지고 있고, 조금의 악을 가지고 있는데, 이러한 세상이다. 이 세계, 「사바세계」가 바로 석가모니불의 세계이다. 이 세계는 매우 커서, 여러분은 단지 하나의 지구라고 생각할 필요가 없는데, 이러한 하나의 작은 조직, **가장 작은 하부조직인 지구를 가지고 있고, 지구와 같은 네 개의 별들이 있어, 그래서 사대부주(四大部洲)**인데, 그것은 다시 그것의 중심을 가지고 있다. 현재로서는 아직 천체와 완전히 하나로 맞추어 보는 것은 매우 어렵다. 어쨌든 **가장 최소가 「태양계」이다. 이것은 「소세계(小世界)」로,** 1,000개의 소세계를 소천세계(小千世界)라 부르는데, 1,000개의 소천세계를 「중천세계(中千世界)」로 부르고, 1,000개의 중천세계를 「대천세계(大千世界)」로 부르며, 그래서 「삼천대천세계(三千大千世界)」라고 한다. 1,000을 세 번을 곱하기 때문에, 자승(自乘) 3차이다 : 1,000개의 소천(小千)[77]이 자승 1차이고, 그래서 3차 모두 1,000배를 요하며, 「삼천대천」이라 부르는데, 이것은 삼천 개의 대천세계가 아니다. 「대천세계」에 이르면, 그것은 1,000개의 중천세계를 가리키고, 하나의 「중천세계」는 일천계의 소천세계이다. 대(大)라는 것은 대극(大極)을 말하는데, 이는 석가모니불의 교화하고 제도하는 국토를 말한

77) 소세계(小世界)의 오기로 보인다.

다. 모두 석가모니불을 교주로 삼는다. 그러면 우리는 이 세계의 일부분으로, **우리 「남섬부주(南瞻部洲)」를 또 「섬부(瞻部)」라고 칭하고, 이것이 우리들 지구의 명칭인데, 남방에 속해 있다.**

이분은 우리의 「교주(教主)」이자, 「구계도사(九界導師)[78]」로, 석가모니불이 「구계의 도사」이시다. 「육도(六道)」 : 하늘·수라·사람·축생·귀신·지옥, 이것이 「육도」로 이것은 여섯 가지이다 ; 다시 위로는 성문(聲聞) (이는 아라한), 연각(緣覺), 다시 위로 한 종류는 보살(菩薩), 이 3가지는 범부를 초월하여 성(聖)이다. 더하자면, 위에 3개, 밑에 6개, 바로 9, 「구계(九界),」 다시 1계(界)를 더하면 이것이 불계(佛界)이다. 그런고로 불(佛)을 제외하면, 아래에는 구계가 있다. 석가모니불 그분은 우리들을 이끌어 주시는 스승일 뿐만 아니라, 그분은 하늘을 이끌어 주시는 스승이시다 ; 그분은 하늘을 이끌어 주시는 스승일 뿐만 아니라, 일체 성문, 연각, 보살을 이끌어 주시는 스승으로 이것이 「구계도사」이다.

우리들은 우리들 사바세계의 교주, 구계의 도사, 「여래·세존」을 관하여 예배한다. 「여래·세존」은 지금 많은 사람들이 오해를 하고 있다. 「여래」를 석가모니불이라고 설명하면, 이것은 잘못으로 여래는 「공통의 호칭(通號)」이다. 당신이 예를 들어 이 사람은 교수, 학자라고 말한다면, 당신은 이 사람이 [구체적으로] 누구인지 모르는데, 이것[즉 교수, 학자]은 공통의 호칭(通號)이다. 당신이 학문이 있으면 모두 학자라 칭할 수 있고, 당신은 대학에 가서 스승이 될 수 있고, 당신에게 교수 초빙서를 줄 수 있어서, 모두 교수라 칭할 수 있어, [교

78) 구법계 중생을 이끌어 주시는 스승

수, 학자는] 「공통의 호칭(通號)」이다. 반드시 장모모, 황모모에, 또 어떤 것을 더해야, 당신은 그가 누군지를 알 수 있다.

그래서 여러분이 「여래(如來)」를 응당 석가모니라고 생각하는데, 이것은 매우 큰 잘못으로, 현재 많은 화상들이 모두 이렇게 (인식한다). 「여래」는 부처의 십호(十號)[79] 중 첫 번째 호칭이다. 이 십호에도 여러 가지 다른 설법이 있는데, 우리가 가리키는 것은 비교적 최고 광범위한 설법이다. 제1은 「여래(如來)」; 제2는 「응공(應供)」, 공양을 받음 ; 제3은 「정변지(正遍知),」 알지 못하는 바가 없음 ; 제4는 「명행족(明行足),」 밝음이 족하고, 행이 족하여 모두 원만함 ; 제5는 「선서(善逝)」, 가시는 것을 잘 할 수 있음 ; 제6은 「세간해(世間解),」 이는 해탈을 하는 것임 ; 제7은 「무상사(無上士)」; 제8은 「조어장부천인사(調御丈夫天人師),」 이것을 두 개로 나누기도 하는데 이는 《대지도론(大智度論)》 속의 구분법으로, 이것은 한 개로 합친 것이다 ; 제9는 「불(佛),」 제10은 「세존(世尊)」이다. 이 제8을 두 개로 나누면 세존은 십호 밖에 있다. 10번 밖에 구분하면 어떻게 할 것인가? 총체적으로 「불」이라고 (강설하고) ; 존중하여 (강설하면), 「세존」도 불(佛)의 하나의 칭호이다. 하지만 어쨌든 이 열거는 아무 상관이 없는데, 부처님은 사실 천 가지 호칭, 만 가지 호칭이 가능하다. 이 십호는 여러분이 종합한 10가지 가장 수승한 미덕이고 10가지 미칭이다. 「여래·세존」은 아까 내가 읽지 않았는가, 「여래」는 십호 중 제1의 호칭이고, 「세존」은 열 가지 호칭 중 제일 마지막 호칭이다. 그래서 이 10개의 명호를 모두 적지 않고, 앞의 한 개와 끝의 한 개를 가지고 전부를 대표한다. 그러므로 「여래·세존」은 우리들이 열 가지 호칭이

79) 부처님에 대한 열 가지 호칭을 십호라 함

원만한 부처를 말하는 것과 같다 ;「십호」가 어떤 것인지 문자는 간단하다.

석가모니불의 공덕은 어디에 있는가? 이 [십호]는 모두「공통의 호칭(通號)」이고, 공유되는 것인데, 석가모니불께서 독자적으로 가지신 공덕은 무엇인가? 우리들의 이 세계에서,「오탁악세에서 팔상(八相)[80]으로 성도하신 것」이다. 그래서 시방불(十方佛)이 칭찬하는 바이고, 또 석가모니불께서 이와 같은「오탁악세(五濁惡世)」에서 도를 이루고, 이와 같은「오탁악세」에서 정토법문을 설하신 것을 칭찬한다. [이와 같이 하는 것은] 매우 어려워서,「심히 어렵고 희유하다(甚難希有)」라고 칭한다!「오탁」은 어떤 오탁인가?「겁탁(劫濁)·견탁(見濁)·번뇌탁(煩惱濁)·중생탁(衆生濁)·명탁(命濁)」이다. 이 시대, 이 겁은 매우 나빠서「겁탁」이다 ;「명탁」은 여러분 중생의 수명이 매우 짧은 것이다 ; 중생은 모두 나쁜 사람이 많고, 마음은 모두 불량하고, 중생도 매우 탁하다 ; 중생의 수명이 매우 짧고, 중생의 번뇌가 매우 많아서, 모두 번뇌 속에 있다. 여러분은「번뇌」를 아는데, 근심하는 것이 (바로) 번뇌라고 생각하지 마라. 당신은 미친 듯이 기뻐하고 있는데, 당신이 기뻐하는 것도 번뇌이다 ; 당신의 이 본심을 깨끗하게 하지 못하게 하는 모든 것을 번뇌라고 부른다. 어떤 사람은 나의 근심이 번뇌이고, 나의 환락은 근심이 아니라고 아는데, 환락도 번뇌이며, [그것도] 번뇌가 매우 중하다.

더욱 근본적인 것은「견탁」이고, 이「견(見)」자는 매우 중요하다. 이「견해(見解)」는 멍청하고, 혼탁하고, 깨끗하지 않으며, 뒤바뀐 것이다 ; 무엇이 좋고, 무엇이 나쁜지 알지 못한

---

80) 석가모니부처님의 일생을 8단계로 대별한 것

다 ; 마땅히 어떤 것을 얻으면, 마땅히 (어떤 것은 얻지 못한다) ; 피해야 할 것은 어떤 것인가. 이것은 가르치기가 좋지는 않은데, 그는 이해하지 못하고, 그래서 오탁악세는 이런 현상이다. 그래서 여러분 우리는 홍법(弘法)[81]이 어렵다고 느끼고 있는데, 이건 필연적인 것이니 불평하지 마라! 마치 내가 이렇게 큰 힘을 쓴 것 같은데 성과를 내지 못하니, 그게 어렵다. 「오탁악세,」 그것은 겁탁·견탁·번뇌탁·중생탁·명탁의 여러 가지가 있다. 그래서 이러한 사정은 이렇게 쉽지가 않다.

그러나 석가모니불은 이 세계에서 「팔상성도(八相成道)」를 하셨다. 「팔상성도」에 관하여 몇 가지 다른 설법이 있는데, 우리는 가장 보편적으로 이야기한다. 팔상, 이것은 성불의 법칙이다. 이러한 종류의 성불은 바로 석가모니가 이렇게 성불한 것과 마찬가지로, 다음에 미륵이 와서 이렇게 성불하는 것이다. 「팔상성도」는 다시 말해 그의 수행이 이미 「일생보처(一生補處)」에 이르렀다는 것으로, 「일생보처」는 인간 세상에 한번 오면 성불하는데, 그분이 이렇게 성불하여 바로 이 「팔상」을 나타내는 것이다. 그래서 제1상은 바로 도솔천에서 내려오는 것, 「사도솔(捨兜率)」이 제1상인데, 그는 본래 도솔천에 있으며, 그는 도솔천에서 하강하길 원한다 ; 둘째는 「입태(入胎)」인데 어머니 태내에 들어와서, 태아가 되었다 ; 제3은 「출생(出生)」 ; 제4는 「출가(出家)」 ; 제5는 「항마(降魔)」 ; 제6은 「성도(成道)」 ; 제7은 「전법륜설법(轉法輪說法)」 ; 제8은 「입열반(入涅槃)」 ; 이것이 「팔상성도」이다. 이 안에서도 「열고 닫는 것(開跟合)」이 조금 다른데, 이것은 매우 우아한 것과는 관련이 없다. 우리들은 다시 말하지 않는데, 다

81) 법을 널리 펴는 것

시 기타의, 별도의 다른 것을 소개하는 것은 (쓸데없다). 《대경해(大經解)[82]》 속에 매우 상세하게 있다. 「십호」는 각 여러 가지 종류를 가지고 있고, 「팔상성도」가 여러 가지 소개되어 있지만, 우리는 한 가지만 알면 충분하다. 그렇게 「오탁악세」에서 「팔상」으로 성불을 시현하셨다.

그분은 「흥대비(興大悲)」로 대자비심을 일으키셨다. 「자(慈)」와 「비(悲)」는 포함하는 의미가 다른데, 「자」는 즐거움을 주는 것이다. 그래서 자애로운 어머니가 어린아이가 원하는 무엇을 그에게 주는 것, 이것이 자이다 ; 「비」는 고통을 뽑아내는 것으로 다른 이가 고통으로부터 빠져나오길 바란다. 그래서 대비관음(大悲觀音)은 천수천안(千手千眼)으로 위쪽에 위풍당당한 모습을 드러내는데, 첫 머리는 붉은색 아미타불, 두 번째 머리는 푸른색 돌출된 이의 마하가라(瑪哈嘎拉)의 「금강상(金剛相)」이다. 중생들의 고통을 뽑아내기를 원하므로 그래서 「대비」이다. 「자」는 즐거움을 주는 것이고, 「비」는 고통을 뽑아내는 것이다. 중생을 고통에서 벗어나게 하고, 즐거움을 주면 다 좋지 않은가? 그래서 자와 비는 약간 다르다. 석가모니불에 대하여 찬탄하는 것은 [그분은] 보통의 「비」를 일으키는 것이 아니고, 이것은 「대비(大悲)」인데, 중생을 같은 자식으로 보는 것이고, 모두 자기의 외아들과 같아, 이런 것이 「비」이다. 모든 중생은 나의 독생 자녀들이니, 모두 구도(救度)하기를 원하고, 평등한 구도(救度)를 원한다. 그래서 이것이 「대비」이다. 게다가 그들이 철저히 구도(救度)되도록 하려는 것이다.

---

82) 황념조 거사께서 지으신 《불설대승무량수장엄청정평등각경해》를 말한다. 본문에서는 《대경해》라 약칭하고 있다.

「유정중생들을 불쌍히 여긴다」란, 일체 정감(情感)이 있고, 생명이 있는 중생을 불쌍히 여기며, 이 일체를 불쌍히 여기는 것이다. 그럼 어떻게 하는가? 「자비한 말씀을 연설하시고(演慈辯), 법안을 주는 것(授法眼)」이다. 그래서 「불법은 아무도 설할 수 있는 사람이 없으며, 비록 지혜가 있더라도 이해할 수 없는데,」 불법은 다른 사람과 당신이 말할 수 없고, 비록 당신이 지혜가 있더라도 이해할 수 없다. 그래서 「해설하고 가르침을 주는 것」을 전전하게 된다. 중간에서 [불법을] (전하는 사람은) 매우 중요한데, 때로는 사람이 부족하고, 한 시대에 아무도 없기도 하다 ; 중간에서는 「비록 지혜롭더라도 이해할 수 없으므로,」 그래서 어떤 때는 불보살이 화신으로 출현하시어, 다시 도탈(度脫)[83]하게 하고, 다시 얼마간의 사람을 양성한다. 그래서 부처님은 「자비로운 말씀을 상세히 하기」를 바라시는데, 여러분에게 말씀하기를 바라신다. 이 「자(慈)」는 여러분에게 기쁨을 주는데, 자애로운 어머니의 마음과 같아서, 이런 종류의 상세한 설명을 하는 것(演說)을 바로 「자비로운 말씀을 연설하신다」라고 칭한다. 이는 중생을 보살피는 마음에서 나온, 중생을 구도(救度)하는 마음이다. 중생에게 「법안(法眼)을 주는 것」은 중생에게 주는 것인데, 법안을 중생에게 수여되도록 한다. 중생은 이 「법안」에서 떨어져 있는 정도에서 차이가 매우 많이 난다. 법안은 오안(五眼) 중의 하나이다. 눈은 다섯 가지가 있는데, 한 가지는 「**육안(肉眼)**」으로, 우리 모두 가지고 있고, 우리들은 모두 「육안」이다. 눈은 매우 중요한데, 우리는 눈이 없어 바로 맹인이며, 매우 가련하다 ; 어떤 것이 좋은지 전혀 모르고, 꽃 피는 것도 모르고, (염공께서 탁상 위의 꽃을 가리키며 말씀하시길,) 나는 이 난초가 곧 피기를 원하는데, 당신은 모른다.

83) 사람을 고해에서 벗어나게 함(度人脱离苦海)

(생각하면서 :) 「아, 꽃, 이거 (아닌가) ; 」 녹화도 소용없다. 눈은 매우 귀중한데, 「육안」도 육안의 귀중함이 있으며, 이 것이 가장 낮은 [단계의] 눈이다. 당신이 천상에 태어나면 자연스럽게, 수행할 필요도 없이 「**천안(天眼)**」이다. 「천안은 통달이니,」 그는 바로 이 별에서 저 별을 볼 수 있고, 그 어떤 것도 그것을 막을 수 없고, 어떤 벽도, 어떤 땅도, 산하도 그것을 막을 수 없다. 그래서 천안은 「통달」로, 아는 것이다. 물론 「천안」은 바로 천인(天人)이 가진 것이고, 이것은 2등이다. [천안은] 사람의 눈, 육안보다 약간 [단계가] 높다. 다시 「**혜안(慧眼)**」이 있는데, 혜안은 진실을 보는데, (바로) 진실이다. 중생은 사람마다 다 본심(本心)이 있는데, 당신의 본심은 무엇인가? 모두 법신(法身)이 있는데, 법신은 무엇인가? 어떤 것을 진공(真空)이라 부르는가? 진실이다. 「(혜)안(慧眼)은 진실을 본다.」 이 진실을 보는 것의 정도는 같지 않다. 아라한이 「진실을 보면,」 아라한은 「무아(無我)」가 된 것이다. 그는 열반을 증득하여, 또 번뇌가 없고, 견사혹(見思惑)을 끊었으나, 단지 그는 그것에 대한 철저함이 없는 것이다. 그를 진실이 아니다라고 말할 수는 없지만, 그는 「철저함」이 없는 것이다. 당신이 진정으로 부처님과 같은 진실을 보기를 원하면, 그것은 대철대오(大徹大悟)하는 것이다. 그래서 (이것이) 혜안이다.

「**법안(法眼)**」은 해결책을 아는 것이다. 중생에게는 팔만사천 가지 병이 있는데, 부처님은 팔만사천 (종류의) 약을 가지고, 병에 응하여 약 주기를 원하신다. 의사인 당신은 어떤 사람의 어떤 종류의 병에 대해 알고 있어야 하며, 당신은 그에게 무슨 약을 주어야 한다. 설령 여러분이 오늘 모두 정토법문을 배우러 오더라도, 마땅히 문제가 있는 때에 회답을 해야 한다. 다시 우리가 매 개개인의 다른 특징이 있는 병에 대응하는 근거가 필요하고, 당신의 근기(根器)에 따라서 회답을 하는데, 이것을 잘못하면 더욱 안 된다. 당신은 비록 간단한 것이기는 하지만, 당신은 오늘 마침 감기몸살에 걸렸으니, 당신이 열이 나면, 내가 당신에게 보약을 먹게 할 것이다 ; 내 사위는 약을 잘못 먹었는데, 병이 막 좋아졌는데 보약을 먹고, 피를 토하여, 현재 또 병원에 입원하고 있다. 보약은 아무나 먹을 수 없는데, 보약은 당연히 좋아서, 최고로 사람을 보양하지만, 당신이 잘못 먹으면 독약이다 ; 비상은 독약이지만, 단지 당신의 증상에 적합하면 좋은 약이고, 병을 치료할 수 있는데, 그래서 「병에 따라 약을 주는 것」이다. 법안을 수여받은 자는 해결책을 안다. **「혜안은 진실을 보는데,」 그것은 「근본지(根本智)」**이고, **「법안」은 「차별지(差別智)」**이다. 그래서 말하는데, 당신은 어떤 법이 가장 좋고, 어떤 법이 가장 잘못이며, 마땅히 무엇을 배워야 하는지 알 수 있다. 중생이 어디에 이 수준(水平)에 있단 말인가! 더욱이 「두루 일체법을 알」 수 있단 말인가! 어느 법이 우리들에게 가장 적합한가(를 알 수 있는가)? 이것은 부처님께서 우리에게 주신 것이고, 부처님께서 우리에게 알려주신 것이다. [부처님께서] 당신에게 알리신 후에 당신이 스스로 믿을 수 있다면, 당신 스스로가 「법안」을 가지고 있는 것과 마찬가지이다! 부처님께서는 가장 좋은 것을 (당신에게 주어), (마치) 당신이 비록 의술을 잘 모르지만, 그러나 우리 의사가 이 병에는 이것을 먹는 것이 가장 좋다고 당신에게 알려준다. 당신이 먹는 것을 긍정한다면, 당신은 이 약을 먹는데, [그러면] 당신과 의술을 아는 사람이 먹는 것은 같은 효과가 있는 것이 아닌가? 그러나 당신의 이 지혜는 당신이 의학을 연구해서 얻은 것이 아니라, 의사가 당신에게 준 것이다. 그는 여러 가지 검사를 하는데, 매우 과학적이고, 의학적인 각종 설비로, 또 초음파며, X-RAY며, 각양각색의, 갖가지 모든 처방(心思)을 사용하도록 주어, 당신에게 주어, 틀림없이 당신이 최고로 적합한 이것을 먹게 한다. 당신은 이런 능력이 없는데, 그러나 당신은 우선 [의사가 처방한 약을] 먹는 것이 필요하고, 우선 먹는 것이 좋은데, 이것이 바로 「법안을 주는」의 뜻에 해당한다. 「주다(授),」 이 한 글자는 전혀 소홀히 할 수 없다. 그래서 우리가 은혜에 감사해야 하는 것이 이것으로, 우리는 오늘 이렇게 할 수 있는데, 어째서인가? 이것은 부처님의 「은혜」이다! 부처님은 우리에게 저 눈을 주셨다. 우리에게 주셨고, 알려 주셨을 뿐만 아니라, 우리를 견고하게 해 주셨다 ; 시방불이 모두 칭찬하고 계시고, 천 가지 경전과 만 가지 논서가 모두 이렇게 당신에게 이 점을 지적해 주니, 믿지 않을 수 없고, 당신은 능히 믿을 수 있고 이것에 도달할 수 있다. 당신이 인정했으니 당신 스스로 「법안」이 있는 것과 같다 ; 당신이 인정하면, 당신 자신에게 법안이 있는 것과 마찬가지이다. 이 방법은 수학(數學)과 같은데, 당신은 스스로 이해할 수 없으므로, 다른 사람이 당신에게 [풀이 방법을] 알려 준 후에, 당신은 스스로 보고 알아서, 당신도 이해할 수 있다. 당신 혼자이기 때문에 [삼계에서] 벗어나지 못하는데, 이러한 것들은 매우 많다. 그래서 부처님의 은혜로 우리에게 「법안」을 주신 것이다. 한 걸음 한 걸음 깊이 들어가는데, 이 구절들은 모두 《무량수경》 속에 들어 있는 것이다.

「악취를 끊음(杜惡趣)」은, 악취를 가로막는 것이다. 「육도」는 일반적으로 「삼악취(三惡趣), 삼선취(三善趣)」이다 ; 축생·귀신·지옥은 「악(惡)」이고, 사람·하늘·수라는 「선(善)」이다. 「악취」가 당연히 좋지 않은 것을 아는데, 당신에게 「악취」의 문을 막게 한다. 두(杜)는 '가로막다', '틀어막다'이다. 당신에게 이 문이 봉인되도록 하여, 이 길은 통하지 않는데, 악취의 문으로 통하던 것이 통하지 않는다. 여기에서 「악취」는 단지 삼악취로만 이야기할 수 없다. 여기의 「악취」는 바로 「육도(六道)」를 말한다. 《무량수경》은 「공간으로 오악취를 끊는 것」을 말씀하고 있는데, 그래서 당신은 「하늘·수라·사람,」 이 일체의 모든 것을 「악취」로 열거한다. 어째서 그것들을 악취라고 말하는가? 당신은 쉬지 않고 윤회하는데, 당신은 이 「육문(六門)」 안에서 돈다. 돌고 도는 당신은 그 회전이 [언젠가는] 지옥에 이를 것이다. 그래서 기독교, 회교 (같은) 외도(外道), 그들은 「천상(天)에 태어남」을 그들의 최후 목적으로 삼는데, **천상에 태어나는 것을 우리 불법에서는 다시 「악취」로 본다. 저 악취는 진일보한 악취 [개념]이다.** 당신은 항상 이 「육도」에서 윤회하고 있는데, 극락세계에 왕생하는 것과 (서로 비교하면) 이것은 「악」이다. 현재 우리에게 이 법문을 알려주시고, 「생사 중의 윤회,」 「육도 중의 윤회,」 이 길을 우리에게 가로막으시어, 우리는 다시 악취 속에서 윤회할 리가 없다. 그래서 여러분은 「**대업왕생(帶業往生)**[84)]」을 이래저래 논쟁하고 있고, 매우 많은 사람들이 인정하지 않는다. **「대업왕생」(의 말씀)이 없다면, 정토법문은 없고, 어떠한 특별하고 수승한 것이 없다.** 바로 「대업왕생」이다! 당신은 본래 다시 육도를 거치고, 삼악도를 거치고, 지옥 무슨, 이런 종류의 「종자,」 이런 「업」인데, 당신은 단지 한번 왕생하기만 하면, **당신이 [업을] 모두 잘 가지고서, 왕생에 이르기만 하면 [업이] 다 없어진다. 이 없애는 것은 극락세계에 가서 없애는 것이지, 당신이 먼저 없애야 [극락세계에] 갈 수 있는**

84) 업을 지닌 채로 왕생함

것이 아니다. 가서 없애는 것이다. 여러분 많은 사람들이 이러한 생각에 대해 잘 모른다. 「악취를 끊음(杜惡趣)」은 우리에게 있어 지금 우리로 하여금 「가로막게」 한다는 것이다. 당신이 반드시 스스로 이 「악취」의 인소(因素)[85]에 도달하여야만 당신이 모두 소멸시키고 갈 수 있다고 말하는 것은 아니다. 이것은 많은 사람들이 갖는 일종의 오해이다. 그래서 지금 당장은 어려운데, 어려움은 여기에 있다. 어떤 사람이 와서 당신을 헛되이 어지럽히는데, 일부러 어떤 설법을 하여, 여러분을 애매하게 만들어 골탕을 먹인다.

「악취를 끊고(杜惡趣),」 「선도의 문을 여는 것(開善門)」이다. 저 「선도의 문(善門)」은 「삼선도(三善道)」의 문이 아니라, 이 「선도의 문(善門)」은 정토법문과 극락세계 왕생으로, 이 문을 당신에게 여신 것이다. 요컨대 육도윤회를 벗어나는 것은 「삼계(三界)」를 벗어나는 것으로, 「삼계」는 욕계·색계·무색계이다. 그래서 세간은 바로 이 삼계의 정황(情況)이다. 가장 아래의 것은 「욕계(欲界)」로 욕계는 유정중생(有情)의 욕망적인 것이고, 일단의 중생, 동물의 그 정욕(情欲)은 매우 성하고, 사람(을 포괄한다) ; 「천상계(天界)」는, 낮은 [단계의] 천(天)은 이와 같다. 그래서 세인들이 모두 말하길 서왕모(王母娘娘)에게도 칠선녀(七仙女)가 있는데, 이것이 모두 「욕계」이다 ; 「욕망(欲)」(이란 말)이 없으면, 어떻게 서왕모가 있고, 어떻게 공주가 있겠는가? 이것이 모두 욕망이고, 이것이 「욕계(欲界)」이다. 단 이것은 여전히 낮은 것이다. 우리들은 일반적으로 「욕계(欲界)」를 아는데, 많은 다른 종교들도 단지 욕계라는 경계에 이르는 것을 알 뿐이다. 혹자는 다시 고차원적으로 **「색계(色界)」**를 아는데, 색계는 욕망을 떠난 것으

85) 원인이 되는 요소

로, 이것을 범(梵), 「범천(梵天)」으로 칭하고, 매우 청정하다 ; 이 육신이 없고 육신의 욕망이 없다 ; 단지 여전히 형상이 있다. 그래서 「색계(色界)」라 칭하는데, 다시 여러 가지 볼 수 있는 것이 있다. 다시 위는 「무색계(無色界)」인데, [욕계·색계·무색계를] 「삼계」라 칭한다. 요컨대 「삼계」를 벗어나는 것이 육도윤회를 벗어나는 것인데, 이것이 선계(善界)이고, 선도(善道)이다.

「삼계」에서 벗어나려면 견혹(見惑)과 사혹(思惑)을 완전히 끊도록 하는 것이 필요하다. 사혹은 탐(貪)·진(瞋)·치(痴)·만(慢)이다 : 탐욕심(貪心), 눈을 부라리고 원한을 갖는 마음(瞋恨心), 우둔하고 미련함(愚痴), 예의 없음(我慢)이다. 비단 욕계의 인류 속에 있는 이런 것을 끊어야 할 뿐만 아니라, (다시) 천상세계의 탐·진·치·만을 모두 깨끗하게 끊어야 한다. 우리들 혼자 스스로 생각해보면, 완전히 탐· 진·치·만을 없앨 수 있을까? 어떤 좋은 물건을 동경하고, 항상 살 수 있기를 바라는데, 이것이 「탐심」이다. 단지 사람을 모해하는 것이 곧 「탐심」이 될 뿐 아니라, 당신이 이것을 좋아하고, 그것을 좋아하여, 구하여 얻지 못하면, 늘 생각하여 잊지 않는데, 이것이 「탐심」이다. 그래서 당신은 떨쳐버리기가 매우 어렵다. 탐·진한(瞋恨)·치인데, 한 마디 말이 귀에 거슬리면, 바로 기분이 언짢아 진다 ; 그래서 완전한 제거는 매우 어렵다! 완전히 제거하지 않으면, 당신은 삼도를 벗어날 방법이 없다.

[그러면] 어떻게 「악취를 끊고, 선도의 문을 여는가?」 그래서 이 왕생법문이 바로 수승하다. 예를 들면, 그것은 「**가로로 삼계를 벗어나는 것(橫出三界)**」이다. [다른 법문은] 당신이 세로로 벗어나야 하는데, 보릿대 속에 자라고 있는 벌레와 비

숫하고, 그들이 벗어나려고 생각하지만, (그러나) 그는 이미 속에서 자라고 있다. 그들이 자라고 보릿대가 자라며, 그들이 자라서 성체가 되는 것처럼, 보릿대도 만들어진다. 그들이 벗어나는 한 가지 방법은 보릿대를 [세로로] 한 마디 한 마디씩 따라서, 한 마디 한 마디씩 깨물어서, 여러 마디를 깨물어야 비로소 나올 수가 있다 ; 단 하나의 매우 교묘한 방법이 있는데, 당신이 가로로 한번 깨물면, 깨물어서 구멍을 하나 뚫어서 나오게 된다. 그래서 우리 정토법문은「가로로 삼계를 벗어나는 것」으로, 보릿대 속의 벌레같이 가로로 구멍을 깨문다 ; 비록 좀 고생스럽고, 이게 좀 두껍고, 좀 번거롭기는 하나, 하나의 구멍을 물어뜯고 나온다. 저 세로의 순서에 따라 하나를 물면 다시 하나가 있고, 하나가 있으면 다시 하나가 있고, 또 당신이 무는 과정 중에, 그것[즉 보릿대]은 또 양쪽 마디가 자라는데 그래서 매우 어렵다.
현재 다시 말하면, 우리가 정토법문을 사용한다고 말하는 것은「가로로 삼계를 벗어나는 것」인데,「가로로 삼계를 벗어나는 것」은「선도의 문을 여는 것」이고, 여러분 모두 (할 수 있는 것이다). 당연히 당신이 세로로 벗어나는 것도 선도의 문에 도달할 수는 있지만, 절대다수는 도달하지 못한다. 그래서 (부처님은) 보편적으로 일체중생을 위하여 이런 문을 열어주셨는데, 극락세계에 왕생하여 극락세계에서 성불하는 것이다.

어떤 사람은 염불을 해도, 그는 성불을 생각한다고 말하지 않고, 다만 약간의 보우(保佑)[86]만을 바랄 뿐이다. 부처님께서 그것을 매우 가련하다고 말씀하시고, 부처님께서는 여러분을 연민해 하시며, 부처님은 사람들마다 그의『본래(本來)』

86) 부처님께서 잘 되게 도와주심

를 회복하기를 희망하신다. 당신은 본래 부처인데, 지금은 호도(糊塗)되어, 꿈을 꾸고 있구나, 꿈에서 고뇌를 보는데, 많은 사람들이 당신을 쫓고, 당신을 죽이길 원하는데, 공포가 극심하다. 당신이 깨어나는 것은 좋은 것으로 이러한 문제가 없다. 그래서 부처님에게는 결코 단지 자신의 성불만 있는 것이 아니다. 당신들은 모두 성불할 수 없는데 오직 [부처님만] 홀로 존귀함(唯我獨尊)을 원하지 않으시며, 그런 뜻이 아니다. 여러분 모두가 철저히 깨닫기를 희망하면서, 그래서 바로 「선도의 문(善門)」을 여신 것이다. 단숨에 해내시는데, 「대비심을 일으켜, 유정중생들을 불쌍히 여기시고, 자비한 말씀을 연설하시며, 법안을 주시고, 선도의 문을 열게 하신다.」 그럼 어떻게 하시는가? 바로 「행하기는 쉬우나 믿기는 어려운 법(易行難信之法)을 널리 설하시는 것」이다. 석가모니부처님께서 우리에게 「행하기는 쉬우나 믿기는 어려운 법」을 널리 설하여 주시는데, 이것이 정토법문의 가장 큰 특별한 점이다. 그래서 여러분께 축하를 드린다. 이 **「믿기 어려운 법(難信之法)」을 여러분들이 이제 믿을 수 있는데, 이것은 다겁생의 「선근(善根)」에 기인한 것이며, 이것은 매우 쉽지 않은 것이다.** 《무량수경》에서 말씀하시길, 「어려움 속의 어려움으로, 그 이상의 어려움이 없다.」 얻기 어려움 속의 얻기 어려움이어서, 다시 이것을 능가할 수 있는 것이 없고, 그래서 믿기 어려운 법(이다). 또 「이 믿기 어려운 법을 《소본(小本)》에서는 「일체세간이 믿기 어려운 법(一切世間難信之法)」으로 칭하는데, 결코 인류만을 가리키는 것일 뿐만이 아니라, **우리보다 지혜가 높은 천계의 여러 사람도, 모두 믿기 어렵다. 「일체세간(一切世間),」 구계(九界)가 모두 믿지 못한다.** 현장대사가 번역한 《아미타경》 (《당역唐譯》)에서는, 「극(極)」자를 붙여, 「극히 믿기 어려운 법(極難信法)」이라 한다. 그래서 이것은 매우 믿기 어렵다. 여러분이 말하기를, 내가 염불하면, 나는 왕생할 수 있고, 삼계를 벗어날 수 있을까?라고 한다. 그는 감히 이를 믿지 못한다. 이 도리는 극히 미묘하다.

「행하기는 쉬움」이란 삼계를 능히 벗어나고, 생사를 벗어나는 모양을 말한 것인데, 이것과 일체 팔만사천 법문을 비교해 볼 때 이것보다 더 쉬운 것은 없고, 기타 모든 각자의 법문은 각자 어려움을 가지고 있다. 당연히 「밀종(密宗)」은 만일 당신이 진실로 수행할 수 있다면, 일체가 모두 여법(如法)하여, 또한 매우 쉬울 것이다. 하지만 밀종은 정토종과 비교하면 어려운 점이 있는데, 바로 당신이 밀법(密法) (수행을 한다면) 어떻게 [올바른] 사부를 알아 볼 수 있겠는가? 이 사부 그는 마(魔)가 아니어야 한다! 마는 불법을 파괴하려 한다! 이 [불법] 안에서 그는 쉽게 섞여서 파괴할 것이다. 이 두 가지가 가장 수승한데, 하나는 「밀종」이고, 하나는 「선종(禪宗)」으로, 여기서 그 [가짜 사부]는 매우 쉽게 사칭(冒充)할 수 있다. 그들의 「밀종」은 당신이 크게 이해하지 못하는데, 사실 그들의 계율은 여전히 매우 중요하나, 그들 스스로도 존중하지 않는다. 그는 일반적으로 모두 말하기를, 「또 훈채(葷)를 먹고, 또 계율을 이야기하지도 않는다.」 그래서 그[즉 가짜 사부]가 도용(冒牌)을 하는 것은 아주 쉽다. 「그는 경전을 연구하지 않는다」; 실제상으로는 연구가 매우 깊은 경전인데, 단 현재 우리들은 모른다. 별도로 「그는 어떤 신통을 드러내고, 어떤 여러 가지 것들을 한다.」 그래서 이런 종류의 사기성은 특히 강해서, 여러분의 인식은 또렷하지 못하며, 당신은 변별할 방법이 없다. (《심성록(心聲錄)》에서, 염공께서 말씀하시길 : 「중국대륙 해방 이후 40여 년 동안, **즉신성취(即身成就) 대홍광신(大虹光身)** (이는 밀법수행의 최고

성취로, 사람의 육신이 광명을 이루어 변하는 것)을 이룬 사람은 6명뿐이라고 공개되어 있다.」)

「선종(禪宗)」도 이와 같아서, [깨닫지 못한 자들도] 「이치(理路)에 관계없이,」 마음대로 당신에게 회답할 수 있다. 고덕(古德)이 부처에 대하여 물었다. 「무엇이 부처입니까(什麽是佛)?」 (답하길 :) 「삼 세 근이니라(麻三斤).」 (어떤 학승이 동산洞山 수초守初 선사에게 묻기를, 「부처는 어떠한 것입니까(如何是佛)?」 선사가 주방에서 호마(胡麻)를 재고 있다가, 다시 대답하길, 「삼 3근이니라(麻三斤).」) (다시 묻기를 :) 「무엇이 부처입니까(什麽是佛)?」 (답하기를) 「새색시가 당나귀를 타고 남편이 끌고 간다.」; 「새색시가 당나귀를 타고 아가(阿家)가 끌고 간다. (『아가(阿家)』는 시어머니를 뜻한다.)」; (앞의 한 구절을) 바로 새색시가 당나귀를 타고, 그 남편이 뒤에서 좇고 있다라고 그 [가짜사부]가 대답하였다. 당신이 이 말로 사기를 치는 것은 매우 쉽지 않은가? 입에서 나오는 대로 말하는데, 누가 당신이 깊은지 얕은지 알겠는가, 그래서 그들[즉 가짜 사부들]은 그[즉 선종] 속에 몸을 숨기기가 쉽다.

저 정토종에서는, 당신은 반드시 한 사부에게 의지할 필요가 있는 것은 아닌데, 그렇지 않은가? 경전은 모두 있고, 법은 다 여기에 있지 않은가, 당신이 이것을 따라 잘 염하고, 책을 잘 보면, 그것이 「온당」하다. 또 정토종의 사부는 최소한으로 계율을 이야기 하는 것이 필요하고, 그는 경론을 알아야 하는데, 어느 정도 아는지 여전히 당신은 알 수 있다 ; 그의 이해가 어떠한가? 그의 계율수지가 어떠한가? 관찰하기가 쉽다. 그래서 결론적으로 말하자면, 이것은 쉽고, 또 「온당」하고, 더하여 「속이기가 쉽지 않아서,」 정토법문을 다시 넘어설 수 있는 것은 없다.

그러나 또 다른 약간의 오해는, 어떤 사람들이 이것을 「행하기 쉬운 법」이라고 말하고, 이로 인하여 내가 이 법문을 얻은 후에는 내가 수월하게 왕생할 수 있으니, 자기의 힘을 조금도 쓰지 않는데, 이것도 또한 착오이다. 소위 **「행하기 쉬움」이란 이것과 다른 것을 서로 비교하면 이것이 가장 쉽다는 것이다.** 그러나 당신은 부처님이 오셔서 접인하심에 도달하여 부합할 수 있어야만, 당신은 왕생의 목적에 도달한다. 당신의 모든 일, 아미타불께서 당신이 건량 싸는 것(包乾兒)을 대신하고, 당신의 책임(承當)을 모두 대신하여야, 이 한 단계를 성취할 수 있으므로, 당신은 반드시 아미타불의 마음 속 발원(心願)에 부합해야 한다. **당신은 「진실한 믿음(真實的信), 진실한 발원(真實的發願)」이 필요하고, 당신은 사바세계에 미련을 남기지 말아야 한다.** (만약) 당신이 사바세계의 일체에 대하여 몹시 미련이 남아 있다면, 그럼 당신의 극락왕생하려는 마음은 전일(專一)하지가 않다. 그래서 이 일체 것을 버리는 것은 한 마디 말에 있는데, 우리들은 제대로 「믿음이 있고(有信), 발원이 있는 것(有願)」이 필요하다. 매우 좋은 것이 경을 읽고(念經), 염불(念佛)함에 있다. 진정으로 이 일체를 성취할 수 있는 것은 쉬운 것이 아니니, 진정으로 자기의 깨달음(覺悟), 자기의 노력이 필요하다.

그래서 이 「쉬움」을 비교하여 말하자면, 역시 「한 차례 추위가 뼈에 사무치는 것」이 필요하다. 「한 차례 추위가 뼈에 사무침이 아니면(若不是一番寒徹骨), 어찌 매화 향기가 코를 찌를 수 있는가(爭得梅花撲鼻香)!」 그래서 하노사께서도 장종창이 가택수색을 하고, 죽이려 하여, 그분은 해외로 도피하였고, 그분은 「적화사상을 선전(宣傳赤化)하였다」라고 말씀하셨다. 장종창은 일개 군벌로서, 실제로는 토비(土匪)이다. 그는 산동독군(山東督軍)을 해먹었는데, …… (하노사) 그는 곧 일본으로 도피하였다. 다시 천진(天津)으로 돌아와 중병이 들었는데(이때 호를 '연거(蓮居)'로 바꿈), 그래서 부득이 폐관수지(閉關修持) 할 수 밖에 없었다. 이것을 말하자면, 이때가 되어서야 비로소 명백해졌는데, 「오직 정토종만이 곧 진실이다.」 그래서 폐관수법(閉關修法)하고, 매우 정근(精勤)을 하다. 누(樓) 아래 내려오지 않았는데, 한 사람이 위층에 있어, 몇 년 공부이던가, 모두 한번 진실한 노력이 필요한 것이다.

이것은 「행하기는 쉬우나 믿기는 어려운 법(易行難信之法)」이다. 그래서 이 법은 「미래의 모든 함령(含靈)들이 모두 이 법문에 의지하여 제도를 받고 해탈(度脫)하게 되는데,」 이는 《무량수경》의 말씀이다. 아난은 부처님과 함께 있었고, 부처님께서 어느 날 크게 「광명」을 비추시는 것을 보았다. 그는 줄곧 부처님의 시자였고, 부처님을 따라다녔으나, 지금까지 이런 것을 본 적이 없었다. 그는 부처님께 여쭈기를, 「부처님께서 오늘 이렇게 광명을 발하는 것은 무슨 까닭이오며, 지금까지 우리들은 [이런 것을] 본 적이 없사온데, 부처님께서는 다른 부처님을 생각(念佛)하는 것이 아니시옵니까?」 석가모니부처님께서는 아난을 칭찬하시며 말씀하시길, 「잘 물어보았다! 너의 이 『질문』의 공덕은 기타 매우 많고 많은 것들을 뛰어넘어 수승한데, 어째서인가? 너의 이 질문으로 인하여, 미래의 중생은 모두 너의 이 질문으로 인하여 도탈(度脫)하게 될 것이니라.」 그의 이 「질문」으로 인하여 부처님께서는 《무량수경》을 말씀하시었다. 그래서 《무량수경》은 바로 여기에 중요함이 있다. 아난의 당시 「질문」은 부처님께서 특별히 「희유한 광명(希有的光明)」을 내셨기 때문으로, 그가 몇 년 동안에 못 보았던 것이었다! 그래서 그는 어찌하여 그런 「광명」을 놓으시는지 질문을 한 것이다. 부처님이 칭찬하시면서, 또 「미래의 모든 중생들이, 모두 이 법문에 의지하여 제도를 받고 해탈하게 될 것이다」라고 설하셨다. 석가모니부처님의 말씀으로부터 현재까지 이르러, [그 대상은] 우리를 포함하고, 우리 이후의 중생들도 포함한다. 「미래(當來)」는 바로 이후에 올 것이므로 그럼 우리 아닌가? 부처님 계신 이후이다 ; 「일체」이니 남는 것이 없다 ; 당신이 제도받고 해탈하기를 원한다면, 모두 이 법에 따라서, 당신 모두는 정토를 믿고, 정토에 왕생하기를 구해야 한다 ; 이 법에서 떠나려고 하면, 도탈(度脫)할 방법이 없다!

「모두 이 법에 의지하여 제도를 받고 해탈을 얻는다.」 이 한마디 말을 설한 것은 「찬탄」이며, 석가모니부처님을 찬탄한 것이다. 석가모니부처님은 이 세상에 오셔서 팔상성도(八相成道)하시어, 악취의 문을 닫게 하시고, 선도의 문을 여셨다. 어떻게 여셨는가? 우리들에게 이 법을 널리 설하셨다! 이 법을 널리 설하시어, 장래 일체 영성(靈性)을 가진, 「함령(含靈)」은 중생인데, 어떤 때는 「유정(有情)」이라고 번역하기도 한다. 계속하여 그 안에 있는 세균마저, 이 법에 의지하여 도탈(度脫)하는데, 그래서 그 중생은 무량하고 무궁하다. 이 「큰 은혜와 큰 공덕을 지니신, 본사 석가모니부처님으로,」 이런 큰 은혜와 공덕은 불가사의하고 상대될 수 있는 것이 없다. 이러한 은혜와 이러한 공덕을 갖추신 「본사 석가모니부처님」이시다. 「석가모니」 이 네 자는 「적묵능인(寂默能仁)」으로 번역할 수 있다. 「적묵」은 매우 적정(寂靜)함이고, 「능인」은 일체 인(仁事), [즉] 인애적 일(仁愛的事情)을 일으키는데, 이것은 중생을 제도하는 일이다 ; 또 적중(寂中), 적묵(寂默)인데, 적중(寂中)에서 능히 비출 수가 있다 ; 이 두 의미는 매우 깊은 도리이다.

그런고로 이 구간을 다 읽은 후에 다시 절을 시작한다. 이 절을 하는 과정 중에, [나무본사석가모니불] 3구(三句)를 읽는데[87], 이 3구와 당신의 1번 절하는 시간은 응당 꼭 맞아「일치해야」 한다.「나무본사석가모니불, 나무본사석가모니불, 나무본사석가모니불,」이 3구를 서서 읽기 시작하여, 고두를 하는 과정 중에 읽는 것을 마친다. 완료한 후에는 다시 일어서서, 또 [다음 조의]「한마음으로 관하여 예배합니다」를 한다. 그래서 이것은 아주 빈틈이 없어, 망상에게 틈을 주지 않는다. 당신의 의지(依持)와 당신의 읽는 것 모두는 이「수승한 법문」 속에 전념하는 것이다. 매우 간단하고, 매우 행하기 쉬운데, 그러나 효과는 무한대이다. 그래서 제1배는 우리들이 우리들의 본사(本師)에게 해야 한다. 또 우리가 본사를 설명하여 그분을 칭찬하는데, 바로 그분이 이「정토법문」을 설하셨고, 바로 그분이 우리에게 아미타부처님을 알려주셨다. 그래서 이 경은 석가모니부처님께서 설한 것이고 설함을 마치신 후에, 우리들이 스승을 존경하는 것은「가르침에 의지하여 받들어 행하는 것(依教奉行)」이다.

여러분이 말하길, 어째서 이 세상에서 당신은「석가모니불」을 염(念)하지 아니하고, 당신은「아미타불」을 염하는가? 우리는 사부[88]의 말씀을 들어야 한다. 사부님은 우리에게「아

87) 염(念)은 '생각하다', '읽는다' 등으로 번역된다.
88) 구법계의 스승이신 석가모니부처님

미타불」을 염해야 한다고 가르치시고, 사부님은 여러분 모두에게 「석가모니불」을 염해야 한다고 말씀하지 않았다. 그래서 부처님께서는 [당신들에게 다른 부처님을 염하는 것을] 탓하지 않으시고, 당신들에게 왜 나를 염하지 말고, 아미타불을 염하라고 말씀하셨는가? 우리는 부처님 말씀을 들어야 한다! 그래서 가장 요긴한 것은 이 「가르침에 의지하여 받들어 행하는 것」이다. 정말 선지식을 만나기를 원하면, 가장 요긴한 것은 그의 지도에 따라 (제대로) 해야 한다. 중간에 도로 되돌림(反覆)할 수 있고, 정황을 대중들에게 보고(匯報)할 수도 있으며, 약간 조정할 수도 있다. 그러나 반드시 모두가 [부처님의 이 가르침을] 매우 중시하는 것이 필요하다.

【주역】

20. 《심성록(心聲錄)》(황념조노거사선집黃念祖老居士選集) 중에서 염공이 이르시길 : 「불교적 초월은 우리들 교주(教主)의 초월에 있는데, 우리들의 교주는 석가모니세존으로, 그분의 수승함은 바로 찬불게에서 말한 바로 : 『천상천하무여불(天上天下無如佛), 시방세계역무비(十方世界亦無比), 세간소유아진견(世間所有我盡見), 일체미유여불자(一切未有如佛者)이다.』」

21. 《심성록(心聲錄)》(황념조노거사선집) 중에서 염공이 「제불이 세상에 출흥(出興)[89]한 인연」에 대하여, 개시하였는데, 바로 위에서 강의한 것으로 「부처님께서 우리들에게 『이러한 진실하고, 중요한 하나의 문제와 또 문제해결에 도달하는 방법』에 대하여 알려주셨다.」 염공이 말씀하시길 : 《법화경》에서 (이르시길) : 『시방여래는 오직 일대사인연(一大事因緣) 때

89) 출현(出現)과 같은 의미

문에 세상에 출현하셨다.』 부처는 왜 세상에 오셨는가? 유독 이런 하나의 대사인연을 위해 바로 오신 것이다. 어떤 일인가? 바로 『불지견을 열고(開佛知見), 불지견을 보이는 것이다(示佛知見)』. 중생에게 부처님의 어떤 지(知), 어떤 견(見)을 개시하신다. 석존 오도(悟道)의 첫 마디는 개불지견(開佛知見), 시불지견(示佛知見)이다 : 『**일체중생이 모두 여래의 지혜덕상을 갖추었다(一切衆生皆具如來智慧德相)**.』 이 말을 부처님이 하지 않으셨다면, 누가 알겠는가! 그래서 부처님은 이 대사인연(大事因緣)을 위하여 오셨고, 후에 중생은 부처님의 지견(知見)에 의지(依止)하여, 자기의 지견을 포기한다.」

22. 「(선도대사) 그의 교화로 장안의 사람들은 거의 모든 사람이 염불하였다」의 유래는 염공의 한편의 문장을 참고할 수 있다. 해당 문장의 옛 이름은《선도대사와 지명염불》로, 이미 중국《법음(法音)》잡지 제75호에 간행되었다가, 후에 충실한 수정을 거쳐,《심성록(心聲錄》에 수록되어, 다시《의지선도대사지념미타명호(依止善導大師持念彌陀名號)》로 개칭되었다. 글에서 말하길 :「또《신수전(新修傳)》에서 대사를 말하기를 :『사람들을 위해 정토법을 설하는 것이 출중하다.』《왕생전(往生傳)》에서 말씀하길 : 서울에 이르러 사중제자를 분발케 하였는데 귀천을 가리지 않았다.」《왕생전(往生傳)》에서 말씀하길 :『선비나 여자나 받드는 자는 그 수가 무량하였다.』또《왕생서방약전(往生西方略傳)》에서 말씀하길,『3년 후, 장안성 가운데 이미 염불자들로 충만하였다.』대사(大師)께서 널리 교화하심(弘化)이 흥성(盛)하여, 고금에 제일임을 알 수 있다.」

23. 위 문장 중에서 강설한(講道) :「현재 돈황에서 출토되었는

데, 그리고 다른 사람들이 공양한 돈은 매우 많았으며, 그가 다른 사람에게 사경을 요청한 것과 그리고 그 자신이 사경한 것이 있다.」 이 몇 마디의 선도대사의 행동(行宜)을 강술한 것도 역사적 근거가 있는 것이다. 지금 일찍이 돈황에서 출토된 선도대사 관련 문물(文物)의 간략한 개요에 대한 역사적 경과를 발췌하여 설명한다. 1900년, 도사(道士) 왕원록(王圓籙)이 찾아낸 곳이 감숙성甘肅 돈황敦煌의 장경동藏經洞 (지금 막고굴莫高窟 제17굴)으로, 당나라 경전 만 권이 내장되어 있었다. 자료 고증에 의하면, 그 중에 선도대사의 《왕생예찬게(往生禮贊偈)》가 있다. 현대에 어떤 학자가 《〈예아미타불문(禮阿彌陀佛文)〉교감기(校勘記)》를 만들었다(《돈황연구》 2호에 게재). 본 《감교기(勘校記)》는 북쪽 0178(막고굴번호)을 저권(底卷)으로 하고, 《대장경(大藏經)》 선도의 《왕생예찬게 1권(往生禮贊偈一卷)》 및 북 8503, S.5227을 참교본(參校本)으로 하여, 「돈황본(敦煌本)」《예아미타불문(禮阿彌陀佛文)》에 대하여 교감(校勘)을 하였으며, 함께 지적하기를, 「『대정장본(大正藏本)』《원왕생예찬게(願往生禮贊偈)》와 『돈황본(敦煌本)』《예아미타불문(禮阿彌陀佛文)》이 공동적 저본(底本)을 가지고 있다. 이로 인하여 용수보살이 문장을 지은 것과 상관이 있는 문장이라는 것을 믿을 만하다.」 20세기 초에, 일본의 대곡광서大穀光瑞 제2차 고찰대考察隊 (1908년부터 1909년까지)의 귤서초橘瑞超와 야촌영삼랑野村榮三郎이 투루판吐魯番 지역에서 고찰 발굴시에, 투요크吐峪溝에서 한 무더기의 문서를 획득하였다. 그 중 1건의 《아미타경(阿彌陀經)》 잔편(殘片)이 있었는데, 잔편 말미에 선도대사의 《발문(跋文)》이 있었다. 문서는 1915년에 향천묵식香川默識이 주편(主編)한 《서역고고도보(西域考古圖譜)》에 간행되었다. 이제 이하에서 선도대사 《발문(跋文)》을 기록한다 : **왕생을 발원하**

는(願往生) 비구 선도는 寫彌陀 □□□□者 죄와 병 없어지고 복은 오래갈지니 부처님께서 말씀하시길 만약 □□□此經 정토에 태어나기를 원하는 자는 무수한 화신불(化佛)과 항하의 모래알 같은 보살들께서 모든 악이 제멋대로 이루어지지 않도록 하시고, 임종시에 항상 부처님을 뵙고 상품상생을 얻기를 전심(專心)하는 자는 모두 같이 이 배(輩)에 왕생한다.」 중국과 외국의 학자 일반은 모두 이《아미타경(阿彌陀經)》과 그《발문(跋文)》이 선도대사가 서사(書寫)한 수만 건의《아미타경(阿彌陀經)》 중 하나라는 것을 인정하는데, (이 설명은 염공의《보은담報恩談》중의 강해문講解文과 관련된다), 그래서 학계의 특별한 주목을 불러일으켰다. 대곡 고찰대(大穀考察隊)가 투요크(吐峪溝)에서 다시 선도대사가 지은《왕생예찬게(往生禮贊偈)》잔편을 찾아냈다. 선도대사가《대경(大經)》과 용수(龍樹), 세친(世親)의《예찬게(禮贊偈)》를 의지하여 기초로 삼았는데, 매일 육시예찬법六時禮贊法을 제정하였다(현대 학자가 고증하여 결론을 내었는데,『대정장본(大正藏本)』《원왕생예찬게(願往生禮贊偈)》와『돈황본(敦煌本)』《예아미타불문(禮阿彌陀佛文)》은 공동의 저본(底本)을 가지고, 이로 인하여 용수보살이 문장을 지은 것과 상관이 있는 문장이라는 것은 믿을 만하다.」일본 학자의 발견은 이 하나의 결론이고, 또 하나의 유력한 좌증(佐證)이다).

24. 서기 1947년 북경 광화사(廣化寺)에서 한차례 홍법(弘法)활동 중에, 연공 하노거사는 입실제자(入室弟子)를 안배하였다. 청년시절의 염공이 중점적으로 발언을 하였고, 당시 청년시절의 참운공(懺公)이 바로 대(臺) 아래에서 공경히 경청하였다. 두 분의 대덕이 일차로 연을 맺었다. 1990년 참운공은 염공을 배알하고, 두 노인은 북경 황부(黃府)에서 흉금을 털어놓

고 불법을 이야기하였다 ; 담화기간에, 염공은《세상에 와전된 선도대사가 스스로 목숨을 끊은 것》에 대해 정정을 하였다. 그리고 자신이 저술한 《선도대사신전(善導大師新傳)》을 참운공에게 공양하였다. 참운공은 염공의 이번 일이 자신의 마음속 의심을 풀었을 뿐만 아니라, 더욱 신념을 증가시켰다라고 기쁘게 찬탄하였다. 앞 문장에서 언급한 것은 바로 이 일이다.

25.《심성록(心聲錄)》(황념조노거사선집) 중에서 염공이 말씀하시길 :「그래서 영명(永明)대사께서 말씀하시길 :『선만 있고 정토가 없으면(有禪無淨土), 10중의 9는 잘못된 길이다(十人九蹉路).』바로 이런 상황을 가리킨다. 단지 초보적 명선(明禪)일 뿐, 서방정토에 왕생을 구하는 원이 없으면, 10명 중 9명은, 오히려 시간을 많이 낭비한다. 이 개시(開示)들은 재차 염공이 위의 문장에서 말씀한 바를 증명한다 : 당신이 어떤 법문을 수행하든지 관계없이, 당신이 정토왕생을 구하려는 생각을 떠나서, 당신이 만약 금생에 생사해탈을 하려하고, 만약 육도윤회를 초월하여 벗어나려 한다면, 나는 이것이 불가능하다고 말할 수 있다!

26.《심성록(心聲錄)》(황념조노거사선집) 중에서, 염공은 선사(先師) 허운 노화상을 예로 들며, 참선은 반드시「상근기의 예리한 지혜를 가진 인재라야 곧 쉽게 계입(契入)한다.」그리고 **「오직 서방극락세계에 왕생하여야 바야흐로 진짜로 생사를 마친다.」** 이것이 바로 본사 석가모니부처님께서 중생들을 위하여 정토법문을 설하신 큰 은혜와 큰 덕이다. 그렇지 않고 말법시기에 자력에 근근이 의지하여, 금생에 생사를 해탈하려는 것은 가능성이 희박하다고 설명하였다. 현재 그 문장을 간단

하게 적으면 아래와 같다 :「근대의 허운 노화상(虛老)께서는 나의 귀의 스승이시다. 57세에 폐관선칠(閉禪七)을 하던 중 물을 부었는데, 한번은 손으로 잔을 들고 끓는 물을 받다가, 손에 물이 뿌려지는 줄은 모르고 있었는데, 잔이 땅에 떨어지는 『팍(啪)!』하는 한소리에, 허운 노화상이 깨달았다. 당시 두 게송을 썼다 : 하나는, 『**잔이 땅에 털썩 떨어져, 그 소리가 역력하니, 허공이 부셔지고, 광심(狂心)이 바로 쉬어진다.** (《원각경圓覺經》 : 광심이 쉬지 않는데狂心不歇, 쉬는 즉시 보리이다歇即菩提)』; 둘은, 『**데인 손, 부서진 잔, 가파인망(家破人亡)하여 말하기 어렵다네**[인아가 모두 공하고(人我皆空), 사려가 전부 없어짐(思慮全消)을 가리킨다][90], **봄이 오니 꽃향기가 곳곳에 빼어나고(春來花香處處秀), 산하대지가 바로 여래라네(山河大地是如來).**』이분은 근대의 진실로 증오(證悟)하신 대덕으로, 57세까지 힘들게 참구(苦參)를 하시었는데, 바로 선문에서 귀한 구참지오(久參遲悟)로, 자연히 보임(保任)에 좋고, 구경의 심원이다(究竟心源). 참선은 극히 수승한데, 단 상근기의 예리한 지혜를 가진 인재만이 바로 쉽게 계입(契入)할 수 있다. 흔히 말하길 『깨달은 사람(開悟的人)은 반드시 7조(七朝)의 천자복(天子福)과 9대(九代) [과거시험] 장원의 재주(狀元才)가 있어야 하는데, 범용한(凡庸的) 사람이 모두 문의(問津)할 수 있는 것은 아니다.』 또한 깨달은(開悟的) 사람은, 왕왕 여전히 [미혹을] 끊지 못하고 후사(後)가 있다. 예를 들면 **선종 오조(五祖) 계(戒)선사가 소동파로 환생하였다. 소동파는 [생사의] 문제를 해결하지 못하고, 명나라 때 원중랑(袁中郎)으로 환생하여서도, 또 선(禪)을 좋아하는 문학가였다. 원(袁)은 《서방합론(西方合論)》을 지은 공덕으로, 서**

---

90) 여기의 [ ]은 옮긴이가 임의로 삽입한 것이 아니고, 원문에 그대로 있는 표시임

방극락세계에 왕생하였는데, 바야흐로 진짜로 생사를 마쳤다.」

27. 진명추陳銘樞 (1889년에서 1965년까지), 자(字)는 진여眞如로 (바로 학불學佛 후의 법명), 동합포공관인(東合浦公館人), 북벌장령(北伐將領), 민국시대 국민당 상장(上將), 철사군의 원로(鐵四軍的元老), 젊은 시절 구양경무(歐陽竟無) 노선생(1912년, 진노선생(陳老)은 금릉각경처에서 구양경무 노선생의 문하에 들어가 학불學佛을 하였고, 구양경무 노선생의 젊은 시절 제자의 한 사람이다)을 스승으로 모셨다. 허운 노화상에게 귀의하였다(1928년, 진노선생은 광동성 주석을 담당한 기간에, 89세의 허운 노화상이 운서사(雲棲寺) 성상(聖像)을 위하여 모금을 할 때, 운남(雲南)으로부터 홍콩(香港)에 도착하였는데, 진노선생(진여)이 사람을 보내 노화상을 광동으로 모셔오도록 하여, 노화상에게 귀의하였고, 노화상을 곁에서 시중들면서 함께 백운산(白雲山) 능인사(能仁寺)를 유람하였다. 그는 노화상에게 조계산(曹溪) 남화사(南華)에 주석해 줄 것을 간청하였으나, 노화상은 운서사의 공정이 마무리되지 않았다고 완곡히 사양하였다. 허운 노화상이 난을 당했을 때, 진노선생은 당시에 더욱 바삐 뛰어다니며 구하였던 중요한 인물 중의 하나이다.) 또 항상 연공에게 가르침을 청하였다. (원홍수袁鴻壽 노선생은 호가 쌍융거사雙融居士인데, 현대 문학사文史, 불학佛學, 중의학中醫學에 대한 연구에 있어 중대한 공헌을 한 대학자이다. 원노선생에게 하나의 문장《중니연거(仲尼燕居)──추념 양수명 선생(悼念梁漱溟先生)》이 있고, 그 중 한 구절 말씀은 사람들에게 잘 알려지지 않은 역사를 기록하였는데, 원노선생이 쓰기를 : 「진명추, 자(字)는 진여, 후에 불교를 믿었고, 항상 운성 사람(鄆城人) 하련거 선생에

게 가르침을 청하였다.」 원노선생(袁老)은 당시 「남매북하(南梅北夏)」를 매우 숭배하고 존경했는데, 항상 연공의 《무량수경》 회집본에 대한 가르침을 청하여, 그래서 그 경과를 훤히 알게 되었다.) 역사평가 —— 《철군명장진명추(鐵軍名將陳銘樞)》 1권의 책에서 소개하기를 : 「《진명추기념문집》 (1989년 출판)의 속표지에 있는, 전(前) 전국인민정치협상회의 주석 왕임중(王任重)의 제사(題辭)는 《중국공산당적쟁우(中國共產黨的諍友)》이다 ; 편제(編)도 장엄하게 써내려갔다 : 『진명추 선생은 우리나라 역사에서 한 분의 저명한 민주혁명가이자 애국장령(將領)이며, 또한 한 분의 상당히 명망이 높은 시인·서예가·출판가·불학자로, 한 몸에 집문도무(集文韜武)를 요약하였다.』」

28. 1957년, 진노선생(진여)은 옛사람들을 본받아 모주석에게 간언(諍諫)하는 글을 올렸다. 진노선생은 전에 여러 편의 학불(學佛)에 관한 문장을 저술하였는데, 그 중 《불학과 불교적 문제의 진술과 건의에 관하여(關於佛學與佛教問題的陳述和建議)》1편이 《진명추기념문집(陳銘樞紀念文集)》 중에 수록되었다.

29. 염공은 《여미잡감(旅美雜感)》에서 (그해 미국을 방문한 후 몇 단락의 녹음을 개시하였다) 강설하였는데 : 그해, 손권(孫權)이 있던 그때, 불교가 막 중국에 전해져 왔고, 《무량수경》은 바로 그해에 손권 그쪽에서 번역하여 《오역(吳譯)》이라고 칭하였다. 손권은 불교가 중국에 왔을 때 회의를 한 적이 있다. 그가 말하길 : 『우리의 이곳은 아주 좋은데, 불교가 전래될 필요가 있는가?』 이에 대하여 어떤 사람이 손권에게 말하길 : 『우리 도교의 성자는 하늘을 스승으로 삼고, 하늘을 스

승으로 삼아서 하늘을 본받는데, 하늘은 부처를 스승으로 삼습니다!』 보라. 부처님의 설법은 모든 하늘(諸天)이 와서 듣는데, 우리 고성선현(古聖先賢)은 하늘을 스승으로 삼아, 하늘을 노스승으로 삼아, 이 법을 배운다. 그러나 하늘은 또 부처를 스승으로 삼는다. 그래서 부처님은 『하늘 중의 하늘이고, 성인 중의 성인이고,』 『불교는 가장 철저한 가르침이다.』 도교와 기타 종교는 최고가 색계천까지 올라갔지만, 어쨌든 아직 『육도(六道)』에서 벗어나지 못했으니, 모두 다시 윤회해야 하는 것이다. 윤회에서 벗어날 수 있는데, 이것이 바로 불교의 가장 기본적인 종지(宗旨)이다. 그래서 우리는 한편으로는 『삼귀의(三皈依)』의 경계를 분명히 그어야 한다. 한편으로 우리는 불교승(佛教升)에 대해서도 매우 청정하고, 매우 존숭(尊崇)하며, 매우 경앙(敬仰)적 마음을 일으켜야 한다. 우리는 부처를 믿을 수 있는데, 이것은 인생에서 가장 수승하고, 행복한 일이다.」 염공의 오왕(吳王) 손권에 대한 서술도 확실히 근거가 있는데, 서기 222년에 한문(漢文)에 정통하고, 범문(梵文) 등 6개 국어를 능통하게 구사했던 서역 대월지씨(大月支氏)의 지겸(支謙)이 낙양(洛陽)으로부터 오나라 땅(吳地)으로 건너왔다는 기록이 남아 있는데, 손권은 [그가] 박학하고 재주와 지혜가 있다는 말을 듣고, 매우 신임하여, 박사(博士)로 섬겼다. 지겸은 건업(建鄴)에서 불교를 전수하고, 불경을 번역하였다. 이것은 남경(南京)에 불교가 최초로 전래된 것이라고 말할 수 있으며, 또 불교가 오나라 땅(吳地)에 정식으로 전파되기 시작한 것이다. 동오(東吳) 적오(赤烏) 10년(247년), 서천축((西天築) 사문(沙門) 강승회(康僧會)가 금릉(金陵)에 이르러, 모암(茅庵)을 짓고, 불상(佛像)을 설치하여, 전도하였다. 당시 오나라 사람들은 처음 불문의 승려를 보았는데, 그 생긴 모양과 옷과 장신구를 보니 기이하여 속임수를 의심하였다. 손권은 보고를 받은 후, 즉시 강승회를 불러, 묻기를, 「당신이 전하는 도는 무슨 영험이 있는가?」 강승회가 말하길 :「부처님이 돌아가신 지, 어느덧 1,000년이 지났습니다. 그의 유골 사리는 여전히 신광(神光)이 비춥니다. 이전에 인도 아육왕이 사탑(寺塔) 84,000개를 세운 것은, 부처님이 남긴 가르침의 감화(遺教風化)를 선명하게 드러내기 위해서입니다.」 손권이 불신하여, 말하길, 「만약 네가 사리를 얻을 수 있다면, 나는 너를 위해 사탑을 세울 것이다 ;「만약 허풍과 망어(妄語)라면 국가에 법규가 있으니, 너는 반드시 형을 받을 것이다.」 강승회는 손권에게 7일의 시간을 달라고 하였다. 그와 승도(僧徒)들은 장소를 정결하고 고요하게 하고(潔齋靜室), 구리병을 긴 탁자 위에 놓고, 향을 피워 사리를 청하였다. 7일이 지났지만, 구리병 안이 아무런 소식의 소리도 없이 조용했다. 강승회가 7일만 더 달라고 청하자 손권은 동의했다. 결국 사리는 여전히 오지 않았다. 강승회는 손권에게 세 번째 7일을 달라고 재차 요구했다. 손권이 마지못해 허락했다. 강승회가 법문(法門)에 속해 있는 사람들에게 말했다 : 「선니(宣尼 공자)가 말하길 :『문왕(文王)도 이미 없지만, 문(文)은 여기에 있지 않은가 ?』 [부처님의] 진리의 영험(法靈)이 내려야 하는데, 우리들은 무감각하기만 한가? 현재 어떻게 국왕의 법령(法令)을 대면할 수 있겠는가? 오직 죽기를 맹세하여 기한으로 삼는다!」 3번째 7일 저녁에도 사리가 나타나지 않자, 모든 승도들은, 몹시 놀라고 두려워했다. 오경(五更)이 되어서, 갑자기 병에서 소리가 나자, 강승회가 바로 일어나서 가서 보았는데, 병에서 과연 사리를 얻었다. **강승회는 사리를 손권에게 바치고, 조정의 문무대신이 함께 와서 보았는데, 오색 빛이, 병 밖으로 비추었다. 사리는 모루 위에 올려졌고, 대역사가 망치로 때렸으나, 결과적으로 망치와 모루**

모두 움푹 패이고도 사리에는 손상이 없었다. 손권은 크게 탄복하였고, 이에 강승회를 위해 건초사(建初寺)를 조성하였으며, 함께 아육왕탑을 건립하였다. 전하는 바에 의하면, [이것은] 아육왕 팔만사천 탑 중 하나라고 한다. 이로 인하여 강동 오나라 땅에 불법이 크게 흥하였다. 당나라 초기 제323굴 돈황벽화에는, 손권이 건초사와 함께 아육왕탑을 건립하여, 강승회가 청하여 얻은 사리를 봉안하는 것[을 그린 장면]이 있는데, 이 일단의 역사가 돈황벽화로 기록되어 내려온다.

30. 세간의 즐거움(樂)은 모두 번뇌인데, 그렇다면 무엇이 「참 즐거움(真樂)」인가? 염공이 《심성록(心聲錄)》 중에서 지적하였는데 : 「《열반경》에서 지적하길 : 『상락아정(常樂我淨)』이다. 『무상(無常)』이 아니고, 이것은 항상(常)이다 ; 고(苦)가 아니고, 이것은 즐거움(樂)이다 ; 『무아(無我)』가 아니고, 『진아(真我)』가 있다 ; 오탁(惡濁)이 아니라, 이것은 청정이다. 『상락아정』인데, 매우 즐겁다! 『진짜 즐거움(真樂)』은, 세간의 즐거움(樂)이 아니다.」

31. 이하의 발췌한 문자는 《결택견(抉擇見)》 의한 문장에서 나왔는데, 곧 정종의 동수가 일찍이 염공이 방미 기간에 개시한 녹음 자료에 근거하여 정리한 것이다. 이 단락의 문자는 염공의 「결택견」에 내포된 뜻과, 아울러 우리 수행의 첫 번째 중요성(首要)과 중요성에 대한 「견(見)」까지 마음껏 이야기한 것인데, 구체적으로 다음 문장과 같은 것이다. -- 「견(見)」이란 무엇인가? 「안, 밖, 윤회, 열반에 대한 일체법」에 대하여 포함하지 아니함이 없다. 불교 이내, 불교 이외, 육도윤회의, 윤회를 초월하는, 일체사(一切事), 일체물(一切物), 언행, 도리, 유형무형, 유상무상, 일체의 일체이다. 「견은 이 일체의

일체에 대하여 우리가 『그 체성(體性)을 결정하고서, 그것을 자기 스스로 도장 찍듯이 확실하게 지니는 것(印持之)이 필요하다.』」 이것들은 무엇인가? 우리들은 그것이 무슨 체(體)인지 아는가? 이것은 어떤 성질인가? 「견」은 바로 이러한데, 우리는 모든 법에 대해, 그것이 어떤 체(體)인지, 어떤 성질(性)인지 인지하고, 아울러 그것을 인증(印證)하고, 매우 견고하게(堅固地) 보아야 한다. 「인(印)」은 바로 도장을 찍는 것 같아, 찍자마자 문자가 나오는데, 당신의 「견(見)」은 바로 이렇다. 「그것을 자기 스스로 도장을 찍듯이 확실하게 지니는 것(印持之)」은, 늘 이렇게 생각하니 매우 자연스럽고, 도장을 한번 찍으면 찍혀 나오는 것처럼, 힘을 매우 쓸 필요는 없다. 매우 자연스럽게 이렇게 보아서, 내가 앉아서 조금씩 생각해야 한다고 말할 필요도 없는데, 이것을 「견(見)」이라 부른다. 그래서 우리가 말하는 간법(看法), 관점(觀點)보다, 더 보편적이고, 고정적이며, 긍정적이다. 그러므로 「견(見)」은 매우 철저하고, 매우 자연스럽다. 「찍음(印)」은 바로 다시 한 획씩 쓸 필요가 없다 ; 「지님(持)」은 항상 그러한데, 오늘은 이렇게 강의하고, 내일은 또 저렇게 강의할 리가 없다. 「유물주의(唯物主義)」자는 그가 바로 유물인데, 한번은 「유물(唯物)」이었다가 한번은 「유심(唯心)」일 리가 없고, 이런 것을 「견(見)」이라고 부르지 않는다. 나는 유물이고, 당신들의 유심이 모두 틀렸다는 것을 긍정하는데, 이것이 「유물적 『견(見)』」으로, 「견(見)」은 이런 뜻 …… 「결택견」을 말하는데, 우선 「견(見)」에 대하여 한번 명료하게 이해하는 것이 필요하며, [그것은] 우리의 견해(見解), 간법(看法), 관점(觀點)에 상당하는 것으로, 단 이것에 비해 견고하고 단단하다. 한 사람에 대해 말하자면, 일련의(一套) 고정, 고집, 결정적 관점인데, 그래서 「견(見)」은 「수행 중 제일문제」를 이룬다. 그래서 밀종을 「**결**

정견종(決定見宗)」이라 부르는데, 「견」은 결정적 작용을 일으키고, 「견」을 가장 중요한 지위에 놓고 대처하며, 이것을 종지(宗旨)로 삼는데, 그래서 「결정견종」이라 칭한다.

밀종은 무엇을 말하는가? 「견(見)·수(修)·행(行)·과(果)」이다. **《화엄》은 「신(信)·해(解)·행(行)·증(證)」을 말하고, 밀종은 「견지(見地), 수(修), 행(行), 어떤 과를 얻는 것(得什麽果)」을 말한다.** 예를 들면, 「수행(修行)」은 길을 걷는 것과 같고, 「과(果)」는 「집에 도착하는 것」과 같다. 내가 집에 돌아가려면, 나는 길을 걸어야 하고, 우선 방향을 알아야 하는데, 방향이 바로 「견(見)」이다. 당신의 집은 어디인가? 나는 어떤 길을 선택할까? 나는 어떤 도구를 선택할까? 이것이 「첫걸음」이다. 세간법이든 출세간법이든 모두 「첫걸음」을 요한다. 돌아가려고 하는데 어느 비행기[티켓]을 사야 하는가? 뉴욕, 도쿄까지 어떻게 가는가? 당신이 먼저 남미에 도착하고, 남미에서 다시 아프리카로, 이렇게 빙빙 돌아간다면, 노선은 번거롭고 방향은 틀렸다. 그래서 「견」은 매우 중요성이 있다. 무엇을 위해 나는 이렇게 가는가? 그가 이렇게 갔기 때문에 나는 그를 믿는데, 이것은 매우 직접적이고 타당한 것은 아니다. 「내가 그가 이전에 걸었던 길을 걸으면, 그의 경험이 나에게 도움이 된다.」 만약 내가 무턱대고 뛰어든다면 도달할 수 없다. 이것은 매우 큰 관계가 있는데, 당신이 어떻게 갈 것인가는, 당신의 「결정(決定), 결택(抉擇)」에 따라야 한다. 북경을 유람하려면, 북경 지도를 하나 사고, 지도에서 찾아서, 어떤 노선을 보아야 하는가? 노선을 정확히 보면 가는 것이 편리하다. 그래서 가는 문제는 당신이 방향을 정하는 「견(見)」에 따라 결정된다. 그래서 수행과 견을 나눌 수 없고, 모든 것이 정확한데, 계속 견지(堅持)해 나가면, [목적한] 지방에 도착한다. 고궁(故宮)에 가려하면 고궁에 가고, 천단(天壇)에 가려하면 천단에 간다. 그래서 뒤에 어떻게 가고, 그것의 「결과(果)」까지, 「그것의 최초의 방향, 결정」에서 결정되는데, 이것이 가장 중요하다. 만약 처음에 틀렸다면, 당신이 멀리 달릴수록 목적지까지 가는 것이 더뎌져서, 당신은 다시 물러나게 된다. 「결택견(抉擇見)」의 도리는 바로 이 속에 있는데, 하지만 불문(佛門)상의 도리는 이 비유보다 더 깊이 들어가는 것을 요한다. 그래서 「견을 결정하는 것」을 가장 중요한 위치에 놓여야 하고, 소위 견(見)·수(修)·행(行)·과(果)에서 「견(見)」을 「최우선순위(第一位)」에 놓는다.

32. 「개합(開合)」: 시문(詩文)의 구조를 펼치고 거두어 합하는 등의 변화를 말하는데, 본문은 바로 이런 의미이다. 예를 들어, 장극가(臧克家)의 《문불재장(文不在長)》에서 말하길 : 「왕안석의 《독맹상군전(讀孟嘗君傳)》은 모두 90자로써, 반박하여 설파하고, 자기의 의견을 정립하고, 개합(開合)에 정도가 있고, 계층이 분명하다.」

33. 염공은 《심성록(心聲錄)》에서 일단의 개시(開示)를 하였는데, 「자비는 제불의 근본임」을 말했다. 현재 아래와 같이 발췌한다. 염공이 말하길 : 「**대안락(大安樂)은 시방제불의 본래 회포(本懷)이다**. 《비로자나경(毘盧遮那經)》에서 말씀하길 : 『대비로 근본을 삼는다.』 그래서 자비는 제불의 근본이다. 비(悲)는 고통(苦)을 뽑아내고 자(慈)는 즐거움(樂)을 준다. 일체중생이 모두 철저하고 구경적이며 영원한 대안락을 얻도록 하는데, 곧 여래의 본심으로, 널리 중생을 제도하여 모두 고통을 여의고 즐거움을 얻는다(離苦得樂). 《아미타경》에서 말하길, 극락세계의 중생은 『뭇 고통이 없고 단지 여러 가지

즐거움을 받는데, 그래서 극락이라 이름한다』. 《당역본(唐譯本)》 속에서 말씀하시길 : 『일체 몸과 마음의 근심과 고통이 없고, 오직 무량한 청정의 기쁨과 즐거움이 있으며, 그래서 극락세계라 이름한다.』」 이로부터 알 수 있듯이, **극락세계에 왕생하는 것은 진정한 대안락이자 또 일체제불의 본심이다.** 그러므로 본사인 석가모니불이 이 오탁악세에서 정토법문을 설하심에, 자연히 시방 일체제불이 함께 찬탄하신다.

34. 염공이 일찍이 미국을 여행하면서 개시한 《결택견(抉擇見)》(정종동수가 녹음에 근거하여 정리함) 중에서, 두 단락의 문자를 가지고 선종을 예로 들어, 제불보살이 어떤 시대의 (전법)하는 사람이 없는 상황 하에서, 화신으로 다시 오시어, 전전하며 교화하고, 인재양성을 했다는 것을 설명한다. 현재 이하에서 발췌한다 :「불법은 10종으로 구분되는데, 소승의 구사종(俱舍宗)·성실종(成實宗)을 제외한 8개 종파의 조사는 모두 용수보살이기 때문에 고대에는 별로 나누지 않았다. 중국 당나라의 당밀(唐密)과 일본의 동밀(東密)까지 모두 용수보살(龍樹菩薩)이 전하여 내려온 것이고, 선종 의발(衣發) 전수의 조사이기도 하다. 《화엄경》과 《능엄경》은 용수보살이 용궁에서 청하여 모셔온 것으로 이분은 한 분의 매우 특수한 대보살이다. 당시의 불법은 잘 행하여지지가 않았는데, 마명·용수라는 2명의 큰 보살이 세상에 나와서 불법을 중흥시켰다.」 염공이 또 말하길 :「선종은 매우 수승한데, (송나라의) 천대종(天臺宗)의 대덕은 믿지 못하여, 그래서 그는 믿지 않는다고 말하고, 경에는 (세존염화世尊拈花, 가섭미소迦葉微笑)가 없다고 말하기 위해 책을 쓰려 하였다. 《대범천왕문불결의경(大梵天王問佛決疑經)》에 있지만, 그도 믿지 못하였다. 그래서 선종은 『믿기 어려운 법(難信之法)』이다. 인도에서 1세대

에 하나씩 전해진 것으로, 사람들마다 모두 수행할 수 있는 것이 아니다. **가섭이 아난에게 전하고, 1세대에 하나 씩 전하여 소위 『서천 28조(西天二十八祖)』이다. 제13대 마명보살(馬鳴菩薩), 제14대가 용수보살(龍樹菩薩), 제28대가 달마(達摩)이다.** 모두 1세대에 하나씩, 1세대에 하나씩이다. 달마는 동방에 대승의 기상(大乘氣象)이 있음을 보았고, 당시 인도의 불법도 이미 행하여지지 않자, 달마는 부처의 의발을 들었다. 당신들이 믿지 못하고, 정말로 믿기가 어려움을 염려하시어, 부처님께서 가섭에게 의발을 전하셨는데, 의발을 전한 의미가 여기에 있다. 부처님이 《열반경》에서 당신들로 하여금 가섭을 찾게 하고, 당신들이 믿지 못할 것을 염려하여, 가섭에게 의발을 주셨다. 가섭이 다시 아난에게 전하여, 대대로 전해지다가, 최후에 달마에 이르렀는데, 그가 의발을 중국으로 가져왔다. 그래서 우리들은 매우 영광인데 …… 육조에 이르렀으며, [이때부터] 의발은 다시 전해지지 않았고, 다시 1세대에 하나씩 전해지게 되지 않았다. 그리고 『일화오엽(一花五葉)』으로, 선종이 크게 흥성하여, 어린애나 노파가 모두 깨달았다(開悟). 선종은 중국에서 크게 성하여 ……」

35. 염공이 젊은 시절 미국을 여행하면서 개시한 《결택견(抉擇見)》(정종의 동수가 녹음에 근거하여 정리함) 중에, 아라한에 대하여 「유여열반(有餘涅槃)을 증득하고도 철저하지 못한 점이 어디에 있는가」를 상세하게 해석하였다. 지금 아래와 같이 발췌한다 : 「『인무아견(人無我見)』은 우리에게 필요한 것이지만 부족한 점이 있다. 부족한 점은 어디에 있는가? 불법 중에는 『사제(四諦), 십이인연(十二因緣)』이 있는데, 사제는 고집멸도(苦集滅道)로, 소승인은 『고집멸도(苦集滅道)』를 견실(堅實)한 것으로 인식한다. 그리하여 《반야심경》의 『무고집멸

도(無苦集滅道)』를 그는 이해할 방법이 없는데, 소위 『견(見)이 그것에 미치지 못하는 것』으로, 그는 이러한 종류의 『견(見)』이 없다. 이것은 『깊은 반야(深般若)』로, 소승과 함께하지 않는(不共的) 대승보살의 반야이다. 《함께 하는 반야(共般若)》는 소승인도 아는데, 《심반야(深般若)》는 소승인이 모른다. 소승인이 만약 《무고집멸도》를 안다면 그는 대승보살이 된다. 『고집멸도(苦集滅道)』 이 법에 의지하여, 그는 문제를 해결하는데, 『유여열반(有餘涅槃)을 증(證)한다.』 『연각』은 바로 『십이인연(十二因緣)』이다. 『십이인연』이 실제로 있고 진실하다고 인식하고서, 그는 이 법에 의지(依止)하여 벽지불을 증한다. 그가 머무는 열반은 『편공(偏空)적』인데, 그는 단지 내가(我) 없다는 것만 알고 있을 뿐으로, 이 일체가 공(空)인데도, 『단멸적 공(斷滅的空)』에 치우친 것(偏)이다. 『**제일의제공(第一義諦空)』은 둘이 아니고(不二), 진공묘유(真空妙有)적이라**는 것을 모른다. 치우침이 있어 『구경해탈(究竟解脫)』에 도달할 수 없다. **『무아가 둘(二無我)』임에도, 소승인은 단지 『인무아(人無我)』를 증득하고 『법무아(法無我)』는 증득함이 없다 ; 이 『유여열반(有餘涅槃)』에 머물고 『무주열반(無住涅槃)』에 증입(證入)할 수 없다.** 『무아(無我)』는 대소승에 있어 공통적인데, 『무아법에 통달하는 것(通達無我法者) 이것을 보살법이라 이름한다(是名菩薩法).』 사제(四諦), 십이인연(十二因緣)을 진실하고 견고한 것으로 여겨 고집할 뿐 놓으려 하지 않는데, 《반야심경》이 말한 『무고집멸도(無苦集滅道), 무무명(無無明), 내지무무명진(乃至無無明盡)』에 대한 것이다. 사제법(四諦法)이 없고, 십이인연법(十二因緣法)을 부정하는데, 소승적 견해는 여기에 미치지 못하여, 그래서 단지 『아라한(阿羅漢)』에 도달하는 것을 성취하고, 『편공열반(偏空涅槃)』을 증득한다. 구경해탈을 할 수 없는데 이것은 그가 부족한 부분이다. 하지만 아라한은 정말 해탈을 했으니 소승의 극과(極果)를 이룬 성인(聖人)이라 여섯 가지 신통이 있다. 앞의 다섯 가지 신통은 귀한 것이 못 되지만, 가장 귀한 것은《누진통(漏盡通)》을 얻은 것인데, 견혹(見惑)·사혹(思惑)도 그에게는 없다. 동남아 여러 나라의 출가자들은 여전히 이 교법에 의지(依止)하여 수행하는데 매우 진실하다.『초과(初果)』에 도달하여 증득한 사람은 여전히 있지만,『삼과(三果)』에 도달하여 증득한 사람은 매우 적다.

36. 염공이 일찍이 미국을 여행하면서 개시한《결택견(抉擇見)》중에,「생사 중, 육도 중의『윤전(輪轉)』」에 대한 일단의 강해(講解)가 있는데, 지금 아래에서 발췌한다 :『인무아(人無我)』의 견(見)은 무슨 견(見)인가?『**보특가라(補特迦羅)**』에 진실이 없고, 고정적 자성(自性)이 없다는 것을 안다.『보특가라』,이것은 범문(pudgala)으로, 구역은『**인혹중생(人或眾生)**』으로 번역했다 ; 신역은『**수취취(數取趣)**』로 번역을 했는데, 의미는『**한번 또 한번 오취(五趣)속에서 윤전(輪轉)함**』이다.『취(取)』는 윤전(輪轉)의 뜻인데, 천취(天趣)를 취하고, 인취(人趣)를 취하며, 축생취(畜生趣)를 취하고, 항상 이렇게『취(取)』하기 때문에『수취취(數取趣)』라고 부른다.『육취(六趣)』를 말하지 않는 것은,『수라(修羅)』를 다른『오도(五道)』에 포함시키기 때문으로, 천수라·인수라·귀수라·축수라가 있다. 또 사람을 말하면『고정적이고 장기적인 인간으로서의 특성은 하나도 없다.』사람이 죽으면 없어지는데, 무슨『견고(堅固)함』이나 자기의『성질(性)』이 있겠는가. 비단 죽는 것도 없고, 살아 있을 때도『시시각각 살고, 시시각각 죽는다.』오늘 나를 보면, 어제와 다른데, 내 몸은 많은 세포가 죽고, 또 많은 세포가 생긴다. 젊은 시절 사진을 보면, 과거에 아름다웠

던 사람들이 모두 노파가 되었다. 그는 돌변하는 것이 아니라 조금씩 변하여 조금씩 늙고, 존재하지 않고서 죽는다. 『무상(無常)』은 『항상(常)하는』 존재가 없다.」

37. 「대업왕생(帶業往生)이 불가능하다」는 이러한 종류의 사견(邪見)에 대하여, 젊은 시절의 정공 노법사도 훌륭한 개시가 있었는데, 현재 발췌한다. (2000년 4월 《십선업도경강기(十善業道經講記)》 관련 내용은) 아래와 같다. 정공 노법사가 말씀하길 : 「확실히 대업왕생인데, 왜냐하면 이 법문 외에, 어떤 법문 속에도 대업[91]적인 것이 없으며, 모두 소업(消業)[92]이고, 대업적이 것이 없는데, 유독 정토법문만이 대업이 있다. 『**대업왕생(帶業往生)**』 이 네 자는 불경 속에 없고, 그래서 전에 미국의 어떤 사람들이 대업왕생을 반대하였는데, 또한 한동안 큰 파랑이 일어 염불인들이 거의 자신감을 잃을 뻔 했다. 주선덕(周宣德) 노거사를 포함하여 모두들 의심하였다. 내가 로스앤젤레스에 간 지 1년쯤 되었는데, 주선덕 노거사가 공항에서 나를 맞이하였다. 공항에서 시내까지 차로 한 시간쯤 걸렸는데, 차에서 그가 나에게 물었다 : 『현재 어떤 사람이 대업왕생이 불가능하다고 말한다. 대업왕생 이 한 마디는, 많은 사람들이 《대장경》을 찾아봐도 찾아내지 못한다.』 그가 말하길 : 『그럼 우리는 정토를 수행하여, 이렇게 여러 해 동안 실행해 왔는데, 헛수고만 한 것이 아닌가? 이거 어떻게 하나?』 말투와 표정이 모두 매우 낙담하였고, 슬퍼하고 서러워하였다. 나는 노거사를 보았는데, 노거사는 그때 팔십 몇 살이었고, 그와 이병남 노거사는 매우 좋은 친구로, 그때 이병남 노사(老師)가 왕생하신지 얼마 안 되었으며, 그는 나

91) 업을 지님
92) 업을 없앰

에게 이 문제를 제기하였다. 나는 그에게 알려주었는데, 웃으면서 알려주었다 : 『됐습니다, 극락세계로 갈 필요가 없습니다.』 그는 내 말을 알아듣지 못했다. 그는 나의 이 말을 듣고는 멍해져서, 나를 보고, 한참 동안 바라보았다. 나는 다시 그에게 알려주었고, 나는 말했다 : 『**만약 대업왕생이 없다면, 서방 극락세계는 아미타불 한 분의 집으로 혼자 밖에 없는데, 우리는 무엇을 하러 갑니까? 필요가 없습니다.**』 그는 여전히 알아듣지 못했다. 그런 후에 내가 다시 그에게 말하였다 : 『관세음보살, 대세지보살은 등각보살인데, 당신은 모릅니까?』 그는 알고, 고개를 끄덕였다. 『**등각보살도 여전히 일품 생상무명(一品生相無明)을 깨뜨리지 못했는데, 그는 대업이 아닙니까?**』 그는 이제야 **등각보살의 일품 생상무명이 대업**이라는 것을 명백히 알았는데, **대업이 아닌 것은 단지 부처님 한 분뿐이다** : 부처는 대업이 아니고, 등각보살은 모두 대업이다. 연후에 그에게 묻기를, 내가 말했는데 : 『경전에서는 비록 대업왕생을 말하지 않고, 단지 경전에서는 사토삼배구품(四土三輩九品)에 대해 이야기한 적이 없습니까?』 그가 말하길: 『이것은 있다.』 『만약 대업이 아니라면, 어디에서 온 삼배구품입니까? 어디에서 온 사토입니까? **사토삼배구품은 대업의 다소에 의한 것인데, [업(業)]을 적게 지니면(帶) 품위가 높고, [업]을 많게 지니면 품위가 낮습니다.** 이것이 매우 청초하고, 매우 명백한 것이 아니라서, 설마 부처가 반드시 대업왕생을 말해야 당신은 알겠습니까?』 그제야 그는 웃기 시작했다. 내가 말하길 : 『노실염불(老實念佛)[93]은, 결정코 착오가 없습니다!』 **실보장엄토도 여전히 대업왕생**인데, 그 도리를 알아야 한다. 서방극락세계의 수승함, 수승함은 어디에 있는가? 수승은 『아미타불의 48원이 중생을 가지(加持)함에 있다.』 이것은

93) 늘 착실하게 하는 염불

엄청나다! 우리는 『아미타불 본원위신(本願威神)의 가지에 의지하여, 대업왕생』한다. 이것은 도처에 비할 바 없이 『수승』하고, 『일생에 성취하는 것이다.』

38. 《심성록(心聲錄)》 (황념조노거사선집) 중에서, 염공이 불교 교화적 목적에 대하여 일단의 훌륭한 개시를 하였는데, 현재 아래에 발췌한다. 염공이 말하길 : 「**불교의 교화는 제불이 본래 가지고 있는 『대광명, 대안락』의 『본체』로부터 흘러나와, 일체중생이 함께 대안락의 『묘용(妙用)』을 얻도록 하여, 널리 일체중생이 그가 본래 가지고 있는 대광명의 『본체』를 회복하게 한다. 『영원히 고통을 떠나 단지 뭇 즐거움을 받는다.』 자타가 적멸이고 즐거운 『대안락』을 영원히 받는 것에 바로 이른다. 이러한 『수승하고 희유한』 『묘법』은 진실로 『불가사의』하다.**」 이 단락의 말씀은 위에서 강설한 것으로, 「부처는 사람들 모두가 당신의 『본래』를 회복하기를 희망한다.」 본래를 회복하면, 바로 「영원히 여러 고통을 떠나, 단지 뭇 즐거움을 받을」 수 있고, 자타가 적멸의 즐거운 『대안락』을 영원히 받는 것에 바로 이른다. 그리고 이 모든 것은 「보리심을 발하여, 일향으로 전념함」에 의지하여야만, 바야흐로 이번 생에 실현할 수 있다.

39. 신중국이 성립된 이래, 밀종에서 즉신성취(卽身成就)한 사람은 겨우 6분뿐이었기 때문에, 밀종에서는 진정한 선지식(善知識)을 만나기가 어렵다. 지금 발췌한 《심성록(心聲錄)》 중에서 염공은 이에 대한 설명을 개시하였다. 염공이 말하길 : 중국대륙에서 해방이후 사십 몇 년간, 즉신성취대홍광명卽身成就大虹光身(이것은 밀법수행에서 대원만의 최고성취로, 사람의 육신이 광명으로 변화를 이룬다)은 6명이 있었다. 50년

대에, 나의 금강상사(金剛上師)이신 공갈(貢嘎) 호도극도(呼圖克圖)[94]가 나에게 직접 말씀하셨고, 그분은 당시 민족학원에 계시면서 서장(西藏) 고전문학교수를 담당하셨다. 그분이 말씀하시길 :『얼마 전에 한 거사가 있었는데, 그가 살아 있을 때는 아무도 이 사람이 수지(修持)를 하는 사람이라는 것을 알지 못했다. 그가 광명으로 화(化)해서야, 여러 사람들이 매우 후회했는데, 무엇 때문에 당초에 친근하게 지내지 않았는지 후회했다. 여러분들이 추억하건데, 이 사람은 여태까지 어떤 특이한 행동을 한 적이 없었지만, 말이 매우 이상해서, 잘 이해되지 않았다.』 진정한 깨달음을 얻은(悟心的) 사람은 말이 잘 이해되지 않는데, 그는 이미 중생의 정견(情見)[95]이 아니다. 그가 말하는 것을 우리는 기괴하게 여겼는데, 마치 그가 미쳤던 것 같았다. 한편 티베트 홍교(紅教)의 사십 몇 살 정도의 활불(活佛)은, 삭랑돈주(索朗頓珠)라 이름하여 불렸다. 80년대 초에 우리 집에 온 적이 있었고 그는 당대의 티베트 대홍광신을 성취한 사람에 대한 조사보고서 한편을 썼다. [대홍광신을 성취한 사람은] 모두 6명이었다. 그 [삭랑돈주의] 몸에 있는 호신불의 감실(龕子)[96] 속에는 여전히 화광(化光)으로 간 사람 한 분의 머리카락 한 올이 있었다. 육체가 화광하고 남은 머리카락과 손톱 발톱은 일종의 유형(類型)인데, 다시 더 나아가 발톱과 머리카락도 모두 화광(化光)이 된다. 즉생화광(即生化光)의 대성취(大成就)는 진실이며, 과장이 아니다. 하지만 우리는 중국의 10억 명 남짓한 인구가 이렇게 몇 년 동안, 단지 6명, 10억분의 6밖에, 안 된다는 것을 알아야 한다. 그러나 염불왕생 하는 사람에 대하여는 해마다 들어 알고 있는데 이 숫자보다 훨씬 많다.」

94) 활불(活佛)
95) 감정·견해
96) 불교도가 시신을 놓는데 사용하는 탑모양의 기구

40. 《심성록(心聲錄)》(황념조노거사선집) 중에서 염공이 강해(講解)하시길 :「그래서 지금, 군마(群魔)가 난무하는 상태가 현출되었다. 각종 사이비 상사(上師), 각종 악지식(惡知識), 각종 사설(邪說), 각종 사람을 속이는 가짜 약, 이런 종류의 상황은 도처에 있다. 대만, 홍콩, [중국]대륙, 미국도 예외가 아니고, 모두 유사한 정황이다. 이로 인하여 **밀교(密)를 공부하는 것은 매우 어렵다. 본래 이것은 수승한 법문인데 오히려 매우 위험한 함정으로 변했다.** 밀종의 사제 관계가 매우 깊기 때문에,《능엄》도 이렇게 말하는데, 당신이 만약 사악한 스승을 따르고 사부가 마에 빠지면, 스승과 제자는 모두 왕난(王難)에 빠지고, 죽은 후 무간지옥에 떨어진다. 이러한 사부를 따른다면 사부와 함께 소송을 당한다. 이것도 여전히 하찮은 일이고, 더 엄중한 것은 사후에 사부와 함께 지옥에 가는 것인데, 이것은 매우 위험하다. **초보 수행자가 어떻게 이것이 진짜 상사(上師)이고, 저것이 가짜 상사인지 구별할 수 있겠는가.** 만약 이 정도 [구별할 수 있는] 수준이라면, 이 사람은 놀라운 것이다! 그래서 당장 매우 어렵고, 매우 위험하다.

41. 당장 밀종에서 많은 사람들이 선지식을 사칭하는 것에 관하여, 염공이 《심성록(心聲錄)》 중에서 개시하기를 :「선사(先師) 허운 노법사의 말씀이 가장 정확한데, 이것은 친히 나에게 알려주신 것이다 :『밀법(密法)은 확실히 석가모니불의 법이다. 단 그러나 티베트의 계율은 해이해져서, 실행이 안 되고 있고, 지금 각지에서 더욱 안 되고 있다.』그래서 어떤 매법(賣法)을 형성하였는데, 당신이 충분한 돈을 가지고 오면, 어떤 어떤 방법을 가르쳐 준다. 자기를 상사(上師)라 하고, 헛소리를 하며, 어찌 어찌 사람을 속이는 마음을 가지고 있

다. 본래 수승한 대법(大法)이었는데, 현재 위기가 사방에 도사리고 있는 험한 길로 변하는 결과가 되었다.

42. 《심성록(心聲錄)》(황념조노거사선집) 중에서 염공이 개시하시길 :「그래서 나는 스스로도 밀(密)을 배우지만, 남에게 경솔하게 밀(密)을 배우라고 권하지는 않는다. 염공이 남에게 경솔하게 밀(密)을 배우라고 권하지는 않는 것은, 바로 윗글에서 말한 밀종의 현상에서 유래한 것으로,「사기성이 유달리 강해서, 모두가 잘 알지 못하므로, 당신도 분별할 방법이 없다.」

43. 《결택견(抉擇見)》 중에서 염공이 강설하길 : 선종의 언어는 알기가 어려운데, 그것은 『일구 속에 삼구가 있다(一句有三句).』 일구는 『**절단중류(截斷衆流)**』로 당신의 망상을 잘라버린다. 일구는 『**함개건곤(涵蓋乾坤)**』으로 하늘을 덮고 땅을 덮어 포함하지 않음이 없다. 다시 일구가 있어 『**수파축류(隨波逐流)**』인데 당신이 말하는 대로 대중이 말하는 대로 대답하는 것이다. 당신은 파도, 당신은 흐름, 이 파도 따라, 이 흐름을 좇아 …… 『일구(一句)에 삼구(三句)가 있음』 속에서 대답한다. 우선 『절단중류(截斷衆流)』인데 듣는 사람의 눈이 휘둥그레지고 입이 벌어져 예견하는 것이 불가능하다. 제2는 『수파축류(隨波逐流)』인데 당신이 물으면 내가 답한다. 제3은 『함개건곤(涵蓋乾坤)』인데 끝없는 묘의(妙義)를 포함하여 일체가 모두 대도(大道)이다. 『**촉목보리(觸目菩提)**』는 눈으로 보는 것은 모두 보리로 『담장 밖의 것』은 당연히 도(道)다. 일구에 삼구를 포함한다. 그래서 『일언지하(一言之下)』에 법을 듣는 사람의 『미친 마음이 바로 멈춰 쉬게 된다(狂心當下停息).』 이것이 『선종(禪宗)』의 수승한 점이다.」

44. 동산수초(洞山守初)선사 : 동산은 양주(襄州)에 있었는데 : 종혜(宗慧)는 선사의 법호(法號)이다. 수초선사는 운문언(雲門偃)선사의 법사(法嗣)로, 북송(北宋) 태종(太宗) 순화(淳化) 원년(元年) 가을 칠월(秋七月)에 병 없이 가부좌하고 화(化)하였다.《오등회원(五燈會元)》권15에 기재가 있다 :「양주동산수초종혜선사(襄州洞山守初宗慧禪師)」

45. 새색시가 당나귀를 타고 시어머니가 끌고 가는 것이나, 그녀의 남편이 뒤에서 당나귀를 좇는 것은, 모두 사리가 뒤바뀌어 이치에 어긋나는 것을 비유한다.《오등회원(五燈會元)》권19 :「거꾸로(顛倒顛), 거꾸로(顛倒顛), **새색시는 당나귀를 타고 시어머니가 끈다(新婦騎驢阿家牽).** 그것뿐이고(便憑麼), 아무런 이유도 없는데(太無端), 돌이켜 보면 어느새 무명적삼이다(回頭不覺布衫穿).」

46. 선종의 언어는 깊거나 얕아서, 판별이 잘 안 된다. 또 현재는 중생의 근성(根性) 차이로 이미 일언지하에 깨우치기 어렵다. 바로《심성록(心聲錄)》(황념조노거사선집) 중에 있는 것과 같은데, 염공이 강조하여 말하길 :「하지만 송나라(宋朝) 이후에는 이러한 종류의『직지인심(直指人心)』『견성성불(見性成佛)』, 일언지하(一言之下)는 개오(開悟)가 가능한 묘법이기는 하나, 사람들의 근기(根器)가 불충분하다.」 또《의지선도대사지념미타명호(依止善導大師持念彌陀名號)》하나의 문장 중에서, 염공이 또 말씀하시길 :「또 혜초라는 이름의 승려가, 법안(法眼)에게 물어 말하길 :『어떤 것이 부처입니까(如何是佛)?』답하여 말하길 : **『너는 혜초라 이름한다.』**이는『네가 부처이다』라는 말과 같다. 또 스님이 동산(洞山)에게 묻는

것 같이 :『어떤 것이 부처입니까(如何是佛)?』 답하여 말하길 :『**마 3근이니라(麻三斤)**.』 우선 이 양칙(兩則)의 공안(公案)『한 마디 부처님 명호는 무엇인가(一句佛號是什麼)?』와『염불하는 사람은 누구인가(念佛之人是誰)?』 이것은 같은가 다른가?『마 3근(麻三斤)』이 오히려 또 부처이다. **생각의 대상인 부처(所念之佛)와 생각의 주체인 사람(能念之人)이 어찌 [부처가] 아닐 수 있겠는가!**」 이 단락의 훌륭한 강해(講解)가 우리에게 알려주는데, **「생각의 대상인 부처」와 「염불하는 사람」은 「하나이고 둘이 아니어서,」 나의 「묘명본심(妙明本心)」을 벗어나지 않는다** ; 그러므로 「선정불이(禪淨不二)」로, 한 구의 아미타불이 「무상심묘선(無上深妙禪)」인데, 다시 어디서 「본심(本心)」을 찾는단 말인가? 그래서 선종 수행의 가장 높은 성과도 아미타불이라는 이름 속에 있다. 그러면 정토(淨土)를 수행하는 것은 곧 선(禪)을 수행하는 것으로, 또 현재의 선종 수행을 함에 있어 [가짜 사부들에게] 쉽게 속아 넘어가는 곤경을 면할 수 있을 것이다.

47. 《심성록(心聲錄)》(황념조노거사선집) 어느 글 중에, 염공이 「정토종은 다른 종에 비해 네 가지 장점이 있는데, 즉『온(穩), 이(易), 보(普), 묘(妙)』」라고 일찍이 총결론을 내었다. 현재 아래와 같이 발췌한다. 염공이 말하길 : 요컨대, 내가 정토종과 다른 종을 비교하면, 그것은 네 가지 우수한 점이 있다 : 하나는,『온(穩)』이다. 그것은 선종 및 밀종과 같지 않는데, 밀종의 사부는 매우 중요하고, 선종도 똑같이 사부를 선택해야 하고, 사부를 신뢰하고, 사부에게 의지(靠)해야 한다. 만약 당신이 체면이 없는 장로(長老)를 만난다면, 그는 동과인자(冬瓜印子)를 가지고 당신에게 도장을 찍어 준다.[97)]

97) 운서주굉 지음, 연관 옮김, 죽창수필, 2019, 불광출판사, 246쪽 참조

말하자면, 당신은 본래 깨닫지(開悟) 못했는데, 하필이면 다시 뛰어난 안목을 갖추지 않은 장로를 만나서 그가 동과에 새긴 도장을 하나 가져와 찍어주는 것이다. 동과에 새긴 인장은 인문(印文)이 반드시 모호하여 분명치 않다(이는 비유다). 이 장로는 유명무실하여 그 자신은 결코 깨닫지 못했다. 하지만 한 사코 억지로 가문을 이루어, 당신에게 모호한 증명을 주며, 당신이 깨달았다고 인증하는 말을 한다. 당신 자신도 그렇게 믿는다. 그러면 [당신은] 영원히 벗어날(出頭) 날이 없을 것이다. 그래서 선종의 스승도 매우 중요하다 ; 그러나 정토종은 그런 것들이 필요 없다. 왜 수행이 어려운가? 어려움은 믿음을 내는 것에 대한 어려움이다. 그러나 정토법문은『시방제불이 같이 찬탄하고, 천 가지 경전과 만 가지 논서가 함께 가리킨다.』 **시방제불과 무량한 경전 및 논서가 모두 우리에게 증명을 하여 사람들의 믿음을 일깨운다.** 그래서 정토법문에 대한 믿음은 쉽게 세워진다. **당신이 이 법문을 믿을 수만 있다면, 믿음으로 말미암아 발원이 생기고, 발원으로 말미암아 수행을 일으켜, 모두 성취할 수 있다.** 매우 평안하고 어떠한 위험도 없다. 단지 노실염불(老實念佛)만 필요하고, 동쪽에 가서 참가하고 서쪽을 방문하는 것이 필요하지 않다. 자연히 악한 스승과 악한 벗을 멀리 떠나 쉽게 속지 않는다. 가장 온당하다! 두 번째는,『이(易)』이다. 어린아이 그에게 아미타불을 염하라고 시켜, 한번 가르치면 안다. 일자무식의 많은 노파들이 아미타불을 염하여 매우 좋은 결과를 얻었다. 사람마다 모두 이해하고 쉽게 알 수 있다. 세 번째는『보(普)』이다. 그것은 세 가지 근기(根)를 두루 가피하는데, **위로는 문수·보현 모두 정토왕생을 구하였고, 아래로는 오역십악(五逆十惡)죄를 지은 이들이 지옥이 앞에 나타나도, 염불 10번에 또 모두 왕생한다.** 이러한 근기(根器) 그들도 모두 두루 가피를 받을 수 있다! 네 번째는 『묘(妙)』이다. 법문이 비상하게 미묘하고, 묘함은 당신이 상상할 수 없다. 그것은 『**드러나지 않게 도의 미묘함에 합치하며(暗合道妙), 교묘하게 무생법인에 들어간다(巧入無生).**』 도에 합치하기 위하여 당신이 완전히 명백하게 이 도리를 이해하여야만, 곧 도에 합치할 수 있다는 것은 아니다. 그러나 당신이 알지 못하고 깨닫지 못하는(不知不覺) 중에, 바로 한 구절 나무아미타불로 한 구절 이어서 한 구절을 한다. 염할 때 매우 정성스럽고 간절하며, 매우 청정하여, 이 세상사는 모두 생각하지 않는다. 그래서 당신의 염하는 마음(念心) 중에, 아미타불 한 마디만 남아 당신은 망념을 떠나버렸다. 만약 단숨에 당신이 망념을 떠나게 하는 것, 이것은 매우 어렵다! 『망상을 제거하려다가, 하나를 보내고 두 개를 더 보태는 것』이다. 망상은 좋지 않은 것이니 나는 망상을 버리겠다는 생각, 이 생각이 바로 망상이다. 하나를 보내고 두 개가 보태졌다. 그래서 당신은 그것에 대처할 방법이 없다. 그러나 **당신은 노실염불로, 알지 못하고 깨닫지 못하는 사이에 망상을 떠나, 유념(有念)으로부터 무념(無念)에 도달하여, 알지 못하고 깨닫지 못하는 사이에 도의 미묘함에 합치한다.** 왕생하여 부처님을 뵙고 법문을 들어 무생법인을 증득하는 것이, 바로 『교묘하게 무생법인에 들어감』이다. 그래서 그것은 극히 미묘하다.」

48. 장종창(1881~1932년), 자는 효곤(效坤)으로, 산동(山東) 사람이다. 별명은 「구육장군(狗肉將軍),」 「혼세마왕(混世魔王)」 등이고, 봉계군벌(奉系軍閥)의 우두머리 중의 하나이다. 장종창은 일찍이 청도(青島) 일상사창(日商紗廠)의 노동자파업을 잔혹하게 진압하여 청도참사를 초래하였다. 1925년 4월에 산동 군무독판(軍務督辦)을 맡았고, 7월에 산동성 성장(省長)

을 겸임하였다. 1932년에 제남역(濟南車站)에서 총에 맞아 죽었다.

49. 1925년부터 1927년까지 피비린내 나는 시대였다 ; 1925년에 장종창의 수단이 잔혹하여, 박해 때문에 연공이 동쪽 일본에 건너갔다 ; 1926년, 장종창을 총사령관으로 하는 직로연군(直魯聯軍)은 북경에 들어온 후, 즉시 잔혹한 전제 통치를 실시하였다. 장종창은 일찍이 군벌의 내정(內情)을 사실적으로 보도한 저명한 저널리스트 소표평(邵飄萍)을 살해한 적이 있는데, 죄명은 「선전적화(宣傳赤化)였다.」 8월 6일 새벽, 저명한 저널리스트 임백수(林白水) 역시 「적과 내통하는 근거가 있다」는 죄명으로 살해되었다 ; 같은 해, 전국인민대표대회 상무위원회 부위원장이었던 성사위(成思危)의 아버지 성사아(成舍我) 노선생도 장씨의 박해를 받고 감옥에 가 목숨을 잃을 뻔했다. 다행히 부인이 당시 북방 군정계의 3원로 중 하나였던 손보기(孫寶琦)에게 사정하여, 몇 차례 교섭을 거친 후에야, 겨우 목숨을 부지할 수 있었다 ; 성 노선생은 일생을 신문업에 종사하여 근 77년이 되는데, 역시 개인역량으로 신문교육사업에 최장 종사한 영향력 있는 중대한 신문교육가로, 1967년부터 세계서국(世界書局)의 이사장(董事長)을 역임했다. 성사아 노선생도 생사를 겪고, 비범한 일을 이루셨듯이, 연공이 이 생사의 큰 어려움을 만나지 않았다면, 아마 마음을 정토로 돌리는 것이 어려웠을 것인데, 이것 역시 보살의 자비로운 시현이다. **정토수행인은 마땅히 알아야 하는데, 정종일법은, 만나기 어렵고(難遇), 듣기 어렵고(難聞), 믿기 어렵다(難信). 이 시간 오늘, 이미 듣고 이미 만났으니, 당생(當生)에 결정적 신심을 내어서, 즉생성불(即生成佛)하지 않는다면, 제불의 만겁의 은덕을 배반하게 된다.**

50. 1925년 군벌 장종창 독로(督魯)는, [연공을] 선전적화죄(宣傳赤化罪)로 해를 가하여, 가산(家產)을 몰수하고 수배하였다. 나라를 떠나 동쪽으로 건너가, 일본에 피난하여 머물렀는데, 연공(蓮公) 인생의 중대한 전환이 되었다. 일본에 머무는 기간 동안 문화예술계 및 종교계 유명인사들과 많은 교류를 하여 온갖 존중을 받았다. 현준지사(賢俊之士)가 많이 와서 학문을 물었을 뿐만 아니라, 심지어 제자의 예의를 공손히 지키며, 평생토록 변하지 않았다.

51. 1927년, 연공이 귀국하여, 진고(津沽)에서 병으로 누웠는데, 44세였다. 이때 화하(華夏)의 전쟁 불길이 한창 타올라, 고향은 이미 폐허로 변했고, 눈에 보이는 모든 것이 온통 무상(無常)·고(苦)·공(空)을 연설하였다. 세상의 변화무쌍함을 다 보고 나서 그 마음이 바뀌었다. 금석서화(金石書畫)·성리사장(性理詞章)은 종국에는 구경이 아니므로 이제부터 버린다. 《무민(無悶)》 두 수를 지어 이르길 :「광심이 쉬게 되니 바야흐로 답답함이 없는데(狂心果歇方無悶), 세상은 시존始尊을 알 수가 없고(世不能知道始尊), 구사여생九死餘生 이 말에 들어맞는데(九死餘生契此語), 어지러운 환적幻跡들을 다시 어떻게 논하랴(紛紜幻跡更何論).」「두 자 거원渠園 역시 환영의 나이고(兩字渠園亦幻餘), 원園은 나가 아니고 나는 거渠가 아닌데(園非是我我非渠), 떠돌아다니는 인생은 경계가 있어 결국은 환영으로 돌아가니(浮生有境終歸幻), 연꽃의 땅 없이는 머무를 수가 없네(除卻蓮邦未可居).」이때부터 호를 [거원(渠園)에서] 「연거(蓮居)」로 바꾸고, 병을 핑계로 폐관(掩關)을 하고, 정업(淨業)에 전수(專修)하면서, 결정코 서방왕생하겠다는 뜻을 세웠다.

52. 연공은 와병기간에, 사람의 목숨이 덧없고, 윤회의 길은 험하다는 것을 깊이 느끼고, 다행히 자기가 염불법문에 대해 평생 믿음을 가지고 있다는 것을 기뻐하였다. 시를 지어 말하길 :「한번 앓은 지 3년이 지나니, 체면(客氣)이 점점 없어지고, 망상이 그것을 따라 줄어들어, 마치 썰물 같다. 조용히 자세하게 점검하니, 배운 것은 행할 수 있는 것이 하나도 없고, 친척이 다 죽고 없어지니, 내 차례가 오는 것을 본다. 거울을 쥐고 길게 한숨지으니, 옛 시절 얼굴을 보지 못하고, 겨우 남은 가죽으로 뼈를 가렸는데, 이미 하늘을 감쌀 배짱이 없다. 이와 같을 뿐이니, 뼈 속 깊이 스미는 추위를 어쩔 수 없는데, 부처님과 부모의 은혜를 갚지 못하여 매우 편치가 않다. 업해(業海)가 사납게 고개를 돌려, 계속 부르는 것을 쉬지 않으니, 이런 한가한 솜씨(閒伎)로, 어떻게 생사를 당해낼 수 있겠는가? 밤에 밝은 달을 보며, 나무무량수! 아슬아슬하게 이것 한번 돌리니, 그렇지 않으면 부처님께서도 구하기가 어렵다. 이로부터 참괴(慚愧)를 발하여, 다시 어리석은 공부를 하니, 마음껏 그는 웃지만, 어리석음이 단지 나의 어리석음을 안심케 한다. 날이 저물고 오히려 길은 먼데, 어찌 다시 허송세월을 할 수 있단 말인가, 일문에 깊이 들어가, 사바세계를 벗어나려 함을 맹세하네.」《정어(淨語)》 속에 있는 《다시 〈지월록(指月錄)〉이라 제목하여 간재(幹齋)에게 답함》이라는 한편의 시에서 발췌하였다.

제2배 극락세계 스승님

한마음으로 관하여 예배하옵니다. 극락교주께서는 수행의 원인자리에서 설법을 듣고, 즉시 무상정등정각의 마음을 내시었습니다. 진실한 지혜에 머무시면서, 끝없는 고통이 있는 생사의 근본을 뽑아버리기를 서원하시었습니다. 국왕의 자리를 버리고 사문이 되셨으니, 법장이라 불리시었고, 보살도를 닦아 무량겁에 덕행을 쌓으셨습니다. 발원하신 수승한 대원을 모두 다 원만하게 성취하시고, 명호에 만덕을 갖춰 그 명성이 시방에 가득하옵니다. [중생들을 극락세계로] 접인하여 이끌어 주시는 스승 아미타부처님이시여!

나무아미타불

(1번 절하면서 3번 부른다)

「석가모니불」 다음에, 두 번째는 「아미타불」께 절하는 것이다. 이 두 불국토의 도사(導師)로, 석가모니불은 이 세계의 도사이시고, 아미타불은 저 세계의 도사이시다. 석가모니부처님은 우리들에게, 아미타불은 무슨 「인연」이고, 무슨 「원력」인지 알려주시며, 그런 연후에 우리들에게 [극락세계에] 가기를 권하신다.

「한마음으로 관하여 예배하옵니다. 극락교주께서는」이다. [아미타부처님은] 극락세계의 교주이시다. 「수행의 원인자리(因地)에서 설법을 듣고 즉시 무상정등정각(無上正覺)의 마음을 발하셨다.」 수행의 원인자리에 계실 때이며, 우리는 「원인이 있으면 과보가 있다(有因有果)」는 것(을 알아야 한다) ; 우리는 현재 「수행의 원인자리」에 있는데, 우리는 여전히 증과(證果)를 하지 못하였다. 수행의 원인자리에 있는 것, 이 지위는 「과각(果覺),」 과(果)의 지위가 아니며, 장래에 과를 얻을 것이다. 다음 부분에는 매우 특별한 「인과동시(因果同時)」가 있는데 매우 불가사의하다. 단 현재 우리에게 먼저 말하는 것은 수행의 원인자리이다. 아미타불은 지금 극락교주로 그분이 수행의 원인자리에 있을 때인데, 그분의 수행의 원인자리는 언제였는가? 그분은 국왕이었다. 이 국왕은 「세요왕(世饒王)」이라고 부르며, 「세(世)」는 매우 풍부한 것이다 ; 「요(饒)」는 풍요, 풍족으로, 세요왕이다. 그때 부처님이 계셨는데, 부처님께서는 「세자재왕여래(世自在王如來)[98]」라고 불리셨고, 세상에 머무르신 지가 매우 오래되었다. 이 국왕은 그때 수행의 원인자리에 있었는데, 그는 이 부처님의 설법을 들었다. 이는 세간자재왕여래의 설법이었으며, 그는 [더이상] 국왕이 되지 아니하였다. 그래서 불교는 「정치와 가르침이 하나로 합쳐지는 것(政教合一)」이 아니고, 모두 이러하며, 모두 왕위가 필요하지 않다 ; 내가 또 국왕이 되는 것이 아니고, 또 당연히 출가인이 되는 것이다. 국왕의 자리가 필요하지 않아, 그는 출가하였다. 출가 후 그를 법명으로 부르고, 아래에서는 법장(法藏)이라 불렀다고 설명하는데, 「법장비구」이다. 「수행의 원인자리에서 법문을 듣고」인데, 그는 세간자재왕여래의 설법을 듣고서, 「무상정등정각(無上正覺)」의 마음을 발하였다. 「정각(正覺)」은 깨달음(覺悟)으로, 무상하고(無上的), 바른(正的) 깨달음(覺悟)이다. 「각(覺)」은 「보리(菩提)」로, 「보리」 두 글자는 Bodhi이며, 이는 인도말이다. 「보리」는 (글자의) 음을 번역한 것이고, 뜻을 번역한 것이 아니다. 우리가 「각」으로 번역을 하면 뜻으로 번역하는 것이다 ; 그래서 하

98) '세간자재왕여래'라고 표기하기도 함

나는 뜻으로 번역한 것이고 하나는 음으로 번역한 것이다. 그래서 「보리」는 「각」인데, 「정각」이라고 부른다. 「무상정등정각의 마음을 발하는 것」은 「보리심」을 발하는 것이다. 이로 인하여 우리는 지금 「보리심」을 서서히 일으키는 것이 필요한데, 이것은 「깨달음의 마음(覺悟的心)」을 일으키는 것이고, 「부처의 마음(佛的心)」을 일으키는 것이다.

「진실한 지혜(真實慧)에 머무신다.」 그의 마음은 어디에 머무는가? 「진실한 지혜」 위에 머무는 것이다. 《무량수경》에는 「3개의 진실」이 있고, 하나는 「진실지제(真實之際)[99]」인데, 진실지제, 진실의 본제(真實的本際)를 열어서 드러나도록 보인다 ; 하나는 법장이 이후에 「진실한 지혜에 머물면서, 용맹정진하여, 일향으로 정토를 장엄할 뜻을 가졌는데,」 그는 어떻게 정토를 장엄하는가? 「진실한 지혜」에 머무는 것이 저 정토를 장엄하는 것이다. 그래서 「진실지제, 진실한 지혜」이다 ; 다시 하나의 「진실지리(真實之利)」가 있는데, 부처는 무엇 때문에 세상에 출현하신 것인가? 석가모니불은 중생에게 진실한 이(利), 이익을 주시길 원하셨다. 우리는 현재 자선사업을 하고 있는데, 매우 많은 일이 있고, 매우 많이 하기를 바란다. 당신은 어쩌면 무슨 유치원이나, 경로당이나, 여러 가지로 중생을 이롭게 할 수 있다 ; 심지어 당신이 어떤 사람을 불러 그에게 1만 달러 준다면, 그는 아주 유쾌하게 생활이 가능하다. 이것은 그의 「진실한 이익」이 아니다. 그는

99) 「진」은 진여, 「실」은 실상, 「제」는 깊게 말하면 바닥, 넓게 말하면 끝으로, 극처에 도달한다(「真」是真如, 「實」是實相, 「際」從深處講就是底, 從廣處講就是邊際, 達到極處.)
[출전: http://www.shijichansi.com/about.php 2021. 2. 14. 확인]. 「진실지제」는 「불지견」이다(「真實之際」就是「佛知見」) [출전: 無量壽經白話解全集]

수명이 다하면 또 윤회해야 하는데, 더 나아가(서), 뒤에, 악몽(이) 무궁무진하다. 당신은 그에게 도움이 되지 않는다. 그래서 우리는 그에게 「진실한 이익」을 주어야 한다.

그래서 「3개의 진실」 즉 「진실지제(真實之際), 진실지혜(真實之慧), 진실지리(真實之利)」는 하노사의 회집(會集)에서 나타난 「3개의 진실」에 기인한 것이다. 이 「3개의 진실」은 내가 그것에 대해 아주 많은 해석을 했는데, 이것은 서로 호응하는 것이다. 바로 「진실지제」를 열어 「진실의 본체」가 드러나는데, 그래서 당신은 곧 「진실한 지혜」를 드러낼 수 있다 ; 당신은 「진실한 지혜」가 있기 때문에 당신은 곧 중생을 위하여 「진실한 이익」을 강구할 수 있다. 이외에도 당신은 좋은 마음이 있고, 또 이익을 도모하는데, 당신은 성공하지 못하였는가? 성공한 후에 도대체 그 이익은 많고 큰가? (모두 매우 말하기 어려운 것이다.) 진실한 이익은 철저하고, 영원하며, 진실하고, 구경적(究竟的)으로, 중생을 모두 부처가 되게 하는 것이 진실한 이익이다. 이 문자는 간단한데, 「세 개의 진실이 하나의 진실을 말한다.」 「하나의 진실」만을 말하는데, 「지혜가 『근본』으로,」 이것은 「진실지제」로부터 나온 것이다.

「진실한 지혜」가 있어 그는 중생의 「끝없는 고통이 있는 생사의 근본(勤苦生死之本)」을 뽑을 수 있다. 중생은 이 「생사가 고통이다.」 「근고(勤苦)」란 무엇인가? 끝이 없는 것이다 ; 이 「근(勤)」은 멈추지 않고, 휴식도 없이, (늘, 항상) 고통이다. 끝없는 고통이 있는 생사는 매우 심하다. 우리가 죽으면 다시 살아나고 언젠가는 죽어야 하는데, 나는 [나이가 많고 병이 깊어서] 좀 가깝고, 당신들은 아직 조금 멀었다. 죽으면 또 생겨나야 하고, 살고 난 후에는 또 죽어야 하는데 또 끝남이 없다. 그래서 이것이 「끝없는 고통」이다. 이 「끝없는 고통이 있는 생사」는 그 근본이 있다. 그분이 바로 이런 마음을 발하셨으니, 아미타불께서 모든 중생을 위하여 모든 생사의 근본을 뽑기를 바라셨다. 이것이 지향하는 바는 크다! 그래서 우리는 이것을 깨닫고, 당신은 진정으로 부처님을 믿고, 부처님을 위해 한 가지 일을 한다면, 당신의 인생은 곧 의의가 있다. 그렇지 않으면 오늘 먹은 식량에 미안하다. 오는 것은 쉽지가 않다! 이것이 중생의 매서운 고생이다! 당신은 어떻게 중생에게 보답하는가? 단지 누리고 있는 것이다! 당신이 한 그런 일들로 중생들에게 많은 좋은 점이 생겼는가? 매우 큰 물음표를 찍는다! 그에게 약간의 학문을 주입하고, 어떤 것을 주입하는 것은, 모두 「끝없는 고통이 있는 생사의 근본을 뽑는데」 아무런 작용도 없다. 그래서 말하자면, 진짜 우리들은 진정하게 아미타불과 같이, 이러한 [끝없는 고통이 있는 생사의 근본을 뽑겠다는] 큰 마음(大心)을 발해야만 한다.

수행의 원인자리에 있을 때, 그는 「국토를 버리고 왕의 자리를 놓았다.」 그는 국가를 양위하였고, 그는 왕위를 버렸으며, 필요하지가 않았다. 「손(捐)」은 버리는 것(捐棄)인데, 손(捐)에 대하여 더 이상 강의하는 것은 불필요하며, 버리는 것, 방기하는 것이다. 출가하여 「사문(沙門)」이 되셨는데, 「사문」은 번역한 음이다. 사문과 화상(和尚) 저 두 글자에서, 화상은 존칭인데 여러분은 함부로 쓰고 있지만, 여러분은 함부로 칭할 수 없다. 사문은 매우 높은 덕행으로 「식심달본(識心達本)[100]」을 「사문」이라 이름한다. 당신이 당신의 「본심(本心)」을 인식하고, 당신이 당신의 「본성(本性)」에 도달하니 곧 「사

100) 본심을 인식하고 근본에 도달함

문」이라 부른다. 여기 이 의미를 말하자면, 그가 출가하여 화상이 되었다는 뜻이다. 이때 그의 법명을 「법장(法藏)」이라 불렀는데, 명호를 법장이라 불렀다. 이후 경전에서 다시 「법장비구」라 언급하며, 그것이 바로 아미타불의 전신(前身)이다.

「보살도를 닦음」이란, 그가 보리심을 발하여 행한 바가 보살의 행이다. 「보살」은 「이타(利他)를 근본으로 삼는데,」 보살도를 행하는 것이다. 「무량겁에」인데 **「겁(劫)」**은 매우 긴 시간으로 이것은 시간의 명칭이다. 이 숫자는 설명할 방법이 없다. 10에 여러 제곱으로는 설명할 방법이 없다. 단지 비유하자면, 40여 리나 되는 하나의 큰 돌을 천인(天人)이 가벼운 비단(紗)보다도 더욱 가벼운 비단을 입고, 몇 년에 한 번 내려와서, 이 비단을 돌에 이렇게 한 번 스쳐서, (계속하여) 이 돌덩어리를 스쳐서 없어지게 하는데, 이 시간을 「1겁」이라고 부른다. 당신이 생각해 봐라, 시간이 얼마나 걸릴까? 몇십 리 되는 돌덩어리를 천인의 그런 비단으로, 몇 년에 한 번 내려와서, 이 비단이 돌에 한번 스쳐야 한다. 스치고 스치고, 스치고 스쳐서, 이 돌을 스쳐서 없애고, 완전히 갈아버리니, 이 시간을 「1겁」이라고 부른다. 그래서 시간은 무(량겁)으로, 다시 게다가 「해탈하지 못한다.」 게다가 다시 「끝없는 고통이 있는 생사의 근본」이고, 그 후로는 끝이 없어, 그 시간을 당신이 생각할 방법이 없다. 그는 바로 이런 「대원」을 발하고, 법장비구는 무량겁 중에, 무량의 겁에, 겁은 수가 분명하지 않지만, 모두 덕행을 쌓고 심었다. 그래서 우리는 이 「큰 은혜와 큰 공덕」을 말하는데, 부처님은 우리를 위하여 많은 생에 많은 고생을 하셨다. 이렇게 오랜 시간을 그곳에서 「공덕을 쌓은 것」이다. 「심는 것」은 씨를 뿌리는 것으로, 공덕을 쌓고 공덕의 씨를 뿌리셨다. 여러분을 「구도(救度)한다!」 그래서 우리는 오늘 여기서 아미타불의 법문에 관해서 함께 들을 수 있는데, 모두 우리들이 과거생에, 일찍이 과거에 아미타불의 구원을 받은 적이 있기 때문이다 ; 아미타불은 이미 우리에게 은혜를 베푸셨는데, 우리는 아미타불의 제도를 받은 적이 있어, 이제 이 법을 듣는다. 우리는 기쁘고 배우기를 원한다. 그래서 (법장비구는) 「무량겁에 덕행을 쌓고 심어,」 중생을 구도(救度)한다.

「발원하신 수승한 대원을 모두 다 원만히 성취하셨다.」 그분이 「48원」을 발하고, 그분이 이 원을 발하여, [세자재왕]부처님이 계신 그곳에 뛰어가 부처님께 알리고, '제가 일체 부처님을 초월하는, 대원을 발하는 생각을 했사온데, 그 발원이 이루어질 수 있겠습니까?'라고 말씀드렸다. 저는 이 불국토를 다른 여러 나라보다 모두 훌륭하게 (세우길) 원하옵니다. [세자재왕] 부처님께서는 다른 부처님 세계들을 그가 볼 수 있도록 모두 제공해 주었고, 매우 오랜 시간이 걸려서, 그는 하나하나 다 똑똑히 보았다. 그래서 그분은 총결산하여, 각 부처의 세계의 「장점」을 취한 연후에 바로 「사십팔원」을 발하였다. 이렇게 발한 대원의 말씀은 그래서 「발원 중의 왕(願中之王)」이라 칭한다. 「수승(殊勝)」은 특수라는 뜻이다 ; 「승(勝)」은 기타의 것을 초월하는 것을 승이라 칭한다. 모두 「원만하게 성취」하였는데, 모두 「성취하여,」 원이 모두 실현되었고, 헛된 원이 아니며, 모두 「실제로」 이룬 것이다. 더욱이 「원만한 성취」로서 흠결이 없다.

「명호에 만덕을 갖추시었고」는 「아미타불」, 이 이름 속에 무량한 공덕을 포괄하는 것이다. 당신이 보면, 「무량겁에 덕행을 쌓고 심으셨고,」「아주 여러 가지(의) 덕」을 심어, 이렇게 곧 성불하셨다. 그래서 이 부처님이 무량겁에 모두 덕을 심어, 덕을 길러서 얻은 성취이다. 그래서 이 이름은 만덕이 성취되어, 이 이름 속에 이러한 「만덕」을 포괄하고, 「명호에 만덕을 갖추었다.」「명성이 시방에 가득하다」는 것은 「아미타불의 제17원」으로, 모든 부처님께서 (아미타)불의 이름을 선양(宣揚)하기를 원한 것이다. 그래서 당신이 우리들의 이 세계를 보면, 「석가모니불」께서 아미타불의 이름을 선양하신다. 내가 다시 당신에게 개별적인 예를 들면, 당신들이 눈치를 챘는지 모르겠지만, 당신이 대만, 미국, 홍콩, [중국]대륙에 있던 간에, 「아미타불」을 아는 사람이 매우 많다 ; 우리의 세계, 우리의 「본사」를 알고, 석가모니불을 알고, 석가모니불의 명호를 들은 사람은 매우 적다.[101] 당신들이 생각해 보면, 「이 학자, 교수」는, (이름을) 말하지 않아서, 누군지 모른다. 그는 「석가모니」라는 이 명칭을 모르고, 모두 익숙하지 않다. 그러나 「십만억 불토」 밖의 「아미타불」은, 우리들 노파, 어린이 모두 다 알고 있다. 아! 「아미타불!」 좋구나, 「아미타불!」 사람을 꾸짖는 것도 「아미타불!」[102] 모두 안다! 이것은 우연한 일이 아니다. 왜 당신은 자신의 학교 선생님, 교장[103]은 당신이 그의 이름을 알지 못하며, 외국의 어느 학교의 교장[104]은 당신과 아무런 관계도 없는데, 아는가? [이는] 불가능하다 ; 당신이 더욱이 항상 [그 이름을] 거론하는 것은, 불가능하다 ; 이것은 불가능한 것이다! 이 불가능한 일

101) 중국에서는 아미타불 이름을 아는 이는 많으나, 석가모니불의 이름을 아는 이는 적다는 설명임

102) 우리가 살아가면서 습관적으로 '아이고 하느님' 하듯이, 중국이나 대만에서는 습관적으로 '아미타불'을 외치는 것으로 보임

103) 석가모니불에 대한 비유

104) 아미타불에 대한 비유

이 때마침 어떻게 나타난 것일까? 아미타불에는 이러한 「원(願)」이 있는데, 아미타불은 **시방불(十方佛)이 모두 아미타의 이름을 널리 알리고, 시방(十方)의 중생들이 그 이름을 듣도록 하는 것이다.** 시방의 모든 중생이 그곳을 부러워하여 사모하고, 그 이름을 염하여, 모두 극락세계에 왕생하게 된다. (그래서) 그 사정은 명백하게 드러나는데 우연이 아니다. 그래서 「명성이 시방에 가득하다.」 지금 우리의 이 땅에 계실 때에 석가모니부처님이 말씀하신 것이 바로 이와 같다.

그래서 부처님이 오셨는데, 그분은 「**접인도사(接引導師)**」이시다. 우리의 본사는 석가모니불이고, 저 국토의 도사(導師)는 아미타불인데, 우리는 아미타불의 이름에 「접인」 두 자를 덧붙였다. 우리가 임종할 때, 「부처님의 원력」에 의지한다. 그분이 우리들을 「접인」하여 극락세계에 도달하게 하는 것이고, 우리가 스스로 이 세계로부터 저곳에 도달할 수 있는 것이 아니다. 부처님의 원력으로 접인을 받아야 한다. 당연히 만약 당신의 수행이 보살과 동등한 지위에 도달한다면, 「자력(自力)」으로 왕생이 가능하다. 하지만 이는 억억 인 중 1명이나 반명도 얻기 어렵다. [접인을 받으면] 진정으로 당신은 [극락세계의] 상품에 도달할 수 있는데, 부처님이 접인하러 오시니, 이미 「극히 수승하다.」 그래서 아미타불을 다시 「**접인불(接引佛)**」이라 칭하고, 다시 「접인도사(接引導師)」로 칭한다. 「접인」은 이러한 것이다. 다음에 나는 거듭 말하지 않고, 이후 다시 접인에 어떠한 내포된 뜻이 있는지 보충한다. 이 1배 때 절해야 한다. 이 절은 「나무아미타불」에 절하는 것으로, 또 절하면서 3번 부른다. 이 [나무아미타불] 3구절을 다 부른 이후에 일어나, 다시 선다. [정수첩요 각 조를] 읽는 것은 서서 읽고, 절은 1번 절한다. 이것이 「제2배」이다.

제3배 극락세계

한마음으로 관하여 예배하옵니다. 이 세계를 떠나 서쪽으로, 십만억 불국토를 지나면, 부처님 세계가 있어, 극락이라 이름하옵니다. 법장[비구]가 성불하셨나니, 아미타라 불리시고, 무량수·무량광이라 이름하오며, 여래·응공·정등각 등 십호가 원만하시옵니다. 안은히 주지하시고, 장엄을 구족하셨으며, 위덕이 광대하옵니다. 청정불국토에 계신 아미타부처님이시여!

나무아미타불

(1번 절하고 3번 부른다)

제1구는「한마음으로 관하여 예배하옵니다. 이 세계를 떠나 서쪽으로, 십만억 불국토를 지나면」이다. 우리의 세계로부터 서쪽으로 가려면, 우리의 세계를 떠나 십만억 불국토를 뛰어넘는 것이 필요하다. 하나의「불국토」는 하나의「삼천대천세계」이다. **십만억불토는 십만억 개의 삼천대천세계이다.** 현재 이 세계는 광대하고, 천문학자는 이미 조금 알고 있는데, 어떤 천체, 어떤 별들은 우리에게서 100억 광년 밖에 떨어져 있다.「광속으로,」1초에 $3X10^8$m인데, 그것은 매우 빠르고, 세계에는「빛」을 따라잡을 수 있는 어떤 것도 없다. 현재 천문학의 망원경 어떤 것, 근대의 이러한 설비들에 의지하면, 백억 광년 밖에 있는 것을 알 수 있다 ; 우리는 그 빛을 보고자 하는데, 백억 년 전에 그곳에서 방출된 오래된 것이다.「하늘의 크기」는 큰데, 이것은 더욱이 현대의 시설, 지금의 과학수준으로, 앞으로 더 많이 알게 될 것이다. 그래서 부처님은 일찍이 말씀하시길, 극락세계는 우리로부터「십만억 삼천대천세계」를 떠나서 서방은 그곳에 있다. 이것은 진일보한 말인데, **부처님은 「일체처에 두루 하지」 않은가? 그래서 「부처님께서 서방에 계시다」라고 말하는 것, 그것은 일종의 「방편(方便)」이다.** 그래서 선도대사는 [부처님께서 서방에 계시다라는 것을 두고] 「방향을 가리키고 상을 세움(指方立相)」이라고 말씀하셨다. 어째서 당신은 꼭 서방에 대해 이야기해야 하는가? 선도대사께서 말씀하시길, 이런 하나의 방향을 이루어 제시하면, 여러분들의 마음에 전향적(專向的) 목적지를 생기게 한다. [그러면] 그 마음을 거두기가 쉬워지고, 그 마음을 다스리게 되면, 이 문제에 쉽게 「집중」할 수 있다. 당신은 다른 사람에게 「서방이 있다」는 것을 알려주어, 그가 전심(專心)을 다하려 하지만 아직은 쉽지 않다 ; 당신이 근본적으로 「서방」은 말하지 않고, 「[부처님이] 어디든 있다」고 (말하는데), [그러면] 그는 다시 「전일(專一)」할 방법이 없다. 그래서 이런 일종의 **「방향을 가리키고 상을 세움」은 일종의 매우 수승한 것이고, 중생을 제도하는 일종의 「방편」이다.**

「십만억 불국토」에 하나의 세계가 있어, 「극락이라 이름한다. 그곳에는 있는 한 세계의 이름을 「극락세계」라 부른다. 법장비구는 이미 성불하여, 명호는 아미타불, 또 「무량수불」이라 부르고, 또 「무량광불」이라고 부른다. 「여래,」 그것은 부처님의 십호(十號)의 하나로, 「여래·응공·정등각,」 이것 모두는 부처님의 「십호」이다. 여기서는 3개를 열거하여 십호를 대표한 것으로, 저 십호는 모두 원만하다. 「안은히 주지하시며(安隱住持)[105]」는, 그곳에서 매우 안온한 주지를 하는 것(安穩的住持)이다. 그런데 《무량수경》은 그곳이 매우 좋다는 것, 매

105) 안은(安隱) = 안온(安穩). 주지(住持)는 오래 세간에 머물면서 불법을 호지한다는 뜻 (출전:https://zh.wikipedia.org/wiki/住持, 2022. 8. 3. 확인)

우 원융하다는 것, 「여래라는 것」을 말씀하신다. 묻기를 : 「부처는 도대체 성불하였는가? 성불한지는 얼마나 되었는가?」 석가모니부처님이 회답하시길, **「여래는 오는 것이 없고(如來無所從來), 또 가는 것도 없다(亦無所去).」** 부처는 어디서 오고, 어디로 가는가? 그래서 생겨남이 없고, 또 없어짐도 없다. 오직 발원을 이루고 중생을 제도함으로써, 자기의 「본원(本願)」을 실현해야 하기 때문에, 중생을 제도하고 교화하기 위해, 서방에 나타나 보이신 것이다. 성불 이래 이 시간은 「10겁」이다. 아미타불은 「현재 설법 중이시다.」 아미타불은 「현재불」이고, 바로 설법을 하고 있으며, 극락세계에서 지금 바로 설법하고 계신다. **우리는 여기에서 《정수첩요보은담》을 말하고 있고, 아미타불께서도 극락세계 강당에서 설법하신다.** 「지금 현재 설법을 하고 계신다.」 이것이 극락세계 명호(名號)와 성불한 지 10겁이 되었다는 것[에 대한 설명]이다. 성불한지 10겁이 된 것, 이것은 우리 《정수첩요》에서 별로 이야기하지 않았지만, 《아미타경》에 나와 있다. 「[아미타불께서] 지금 현재 설법을 하고 계시고 십호도 원만하다.」

극락세계는 「장엄을 구족하고 있다.」 일체 장엄한 현상(事)[106]을 완전하게 구족하였다. 「위덕이 광대한데(威德廣大),」 이 덕, 공덕은 크다 ; 위덕은 역량이 있음을 표시하는데, 이것은 중생의 이와 같은 무명, 어둠을 능히 파괴하고 없앨 수 있다. 그래서 **구도(救度)하는데, 중생의 업력을 없앤다.** 위(威)가 있고, 덕(德)이 있음이 아주 광대하여 다할 수 없다. 하나의 「청정(清淨)」한 국토로, 「청정」이라는 두 글자는 매우 중요하다. 부처는 「무량광」과 「무량수」이며, 또 「무량청정」이

106) 사(事)는 이(理)에 대비되는 말로, 보통 사상(事相) 또는 현상(現相)으로 옮긴다.

라고도 하는데, 모두 부처님의 명호이다. 《무량수경》은 「무량청정평등각(無量清淨平等覺)」인데, 또 [이것은] 「아미타불」의 명호이다. 마음이 무량청정함인데, 「청정심(清淨心)」은 매우 얻기 어렵다. 마음속에 생각이 없어, 매우 깨끗하고, 매우 순수하며, 일체를 내려놓아, 점차 부처님과 「상응」하게 될 것이다. 아미타불, 이는 극락세계 (아미타불)이 이미 성불(成佛)하여, 극락세계에 머물고, 발원대로 중생을 제도하시기 위하여, 현재 서방 극락세계에 계시는 것을 가리킨다. 다음 [조]는 「법신(法身)」을 말할 것이다. 이 말인 즉 발원을 이루기 위하여, 극락세계가 있고 아미타불이 있다. 아미타불의 「본체(本體),」 우리의 「진실지제(真實之際)」를, 현재 다시 「열어서 나타낸다(開顯).」 그래서 이 「법신」을 말하는 것이고, 법신을 열어서 나타내는 것이다.

제4배 법신 의정장엄

한마음으로 관하여 예배하옵니다. 청정법신께서는 모든 곳에 두루 계시옵니다. 생겨남이 없고 없어짐도 없으며, 감도 없고 옴도 없나니, [이는] 언어로 분별하여 알 수 있는 바가 아닙니다. 오로지 발원대로 중생을 제도하기 위하여, 현재 서방극락세계 상적광토에서 법계의 중생을 접인하시어, 사바세계의 고통을 여의게 하고 구경의 즐거움을 얻도록 하시옵니다. 대자대비하신 아미타부처님이시여!

나무아미타불

(1번 절하면서 3번 부른다)

「한마음으로 관하여 예배하옵니다. 청정법신께서는」이다. 「법신(法身)」은 가장 청정하고, 일체상을 떠난 법신의 부처님이다. 부처님에게는 「삼신(三身)」이 있다. 부처님은 「법신(法身)·보신(報身)·화신(化身)」이 (있다). 서방에서 지금 설법하시고 계신 이는 물론 「보신」이시고, 보신의 근본은 법신이며, 법신은 「모든 곳에 두루 하다.」 방금 「모든 곳에 두루 하다」라고 말하지 않았는가? 이 말이 법신이다. **부처님의 법신이 있지 않은 어느 곳도 없다. 오늘날 이곳에, 우리들 도처에 아미타불의 법신이 있다. 도처에 있을 뿐만 아니라, 당신의 몸속에, 나의 몸속에, 모두 아미타불이다.** 만약 속에 있는 것이 틀린 말이라면, 그럼 아미타불의 법신은 하나가 모자라는 것 아닌가? 「모든 곳에 두루 하다」라고 말할 수 없지 않은가? 그래서 「모든 곳에 두루 하다」는 물건이 있든, 물건 없든, 모두 「법신이 있는 곳」이다. 비단 법신은 이와 같은 뿐만 아니라, 무선전파도 이와 같아서 벽으로도 가로막을 수 없다. TV는 당신이 어떤 물건을 (사용하던) 켜면, 이에 따라 영상이 나온다. 거기에는 「전파」가 있는데, 그것은 모든 것을 투과하는 것 아닌가? 당신 속에는 큰 물건이 하나 있고, 그것은 그 물건의 몸속에 있으며, 그 전파는 모두 통과하여, 모두 안에 있다. 그래서 「모든 곳에 두루 하다」는 것이다.

「법신」은 본래 「생겨남이 없고 없어짐도 없으며(無生無滅), 감도 없고 옴도 없다(無去無來).」 그래서 「팔불(八不)」이다. 「감이 아니고 옴도 아니며(不去不來), 생겨남이 아니고 없어짐도 아니며(不生不滅), 하나가 아니고 다른 것도 아니며(不一不異), 끊어짐이 아니고 항상함도 아니다(不斷不常).」 우리는 이 두 종류107)로 네 종류108)를 대체했다. 실제로 「여덟」으로, 각 종류마다 두 개씩 [문구가] 있다. 「생겨남과 없어짐이 없다(無生滅)」는 하나의 대구(一對)이고, 「가고 옴(去來)」도 하나의 대구이다. 「법신」에는 어떤 생겨남(生)이라 부를 것도 없고, 없어짐(滅)이라 부를 것도 없다. 「무생법인(無生法忍)」에 도달하여 증득하였기 때문에, 「생겨남(生)」이 없고, 다시 **생각이 움직이지 않아(不動念), 이것이 「무생(無生)」이다**. 무생은 여전히 「없어짐(滅)」이라 부를 만한 것이 있는가? 그것은 기왕 「모든 곳에 두루 하여,」 모두 법신인데, **법신은 어디서부터 어디까지인가? 모두 「자신(自家)」이다**. 내가 황념조는 코에서 입술까지라고 말하는데, 아니다! 코는 황념조의 코이고, 입도 황념조의 입술로, 황념조의 코에서 입술까지라고 말할 수 없다. 「감(去)」도 없고, 「옴(來)」도 없다 ; 다시 「하나도 아니고 다른 것도 아닌데(不一不異),」 하나도 없고 또 둘도 없다 ; 또 「끊어짐(斷)」도 없고, 또 「항상함(常)」도

107) 無生無滅 , 無去無來
108) 不去不來、不生不滅、不一不異、不斷不常

없어서, 「팔불(八不)」이라 칭한다. 이 네 구가 대표하는 것은 매우 깊이 들어간다. 이 법신은 「생겨남이 없고 없어짐도 없으며(無生無滅), 옴도 없고 감도 없다(無去無來).」

「이는 언어로 분별할 수 있는 바가 아니다」란, 우리들이 사용하는 언어, 우리들의 분별심, 분별적 견해, 당신이 능히 알 수 있는 것, 명백하게 밝힐 수 있는 것이 아니다라는 것이다. 그래서 「법신」과 이 한 구의 말이 범부의 언어와 사상의 한계를 지적한다. 그래서 「불가사의(不可思議)」라 칭한다. 여러분이 입버릇처럼 「불가사의」하다고 하는데, 「불가사의하다!」「불가사(不可思)」는 당신이 생각할 수 있는 것이 아니다 ; 「불가의(不可議),」「의(議)」는 의론(議論)으로 당신은 말할 수 없다. 금지명령을 내린 것이 아니라, 그러니까, 당신의 말이 나오지 않고, 당신의 생각이 도달할 수 없다 ; 당신이 생각할 수 있는 것이 아니고, 당신의 언어로 표현할 수 있는 것이 아니다. 「강송하는 무리(講誦之徒)」는 옛사람들이 비평적 언어로 사용하던 말이다. 다시 말하면 당신 몇몇 사람은 발전성이 없이, 단지 생각만 할 줄 알고, 말만 할 줄 안다! 응당 당신이 진짜로 「진실지제를 열어서 드러내 보여줄 수(開化顯示真實之際)」가 있으면, 그게 진짜 「사문(沙門)」이다! 그러니까 「강송하는 무리」는 폄하하는 뜻이다. 「언어로 분별하는데,」 이것[즉 법신]은 언어로 표현할 수 있는 바가 아니다.

이런 말인데, 그러면 중생은 어떻게 「발원을 이루는가(酬願)?」 단지 「발원대로 중생을 제도」해야 한다는 말은, 바로 「현재,」 바로 나타내 보임(示現)인데, 일종의 나타내 보임이다. 그래서 이 「가르침을 보임(示教)」으로, 「나타내 보임(示

現)」과 「가르침을 보임(示教)」의 「보임(示)」자는 같다 ; 가르침을 보임(示教)의 수단으로 어떻게 가르침을 보임(示教)을 하는가, 표시하는 것이다. 이것은 현재 서방극락세계 「상적광토(常寂光土)」를 보여주고 있다. **법신은 어디에 있는가? 극락세계의 「실보장엄토(實報莊嚴土)」에 있지 아니하고, 현재 극락세계의 「상적광토(常寂光土)」에 있다.** 그래서 부처에게는 「삼신(三身)이 있고 국토는 사토(四土)」가 있는 것이다. 「삼신」은 법신불·보신불·화신불이다. 우리의 이 땅에 드러내 보이신 석가모니와 같은 이러한 부처님은 「화신불(化身佛),」 응화신불(應化身佛)이다. **「보신불」은 우리 중생은 보지 못하는데, 육십만억 나유타 항하의 모래알 수에다 40리를 곱한 높이이다.** 「1유순」은 40리이다. 높이는 육십만억 나유타 항하의 모래, 모래알로, 그렇게 많은 것에 다시 40리를 곱하는데, 우리 모두는 [아미타불 보신의] 털끝 하나의 반도 못 본다.[109] 우리의 시선이 닿을 수 있는 곳을 당신은 얼마나 멀리 볼 수 있는가? 「보신」은 보이지 않는다. 그래서 **우리 사람이 볼 수 있는 것은 「응화신(應化身)」이다.** 「사토(四土)」는 : 「상적광토·실보장엄토·방편유여토·범성동거토이다.」 일반 우리가 왕생하는 것은 여전히 모두 「범성동거토(凡聖同居土)」인데, 이는 틀리지 않다! 저 법신불은 「상적광토」에 있다. 「상적광」은 당신이 (볼 수 없다.) 「상(常)」이란, 매우 적정(寂靜)하면서 방광(放光)을 한다. 그래서 「고요하면서 항상 비추고(寂而常照), 비추면서 항상 고요하다(照而恆寂).」 그래서 진실로 매우 수승한 경계이다. 「고요함(寂)」 가운데 있으면서, 부동일체(不動一切)이고 능히 비춘다(能照) ; 「비춤(照)」 중에 있는데, 기왕 「비추고(照)」 있다면 마치 해야 할 일이 있을

---

109) 보신불의 높이 = 갠지스강의 전체 모래를 합한 수 × 60만억 나유타 × 40리

것 같은데, 여전히 「움직이지 않는다(不動).」

「법신불」은 극락세계 상적광토에 계시어, 전체 법계[중생]를 접인하신다. 이 「법계[중생]」를 접인하는 것은 일체, 전 우주에 있는 모든 것, 갖가지 공간을 다 포함한다. 현재 「1도 공간, 2도 공간, 3도 공간」 뿐만 아니다. 우리는 현재 「3도 공간」으로 세 개의 좌표로 표시할 수 있는데, 길이·너비·두께이다. 현재 「1차원, 2차원, 3차원이 있고, 4차원이 있고, 5차원, 6차원」이 있다. 아인슈타인은 이미 「4차원은 시간이다」라고 실제로 증명했다. 현재 시간과 공간을 조금 더 알 수 있는데 (약간 뚜렷해졌다.) 지금은 많은 새로운 개념이 있어서 공간도 시간도 상수(常數)가 아니다. 「상대성이론(相對論)」은 가장 좋은 말로 우리에게 (도움이) 되고, 가져와 이용할 수 있는데, **「물질·공간·시간은 모두 인류의 착각」이다.** 그래서 현재 매우 많은 사람들이 항상 말하는데, 분명히 당신의 이것은 실재적인 것임에도, 어떻게 그것을 「공(空)」라고 말하는가? 당신이 그것을 「실재」적이라고 한다면, 나는 당신에게 알리는데, 아인슈타인이 바로 당신에게 알려준 것은 이것이 「사람의 착각」이라는 것이다. 당신은 이미 여전히 인류이고, 당신은 이러한 착각에 있다. 당신은 항상 그것이 실재적이라고 인정하는데, 단지 당신의 착각이다. 그는 다만 **공간은 단지 「장(場)」일 뿐이고, 물질이 아니라**는 것을 승인하였다. 다만 이곳은 「장강(場強)[110]」이 높아 장의 강도가 비교적 높아, 다른 곳과 조금 다르다. 4차원, 5차원, …… 이 공간들은, 현재 과학이 말하는 바에 의하면 이미 11단계의 공간까지 도달하는 것이 이미 실제로 증명되었다. 그래서 4

110) 전장(電場) 또는 자장(磁場)의 강도(intensity of field) [출전: 네이버 중국어사전]

차원 공간의 일을, 당신은 3차원 공간이기 때문에 당신은 알 수 없다. 당신은 단지 추측만 할 수 있으며, 당신은 명료하게 이해할 수 없는데, 인간의 두뇌는 매우 제한적 성질의 것이다. 「법계의 중생을 접인함」은, 비단 3차원 공간뿐만 아니라, 일체의 공간, 각종 공간, 일체 유정의 부류(有情之類)가 모두 접인을 얻는다는 것으로, 모두 그들을 사바세계와 같은 이 일종의 「고통」으로부터 떠나게 한다. 그리고 「구경적인, 진실한, 철저한, 영원한, 변함이 없는」 이런 즐거움, 「구경의 안락(究竟安樂)」, 「법락(法樂),」 고통이 없는 즐거움을 얻을 수 있게 한다.

매우 많은 즐거움이 있는데, 내가 어릴 적에 사람들이 미친 듯이 기뻐하는 것을 보고서, 나는 매우 비통하다고 여겼고, 즐거움(歡樂)이 아니라고 여겼다. 이는 매우 애처로운 것이다. 그들이 그곳에서 화권(划拳)111)을 하거나, 어떤 이가 춤추고 있는 것 따위를, 나는 옆에서 보면서 매우 비통했다. 그 당시에 그 사람 본인은 매우 기뻤고, 여전히 그는 그것을 즐거움으로 여긴다. 그런데 이후 어느 날 그는 이 모든 것이 없어져서, 돈을 다 써버리고, 어떤 이는 죄를 범하고, 그는 더 이상 즐길 수가 없다. 한번 무너지면 그 사람은 고생스럽고, 그 좋은 날은 다시 오지 않는데, 이것이 **「괴고(壞苦)」**이다. 그래서 당신은 고통스러운데, 병들고 종기가 나고, 남이 당신을 때리는 따위, 이런 종류의 고통(苦)이 **「고고(苦苦)」**(이다) ; 당신은 여기서 미친 듯이 기뻐하고, 즐거워하는데, 이럴 때 당신을 「괴고(壞苦)」라고 부른다. 이런 환경이 어느 날

111) 술자리에서 흥을 돋우기 위하여 두 사람이 동시에 손가락을 내밀면서 각기 한 숫자를 말하는데, 말하는 숫자와 쌍방에서 내미는 손가락의 총수가 서로 부합되면 이기는 것으로, 여기서 지는 사람이 벌주를 마시는 놀이(출전: 네이버 중국어사전)

없어지면 당신은 「고통(苦)」스러우며, 그것은 여전히 고통의 원인이다. 그래서 사바세계는 갖가지가 모두 고통이다. 이 고통을 떠나서, 구경의 즐거움을 얻고, 철저한 낙을 얻으며, 「대승법락(大乘法樂)」을 얻는다. 이 「즐거움(樂)」은 확실하여 일체 세상의 일체의 것과 한데 섞어 논할 수 없다. 당신의 이해가 미치지 못하고, 당신의 상상이 미치지 못하며, 당신의 추측이 미치지 못한다. 오직 진실한 공부가 있어야만 당신은 비로소 음미할 수 있다. 그래서 「법락」에 도달함은 「뛸 듯이 기뻐함」과 같다.

그러나 누군가 한번 불러일으킬(觸動) 수 있는데, 한번 불러일으키면 당신은 이것을 체회(體會)할 수 있다 : 내가 보기에 당신은 「일체가 모두 성불(一切皆成佛)」인데, 당신이 한번 불러일으키면 이것이 바로 「법락」이다. 늘 이 「불러일으킴」이 있어 당신은 여러 가지를 제거할 수 있다. 여러 가지 장애를 제거하는데 여러분 모두의 몫을 가지고 있기 때문이다. 하지만 앞으로 나아가지 않으면 지금 멈춘다. 모든 사람이 즐길 수 있지만, 단 당신은 현재, 그리고 당신은 잠시, 지금 당장은 관계가 없다. 그래서 「구경락(究竟樂)을 얻는 것,」 나는 여전히 극락세계에 도달하여 진짜로 구경락을 얻는 것에 대하여 겨우 말할 뿐인데, 눈앞에서 우리들은 법에 있는(法上) 법락에 도달할 수가 있다. 이런 「즐거움(樂)」은 우리도 한번 돌이켜 생각해(回憶) 보고, 비교하고 비교할 수 있는데, 이런 분위기가 거기에 있다. 그것은 세상의 이 일체 비슷한 것들과 서로 비교할 수 있는 것이 아니다.

그래서 「대자대비 아미타불」로, 이 일체 모든 것은 아미타불이 「법신」을 증명했기 때문이다 ; 「법신을 성취함」은 발원대로 중생을 제도하고 극락세계를 세우는 일을 하는 것으로, 지금 바로 「보신불」이 있으며 실보장엄토가 보신불이다 ; 또 화신을 [중생의 요청에] 응하여 나타내시고 여전히 다른 국토에서 일체중생을 접인하신다. 그것이 「큰 은혜와 큰 공덕(大恩大德)」이다!

【주역】

53. 《심성록(心聲錄)》에서, 염공은 보신불(報身佛)에 대하여 일단의 개시(開示)를 하였는데, 지금 아래에서 발췌한다. 염공이 말하기를 : **「부처님의 보신은 중생이 볼 수 없고, 오직 보살만이 볼 수 있는데, 보신은 『무량광대하고 미묘』하다!** 몇 만 유순인데, 『이 유순은 40리』이다. 우리들은 『미묘(微妙)』하다고 말할 필요가 없는데, 『미묘』는 우리들이 볼 수 없고, 그것은 우리들이 여전히 잘 체회하지 못하며, 바로 이렇게 『광대(廣大)』하여 우리는 볼 수 없다. 워싱턴에서 가장 높은 타워에 올라가, 한번 보자. 그러면 하나의 원모양의 범주 안의 경물(景物)이 보이는데, 사람들은 시력에 한계가 있기 때문에, 당신의 시력을 반지름으로 여기고 원을 그렸는데, 보이는 것은 『단지 이 원 안에 있는』 것이고, 그 외에는 볼 수 없다. 볼 수 있는 것은 몇십 리에 불과하다 ; 몇 수십 리로, 바로 부처님 몸 위에 『하나의 털』과 같이, 털의 10,000분의 1도 당신은 볼 수 없다. 범부의 봄(看)은 부처님의 『보신(報身)』에 이를 수 없……」

54. 윗글에서 염공이 강설하시길 : 「사바세계의 각종 모든 것은 고통인데, 저 고통을 떠나면, 구경의 낙(究竟的樂)을 얻고, 철저한 낙을 얻으며, 대승법락을 얻는다.」 이로 인하여 우리들

은 부처님을 공부하는데, 정토법문을 배우려면 응당 사바세계에 대해 떠나려는 마음(出離之心)이 있어야 한다. 《심성록(心聲錄)》(황념조노거사선집) 중에, 염공은 **불법수지(佛法修持)의 「근본삼요(根本三要),」 즉 「출리심(出離心)·자비심(慈悲心)·보리심(菩提心)」**을 이야기한다. 그 중 「출리심」에 대해 염공은 특별히 개시를 하였는데 : 「이 마음(心)은 비록 뒤의 두 마음보다 얕지만, 그가 우선적이다. 흔히 말하길 : 『고명(高明)하기는 쉬우나 해탈은 어렵다.』 인간세상의 갖은 속박(처자식·공명부귀·생활향수)으로부터 투탈(透脫)해야 하는데, 말하기는 쉬워도 하기는 매우 어려워 (중략) …… 그래서 세상의 이러한 차마 버릴 수 없는 것들은, 모두 암세포와 같아서, 절대로 발전할 수 없다. 그래서 먼저 이러한 버리기 어려운 것들에 대하여 능히 버릴 수 있고, 다시 미련을 두지 말아야 한다. **『출리심』은 소극적 염세(厭世)가 아니라, 정반대로 진정한 대웅심(大雄心)이다.** 적극적으로 구세(救世)[112]하기 위해서는, 모름지기 가벼운 복장으로 싸움터에 나가야 한다. 자기가 아직도 혼수상태에 있는데 어찌 다른 사람의 달콤한 꿈을 깨울 수 있겠는가? 더욱 극도로 피해야 할 것은 미련을 두는 것인데 바로 가장 엄중한 집착이다. 그러면 당신의 거울은 깨끗하게 닦이지 못할 것이다. 우선 『출리심』이 필요한데, 이것이 『가장 근본』이다.」

112) 세상을 구함

제5배 보불신토

한마음으로 관하여 예배하옵니다. 원만보신께서 머무시는 곳은 영원히 뭇 고통, 여러 어려움, 악취, 마장, 번뇌의 이름이 없습니다. 또 사계절, 추위와 더위, 비와 흐림의 변화가 없습니다. 매우 넓고 고르고 반듯하며, 미묘하고 진기하고 고와, 시방의 일체세계를 뛰어넘습니다. 실보장엄토에 계신 아미타부처님이시여!

나무아미타불

(1번 절하면서 3번 부른다)

이것은 바로 「보신의 부처님」이다. 내가 방금 「법신」에 대해 말했고, 극락세계 이름은 이미 알고 있는데, 이것은 단지 (보신만을) 말한다. 기왕 법신으로부터 보신을 유출하여, 「보신의 부처님」과 그의 국토적 경계를 말하는데, 이 1배는 「원만보신께서 머무시는 곳에 대한 절이다.」 **법신으로부터 보신이 나왔다.** 이것은 보살의 지위에서나 보는 것이 가능한 부처님의 보신이다. **저 보신이 머무시는 그곳이 「실보장엄정토」이다.** 그래서 바로 뒤에 (이 한 구절)이 있는데, 보라, 「실보장엄정토」이다. 「보신불」은 실보장엄정토에 계신다.

「보신이 머무시는 곳에는 영원히 뭇 고통, 여러 어려움, 악취, 마장, 번뇌의 이름이 없고」이다. 이곳에는 영원히 없고, 비단 이런 것이 없을 뿐만 아니라 「고통」이라 부를 어떤 것, 「어려움」이라 부를 어떤 것, 「악취」라 부를 어떤 것, 「마장과 번뇌」라 부를 어떤 것이 없다. 게다가 이런 이름조차 모두 없다. 그래서 극락세계에는 많은 「새」들이 있다. 그 극락세계에 어떻게 새가 있을 수가 있는지 말하는데, 새는 축생 아닌가? 「저 국토에는 오히려 삼악도의 이름조차 없는데, 어떻게 실제로 [새가] 있겠는가?」 게다가 [삼악도의] 이름도 없는데, 어떻게 [새가] 「실재」할 수가 있겠는가? 그것은 모두 아미타불께서 변화로 나타낸 것이다. 극락세계에는 이런 「고난, 악취, 번뇌의 이름」이 없다. 또 「사계절, 추위와 더위, 비와 흐림의 변화」가 없는데, 비오는 날씨, 사계절, 시간, 차가움, 뜨거움, 비 내림, 흐린 날씨의 이런 변화들이 없다. 그래서 영원히 온화하며, 맑고 화창하다.

「매우 넓으면서 고르고 반듯하며(寬廣平正)」이다. 매우 넓고 크다! 당신이 가면 여러 사람 모두가 용납하지 않을 리가 없다. 「시방의 불국토」는 모두 그들 나라의 중생들에게 극락세계로 가라고 권하는데, 얼마의 사람들이 왕생하는지 모른다! 그러나 이곳이 받아들일 리가 없다고 말하지 않았는데, 손님이 꽉 차는 그런 일이 없어서 얼마의 (사람)이든 모두 오는 것이 가능하며, 그것은 「무한대」이다. 「고르고 반듯하여,」 극락세계는 평평하여, 산이 없고, 위험한 물살, 빠른 물살, 높은 산과 큰 산이 모두 없다. 그것은 「마음이 맑으면 불국토가 깨끗하고(心淨就佛土淨), 마음이 평평하면 세상이 평탄하다(心平就世界平)」이다. 사람의 마음이 만약 평등하면, 세상이 평등하다. 그래서 극락세계는 높은 산, 깊은 계곡이 없고, 모두 평평하다. 그러나 샘과 연못들이 매우 많다. 거기에는 거친 파도와 성난 물결이 없다. 단지 거기에는 많은 샘과 연못들이 있다. 연못, 흐르는 샘은, 작은 계곡물로 둘러싸여 있다. 당신이 머물 곳은 바깥에는 연꽃들이 피어 있는 연못이고, [연못의 물은] 「팔공덕수(八功德水)」이다. **극락세계의 물은 아래에서 위로 흐를 수 있어, 당신의 집을 둘러서서 위로 흘러 둘레를 돈다.** 저 분천(噴泉)이 아니다. 분천은 매우 부

자연스러우며, 우리의 이 물은 아래로 향할 수밖에 없지만, 극락세계 물은 위로 올라갈 수 있다. 그것은 지구중심의 흡인력이 없는데 어떻게 위로 향할 수 없겠는가? 당신은 우주에서 그것이 흩날릴 수 있음을 본다.

「미묘하면서 진기하고 곱다(微妙奇麗).」 극히 묘(極妙)하고 미묘(微妙)하며, 당신이 말할 수 없을 정도로 묘하다! 「고움(麗)」은 아름답고 고움(美麗)으로, 저 고움(麗)은 진기함(奇)을 낸다. 「시방의 일체세계를 뛰어넘는다.」 그래서 이것을 말하자면, 극락세계는 아미타불께서 저 발원을 하실 때, 방금 말하지 않았는가, 그[즉 법장비구]는 국토를 하나 얻고 싶었다. [이는] 시방을 초월하는 것으로, [그는 세자재왕]부처님께 가능한지를 여쭈었다. 부처님께서는 [그것은] 가능하고, 어떤 원을 발하여도 실현할 수 있다고 말씀하셨다. [세자재왕부처님께서는] 모든 불토를 그에게 보여 주었다. 그는 총결산하여 후에 「원만하게 성취」하였다. 그래서 그가 얻은 결과도 이와 같이, 「미묘하면서 진기하고 고와」 등등이다. 「초유(超踰)」는 초과하는 것이다. 「유(踰)」는 뛰어 넘는 것(越)이고, 초월로, 시방일체세계를 뛰어 넘는다. 이는 하나의 「실보장엄정토」인데, 이것은 보신불이 거주하는 곳으로서, 모든 공포나 악난이 없으며, 하나의 「대평등」을 나타낸다. 다음의 「광명과 수명이 무량함,」 이것은 매우 중요한데, 이것은 제6조이다. (염공이 처음 녹화중 강의가 「시방의 일체세계를 초유(超踰)하는」의 「초(超)」자에 강의가 이르자, 갑자기 한번 멈추고, 바로 이어서 말씀하시길 ; 「이것은 등사 인쇄본이기 때문에 이 《유(踰)》자는 없어졌다.」 당시 물질적인 상황의 단순함과 소박함을 알 수 있다.)

【주역】

55. 《증일아함경권제사십삼(增壹阿含經卷第四十三)·선악품제사십칠(善惡品第四十七)》에서 말하길 : 십악의 근본으로 말미암아 외물(外物)이 쇠퇴하는데, 하물며 내법(內法)은 어떤가. 무엇을 십(十)이라 이르는가. 소위 살생(殺), 도둑질(盜), 사음(淫), 망언(妄言), 기어(綺語), 악구(惡口), 양설(兩舌)로 피차를 어지럽게 하는 것, 질투(嫉), 에해(恚害), 마음속에 사견을 품는 것이다(心懷邪見). 살생의 업보로 중생의 수명이 단축된다. 주지 않은 것을 가져감으로써 중생의 생활이 빈천하다. 음란한 업으로 말미암아 중생들의 가문이 바르고 어질지 않다. 망어로 말미암아 중생들의 말투가 추하고 저열하고 산뜻하고 깨끗하지 않다. 기어로 말미암아 토지가 평평하고 가지런하지 않다. 양설의 업보로 말미암아 토지에 가시나무가 생긴다. 악구의 업보로 말미암아 갖가지 말이 있다. 질투로 말미암아 곡식이 풍성하게 무르익지 않는다. 에해(恚害)의 업보로 말미암아 더러운 것들이 많다. **사견(邪見)의 업보로 말미암아 자연히 팔대지옥이 생긴다.** 이러한 십악의 악보가 여러 외물(外物)을 쇠퇴시키는데, 하물며 내물(內物)은 어떻겠는가.」 이로 인하여 알 수 있는 것은 마음이 깨끗하지 않으면 국토가 깨끗하지 않다 ; 마음이 평평하지 않으면, 즉 도로가 평평하지 않는다. **조화로운 세상은 마음으로부터 시작하고 자기로부터 시작한다.**

56. 이 단락의 평범해 보이는 말은, 무의식중에 대중에게 당시의 물질적 조건이 소박하고 제한적이라는 것을 보여주었다 ; 어두운 등불, 기름인쇄, 결코 선명하지 않은 판본, 붐비는 협소한 공간 …… 이것들은 모두 이 자비로운 노인이 《정수첩

요》의 법락(法樂)을 강해(講解)하는데 영향을 줄 수 없다. 노인과 미타는 시시각각 심심상응(心心相應)하여, 일체중생이 이 일생에 모두 철저하고, 영원하며, 구경의 대안락을 얻고, 바로 극락왕생하여, 당생성불(當生成佛)하고, 영원히 불퇴전하기를 다 원하는 것이다.

제6배 수명과 광명이 무량하다

한마음으로 관하여 예배하옵니다. [아미타부처님께서는] 수명이 무량하시고 광명이 무량하시며, 보살제자, 성문·천인의 수명도 모두 다 무량합니다. [극락]국토와 그 명칭은 모두 시방보다 뛰어나고, 쇠퇴함이 없으며 변화가 없어, 그 세우심이 항상 그러하옵니다. 수승하고 희유하신 아미타부처님이시여!

나무아미타불

(1번 절하면서 3번 부른다)

「한마음으로 관하여 예배하옵니다. [아미타부처님께서는] 수명이 무량하시고, 광명이 무량하시옵니다.」 극락세계 교주의 수명은 무량하다. 그래서 「무량수불(無量壽佛)」인데, 발하는 「광명」은 무량하다. 아래에서 다시 「무량광·무등광·무대광·무애광……」 12가지 칭호를 말하려 하는데, 「광명」은 무량하다. 또 비단 부처님께서 이와 같을 뿐 아니라, 국토 중에 이러한 보살제자가 있고, 성문(聲聞)과 천인(天人)이 있는데, 이 「성문과 천인」은 왕생한 사람을 가리킨다. 우리들이 범성동거토를 말하는데, 당신은 실제로 여전히 결코 미혹을 끊지 못하였고, 당신의 견사혹(見思惑)은 여전히 있으며, 이 부처님께서 접인하여 [극락에] 왕생을 하기는 하지만, 여전히 「범부」이다. (비록) 당신이 범부이지만, 그러나 더 이상 퇴전하지 않는다. 그래서 최고 「불가사의」가 바로 여기에 있다. 이 때문에 그는 미혹을 끊는 수준에 있어서 그는 여전히 「천인(天人), 사람(人)」이다. 또 어떤 이는 그가 견사혹을 끊었을 뿐이고, 또 진사혹(塵沙惑)도 있고 무명혹(無明惑)도 있기 때문에, 그의 정도는 그저 「성문」에 불과하여, 이를 「성문」이라고 한다.

만약 그가 겨우 소승심(小乘心)을 발하였다면, 근본적으로는 왕생하는 것, 이로 인하여 우리들이 아라한을 초과하는 것은 불가능하다. 여러분은 이 일이 작은 일이 아님을 알아야 한다. 아라한은 이미 다른 세계의 부처님 명호를 듣지 않고, 또 중생을 널리 제도해야 한다는 마음을 발하지도 않는다 ; 그는 단지 「반열반(般涅槃)[113),]」「자료(自了)[114)]」를 이루었고, 「아료(我了)」을 이루었고, 내가 청정함을 이루었고, 내가 다시 번뇌가 없는 것을 이루어서, 그는 큰일을 확실하게 이루었다. 이것은 확실히 쉽지 않다. 그는 「무아(無我)」를 이루어, 「나」가 없는데, 「**인무아(人無我)**」라 부른다. **그는 「반열반」으로 진실로 번뇌가 없으나, [아직] 진사혹, 무명혹은 모두 깨뜨리지 못하였다.** 이런 종류는 무궁무진하고, 시간·공간이 모두 무진하여, 무량무변한 중생을 널리 제도하려면, 영원히 쉬지 않고, 모두에게 일체 철저한 이익에 도달하도록 하여야 한다. 이러한 광대한 마음을 아라한은 발하지 않는다. 그래서 부처님은 그들을 「타버린 싹과 썩은 종자(焦芽敗種)」라고 비평한다. 그래서 우리들의 현재 발심이 아라한을 초과해야 하는 것이 여기에 있다. 단지 자기의 벗어남(脫), 해탈(解脫)을 구하는 것이 아니다. [극락세계의] 이런 종류의 「성문」은 다시 말해, 그의 미혹을 끊은 수준은 성문과 평등함에 도달하였는데, 단지 그들은 모두 「대승심(大乘心)」을 발하였다. **만약 「대승심」을 발하지 않으면, 단지 성문에 불과할 뿐, 극락세계에 왕생하는 것을 성취하지 못한다. 그래서 극락세계**

---

113) 입멸(入滅), 멸도(滅度), 원적(圓寂)이라 번역. 열반이라고도 한다.

114) 자기완성自己完成, 자기해결自己解决(출전: https://baike.baidu.com/item/自了/4995579, 2022. 11. 9. 확인)

는 「일불승(一佛乘)」이고, 모두 「대승발심(大乘發心)」이며, 모두 성불할 것이다.

「수명이 모두 다 무량하고, 국토와 명칭이 모두 시방을 뛰어넘는다.」 이 국토의 장엄함은 갖가지가 시방을 초월하는데, 이 국가의 명칭을 도처에서 들을 수 있음도 시방을 초월한다. 우리가 다른 곳에 있는 불국토를 세려고 해도 몇 개 셀 수 없는데, 그렇지 않은가? 여러분은 극락세계 사람들이 매우 (많다는) 것을 안다. 우리는 모두 불교도이다. 나는 이렇게 아무튼 나이가 많으니, 당신은 내가 [불국토를] 암송하기를 바라고, 다시 무슨 불국토가 있는지 아는 것을 바라는데, 내가 암송하여도 몇 개를 못 꺼낸다. 그렇지 않은가? (염공께서 강의가 이곳에 이르자 껄껄 웃는다.) 이것이 바로 (아미타불의) 명칭인데, 그것은 「시방보다 뛰어나고,」 여러분은 쉽게 기억하고, 도처에서 모든 사람들이 이야기하며, 경전에서 모두 소개하고 있다.

「쇠퇴함이 없고 변하지도 않는다.」 이 세상 [즉 극락세계] 그곳은 거기에 쇠퇴(衰退), 쇠변(衰變)이 없고, 변화가 없다. 장차 우리 이 전체 세계는 크게 폭발할 것인데, 결정코 훼멸될 것이다. 그래서 앞으로 그 화재(火災), 풍재(風災)는 하늘을 다 태울 것이다. 실제로 무엇인가? 실제로 전체가 아니면 은하, 혹은 어떤 것이 하나의 대핵폭발을 한다 ; 서로 촉발하여 전부 핵폭발한다. 이로 인하여, 소위 그 화재는 바로 「열파(熱波)」이고, 소위 그 풍재는 「압력파(壓力波)」인데, 이 모든 것은 피할 수 없다! 그래서 이 일체 세계, 지금 있는 …… 현재 천문학이 이미 증명하듯이, 어떤 세상은 이미 새로 생겨나고 있는데, 이 미세먼지가 다시 모여 세상을 이루려고 한다 ; 어떤 세계는 이미 노쇠해져서 역사 무대에서 물러나야 한다. 그래서 그 백색왜성(白矮星)은 최후의 에너지가 거기서 폭발하고, 결국 그것은 멀지 않아 운행이 되지 않는데, 전부가 (훼멸한다). 그래서 지금 천문학이론은 바로 「빅뱅이론(大爆炸的理論)」이다. 어떻게 나타난 것인가? 바로 대폭발의 산물이다. 과거에 당연히 세계에 대폭발이 있었을 것이고, 대폭발 후에 이런 미세한 먼지들이 다시 모였으니, 바로 **「성주괴공(成住壞空)」**이다. 「성」 뒤에는 「주」가 존재한다 ; 「주」 뒤에는 「괴」가 필요하다 ; 「괴」 뒤에는 「공」으로 변화를 이룬다 ; 폭발하여 「공」이 되었다 ; 「공」 이후에 다시 「성」이 된다 ; 순환이 그치지 않고, 모두 순환하고 있다. 이러한 학설과 과학은 인정되고 있다. 단 **극락세계는 「쇠하지도 않고 변하지도 않는다.」 그것은 우리 같이 미세한 먼지로 이루어진 세계가 아니기 때문**인데, 위 강설을 연구하라. 우리는 「미세한 먼지가 형성한 세계」이다. 그곳은 미세한 먼지가 형성한 세계가 아니다. 그래서 그것은 「쇠하지도 않고 변하지도 않으며, 세움이 항상 그러하다.」 내가 말하는데, **이 세계 [즉 극락세계]가 바로 진짜 보험이다!** 「수승하고, 희유하신 아미타불」이시다. 심히 수승하고, 심히 희유하신 아미타불이시다.

第7배 광명 중에 지극히 존귀하다

한마음으로 관하여 예배하옵니다. 무량수불은 또 무량광불이라 불리십니다. 또 무변광·무애광·무등광이라 불리시며, 또 지혜광·상조광·청정광·환희광·해탈광·안은광·초일월광·부사의광이라 불리시옵니다. 광명 중에서 극히 존귀하시고 부처님 중의 왕이신 아미타부처님이시여!

나무아미타불

(1번 절하면서 3번 부른다)

「한마음으로 관하여 예배하옵니다. 무량수불(無量壽佛)은 또 무량광불(無量光佛)이라 불리시옵니다.」 이 단락이다. 또 무량광이라 불리시고, 다음에 말하기를, 「무변광(無邊光)·무애광(無礙光)·무등광(無等光)이다. 또 지혜광(智慧光)·상조광(常照光)·청정광(清淨光)·환희광(歡喜光)·해탈광(解脫光)·안은광(安隱光)·초일월광(超日月光)·부사의광(不思議光)이라 불리신다.」 이 「12광불(十二光佛)」은 「무량광」으로부터 나온다. 이 「12광불」은 여러 부처님 명호로 모두 아미타불의 명호이다. 그래서 아미타는 「광명 중에서 가장 존귀하고(光中極尊), 부처님 중의 왕이시다(佛中之王).」 부처님은 광명 속에 갖가지 묘한 작용(妙用)이 있고, 12개의 광명을 나타내는 부처님이신데, 동시에 모두 아미타불이다.

「무량수」는 「체(體)」로 이는 시간을 가리키며, 영원히 그치지 않는다. 이른바 과거·미래·현재를 「삼제(三際)」라 한다. **「삼제일여(三際一如)」로 삼제는 하나와 같고 변화가 없어 이것이 「무량수」이다. 무량광이란? 「일체 허공에 두루 하고 일체처에 두루 하다.」** 그래서 하나는 「세로(豎)」이고 하나는 「가로

(橫)」이다 ; 시간은 세로적이고 공간은 가로적이다. 「무량광」은 이 광명이 일체처에 두루 비추어, 「일체처에 두루 하다.」 그래서 이 부처님은 세로로 삼제에 다한다는 것을 나타낸다 ; 과거는 당신이 영원히 그 실마리를 찾을 수가 없다 ; 미래는 또 당신이 시종 그 끝을 찾을 수가 없다 ; 이것은 「상주(常住)」하는데 이것이 「무량수」이다 ; 이 일체처에 두루 하여 한계가 없는 것이 「무량광」이다. 동시에 이 「무량광」은 광명 속에 있는 무량공덕으로 해석하는 것이 가능하다. 동시에 「무량광불」은 「무변광불」로 호칭한다. 「무변광(無邊光)」은 얕은 해석이 가능하다. 이 「변(邊)」에는 가장자리가 없고 이것은 크며, 당신은 가장자리를 찾을 수 없으니 이것은 극히 큰데, 이 해석은 아주 쉽다. 진일보한 해석으로 저 「변」은 무엇인가? 바로 불교의 한 명사(名詞)인데, 「변」은 견혹(見惑) 속의 「변견(邊見)」이다. 그래서 우리 모두는 견사혹을 끊는다. 그러나 가장 크고, 가장 조잡한 미혹이 견사혹·진사혹·무명혹으로 중생은 저 미혹 속에 있고 우치(愚痴) 속에 있으며, 이것을 「미혹(惑)」(이라 칭한다). 미혹을 끊어야 비로소 자신의 진여(真如)를 증득할 수 있다.

「견사혹(見思惑)」, 우선 견혹(見惑)인데 초과(初果)는 견혹을 타파하였다. 견혹은 열 가지 것인데, 바로 **「신견(身見)」**이다. 늘 이 몸을 애착하고, 늘 이 몸을 기르고 싶어 하며, 이 몸을 연연해한다. 그래서 지금 수많은 기공(氣功) 외도(外道)는 우선은 하나의 삿된 견해(邪見)로 이를 「신견」이라고 하는데, 이것이 견혹이다. 당신은 이 몸에 미련을 두고 있다. 그래서 많은 부녀자들은 그녀의 이 몸을 떠나기가 매우 어렵다. 왜냐하면 그녀는 그녀의 이 몸을 매우 기뻐하고, 매우 장엄하다고 느끼는데, 아주 뭐, 이것은 「신견」에 속한다. **「변견(邊**

見)」이란 무엇인가? 이 「변」은 가장자리를 뜻하는 변이 아니라, 하나의 일을 양쪽으로 나누어 볼 수 있는, 바로 「모순적인 한쪽」이다. 모든 일에는 모순이 있는데, 창과 방패는 창이 한 변이고 방패가 한 변이다 ; 옳음이 있고 그름이 있다 ; 한 변이기도 하고 한 변이 아니기도 하다 ; 모든 것에는 양변이 있다. 모순은 양쪽이고, 이 양쪽은 상대적이며 싸우고 있다. 실제로 이 「두」 세계는 이러한데, 모든 것은 둘이다. 「무변(無邊)」은 상대가 없는 것으로, 이 「변」이 없다. 「둘이 아님(不二)」인데, 일체 모든 것이 둘이 아님으로 모든 것이 평등하고, 평등은 대립하지 않는 것이다.

그래서 부처님은 마침내 「평등각(平等覺)」을 이루었다. 한역(漢譯) 《무량수경》에서는 「무량청정평등각(無量清淨平等覺)」이 아미타의 명호이다. 오직 부처님만 「대평등(大平等)」에 이른다. 당신은 수행이 필요하고, 「자비희사(慈悲喜捨)」에 대한 수행이 필요한데, 많은 사람들이 이 명사를 심지어 전법을 하는 자들도 당신에게 틀리게 말한다. 이 「사(捨: 버림)」에 대하여, 행위(作爲)에는 자비를 요하는데 자(慈)를 요하고 비(悲)를 요하며 환희(喜歡)를 요하고 버리는 것(施捨)를 요한다라고 이렇게 강설한다. [이는] 강설이 얕고 강설이 너무 얕으며 원뜻이 아니다. 아주 많은 것들이 다 화상이 입속에서 말하여 나온 것인데, 어떤 것은 아주 터무니가 없고 수준이 매우 낮은 것이다. 이 **「사(捨)」는 당신의 그 모든 분별, 모든 변(邊), 모든 대립의 모순을 버리고 이 일들을 평등하게 볼 수 있는 것이다.** 그래서 어제 당신의 그 문제 : 평등하다는 말은, 당신이 무슨 말을 하든 당신이 나를 어떻게 대하든 (나는 평등하게 대한다.) 그래서 불교는 「원수와 친한 이가 평등한데,」 나와 「원한이 있는 것」과 나와 「친분이 있는 것」

은 본래의 두 가지가 극단으로, 이것이 「변」이다. 이 「변견」이 없다는 것을 (불교공부를 하는 사람은 알아야 한다.) 원수와 친한 이는 평등하다. 그래서 우리가 불교를 공부하는 것은 이런 방면의 (공부)에 있다. 당연히 (매우 쉽지 않은데,) 공부가 도달하지 못하였지만, 계속 공부하려고 노력해야 한다. 이것이 하나의 올바른 (태도인데,) 이는 평등을 요한다. 또한 「원수와 친한 이가 평등(冤親平等)한데,」 이 「원(冤)」자를 「친(親)」 위에 올려놓았으며, 이 배열은 편리한대로 배열한 것이 아니다. **당신이 정말 제도를 해야 할 때에 먼저 「원한이 있는 이」를 제도해야 한다는 것으로 이것이 불교의 위대함이다!**

어제 말한 제바달다는 그렇게 부처님을 해하였고, 부처님 한 평생에 걸쳐 여전히 해쳤다 ; 그리고 부처님은 [그 제바달다의] 은혜에 감사하며, 나의 성취는 전적으로 제바달다로 인한 것이니, 제바달다에게 수기(授記)를 준다. 이 일체가 부처님의 위대함, 지혜여서 이 일체에 대하여 우리는 충심으로 기뻐하고 성심을 다해 순종하고, 오체투지(五體投地)를 하는 것이다! 이것은 맹목적인 숭배가 아닌데, 우리는 말하기를 당신이 권위가 높으니, 내가 당신을 참배한 후에, 당신이 나를 보우해 주면 [내가] 좋은 것을 얻는다라고 한다. 이것은 세속적인 일종의 매우 낮고 어리석은 일종의 간법(看法)이고, 일종의 뒤바뀐 간법으로, 이는 잘못된 것이다. 그래서 이 「변」을 버려야 한다. 「무변광,」 이 「광(光)」 그것은 「대평등적 지혜」로부터 뿜어져 나오는데, 이로 인하여 이 광명을 보면, 당신이 그 분별들을 버릴 수 있도록 가지(加持)하여, 이러한 「변」이 없다. 아난 그는 이미 변견이 없었지만, 그에게 또 마등가녀가 왔는데, 다시 그때 그녀는 주력의 힘(咒的力

量)을 가지고 있었다. (아난은) [마등가녀로 인하여] 하마터면 파계할 뻔했는데, 바로 그가 밝지 못하였기(不明白) 때문으로, 그는 여전히 「나(我)」가 있었다.[115] 그래서 이 「무변」(인데), (저 「변」을 우리는) 버려야 하지만 ; (이것이) 아직 가장 깊은 것은 아니고, 여전히 [더 깊은 수행에 들어가기 전에 거쳐야 할] 전 단계의 일이다.

「무애광(無礙光),」 사람들은 모두 「자재하여 걸림이 없음(自在無礙)」을 말하는데, 장애가 없고 자재(自在)할 수 있다. 그래서 관자재보살(觀自在菩薩) 그분은 자재하다. 그리고 여러분은 **이 「자(自)」를 바로 「자성(自性)」이라고 분석할 수 있는데, 당신의 자성은 주인노릇을 하는가? 자성이 주인노릇을 하면 당신은 자재하다.** 그러나 자성은 주인노릇을 하지 않고 가짜 나(假我)의 (통제를) 당하는데, (당신은 자재하지 않다.) 현재 여러분 모두가 이 가짜 나로, 자기가 본래 부처와 같은 존재인 그 「참나(真我)」를 당신 스스로 인정하지 않는다. 현재 황념조라고 부르면, 내가 그 황념조라는 이름을 나라고 여기는 것이다. 그것은 [내가] 아니고 이는 적(敵人)이고 망령된 나(妄我)이다 ; 어쩌면 이런 식으로 말할 필요가 없는데, 이렇게 말하는 이유는 「그 [즉 황념조라는 이름]」 때문에 나의 「본래」를 알 수 없게 되어서인데, 그런 의미에서 적이라 말한다. 어쨌든, 그는 허망하기 때문에, 그것이 주인이 됨으로 말미암아 진정한 우리들의 주인은 변두리에 비켜서서 나타나지 않는다. 우리에게는 부처님의 지혜광명이 있는데, 나타내지 못하며, 이 정도에는 차이가 있고, 무명의 두께가 다르다. 그래서 우리는 부처님 경전의 가르침을 듣고서, 어떤

115) 이 일화는 《능엄경》에 나오는데, 부처님께서 《능엄경》을 설하신 계기가 되었다.

분은 감동을 받아 받아들임이 매우 빠르고, 그의 회복이 매우 빠르며, 회복할 수가 있다 ; 어떤 사람은 받아들이지 않을 뿐만 아니라, 또 비방하고, 또 파괴하려 하고, 심지어 갖가지이다. 그것은 그가 무명의 장애가 매우 중하기 때문으로 이 모든 것이 장애가 된다. 「무애(無礙)」는 일체 장애가 없는 것이다.

「무등광(無等光)」은, 그것과 더불어 같이 논할 만한 것이 없고, 대등한 것이 없으며, 이 광명은 절대적으로 「수승」하여, 그것과 더불어 같이 논할 만한 별도의 어떠한 것이 없다. 대등한 것이 없어 「지혜광」이라 칭한다. 이 「광명」이 지혜인데, 선종(禪宗)도 이렇게 말한다. 연공이 지은 정토시집인 《정어(淨語)》에서도 이 말을 인용하였다. 《정어》 속의 《광명송(光明頌)》은 대혜(大慧)선사의 세 구절을 인용하여, 「단지 이 광명으로 묘법을 선설한다(只以此光宣妙法).」 단지 이 광(光)으로 묘법을 선양할 뿐이다 ; 「이 법이 즉시 이 광명이다(是法即是此光明).」 이 법이 바로 선종에서 말하는 전심(傳心)이고, 이 심법(心法)이며, 이 법이 바로 이 광명이다 ; 이 광명을 떠나지 않고 이 법을 설한다「(不離是光說此法).」 저 광명을 떠나지 않고 이 법을 말한다. **「광명과 본심」「광명과 지혜」는 대혜선사의 말 속에서 동일시되기 시작했다.** 그런데 대혜선사의 말씀은 경전에 근거가 있는데, 석가모니부처님의 《열반경》은 부처님께서 열반에 드시려고 하면서 최후에 남기신 가르침으로, 《열반경》에서 말씀하시길, **「광명을 지혜라 이름한다」**라고 하셨다. 그러니까 지혜가 바로 광명이다. 「초일월명(超日月明)」은 해보다 더욱 밝고 달보다 더욱 밝다. 《초일월삼매경(超日月三昧經)》에서 말씀하시길, **「대지혜가 밖으로 발하여 능히 법계를 비추니 광명이라 이름한다」**라고 하셨다.

대지혜가 밖으로 나와서, 능히 법계를 비추는데, 이것을 「광명」이라 부른다. 그래서 **「스스로 눈부신 것을 광(光)이라 이르는데,」** 자기가 매우 깨끗함을 「광」이라고 한다 ; 능히 **「사물을 비추는 것을 명(明)이라 이르는데,」** 능히 다른 물건을 비추는 것을 명이라 부른다. 구슬에 비유하자면, 구슬은 자기 스스로 매우 깨끗하고 매우 눈부신데, 이것은 구슬에 「광」이 있어서이다 ; 이 구슬(의) 광은 좋은 구슬이어야 하는데, (비유하자면) 야명주(夜明珠)이다. 그것은 조견(照見)할 수 있고, 모두 밝으며, 다른 것을 조견하는데 이것을 명(明)이라 부른다. 그래서 광명은 다시 두 가지로 나뉜다(「광명은 이미 지혜이다.」 그리고 「지혜광」인 동시에 「아미타부처님의 성호(聖號)」이다). 「광명,」 아무튼 그것은 청정하다. 청정, 개별적 예를 들면, 염불수행 하는 사람도 때때로 아주 조금 광명이 번쩍거릴 때가 있고, 아주 조금 광명을 보기도 한다 ; 모두 당신의 이 마음속이 절대적으로 청정할 때, 비로소 이 현상이 발현될 것이다. 당신의 마음이 조금만 움직인다면 : 「아, 광명을 다 봤네!」 「좋아라!」 이런 말은 하지 마라, [그러면] (광명은) 다 없어진다 ; 당신은 현재 겨우 약간 느낌(感覺)이 다른 것인데, 광명은 금방 없어진다. (이 현상은 단지) 당신의 마음 속에서 완전히 이러한 생각들(想法)을 벗어났을 때 (발생할 뿐이다). 이것은 말하자면, 자신의 수행 중에 때때로 체회(體會)하여 도달할 수 있는 것으로, 바로 「광명지혜의 모습」이다. 그래서 또 「지혜광(智慧光)」이라 부르는데, 저 광(光), 지혜가 광명이다.

「상조광(常照光)」은 고요하면서 항상 비추는 것이다(寂而常照). 「상적광(常寂光)」은 그것은 적(寂)이고 적묵(寂默)이다 ; 어떤 움직임도 없는 것인데, 요동치는 것은 정(定)이 아니다

; 그러나 항상 비추고 있는데(常常在照), 고요하면서 항상 비추므로 「상조광」이다. 「청정광(清淨光),」 이 청정은 《무량수경》에서 말씀하시길 당신에게 일념의 깨끗한 믿음(淨信)이 있는데, 이는 일념의 청정한 믿는 마음(一念淸淨的信心)으로, 당신은 여기에서 단지 아미타불 한 마디만 염해도 모두 왕생할 수 있다. 일념의 깨끗한 믿음은 당신이 저 한 구절을 염할 때 이 공덕이 극히 크다! 그래서 자주법사(慈舟法師)가 《과판(科判)》을 제작하였고, 현재 정공법사가 나한테 이것이 있다는 것을 듣고, 나에게 달라고 해서, 내가 그에게 가져가니 그 《과판》을 달라고 했다. 자주법사 그의 최대의 공덕의 하나는 「왕생삼배(往生三輩)[116]」인데, 그는 하나의 **「일심삼배(一心三輩)」**를 열었다. 일심의 측면으로 말미암아, (비유하자면) 그의 염불은 일반적 정토종이 하는 것처럼 온종일 우리 같은 이들이 염주를 들고 이렇게 (염하는) 것과 같지 않다 ; 그분이 말씀하시길, 당신이 일심에 도달할 수 있을 때, 설령 당신이 한마디를 염해도 왕생할 수 있다! 그래서 그가 말하는 「일심삼배」는 일반적 삼배와 달리 한 분야를 개척한 것이다. 이것은 하노사의 정신과도 모두 맞아떨어지는데, 이 점에서 매우 찬탄할 만하다! 그래서 나의 《대경해(大經解)》도 그 정신에 근거하여 한 주석이다. 일심삼배는 통상의 감정(常情)과 달라서 모두 청정에서 나오는데, 당신 모두는 **「일념정신(一念淨信) 일념정심(一念淨心)」**으로 모두 정(淨) 자를 쓴다. 그리고 이러한 청정은, 천친보살이 「삼경일론(三經一論)[117]」을 말씀하셨는데, 천친(보살)의 《왕생론》은 서방극락세계에 「삼종장엄(三種莊嚴)」이 있다고 하였다. 하나는 **「불장**

116) 《무량수경》의 삼배(三輩)는 극락세계의 상배·중배·하배를 말한다. 또 《관무량수경》의 구품(九品)이란 우선 상품, 중품, 하품으로 나누고, 각 품을 다시 상생, 중생, 하생의 3생(生)으로 구분한다.

117) 불설아미타경·무량수경·관무량수경과 왕생론

엄(佛莊嚴),」 또 「**보살장엄(菩薩莊嚴),**」 또 하나는 「**국토장엄(國土莊嚴)**」으로, 몇십 개의 장엄함이 있다. 모두 몇십 개 항의 내용을 가지고 있으며, 이 세 가지 장엄함이 한 개의 법구(一個法句) 안에 들어갈 수 있다. 이는 선종의 말과 매우 비슷한데, 하나 둘의 「하나(一)」와 같다 ; 「법(法)」은 법을 닦음(修法)의 「법(法)」이다 ; 구자(句子)의 구(句)이다 ; 일법구(一法句)에 도달할 수 있다. 주해하면, 무엇을 일법구라 부르는가? 「청정구(清淨句)」이다. 그래서 청정(清淨) 두 글자는 매우 중요하다!

우리는 응당 마음속의 탁란(濁亂)을 떠나야 하는데, **「청(清)」은 탁(濁)을 떠나고, 「정(淨)」은 난(亂)을 떠난 것이다.** 현재 이 세계는 탁란(濁亂)이다. 그래서 우리들은 탁란의 환경 속에 있어야 하는데, 우리는 내심의 청정을 유지하고 최대한 수지(極大的修持)해야 한다! 이 속에서 가장 좋은 방법은, 당신이 바로 염불하는 것이다. 그래서 이 마음속에 여러분의 혼탁하고 더러움을 따르는데, 혼탁하면 바로 깨끗하지 않다(不清啊) ; 그는 바쁘고, 불안정하며, 초조하고, 맑지 않다(不淨啊). 청정(清淨), 건청(乾淨) 이것을 바로 청정구(清淨句)라 말한다. 청정구란 무엇인가? 「**진실지혜무위법신(真實智慧無為法身)**」이다. 그래서 이 지혜가 중요한데, 진실한 지혜이다. 「무위(無為),」 우리는 천천히 이후에 이 「무위」에 주의해야 한다. 그래서 학불(學佛)에 있어, 도량에서는 항상 처음에 사구게를 말하는데, 「시방동취회(十方同聚會) 개개학무위(個個學無為)」이다. 시방에서 온 일체가 이곳에 와서 모두 모여 있는데, 무엇을 하러 왔는가? 모두 이곳에 「무위」를 배우러 온 것이다! 그래서 《금강경》에서 「**일체 현성(賢聖)은 모두 무위법(無爲法)으로 인하여 차별이 있다**」라고 하였다. 「무위」를 배워야 한다! 「이것이 선불장(選佛場)으로,」 이것이 부처님을 선발하는 고사장(選佛的考場)이다. 어떤 사람이 시험에 합격할 수 있는가? 「마음이 공(空)해야 합격하는데,」 당신의 마음이 만약 공하면, 당신은 급제하고, 당신은 합격하여, 당신은 원만하게 돌아갈 수 있으며, 결과에 도달할 수 있다. 그래서 이 「청정」이 중요하다!

「환희(歡喜),」 하노사의 말씀같이, **「내가 일에 부딪치면 환희가 생기길 원하옵니다」**이다. 그래서 우리도 항상 (환희를) 유지해야 하고, 그래서 경전의 마지막은 모두 「모두 크게 기뻐함(皆大歡喜)[118)]」이다. 당신은 진실로 이 일에 대하여 한번 분석해야 하는데, 「모두 크게 기뻐함」의 이 정서, 그가 이 경전에 대하여 들은 후에 그는 뛸 듯이 기뻐함에, 그가 느끼는 것은 무엇인가? 그래서 「모두 크게 기뻐함」은 모두 모두 다 기뻐하는 것이고, 또 「크게 기뻐함」으로, 부처님의 위대함이 바로 여기에 있다. 우리는 늘 말하지만, 경전의 마지막 구절은, 살짝 지나가서, 이것이 매우 수승한 과실이라는 것을 모른다!

현재 중생은 바로 「고(苦)」이고, 바로 「번뇌(煩惱)」이다! 마음속에, 방금 무언가가 생겼는데, 당장 한 가지 일이 생기면 당신의 마음을 잡아채어서 놓지 못하게 한다! 우리 자신이 이 일체 모든 것에 대하여 「간파(看破)」하여야, 환경의 영향을 받지 않는다. 그것은 「오탁악세(五濁惡世)」인데, 필연적으로 탁하고, 중생은 필연적으로 악하다 ; 그는 사리에 맞지

118) '모두 크게 기뻐하여'는 경전들의 유통분에 자주 등장하는데, 석가모니부처님이 설법을 마치자 설법을 들은 이들이 모두 크게 기뻐했다는 말이다.

않는 것이 많다 ; 그가 만약 모든 도리를 말할 수 있다면, 그럼 「오탁악세」라 부르지 않을 것이다! 필연적으로 어처구니없는 일, 어처구니없는 사람을 만날 수밖에 없다. 기왕 어처구니없는데, 당신은 여전히 무슨 도리를 말하려는 것인가, 말이 안 된다! (황념조 거사는 이 말씀을 하시면서, 활연히 웃었다.) 내려놔라, 바로 내려놓음이 (필요)하다.

「환희」는 다음에 「해탈(解脫)」(을 말하는 것과 밀접하게 이어져 있는데), 이것이 「해탈」로, 사물에 얽매이지(捆住) 않게 한다. 그것이 오면 무엇이든 당신이 그것에 대응하여 팔을 뻗으면 바로 묶일 것이다. 차 마시는 것도 생각하지 않고, 밥 먹는 것도 생각지 않으며, 매우 근심하고 매우 고뇌한다. 본래 멀쩡한데 갑자기 많은 고민을 더한 것이니, 그래서 바로 「해탈」을 요하는 것이다. 「열반삼덕(涅槃三德),」 성불한 후에 바로 이 세 가지 덕을 증득하는데, 하나는 「법신덕(法身德)」으로 사람마다 본래 가지고 있던 것이다 ; 사람마다 본래 가지고 있지만 모두 얽혀있으니(纏縛住了), 우리는 모두 이른바 「**결박된 중생(具縛眾生)**」이다. 나는 때때로 다른 사람에게 글자를 써주는데, 스스로 「구박(具縛)」이라 칭하며, 나는 얽매여 있고(捆住的) 얽혀있는데(纏縛住的), 이러한 번뇌에 의해 나는 얽매여 있다. 중생은 모두 「구박」으로, 「결박」 속에 있는데, 풀어서 열어야(解開) 하고, 해탈(解脫)해야 하며, 묶이지 말아야 하는데. 「해탈덕」이다. 「해탈덕(解脫德)」(해는 jie음, 「姐」와 같음)인데, 해탈덕은 엄격하게 읽어야 한다(해는 xie 음, 「謝」와 같음). 누가 「해탈」을 생각하지 않겠는가? 누가 「증득」을 생각하지 않겠는가? 어째서 당신은 「법신」이 있는지, 자기가 자기를 가지고 있는지를 모르는가? 지혜가 부족하[기 때문이]다.

그래서 지혜, 열반삼덕의 가장 중요한 것이 「지혜」이다. 지혜는 아주 중요하다. 무엇 때문에 당신은 묶여 있는가? 당신은 지혜가 부족하기 때문에, 당신이 묶여 있기 때문에, 당신의 「법신」은 나타나지 않는다. 이로 인하여 당신은 이것을 해탈시킬 방법을 생각하여, 당신의 법신을 회복해야 하는데, 모두 완전히 지혜에 의지한다. 우리가 불교를 배우는 것은 주로 「지혜를 배우고, 반야를 배우는 것」이다. 단지 당신이 「반야(般若)」를 배우기만 하면, 당신을 보살이라 부르고, 보살이라고 칭하는 것은 과하지는 않으나, 단 하나의 형용사를 덧붙여서 「학반야보살(學般若菩薩)[119]」이라 한다. 당신이 「보리심」을 내길 원하면, 당신은 「초발심보살(初發心菩薩)」이라 한다. 관음보살과는 여전히 조금 다른 점이 있는데, 그래서 말하자면, 그분은 철저하고, 우리는 여전히 초보적인데, [우리도] 이미 보살이라 부를 수 있고, 대사(大士)라 칭할 수 있다. 다만 당신은 반야를 배우는 단계에 있고, 초발심적 단계에 있으며, 그래서 같으면서 다름이 있고, 다르면서 같음이 있는데, 바로 이러하다.

「안은광(安隱光)」이다. 《종경록(宗鏡錄)》에서 말씀하시길, 「안은쾌락(安隱快樂)」으로 또 안온(安穩)이고 또 쾌락이다. 방금 「환희(광)」이라고 말했는데 이 말이 「안온(安穩)」에 이르렀다. 「안온(安穩)」은 매우 평온함(寧靜)이다. 「안온쾌락(安穩快樂)이라는 것,」 이런 사람, 「즉 적정묘상(寂靜妙常)」으로 「적(寂)」은 상적광(常寂光)의 적이다 ; 「적정(寂靜)」에서, 정(靜)은 입정(入靜)의 「정(靜)」이다 ; 미묘적 「묘(妙)」이다 ; 진상(真常)적 「상(常)」이다. 그래서 「안온(安穩)」은 매우 중요한데 「안온

119) 반야를 배우는 보살

쾌락(安穩快樂)이라는 것은 즉 적정묘상이다.」

다시 다음 「초일월광(超日月光)」은, 방금 《초일월삼매경(超日月三昧經)》을 얘기했는데 부처님의 광명은 해와 달의 광명을 초월한다. (그것에는) 두 개의 특별한 점이 (있다.) 하나는 해와 달의 광명은 철위산을 통과하여 비출 수 없다. 우주 바깥에는 철위산이 감싸고 있는데, 당연히 저 산을 볼 수 없다. 마치 그 **중성미립자(中微子, [neutrino])가 매우 많고 밀집되어 있는 것 같아서,** 이 공간에는 중성미립자가 극히 많아서 헤아릴 수 없다! 그것들은 비교적 밀집하게 형성되고, 모여서 **하나의 철위산을 이룬다.** 햇빛이 투과할 수 없고 그것은 반사되는데, 이를 보는 것 이것이 하나의 일이다. **부처님의 광명은 장애가 될 수 있는 것이 없어서 전부 투과(透過)가 가능하다.** 다시 일월광명이 일체 물건을 비출 수 있지만, 사람의 마음을 비출 수 없고 당신을 계발시킬 수는 없다. 그래서 「초일월광,」 저 「삼매」는 해와 달의 광명보다 밝다. 일월광은 이미 굉장하여서, 당신은 우리의 광명이 그것에 의지하는 것을 볼 수 있는데, 이 일체 것이 나고 자라는 것은 완전히 태양에 의지해야 한다. 그렇지 않으면 우리에게 먹을 것이 없고, 아무것도 살지 못한다. 그러나 그것은 사람의 마음을 비추지 못한다. 그래서 아무도 태양을 쬐고 깨달았다고 말하는 사람이 없지 않은가? 없다. (염공이 강의가 여기에 이르자 익살스럽게 웃기 시작했다.)

가장 중요한 것은 「부사의광(不思議光)」으로, 이 광명은 「불가사의」하다! 총괄적인 찬탄으로, 일체가 「불가사의」이다. 그래서 《화엄경》 이 경을 「불가사의」라고 칭하며, 《아미타경》을 「불가사의」라 칭한다. 당신의 이 언어, 당신의 머리로 도달할 수 있거나, 이해할 수 있는 것이 아니다. 그래서 「감정을 초월하고 견해를 떠남(超情離見)」으로, 여러분들의 이런 것을 넘어선다. 우리들의 이른바 「정리(情理), 이런 정감(情感),」 이 범위를 넘어 선다 ; 이 일체 「견(見)」을 떠나 있다. 중생이 가진 이 여러 가지 모두를 「선입견(成見)」이라고 부를 수 있다. 또 모두 「잘못된 견해(謬見)」이다. 실제로 (이는) 「뒤바뀐 견해(顚倒見)120)」(이다.) 당신이 가진 「견」을 떠나야 하는데, 당신의 이 머리가 가진 「견」이다. 《사십이장경(四十二章經)》은 가장 먼저 번역된 경으로 한나라 때(漢朝) 번역되었고, 사십이단(四十二段)이다. 단지 그 속에 매우 중요한 말씀이 있는데, 「신중하게 너의 뜻을 믿지 말라(慎勿信汝意), 너의 뜻은 믿을 수 없다(汝意不可信)」이다! 당신은 신중해야 하고, 절대 당신 자신의 의사와 당신의 사상을 믿지 마라! 이 한 마디면 충분한데, 밑에 한 구절에 시선을 고정해라, [이 구절은 바로] 「너의 뜻은 믿을 수 없다」이다! 당신의 의사는 믿을 수 없다. 그래서 이것은 우리에게 알려주는데, 지나친 「주관(主觀)」은 필요하지 않다. 「주관」은 매우 번거로운 것인데, 최소한 당신이 먼저 어느 정도 객관적이면, 옆 사람의 의견을 들을 수 있다. 자기만 믿거나, 주관적이거나 또 자기가 옳다고 여기지 마라. 한 걸음 더 나아가 말하면, 이 모든 것들은, 머릿속의 산물들이다. 이 여러 「견해」들은 모두 생사(生死) 중의 것들이고, 육도(六道)의 것들로서 해탈된 것이 아니고, 성불의 것이 아니다.

그러고 싶으면, 반드시 이것들을 초과하는 것이 필요하다. 「부처님이 세상에서 출현하신 것은, 부처님의 지견에 깨달아 들어감을 열어 보이려는(開示悟入121)佛的知見) 것이다.」 우리

120) 뒤바뀌어진 견해

현재 중생은 모두 중생의 지견이다. 그래서 우리가 부처님을 배우는 과정은 또 개조하는 과정인데, 우리 중생의 지견을 없애버리고, 성불의 지견으로 바꾸는 것, 또 우리의 본심에 본래 갖추어져 있는 부처의 지견을 회복하는 것이다. 그러나 당신이 지금 당신의 착오적이고, 주인 노릇을 하는 이런 여러 가지 것들을 모두 제거할 수 없다면, 이 한 단계에는 도달할 수 없다. 우리들이 우리들의 (중생의 지견을) 모두 성불의 지견으로 바꿔야 한다니 중생들이 어디 쉽겠는가! 그래서 정토법문의 「미묘함」이다. 이렇게 가장 위대한 모든 일을 당신이 극락세계에 가서 다시 하고 이어서 한다면, 이것도 보험이 되고 다시는 물러나지 않으며 계속하여 성불에 도달하여서 자기 본래의 이 일체를 회복한다.

그래서 이 「십이광(十二光)」은 「불가사의」하고, 염불은 「불가사의」하다! **염불의 수승함, 그것의 불가사의는 「부처님의 공덕 전체를 거두어 자기의 공덕을 이루는 것이다(全攝佛功德成自功德).」 당신이 염불할 때, 부처님의 공덕을 전부 거두어 당신 자신의 공덕을 이루게 된다. 그래서 이 한 구절 염불이 매우 간절할 때 80억 겁 (생사의 중죄를) 없앨 수 있다.**[122] 이 「겁(劫)」은 매우 긴 시간이고 이 겁은 80억 겁이며, 보통의 좀도둑질이 아니라 생사의 중죄이다. 그래서 아주 많이 (설법을) 듣는 것이 필요하지 않고, 매우 겁나는 것 같기는 하지만, (이러한 설법들을) 우리 모두 바꾸어야 한다(지견을 바꾸자는 것을 가리킨다). 안 되기는 한다! 아미타불은 대자대비하여 이러한 정토법문이 하나 있다. 왕생한 후에도 여전히 당신은 범부이고, 당신의 이러한 「정견(情見)」은 여전히

121) 悟入은 覺知並入實相之理의 의미
122) 《관무량수경》에 나오는 말씀

곧바로 없어지지 않아서, 비록 한마디를 염해도 「80억 겁 생사중죄를 없애는 것」이 가능하더라도, (마치) 많은 업을 없애는 것 (같지만), (실제로는) 얼마 없앨 수 없다! 과거 무량겁 이래, 저 「업(業)」은 허공에 담아도 모자라지 않다! 그래서 만약에 죄업이 진짜로 실제 물건으로서 여기에 있다면 온 우주에 담아도 모자라지 않는다! 이 시간이 너무 길기 때문에 지은 것이 너무 많다. 그래서 이제 어떤 사람이 반드시 업을 없애야만 곧 왕생할 수 있다라고 말한다면, 그럼 왕생할 날도 없다!

현재 있는 어떤 일들은 얽혀서 분명치 않다! 어떤 사람이 말하는데, 그가 글 한편 써주었는데, 나는 그 일에 참가하지 않겠다고 말하였다. 각자 자신의 연분에 따르자! 그는 그의 인연이 있고, 그의 말을 듣기 좋아하는 사람이 있다면, 그렇다면 그의 식에 따르라. 우리는 그들의 이런 견해를 따르지 않고, 여러분은 인연이 있어 [정토법문을] 듣고자 하는데, 그러면 우리들은 「대업(帶業)」이다 ; (염공은 하나의 여행짐을 받쳐 올리는 자세를 잡고서, 유머스럽게 웃으면서 말했다 :) 「아미타불께서 모두 당신 대신 여행짐을 운송하여, 당신은 훨씬 편리해졌으니, 자기 혼자서 질 필요가 없다!」 그래서 이 단락은 「십이광(十二光)」인데, 무량수, 무량광 …… 부처님의 「광명」이다. 다음은 바로 이 「광명」의 작용을 이어서 말한다. 그렇지 않으면 부처님이 그토록 많은 「광명」을 가지고 있다는 것이 나와 무슨 관계가 있다는 말인가? 깊은 관계가 있다!

【주역】

57. 「공간으로 시방허공에 가득하고(橫遍十虛), 시간으로 과거·현재·미래에 다한다(豎窮三際)」에 관하여, 염공이 《의지선도대사지념미타명호(依止善導大師持念彌陀名號)》 한 문장에서 말씀하시길 「우익대사께서 말씀하신 바와 같이 : 『**광명은 공간으로 시방에 두루 하고, 수명은 시간으로 과거·현재·미래에 다한다. 공간과 시간이 교차하는 것이 즉 법계체(法界體)**[123] **이다.** 이 몸을 들어 아미타불의 몸과 국토를 짓고, 또 이 몸을 들어 아미타불의 명호를 지었다. 그러므로 **아미타불 명호는 즉 중생의 본각이성(本覺理性)이다. 지명염불은 곧 시각이 본각에 합치하는 것이다.** 시각과 본각은 둘이 아니다. 중생과 부처는 둘이 아니다. 그러므로 **일념이 상응하면 일념이 부처이고(一念相應一念佛), 염념이 상응하면 염념이 부처이다(念念相應念念佛).』** 즉 부처가 즉 마음이므로 『염념이 부처이면(念念佛)』 즉 염념이 마음이다(念念心). 대사의 이 논설은 비할 바 없이 정밀하고 철저하다.」

58. 《정어(淨語)》의 원래 이름은 《환희염불제시초(歡喜念佛齋詩鈔)》이다. 상하권으로 나뉘어져 있고, 연공의 정토시를 수록하였다. 염공이 서문을 지었다. 《서문(序)》에서 말씀하길 : 「《정어(淨語)》는 내 스승의 정토과업 여가시간에(淨課之餘) 때때로 우연히 만들어진 것이다. 내 스승 연부(蓮父)[124]께서 하신 일은 모두 자신의 기쁨과 고생으로 소견을 직접 쓴 것이다. 한 말씀도 답습한 것이 없고, 한 편도 남의 것을 따르거나 한 것이 없다. 비록 정토수행의 저작(修淨之作)이라 이름하였지만, 사실 선교현밀(禪教顯密)과 고르게 융회관통하고, 깊이 들어가서 현출하여, 독자들로 하여금 그 자리에서 마음

123) 법계신, 법계의 몸
124) 하련거 사부

속으로 이해하고 깨닫게 할 수 있다. 그에 필적하는 근대 작가들을 보지 못했다. 이 모두는 눈이 있으면 함께 볼 수 있는데, [이는] 황념조 한 사람이 아첨하는 사사로운 말이 아니고, 시방에 물어도 의심할 나위가 없다.」

59. 대혜선사(大慧禪師)는 송나라 때 임제종(臨濟宗) 양기파(楊岐派)의 스님인데, 자(字)는 담회(曇晦)이고, 호는 묘희(妙喜), 또 호가 운문(雲門)이다. 속성은 해(奚)이고, 선주(宣州) 안휘(安徽) 영국인(寧國人)이다. 17세에 동산(東山) 해운사(慧雲寺)의 혜제(慧齊) 문하에 출가하여, 이듬해 구족계(具足戒)를 받았다. 선화(宣和) 연간에 원오극근(圓悟克勤) 선사와 함께 동경(東京: 開封)에 머물면서, 대오(大悟)한 후에, 원오선사의 법을 계승하여, 원오와 함께 《임제정종기(臨濟正宗記)》를 저술함으로써 그것을 부촉하였다. 송나라 고종 소흥 11년(1141년), 종고(宗杲), 대혜선사는 간사한 재상 진회(秦檜)에 불만을 품은 것으로 인해 의첩(衣牒)을 박탈당했다(즉 승적을 없앴다). 우선 형주(지금의 호남성湖南省 형양시衡陽市)까지 충군(充軍)하였는데, 종고는 마음에 부끄럽지 않았고, 십분 초탈하였으며, 이 기간 중에 선사(先師)[125]의 어록 공안(語錄公案)인 《정법안장(正法眼藏)》 6권을 집성하였다. 후에 매주(梅州, 지금의 광동성廣東省 매현梅縣)으로 이주하였다. 15년 만에 사면되어 의첩을 회복하였다. 그 후 다시 경산(徑山)에 머물렀는데, 그로 인하여 세상 사람들이 「경산종고(徑山宗杲)」라 칭하였다. 만년에 경산에 머무르자, 사방의 도속(道俗)이 소문을 듣고 모여들어 좌하(座下)에 수천 명이 있었다. 소흥 32년(1162년)에 송나라 효종(孝宗)이 귀의하여, 사호(賜號)가 「대혜선사(大慧禪師)」이다. 이듬해 8월 9일 임종 전에

125) 원오극근

제자가 그에게 유게(遺偈)를 내려주시길 청하자, 그는 붓을 움직여 빠르게 쓰길, 「**생도 이렇고(生也這麽), 사도 이렇고(死也這麽), 게가 있고 게가 없고(有偈無偈), 이 무슨 뜨거움이냐(是什麽熱)!**」 돌아가신 연세가 75세였다. 시호(謚號)는 「보각선사(普覺禪師)」이다. 《대혜어록(大慧語錄)》《정법안장(正法眼藏)》《대혜무고(大慧武庫)》 등의 책을 남겼다.

60. 대혜선사의 이 세 구절은《대혜보각선사어록》(권11)에 수록되어 있는데, 송나라 때의 임제종 선승인 대혜종고의 어록이다. 제자인 설봉온문(雪峰蘊聞)이 집록(輯錄)하였다. 또《대혜어록(大慧語錄)》《대혜록(大慧錄)》이라 칭한다. 무릇 30권이다. 남송(南宋) 효종 건도(乾道) 8년(1172년)에 어지를 받들어 간행하고 대장경에 넣었다(奉旨刊行並入藏). 현재는《대정장(大正藏)》 47책,《가흥장(嘉興藏)》(신문풍판新文豐版) 제1책에 수록되어 있다. 지금 이 게송 전문을 간단하게 적으면 다음과 같다 :「향시랑무열헌向侍郎無熱軒(아울러 백공伯恭이라 부름)은 향림거사(薌林居士)[126]이다. 머물고 있는 원(園)에서, 연못에 임하여 무열헌(無熱軒)을 지었는데, 장차 북쪽둑(北埭)에서 계속해서 빛을 볼 수 있을 것이다.《화엄(華嚴)》에서, 무열(無熱)이 대용왕궁(大龍王宮)으로부터 네 강으로 흘러나와 화림(華林)과 보수(寶樹)의 그림자를 접하여 계속해서 빛난다는 뜻을 취하였다. 약곡(樂谷) 한공 사간(韓公司諫)이 그것을 기록하였다. 거사가 와서 비속어(鄙語)를 찾자, 대혜선사는 이 게를 설하였는데, —— 용맹정진(勇猛精進)이 남들을 앞선다. 호를 향림대거사라 말한다. 변함이 없는 진실한 곳(無變易眞實處)에 머물렀다. 그리고 항상 순수하게

---

126) 향자인向子諲(1085年－1152年), 자(字)는 백공(伯恭), 호(號)는 향림거사(薌林居士)이다.

여러 불법을 수행하였다. 세간의 전도된 업을 짓지 않았다. 출세간의 수승한 방편을 이루었다. 그리고 이 방편에 능하였다. 환(幻)이 생각하기 어려운 여러 경계에서 나온다. 다시 생각하기 어려운 경계 중에 있다. 그리고 온갖 수승한 일을 나타낸다. 화림보수(華林寶樹)가 모두 방광한다. 그림자를 받아 연속하여 빛이 서로 철저하게 비춘다. 빛깔이 청정하여 금강과 같다. 세상에 무너뜨릴 수 있는 자가 없다. 또 뜨거움이 없는 큰 보배연못과 같다. 사방에서 흘러나와 바다로 들어간다. 이 바다는 광대하고 끝이 없다. 거사의 모공 하나를 벗어나지 못한다. 하나의 모공에서 방광이 밝다. 팔만사천이 동시에 생긴다. 거사가 설하는 수고를 할 필요가 없다. 단지 이 광으로 묘법을 선설한다(只以此光宣妙法). 이 법은 바로 이 광명이다(是法即是此光明). 이 광을 떠나지 않고 이 법을 설한다(不離是光說此法). 대해(大海)의 모공이 또한 그렇다. 이것이 향림무열(鄉林無熱)의 뜻이다. 이 뜻은 공(空)과 같이 불가량(不可量)하다. 하나하나 세간의 모습을 포괄한다. 나는 지금 이 무의(無義)로써 말한다. 거사가 한쪽 손을 조금 내민다. 부처님이 무열헌에 오르신다. 뭇 보배와 미묘한 모래가 문과 창을 연다.」

61. 정공 노법사가 2014《정토대경과주(淨土大經科註)》제196집 중에서, 대혜선사의 이 몇 마디에 대하여 이러한 개시(開示)를 하였다. 노법사가 말하기를 :「『또 대혜선사가 말씀하시기를 : 지이차광선묘법(只以此光宣妙法), 시법즉시차광명(是法即是此光明), 불리시광차설법(不離是光說此法).』 대혜선사의 이 몇 마디 말은 좋다. 석가모니불이 세상에 계실 때, 우리를 위하여 경을 말씀하신 것이 49년인데, **49년 동안 그분은 무엇을 강의하셨는가? 바로 자성의 지혜광명이, 매우 자연**

스럽게 말씀으로 나오는 것이지, 사유(思惟)를 통하는 것이 아니다. 우리들은 오늘 생각하는 것을 말하는데, 생각하는 것은 의식(意識) 속에 떨어져서 이것은 지혜가 아니다. 지혜는 생각하는 것이 아닌데, 다른 사람이 문제를 제기하면, 우리는 즉시 해답을 하지만, 내가 생각해야 하는 것이 아니며, 생각은 지혜가 아니고 번뇌라는 이러한 도리를 이해해야 한다.

62. 「광명은 여전히 두 가지로 나뉜다(光明還有兩分).」 이 말은 염공의 《대승무량수경해(大乘無量壽經解)》 즉 《대경해(大經解)》를 참고하였는데, 《필성정각제칠(必成正覺第七)》중에 이르시길 : 「『지혜광』이란, 두 가지 뜻이 있다. 하나는 《열반경(涅槃經)》에서 이른 바와 같이 : 『광명을 지혜라 일러 이름한다』. 또 《초일명삼매경(超日明三昧經)[127]》 말씀하시길 : 『대지혜가 밖으로 발하여, 능히 법계를 비추는데, 광명이라 이름한다.』 상세한 것은 광명지혜를 말한 원주(願註)를 보라. 이것은 구체적 인용이 아니다. 둘은 담란대사(曇鸞大師)가 《찬아미타불게(讚阿彌陀佛偈)》에 이르시길 : 『부처님의 광명은 무명의 어둠을 능히 깨뜨릴 수 있고(佛光能破無闇), 그러므로 부처님은 또 지혜광이라 부른다(故佛又號智慧光).』 앞의 구는, 뜻이 전의 것과 같고, 아래 구는, 『지혜광』이 미타성호(彌陀聖號) 중의 하나임을 표시한다. 역시 미타 12광명 중의 하나이다. 『원아지혜광(願我智慧光)』은 《송역(宋譯)》의 문장인데, 《당역(唐譯)》은 『원획여래무량광(願獲如來無量光)』이다. 이를 보면 지혜광은 곧 무량광이다.」 이로 인하여, 「광명은 여전히 두 가지로 나뉘는데(光明還有兩分)」의 이 구절은 「광명은 지혜이자 지혜광은 또한 미타성호」라는 것을 지칭한다.

127) 초일월삼매경(超日月三昧經)의 오기로 보임

63. 자주법사(慈舟法師)는 속성은 양(梁)이고, 법명은 보해(普海)이며, 호가 자주(慈舟)이다. 광서(光緖) 3년(1877년)에 태어나, 1958년에 서방으로 갔다. 향년 82세였다. 1936년 가을, 청도(靑島) 담산사(湛山寺)에서 북경까지 와서 정련사(淨蓮寺)의 주지를 하였다. 1937년 봄에, 법계학원(法界學院)을 복주(福州)에서 북경으로 옮겨, 2월 초에 《화엄경》을 개강하여 1939년 가을에 마쳤다. 이 기간에 자주법사는 《정토대경(淨土大經)》의 회집(會集)을 친히 과판(科判)하고, 제남(濟南)에 와서 개강하여, 전례 없는 성황을 이루었다. 또 북경 염화사(拈花寺)에서 전체 강연을 시작하였다. [자주법사가] 지은 《불설대승무량수장엄청정평등각경과판(佛說大乘無量壽莊嚴淸淨平等覺經科判)》은 1939년에 인쇄되어 현재 남아 있다. 정유년 11월 17일(1958년 1월 6일) 아침 7시에, **법사는 직접 접인하시는 불상(佛像)을 보았다!** 대중의 조념염불 소리 속에서, 두 눈을 감고, 편안하게 업보신을 버렸다. 7일 후에 화장하여 감실로 보내는 자가 수백 명이었다. 사리 수천 알을 얻으니, 오색찬란하였다. 영골(靈骨)은 북평(北平) 서교(西郊) 청룡교(靑龍橋) 관음사탑과 소주(蘇州) 영암산(靈巖山) 보동탑(普同塔)에 나누어 보내졌다.

64. 위 문장에서 염공이 말씀하시길 :「우리 자신이 이 일체 모든 것에 대하여 간파하여야, 환경의 영향을 받지 않는다.」 일상생활 중에, 장애하는 인연을 만나면, 어떻게 사람을 대하고 물건을 접하는 것이 바로 도리와 같고 법과 같겠는가? 원오극근 선사는 가언(嘉言)으로, 수행인을 권도(勸導)하였다 :「사물을 대함(接物)에 있어 평등하다. 다툼 없이 스스로 해결하라. 일체를 교량(較量)하지 말라. 역시 진한(瞋恨)의 생각을 움직이지 마라.」는 《원오불과선사어록(圓悟佛果禪師語錄)》(권

15)에 있다. 《송원수좌서귀(送圓首座西歸)》중에서 선사가 이르길 :「대체로 선지식은 응당 자비(慈悲) 유화(柔和) 선순(善順)해야 한다. 평등하게 사물을 대한다. 다툼 없이 스스로 해결한다. 그가 악한 것을 구하고 악한 소리와 구실을 나에게 가하였다. 이치에 맞지 않는 헐뜯음과 방훼, 모욕을 한다. 단지 물러나서 자기의 만족스럽지 못함에 대하여 자조한다(但退步自照). 일체를 교량하지 마라. 역시 진한(瞋恨)의 생각을 움직이지 마라. 단지 곧바로 앉아서 끊는다(只與直下坐斷). 당초에 듣지 않고 보지 않는 것과 같다. 오랜 마얼(魔孽)이 스스로 사라진다. 만일 그것과 더불어 비교한다면, 악한 소리가 서로 오가는데, 어찌 기한이 있으랴. 또 자기의 역량을 표현하지 않으면, 평범한 사람들(常流)과 무엇이 다르겠는가. 온힘을 다해 그것을 행하면 자연히 불복(不服)을 생각하지 않는다.」

65. 중생은 미혹하고 전도되었는데, 모두 지혜가 없기 때문으로, 법신이 있으나 드러날 수 없다. 《심성록(心聲錄)》문선(文選) 중에서 염공이 말하길,「그래서 중생과 부처는 평등한데, 부처는『삼신(三身)』이 있으나, 중생은『망상과 집착』으로 인해 [삼신이] 드러날 수 없다.『한번 미혹하고 한번 깨닫는 것(一迷一悟)』은 또 천양지차이다. 중생은 미혹으로 인하여 업을 짓고, 업으로 인하여 과보를 받는데, 꿈이고 환상이며 허망한 육도(六道) 속에서 무량한 고통을 헛되이 받는다.」

66.「초발심」의 소중한 점에 관하여, 염공이《수능엄경관세음보살이근원통장거요(首楞嚴經觀世音菩薩耳根圓通章舉要)》의 한 문장 중에서 말씀하시길 :「《기신론(起信論)》의 삼심(三心)은 보리심으로, 가장 보배롭고 귀하다. 과거 국왕(의) 태자는, 그

가 여전히 아가이고, 여전히 강보 속에 있으며, 여전히 안고 있어야 하더라도, 어떤 대신이라도, 설령 흰 수염의 개국원훈(開國元勛)이라도 (태자를) 뵐 때면 모두 예배를 드려야 한다. 그렇지 않은가? 태자를 뵙는데 어찌 예배를 하지 않을 도리가 있단 말인가! 바로 이와 같다. **초발심의 사람, 당신은 보리심을 발해야 하는데, 그럼 일체 이승종성(二乘種性)과 이하의 모두가 마땅히 당신을 공경한다.** 바로 이와 같다. 불법 중에서 이것이 가장 중요하다. 그래서《화엄경(華嚴經)》은 100가지 비유로 보리심의 중요성을 설명한다.

67. 「안온쾌락(安穩快樂)은 즉 적정묘상(寂靜妙常)이다.」이 구절 말은《종경록(宗鏡錄)》권 제34 (혜일영명사주지각선사연수집慧日永明寺主智覺禪師延壽集)으로부터 나왔는데, 현재 해당 단락을 발췌하면 다음과 같다 :「또 묻습니다. **어떤 것이 진여의 상을 믿은 것입니까(云何是信眞如之相)**. 답한다. **일체법을 믿지 않는 것, 이것이 진여의 상을 믿은 것이다.** 진여의 이치 중에는 본래 제법이 없다. 만약 제법이 있음을 본다면, 제법을 믿는 것으로, 진여를 믿는 것이 아니다. 이것은 일찍이 광대한 보리의 일승종자(廣大菩提一乘種子)의 인연을 심지 않은 것이다. 갑자기 믿기 어렵다. 그러므로 조사께서 송(頌)으로 이르시기를, 큰 인연(大緣)과 믿음이 합하니, 혹 종경(宗鏡)에 든 자는 작은 인연이 아님을 알아라. 능가경(楞伽經)에서 이르신 것과 같이, 이때 세존께서 대혜보살(大慧菩薩)에게 말씀하시기를, 대승(大乘)을 섭수(攝受)[128]하는 것은, 제불보살 연각 성문을 섭수하는 것이다. 제불보살 연각 성문을 섭수하는 것은 일체중생을 섭수하는 것이다. 일체중생을 섭수하는 것은 정법(正法)을 섭수하는 것이다. 정법을 섭수하는 것은

128) 거둬들임

부처의 종자(佛種)가 끊어지지 않는 것이다. 부처의 종자가 끊어지지 않는 것이란 수승하게 들어갈 곳(殊勝入處)을 완전하게 알 수(了知) 있는 것이다. 보살마하살은 항상 화생(化生)하여, 대승을 건립하고, 십자재력(十自在力)으로 여러 모습(色像)을 드러낸다. 중생의 생김새와 유형, 희망, 번뇌, 여러 모습에 통달하여, 실제로 법을 설하는 것과 같고(如實說法), 실제와 같으며(如實者), 다르지 않고(不異), 실제와 같다(如實者). 오지도 가지도 않는 모습으로 일체 허위가 그친다. 이를 실제와 같다(如實)라고 한다. 또 이르시길, 부처님 말씀에, 단지 자심현량(自心現量)[129]을 깨달으면, 망상이 생기지 않아 안온쾌락(安隱快樂)하고, 세상사가 영원히 그친다. 『안온쾌락이란 즉 적정묘상이다(寂靜妙常).』 세상사가 영원히 그친다는 것은 반연(攀緣)이 이미 끊어진 것이다. 원만한 보배창고(圓滿寶藏)를 만난 것이라 이를 수 있다. 단번에 바라고 희구(希求)하는 것을 단절하면, 상락열반(常樂涅槃)에 도달하고 다시 도달할 곳이 없다. 이것이 범부와 성인의 거리인데(是凡聖之際), 고향집에 도달하는 것 같이, 미혹과 깨달음의 의지하는 것은 이미 근본이 없다(為迷悟之依已窮根本).

129) 자기 마음이 외부의 세계를 만들어내고 분별하는 것(출처 : 불교신문, 2022. 8. 14.자「달마」)

제8배 위신광명으로 두루 제도하다

한마음으로 관하여 예배하옵니다. 무량한 광명과 수명의 여래·세존께서는 광명을 시방세계에 널리 비추시옵니다. 인연이 있어 그 광명을 보는 중생은 [마음의] 때가 소멸하고 선함이 생겨나며, 몸과 뜻이 부드러워지고, 모든 질병과 고통이 쉬어 멈추지 아니함이 없으며, 일체의 근심과 번뇌를 해탈하지 못함이 없습니다. 이와 같이 위신광명이 가장 존귀하고 제일이어서 시방제불은 이를 수 없는 아미타부처님이시여!

나무아미타불

(1번 절하면서 3번 부른다)

한마음으로 관하여 예배를 해야 하는데, 「무량한 광명과 수명(無量光壽)의 여래·세존」이시다. 「무량한 광명과 수명」은 「별도의 호칭(別號)」이고 「여래·세존」은 「공통의 호칭(通號)」이다. 십호를 모두 [여래·세존] 안에 두고서, 처음과 끝으로 [십호를] 대표한다. 그들의 「광명이 시방 세계를 비추고 있다.」 앞에서 이미 「무변(無邊), 무애(無礙)」 등등의 말을 하였고, 그것은 「무량(無量)」이다. 기왕 무량하고, 무변 등등하여, 그래서 또 「일체처에 두루 하다.」 또 장애가 없어서, 그래서 가로막아 정지시킬 수 있는 어떤 것이 없다. 「인연이 있어 저 광명을 보는 중생」인데, 광명이 일체처에 두루 함에도 어떤 사람, 나는 어째서 못 보는가라고 말한다. 이건 매우 이상하지가 않은데, 「인연이 있어야」 곧 그 광명을 만난다. 이 광명은 모든 사람을 떠나 있지 않지만, 현재 당신은 (연분緣이) 없다. 그래서 부처님은 「연분이 없는 자(無緣)」를 제도하지 못하는데, 만약 제도할 수 있다고 말한다면 이미 [제도받지 못한] 중생은 없을 것이다. 그래서 불보살은 무량겁에 걸쳐 일체 중생과 「연을 맺는데(結緣),」「연분이 있는(有緣)」 당신은 곧 만날 수 있다.

「어느 때 부처님은 왕사성에서 설법을 하셨다.」 왕사성은 큰 성으로 인도에 있다 ; 90만 명이 있는데, 그것은 매우 큰 성이었고, 옛적이다. 오로지 왕사성 안에, 부처님께서 왕사성 안에 오래 계셨는데, 이 도시에는 부처님을 본 적이 있고, 부처님의 이름을 아는 사람을 한곳에 놓는다고 해도, 본 사람은 당연히 적으며, 이름을 아는 사람은 [본 사람에 비해서] 비교적 더 많지만, 한곳에 놓아도 3분의 2밖에 안 된다 ; 본 적이 있는 이는 3분의 1에 불과하지만, 그러나 이름을 알지만 여전히 본 적이 없는 이는 3분의 1이다 ; 계속하여 이름도 몰라서 보았다는 것을 다시 말할 필요도 없는 이가 3분의 1이다 ; 실제로 본 이는 단 3분의 1에 불과했다. 부처님이 (왕사성에서) 몇십 년을 머무신 것[을 생각해 보면], 그래서 [부처님을 만나는] 이 「연분」은 매우 어렵다. **성동노모(城東老母)**130)라 불리는 사람이 있었는데, 그녀가 가장 「연분」이 없다. 부처님이 동쪽 성에 도착했을 때, 그녀는 서쪽 성으로 가서 장사를 했다 ; 부처님이 서쪽 성에 갔을 때, 그녀는 동쪽 성에 가서 장사를 했다 ; 나중에 시간이 길어져서, 여러 사람이 그녀도 [부처님이 설법하시는 곳에] 함께 있어야 한다고 말하였고, 함께 있었는데, 그녀는 부채로 얼굴을 가렸다. 부처님을 보는 매우 많은 (사람들이) 있었는데, 어떤 사람은 부처님의 갖가지 광명, 온갖 수승함을 보는데, 겨우 보통의 모습뿐만이 아니었다 ; 어떤 사람이 보면 장육신(丈六身)131)이었다 ; 어떤 사람이 보면 곧 8척이었다 ; 어떤 사람

130) 성 동쪽에 사는 할머니

이 보면 누런 얼굴의 비구로, 누런 얼굴의 화상인데, 이상할 것이 없다 ; 또 하나의 「모양(相)」으로 보는 사람도 있는데, 마치 코끼리 다리처럼 하나의 검은 덩어리, 검은 숯덩이 같다. 그래서 이 「연분」은 여러분들의 업이다. 업, 연분은 아주 중요한데, 그래서 우리는 금생의 부처님과의 연을 소중히 여겨야 하는데, 금생에 우리 모두는 부처님과 연분을 맺을 수 있고, 쇠는 단김에 두드리듯이 그 연분은 매우 보배롭고 귀중하다. 우리들은 여전히 다른 사람과도 연분을 맺는 것이 중요하다.

이런 일이 있었는데, 어느 화상이 매우 설법을 잘 할 수 있고, 경전 연구를 매우 깊게 하고, 수지(修持)가 매우 좋았으나, (그러나) 그의 말을 듣는 사람이 없었다 ; 그가 이야기를 하려해도 모두 듣지 않고 모두 가버려서 듣는 사람이 없었다. 그가 말하기를 나는 홍법(弘法)하기를 발원했는데, 듣는 사람이 없으니 나는 어떻게 해야 하나? 어떤 사람이 그에게 아이디어(主意)를 주었다. 당신이 가지고 있는 것을 모두 팔아서, 팔고 난 후에, 당신은 가지고 있는 돈으로 양식을 좀 사고, 당신은 콩이나 어떤 것들을 산다 ; 사온 뒤에, 염불과 주문을 외워서 이 양식을 가지(加持)한 후에, 이 식량들을 풀숙 벌레가 많은 곳에 버려서, 이 벌레들이 무엇이든지 먹게 하고, 새들이 (먹게 한다) ; 당신은 [그들이] 이것을 먹어서, 장래 그들이 다시 태어나 모두 홍법(弘法)에 오기를 발원한다. 그는 그대로 하였고, 20년 후, 과연 법연(法緣)이 크게 흥성하여 많은 사람이 [그가 홍법하는 곳에] 참가하여 옹호하였는데, 모두 20세쯤이었다. 바로 그가 이 마음을 발한 것으로 인하여, 보시를 하였고, 인연을 맺게 된 것이다. 그래서

131) 16척

이러한 인연이 중요하다! (이 이야기의 출처는 3곳인데 : 《불조역대통재·제십오권·지변법사시식감보佛祖歷代通載 ·第十五卷·智辯法師施食感報》《신승전·권제팔神僧傳·卷第八》《석문법계록釋門法戒錄》에 모두 관련 기재가 있다.)

여러분이 좋은 인연을 재생하여 좋은 인연을 만들어내려면, 그럼 혼자서도 또 노력해야 한다. 물론 강요하는 것은 아니다. 만약 강요하면 [결과가] 반대로 되는 것이다. 곧 연분 따라 제도하고 해탈하는 것으로, 피차 말이 잘 통할 수 있다. 어떤 때는 우리들이 이러한 도리를 다른 사람에게 이야기해주는 것도 모두 연분을 맺는 것인데, 연분을 맺는 것은 아주 중요하다. 그래서 「연분이 있어야 바로 광명도 만날 수 있는데,」 지금 우리 중생들은 모두 수면 중에 있기 때문에, [광명이] 「비추고 있음(照)」을 당신은 모른다. 어떤 때는 갑자기 한번 맑게 깨면(淸醒), 「그 광명을 만나는데,」 당신은 맑게 깨었다! 그런데 어째서 늘 만나지는 않는 것인가? 한번 맑게 깨지만 곧 또 (잠이) 든다. 그래서 그것을 만날 수 있게 된 후에는 어떻게 되는가? 「더러움이 없어지고 선이 생기는 것(垢滅善生)」인데, 이 「만남(遇)」은 한번 만나는 것도 큰 작용을 일으킨다. 당신의 「더러운 장애(垢障),」 몸에 있는 많은 더러움, 그것이 소멸되면, 당신의 선근(善根)이 자라나기 때문이다. 그래서 선(善)이 생긴다. 「몸과 뜻이 부드러워 지고(身意柔軟)」이다. 당신의 몸(身)과 마음(心)으로, 이 「뜻(意)」은 마음(心)을 가리키는데 매우 부드럽다 ; 「몸」은 사람이 만약 죽으면 굳어지는데 그렇지 않은가? 그래서 「부드러움(柔)」은 삶(活)을 대표하고, 「뜻(意)」도 이와 같다. 부처님께서는 우리 세상의 중생은 「억세고 교화하기 어렵다」라고 말씀하셨다. 이러한 기질, 이러한 개성, 그들의 이러한 견해는 보통이 아니다! 도리가 있어도 그는 전혀 귀 기울이지 않고, 고치지 아니하며, 그는 [잘못된 것을] 부술 줄 모르는데, 바로 이렇다! 만약 부드러워지면 곧 쉽다! 「몸과 뜻이 부드럽다.」

「질병의 고통이 멈추지 않음이 없다.」 그의 갖가지 질병과 갖가지 고통은 모두 「멈춘다」; 「일체의 근심과 번뇌를 해탈하지 않음이 없다.」 마음속에 있는 우수(憂愁), 번뇌를 모두 「해탈」한다 ; 이 「광명」을 만나는 사람이.

「이와 같은 위신 광명이 가장 존귀하고 제일이어서 시방제불은 이에 이를 수 없는」이다. 이러한 「위신」과 「광명」은 이렇게 큰 위력, 이렇게 큰 신통묘용(神通妙用)을 가지고 있다. 또 이러한 광명은 「극히 존귀하고 제일」이다. 그래서 **「광명 중에서 극히 존귀하시고(光中極尊) 부처님 중의 왕(佛中之王)이신」 아미타불**이시다. 시방의 부처님은 모두 이르지 못한다. 《무량수경》에서도 말씀하시길, [아미타]부처님의 광명은 원대(遠大)한데, 모두 그가 발원을 구할 때 제불을 초월함에 있다. (실제로) 다 평등하지만, (하지만 발원을 구할 때는 같지 않은데), [발원에 따라서] 당신이 실천할 때에 당신이 얻는 것은 달라진다. 당신이 발원할 때 보통의 원을 발한다면, 보통의 상황(情形)을 얻게 된다. **아미타불은 당초에 제불을 초월하는 이러한 (원을) 발하려 했는데, 초월해서 무엇을 하는가? 중생을 더욱 널리 제도할 수 있기 위함이다!** 부처님은 「명성이 시방에 가득하기」를 원하시는데, 이는 표를 끌어 모으는 게 아니다. 「명성이 시방에 가득하여」 중생들이 모두 극락세계로 와서 교화를 받게 되고, 제도를 받게 되는 것이다. 게다가 저 시방의 부처님은 어느 분이든지 내가 일파를 이끌어야 하고, 내가 무리를 이끌어야 하며, '당신들 여기에 있는 모든 사람들은 나에게 배워야 하고, 모두 나에게 있어야 한다'라고 말하지 않는다. **[시방불] 그분들 모두께서 [여러분을 극락세계로] 「보내신다!」** 그래서 지금 어떤 법사는 어떤 사람이 다른 법사를 따라다니면서 듣고 있으면, 나를 배신하였다고 말하며, [그 사람을] 밖으로 내보내려 하지 않는다. 그래서 부처님과 비교하면 그 [법사는 부처님을] 따라잡을 수 없고, 아직 배움이 좋지 못하다. 그래서 모두 배워야 하는데, (이것이) 그의 과정이다 ; 사람이지 않은가, 그는 이런 과정에 있으니, 여전히 천천히 개조해야 한다. 이는 아미타불로, 「시방제불이 이르지 못하는 바이다.」 「무량수」의 작용은 아래 다시 이야기하려 한다.

그래서 아미타불의 자비이다! 당신은 왕생 후에 늘 활기차다. 우리는 고통인데, 그 고통은 「수명이 유한함」에 있다! 나는 항상 말하는데, 50년만 더 주면, 나는 많은 일을 할 것이다! 이것은 불가능해 보인다! 「가능해 보인다」라고 말하지 말아야 하는데, 절대 불가능하지 않은가, 그렇지 않은가! (염공이 초연하게 웃기 시작했다.) 겨우 자기가 하나의 문제에 대해 「명료하게 아는 것(弄明白)」 같은데, 어떻게 하나, 아! 「명료하게 알게 되는 것(弄明白了)」 여전히 「명료하게 아는 것」은 매우 쉽지 않은데, 이 모양이다. 이때 [즉 명료하게 알았을 때 불교에 관한 여러 가지 일을] 계속한다면 아주 좋지 않겠는가? 「자각(自覺)」에 대해서도 이와 같은데, 나는 이때 바로 할 수 있고, 바로 다시 제도함에 있어서 전진을 할 수 있다! [그렇지만 수명이 얼마 남지 않아서] 허락되지 않는다! 이것이 「괴로운 일」이다.

그러면 극락세계에 이르러, 그 특징의 하나는 수명이 무량하다는 것인데, 성공하지 못할 리가 있겠는가! 게다가 불퇴(不退)인데, 다음에 우리들은 불퇴에 대한 강의가 필요하다. 이 세상은 늘 물러나려고 하니까, 한 걸음 나가기가 매우 쉽지 않아서, 한 걸음 나가면 당신은 아홉 걸음이나 물러나려 한다. 그래서 발전한 뒤에는 퇴보가 있어서, 여러분들은 때때로 매우 번뇌가 많다. 당신은 번뇌가 필요하지 않은데, 이것은 규율이고, 당신의 이것은 규율에 부합한다. 계속해서 모두 전진해야 하는데, 그러면 「뿔 달린 호랑이(戴角虎)」이다 ; 아직 「뿔 달린 호랑이」의 전 단계까지도 이루지 못하여, 그렇게 당신은 한 걸음 나아가서 다음에 아홉 걸음 물러서는 것이 극히 자연스럽다. 이것은 얻기 어려워서 어떤 사람은 한 걸음도 나아가지 아니한다. 그래서 나아간 후에 물러나는 것은 아주 늘 (있다). 그러나 물러난 뒤엔 다시 나아가야 하며, 끊임없이 물러서는 것이 당연하다고 하지마라. 서둘러 발을 멈추어, 차를 멈추어야 하고, 차가 뒤로 물러나니 빨리 바로 차를 멈추어야 하고, 기름을 넣고 다시 앞으로 달린다. 그래서 이것이 부처님 광명의 작용을 설명한다.

【주역】

68. 《불조역대통재(佛祖歷代通載)·제15권·지변법사시식감보(智辯法師施食感報)》에 기재되어 있다 : 법사 지변(智辯)은 깨달음과 이해(悟解)가 절륜(絕倫)하고, 찬저(撰著)한 바가 많았다. 하지만 동반자(徒侶)가 적어, 강론을 포기하고 형악사(衡嶽寺)에 거처하였다. 매번 지은 것을 볼 때마다 반드시 한 번 크게 외치고 세 번 찬탄하였다. 내가 이해에 도달한 것이 이와 같은 줄 안다. 그러나 알아주는 사람을 만나지 못하였다. 우연히 어느 날 명망 높은 노인(耆宿)이 오게 되었다. 지변법

사의 저술을 빌려 그것을 열람하였다. 이윽고 말하였다. 당신의 식(識)은 지극히 높다. 부처님의 뜻(佛意)에 자못 부합한다. [지금 법문을 듣는] 대중이 적은 것은 대개 사람들과의 인연이 결여되어 있음이다. 부처님도 오히려 인연 없는 중생을 제도하지 못한다. 하물며 초심자가 [인연 없는 중생을 제도하겠는가]. 먹거리를 날짐승과 길짐승에게 보시하면, 오히려 20년 후에야 스스로에게 대중들이 있을 것이다. 말이 끝나자 갑자기 보이지 않았다. 지변법사가 그 가르침을 따라, 가사와 도첩(衣單)을 팔아서 쌀로 바꾸고, 밥을 지어 교외에 뿌렸다. 감응한 새떼가 많이 모여서 밥을 쪼아 먹고 흩어졌다. 지변법사가 축원하기를, 나의 밥을 먹는 자는 법의 동반자(法侶)가 되길 원한다. 20년 후에 지변법사가 업성(鄴城)에 머물면서 개강을 하였다. 좌하(座下)에 천여 명이 있었는데, 과연 모두 소년 비구였다. 또《석문법계록(釋門法戒錄)》역시 이 고사를 수록하고 있는데, 문장에서 이르길,「당나라 지(변)법사는, 깨달음(悟解)이 극히 높아서 저작(著作)이 매우 많았지만, 단지 제자가 없었다. 그는 매번 자신의 저작을 읽을 때마다, 좋아하는 사람이 없다고 늘 탄식하였다. 어느 날 노수행자 한 분이 와서, 그의 저작을 일독(翻閱)하더니 말했다 :『당신의 지견이 높아, 이미 부처님의 뜻에 부합한다. 지금 제자가 없는 것은 사람들과의 인연(人緣)이 부족하기 때문이다. 먹거리로 새와 짐승이 먹을 수 있도록 할 수 있으니, 20년 후에는 제자가 많이 생기게 마련이다.』는 말을 마치자 볼 수 없었다. 그가 옷을 팔아 쌀로 바꾸고 밥을 지어서 야외에 뿌리자, 많은 새들이 와서 모이를 쪼았다. 그가 발원하여 말하길 :『나의 밥을 먹고, 장래에 법의 동반자(法侶)가 되어주오!』20년 후에, 그가 업성(지금 하남성에 있음)에서 법을 강론하는데, 천여 명의 청년비구가 아래에 앉아 강론을 들었다.」한편《신승전(神僧傳)·권제8》에 기재되어 있는 별도의 근거에 의하면 :「석지변(釋智辯)은 어떤 사람인지 모른다. 어려서부터 영준하고 장대하여(英偉) 오래 범학(梵學)에 힘썼다. 마침내 책상자(箱帙)를 짊어지고 명산을 두루 돌아다녔다. 형악사(衡嶽寺)에 이르러 한 달 남짓 쉬었다. 절에서 늘 한가하게 지냈다. 혼자 스스로 주석의 뜻(疏義)을 깊게 풀어내었다. 다시 스스로 꾸짖으며 말하기를, 의리(義理)를 이해한 것은 성의(聖意)에 위배되지 않는다. 돌연 깊은 생각에 잠겼다. 우연히 머리를 드니 노승이 보이고, [노승이] 석장(錫)을 흔들고 들어와 말하기를, 법사께서는 어떤 경론을 읽고 어떤 의리를 궁구하십니까. 지변이 그 이상함에 의혹이 일었다. 곧 본래의 인연을 스스로 말하였다. 뉘우침(悔責)으로 인하여, 다시 이르길, 현명한 가르침(賢達指南)을 주신다면, 청하여 받고 달갑게 여기겠습니다. 입을 다물고 다시 말하지 않았다. 노승이 웃으며 말했다. 법사의 식견이 매우 넓은데, 어찌 이 뜻을 모르랴. 대성(大聖)도 오히려 인연이 없는 사람을 제도할 수 없는데, 하물며 초심자이랴. 법사는 다만 중생과 아무런 인연이 없다. 지변법사가 이르되, 어찌 평생 이와 같단 말입니까. 노승이 말하길, 나는 당신을 위해 시험 삼아 이와 같은 인연을 맺어보겠다. 바로 지변에게 물었다. 지금 재물과 식량이 얼마나 있는가? 지변이 이르길, 남쪽에서 시작하여 북쪽까지 열심히 뛰어 다니며, 이미 만 리를 다녔습니다. 가진 재물이 다 없어졌습니다. 단지 9벌의 옷을 가지고 있습니다. 노승이 이르길, 이것이면 가능하다. 반드시 그것을 팔고, 그것을 바로 바꾸어서, 미병유식(糜餠油食)을 만들어라, 지변이 그 말과 같이 하여, 대략 수십인 분의 식사인데, 그냥 들판에 모여 함께 먹는 것과 다를 바 없는 것으로, 분향하고 장궤(長跪)하여 축원하였다. 금일 제가 베푼 것을 먹은 자는 다음 생에 나의 법의 권속(法屬)이 되기를 원하옵니다. 내가 가르칠 것은 보리에 이르는 것입니다. 말이 끝나자 새들이 마구 땅을 쪼아댔다. 땅강아지·개미와 파리·초파리는 그 수를 헤아릴 수가 없었다. 노승이 말하길, 그 후 20년이 지나야 비로소 돌아가 법석(法席)을 열 수 있다. 지금은 돌아다니면서 강설을 하지 마라. 말을 마치고 갔다. 지변은 정진하여 지칠 줄 모르는 연마로 의미(義味)가 풍부하였으며, 뜻은 전수(傳授)에 있었다. 20년 후에 이르러 하북(河北)에 돌아갔는데, 업(鄴) 중에서 성화를 이루어, 청중 천여 명이 가득하였다. 모두 20세였고, 거기서 노인은 2~3명이었다.」

69. 여기 「명료하게 알게 되다(弄明白了)」는 「깨달음(開悟)」의 경계이다. 이하 염공의 자술(自述)을 인용한다. 그때 왕가제상사(王家齊上師)와 하노사께서 그 「명료하게 알게 되다(弄明白了)」를 인증(印證)한 간단한 과정은 염공이 미국을 여행하면서 개시(開示)한《결택견(抉擇見)》(이전에 정종 동수가 녹음에 근거하여 정리한 것임)에서 적시한 바와 같다 :「천진에서 나는 몇 개의 게(偈子)를 썼는데, 『**중생과 부처 둘 다 소멸하면 바로 부처이다(生佛兩泯即是佛)**』, 『중생과 부처(生佛)』 둘 다 존재하지 않으면, 이것이 『불(佛)』이다. 『바로 서로 상대적이면 곧 마를 이룬다(才相對待便成魔)』, 바로 『상대(對待)』적이어서, 『중생(眾生), 부처가 있음(有佛)』이 있다면, 『마(魔)』를 이루게 된다. 모두 열두 개의 게가 있는데, 이것은 그 중 세 번째, 네 번째 게이다. 당시 나는 큰 웃음을 멈추지 못했고, 동시에, 큰 울음을 멈추지 못했는데, 이것은 매우 특별하다. 이것은 환희의 웃음인데, 그것은 일체 형용할 수 있는 방법이 없고, 동시에 크게 우는 상황에서, 이 열두 마디의 게를 설하였다. 후에 왕상사와 하노사의 인증을 받았

는데, (왕상사께서 말하길 :) **『이와 같다 이와 같다(如是如是), 나머지 역시 이와 같다(余亦如是), 스스로 잘 호지하고(善自護持), 스스로 잘 보임하라(善自保任).』** 당신도 그렇고 나도 그렇고, 스스로 잘 호지하고, 매우 잘 보임하라! 이것은 법신명체(法身明體)에 속한다. 당시 나는 42살이었다. 올해 나는 75살이다. 눈 깜짝할 사이에 여러 해를 허송세월하다니……」

70. 송나라 시인인 대복고(戴復古)가 지은 시사(詩詞)인《월야회동숙굉문기입경미득보(月夜懷董叔宏聞其入京未得報)》속에 있는「늙은 천리마가 천리를 생각하고(老驥思千里), 나는 기러기가 구주(九州)를 두루 본다」는 유명한 문구인데, 그 뜻이「늙은 말이 여전히 천리 길을 달리는 것을 생각한다는 것은 노년에도 장한 마음(壯心)은 끝이 없다는 것을 비유한 것」이다. 염공이 사바세계의「수명이 유한한 고통」을 강해할 때에 비록「세월이 돌아오지 않는다(光陰不復返)」라는 탄성을 내었지만, 그러나 한편으로는 노인의 꾸준한 정진적 지향(精進的志向)이 조금도 쇠퇴하지 않았음을 보여준다. 또 한편으로는 중생을 구도하려는 큰 자비에 있어서도 털끝만큼도 물러서지 않았음을 보여 준다. 이러한 정신은 사람들로 하여금 존경하고 우러르게(欽仰) 한다.

제9배 부처님께 예배드리니 광명을 나타내시다

한마음으로 관하여 예배하옵니다. 극락세계 교주본존께서는 저 높은 자리에 계시고, 위덕이 높고 크시옵니다. 상호광명은 일체 경계를 비추지 아니함이 없습니다. 마치 황금산이 바다 위로 솟은 것처럼 그 중 만물은 모두 가려지고, 오직 부처님의 광명만이 밝고 눈부시게 빛나고 있음을 볼 수 있을 뿐입니다. 무수한 성문과 보살들이 공경히 둘러싸고 있는 아미타부처님이시여!

나무아미타불

(1번 절하면서 3번 부른다)

이 단락은 바로 《무량수경》에 있는데, 이 단락은 모두 부처님께서 법을 설하신 것으로, 아미타불께서 어떻게 성취를 이루셨으며, 또 우리 세상의 중생들이 어떻게 「고통스러운지」를 말씀하시어, 재삼 경계하는 것이다. 연후에 부처님께서 아난에게 물어 말씀하시길 : 「너는 극락세계 보기를 바라느냐?」 「네가 보고 싶다면 너는 예배를 드려라.」 아난이 말씀을 듣고, 예배를 드렸는데, 그가 머리를 조아리고서 다시 고개를 들자, 극락세계는 바로 앞에 나타났다. 그래서 여러분들이 늘 말하는 것이, 이 「극락세계」를, 당신들은 모두 「극락세계」를 말하는데, 누가 보았는가? 당신은 얼마나 많은 사람들이 보았는지 말해줄 수 있는데, 바로 이 「한번 법회(一會)[132]」에 2만 명으로, 바로 우리 세상 사람이고, 부모가 낳은 사람들로 2만 명이다. 화상이 12,000이고, 남자거사 7,000, [합쳐서] 19,000이며, 비구니 500, 여자거사 500,

---

132) 《무량수경》을 설하신 법회

전부 2만 명으로, 2만 명이 모두 직접 보았다. 여전히 매우 많은 사람(人)·사람 아닌 것(非人), 다른 세계에서 온 보살이 무량무변으로 우리는 그들까지 계산하지 않았다. 우리가 말하는 지구상의 사람들이 직접 본 것은 2만이다. 또 다른 경전, 《관경(觀經)133)》은 500이다 : 위제희 부인, 국왕, 황태후와 궁녀, 500여 명도 또 직접 보았다. 그리고 두 경전은 모두 직접 본 것이다. 이것은 바로 직접 본 기록이다. 아난이 절을 하고 고개를 들어 보았는데, 「아미타불은 바다 위로 높이 솟은 황금산 같았다.」 비단 대중들이 아미타불을 보았을 뿐만 아니라, 게다가 듣기도 하였는데, 우리들도 시방불의 세계를 볼 수 있다. 게다가 시방의 불세계가 「아미타불을 찬탄」하고 있다는 말도 들었다. 그래서 이 모두가 증명인 것이다. 많은 사람들이 직접 보고 직접 들었다! 아미타불, 관세음보살, 대중들, 아미타불께서 거기서 설법하고 계시는 것을 직접 보았다. 저쪽에서 우리를 봐도 마찬가지로, 석가모니불이 대중에 둘러싸여 설법을 하고 계시는 것을 볼 수 있는데, 석가모니불은 그때 바로 《대승무량수경》을 말씀하고 계시었다. **두 국토가 「일순지(一旬地)」만큼 떨어져 있는데, 바로 이 8척(尺)이다. 가장 깨끗한 천안(天眼)으로 8척을 사이에 두고 바라보니, 그것은 얼마나 뚜렷한가!** 우리는 두루 보는데, 도처가 모두 불광(佛光)으로, 모든 악기가 스스로 연주한다! 그래서 이 일은 이러한데, 당신은 나폴레옹이 있는지 없는지를 말한다! 당신은 나폴레옹이 있는지 없는지를 본 적이 없는데, 당신은 그를 있다고 말하는가? 누가 봤는데, 이것은 다른 것인가? 당신은 「극락세계」가 없다고 말했는데, 이것은 「2만 인」이 본 것이다. 극락세계 「교주본존(教主本尊),」 우리의 「교주」는 아미타불로, 바로 우리 「본존(本尊)」이시다. 밀

133) 《관무량수경》

종에서는 당신이 어느 불보살의 법을 수행하면, 그 불보살을 당신의 「본존」이라 부르는데, 곧 당신의 「본체의 존(本體之尊),」 본존이다.

아미타불께서는 「저 높은 자리(高座)에,」 높은 자리 위에 계신다. (염공이 앞자리에 있는 몇 명의 거사를 마주보고 말하였다.) 당신들 그 불상은 바로 「높은 자리」를 그린 것인데, 모두 당신들에게 개광(開光)[134]을 잘 해 주어서, 당신들 세 사람은 모두 잘 되었다. (이 폭의 불상은) 그들 3~4명이 협력해서 이 상(像)을 들고, 내가 탁자 위에서 그들에게 그려준 것이다. 「위덕이 높고 크다(威德巍巍).」 부처의 「위덕」이 장엄하고 청정하다 ; 「높고 크다(巍巍)」는 것은 매우 숭고하고 매우 위대함이다. 「상호광명(相好光明)」은 「32상(相), 80수형호(隨好)」이다. 그래서 우리가 늘 칭찬하는 「상호(相好)」는 이러하다. 부처는 32종의 특수하고 좋은 상인데, 매 상마다 많은 좋은 점이 있으며, 부처는 「80수형호」가 있다. 그래서 「일체상(一切相), 일체호(一切好)」를 구족하고 있다. 게다가 「광명무량」은 금색의 광명(金色的光明)을 나타낸다.

「일체 경계를 비추어 보시지 아니함이 없다.」 불광의 인연(佛光的關係)으로 인해, 우리들의 이 경계를 모두 뚜렷이 비춘다. 부처님은 황금으로 된 산으로서, 그분이 황금색 광명을 발하시기 때문에, 큰 바다 가운데서 나타나시는 것과 같다. 「그 중 만물은 모두 가려지고」로, 이 많은 것 중에서, 모든 보살의 빛, 성문의 빛, 어떠한 광명도 모두 보이지 않는다.

「달은 밝고 별은 희미」하다! 달빛이 아주 좋을 때, 별(星子)

134) 개안(開眼)

은 볼 수 있는 것이 적다 ; 별이 없어진 것은 아니지만, 이 광명 속에서는 볼 수 없는데, 달빛이 「성(盛)」하기 때문이다. 이것도 마찬가지로 아미타불의 빛이 매우 「성(盛)」함으로 말미암아, 다른 빛은 다 볼 수 없고, 오직 부처님의 광명만을 본다. 「밝고 눈부시게 빛나는데(明耀顯赫),」 「명(明)」은 청명(淸明)이다 ; 「요(耀)」는 밝은 것(亮)으로 그래서 빛이 밝다(光耀) ; 「현(顯)」은 분명하게 드러나는 것(明顯)이다 ; 「혁(赫)」은 힘(力)이 있는 것인데, 매우 큰 힘이 있다. 이때 부처님의 광명이 분명하게 드러나는데 금빛 광명이다 ; 게다가 부처님 곁에는 수많은 성문보살이 있어 공경히 아미타불을 둘러싸고 있다. 이를 우리들은 「[정수첩요의] 문장을 따라 관(觀)한다」 : 이때 우리들과 아난이 한 모양인 것과 마찬가지로 우리가 고두(磕頭)를 할 때 부처님은 우리 앞에 감응하여 나타나고, 많은 보살들이 둘러싸고 있으며, 우리가 이렇게 「나무아미타불」을 칭하면서, 이렇게 계속 절하는데, 이와 같은 「인증(印證)」은 매우 수승하다.

그래서 이 단락은 《무량수경》, 다시 기타 정토경전 속에서, 매우 중요한 부분을 모두 섭수해 나간다. 어떻게 부처가 되는가? 이 [단락] 속에서 우리들에게 알려주는데, 당시 아미타불께서는 법을 듣고 출가하여 큰 발원을 하였다 ; (아미타)부처님의 성불 과정은 부처님의 가장 수승한 「발원의 성취」이다. 그래서 이 문자가 모두 많지는 않은데, 그러한 「발원의 성취」로, 현재 극락세계에 출현하셨는데, 국토를 (성취하셨고) 현재 서방이다. 여기는 「법신불」로 「법신불」은 지극히 이해하기 어려운데, 법신의 경지이다 ; **우리의 진정한 성불은 「법신불」을 성취하는 것이다.** 그래서 《금강경》 속의 말씀은 「법신경계」이다! 그렇지 않으면 여러분은 이 두 경이 모순된다고 느끼지 않는가? 《금강경》에서 말씀하시길, 「무릇 모든 모양은(凡所有相), 다 허망하다(皆是虛妄)」; 아미타불께서는 여기서 우리에게 아미타불상에 공양하고, 다시 서방의 삼성(三聖)에 공양할 것을 가르치시는데, 이것은 「허망」하다! 공교롭게 두 경이 모순이 된다고 (생각할 것이다). 이것은 모순되지 않은데, 우리가 현재 말하고 있는 것은 모두 「보신」의 상으로, 「법신」은 바로 이런 모습에서 떠나 있다.

그래서 《금강경》은 굉장히 깊이 들어가 있는 거고, 우리들에게 법신의 경계를 가르쳐 준다. 그래서 「무릇 일체 모양(相)을 가진 것을 보는 것은 모두 허망한데,」 결코 모두 「공무(空無)」는 아니다. 말하자면 당신은 이 모양을 보는데, 그러나 모양이라는 개념이 없어서, 이 모양에 의해 전도되지 않는다. 이 모양을 보아도(見了這個相), 그것이 모양을 이루는 것은 아니고(它也不成爲相), 근본적으로 모양이 없는 것이 아니며(不是根本沒有相), 모양이 없는 것은 불가능하다(沒有相不可能). 「만약 여러 모양을 보면(若見諸相)」은, 당신이 모양을 보는데 있어, 「만약 여러 모양을 보면」은 여전히 모양이 있는 것이다; 「그렇지만 모양이 아니다(然而非相)!」 그래서 **광흠(廣欽) 노화상**의 그 한 권의 책, 나는 그분의 한 구절을 좋아 한다. 그분은 40여 일 동안 입정의 공부(入定的功夫)로 말미암아 매우 확실하였다. **그는 이미 90일 동안 염불을 하였고, 불성(佛聲)이 끊이지 않아 일심에 도달했다. 사일심(事一心)으로, 막 처음으로 사일심에 들어간 것으로, 이는 매우 얻기 어렵고, 매우 희유하다. 하지만 그의 정력(定力)과 염불이라는 이 공부로, 그의 이 「선(禪)」은 당시 명성이 자자했던 법사를 능가했다.** 그때 저 법사가 광흠 노화상 그분과 대담을 나누었지만, 그분과 같지 않았는데, 매우 분명하게 드러났다! 그때 그 법사가 말씀하시길 :「지진이나 화산 따위가 있으면, 나는 법을 닦으러(修法) 갔고, 그것들은 모두 없어졌다.」(광흠) 노화상 말씀이 매우 좋은데 :「나에게는 이 모든 것이 없다.」그 법사는 아주 영리한 분이었는데, 몇 년이 지나자 또 노화상을 만나 뵈었다. 그는 말하기를,「나는 현재 일체 모든 것이 없다.」(그 법사) 그분이 들은 광흠 노화상께서 (이전에 하신 말씀이) 그보다 [수준이] 높았는데, (그래서) 그는「나도 이제 다 없다」라고 말하였다. 노화상께서 (회)답하여 말하시길 :「나는 여전히 밥 먹고, 옷 입고, 잠을 잔다.」(염공이 여기까지 말하고 마음껏 웃었다.) 그래서 이런 문답을 보면 알 수 있는데, 선(禪) 이것은 가장 과학적이라고 말(할 수 있는데), 당신이 어떤 수준인지, 단번에 드러난다. 당신이 저 바둑 두는 것을 보면, 바둑은 첫수를 잘못 두면, 뒤에 늘 끌려 다니고, 늘 곤란하게 된다 ; 술 마시는 것과 같으니, 당신의 주량이 세지 않아, 다른 사람은 취하지 않으나, 당신은 취한다 ; 선(禪)도 이와 같다. 이 말이 틀리지 않고, 또한 최고 좋은 말은 이와 같으며, 어떤 사람이 그분에게 묻는데, 광흠 노화상에게 묻는데 :「우리가 보기에는 노화상이 종일 타좌(打坐) 하는 것을 배워야 한다.」(노화상) 그분이 말씀하시길 :「**당신이 말하는 것을 듣고, 내가 타좌하고 있는 것을 알았네.**」이 말이 참 좋다! 그래서 그는 이런「모양(相)」을 가지고 있지 않아, 그는 타좌하지 않는 것은 아니지만, 타좌의「모양(相)」이 없다.「그분은 나는 모른다고 하지 않고,」「그분은 나는 곧 안다」라고 말했다. 이 말은 아주 멋지다!「만약 여러 모양이 모양이 아님을 보면(若見諸相非相), 바로 여래를 보는 것(即見如來)」이다. 그럼 이「여래(如來),」당신의「봄(見)」은 무엇인가?「일체 모든 모양을 가진 것은 모두 허망하다(一切都凡所有相都是虛妄).」「만약 여러 모양이 모양이 아님을 보면(若見諸相非相), 바로 여래를 보는 것이다(即見如來).」이 모양은 「모양이 있는 볼 수 있는 모양(有相可見的相)」이 아니다. 그래서 「바로 여래를 보는 것(即見如來)」으로, **보는 것은 「법신여래(法身如來)」이다.**

우리의 왕생은 아직도 「법신여래」를 보는 것에 도달할 수 없다. 그래서 말하자면, **[왕생시에 당신을] 먼저 접인하는 것은 「응화신(應化身)」이다. 당신은 실보장엄토에 도달해야만 「보신(報身)」을 볼 수 있다.** [보신은] 육십만억 나유타 항하의 모래알(恆河沙) 수의 (유순)처럼 높은 몸이다. 육십만억 (나유타) 항하, 그렇게 많은 항하, 그렇게 많은 모래, 그 많은 모래는 또 1유순(최소 40리)을 곱해야 한다. 당신이 말하는 이 부처는 얼마나 큰가, 보신은 얼마나 큰가! 우리의 눈은 얼마나 멀리 볼 수 있는가? [아미타불 보신의] 솜털 하나라도 우리는 모두 볼 수 없어, 당신은 「볼 수가 없다.」 그래서 왕생해도 볼 수 없다. 그렇다면 다시 「법신」은 말할 필요도 없다. 그래서 그게 모순되지 않는데, 《금강경》의 말씀은 높아서 「법신경계(法身境界)」이다 ; 선종은 **「법신에 곧장 나감(直趨法身)」**이어서 이것[즉 왕생하여 응화신이나 보신을 뵙는 것]과는 다르다. 하지만 중생은 매우 어렵다! 당신은 먼저 수행하여 [극락세계의] 「범성동거토」에 도착하고, 그곳에 가서 「법신」을 뵙는데, 여전히 모든 사람들의 몫이 있다.

【주역】

71. 「성자(星子: 별)」는 바로 성성(星星)의 뜻으로, 이것은 비교시의적(比較詩意的) 용법이다. 《보은담》 정체자(正體字) 제1판의 문자를 정리할 때, 우리는 이곳의 처음 녹음을 50~60

회 이상 반복해서 듣고, 염공의 원래 말이 확실히 「성자(星子)」임을 확인하였다 ; 하지만 「성자(星子)」의 용법은 현재 이미 극히 드물기 때문에, 여러 비교를 거쳐 80년대 한 산문가의 작품에서 「성자(星子)」라는 단어를 찾을 수 있을 뿐이었다 ; 결국 우리는 보수적으로 좀 더 대중적인 용법을 사용하기로 결정했는데, 즉 「성성(星星)」이다. 비록 작은 일이지만, 그러나 편집자로서 줄곧 「성자(星子)」라는 단어의 응용을 위한 증거(佐證)를 찾아, 염공의 원래 말에 대하여 더 잘 존중할 수 있도록 하였다. 이후 중국의 유명한 건축가, 시인, 작가, 인민영웅기념비와 중화인민공화국 국장(國徽) 심화방안을 설계한 임휘인(林徽因) 여사의 대표작인 《당신은 인간 사월천(你是人間四月天)》에서 「성자(星子)」라는 단어의 응용을 찾았는데, 이것은 우리로 하여금 염공의 처음 녹음이 「성자(星子)」라는 것을 더욱 확신하게 한다. 우리는 안심하고 많은 독자들에게 확실한 설명을 할 수 있다. 동시에 염공의 재능이 넘쳐나는 것을 느끼게 했는데, 「성자(星子)」와 같은 아름답고 시적인 용어는 아마도 그 시대 마음이 순결하고 공평무사한 선배들의 글에서나 볼 수 있을 것이기 때문인데, 우리 현대인들은 심지어 들을 기회조차 점점 줄어들 것이다! 현재 임휘인 여사의 《당신은 인간 사월천》 중의 「성자(星子)」의 어구를 발췌·기록하여, 본책의 제1판 중에서 염공의 처음 녹음을 환원할 수 없었던 유감을 보충한다 : 「당신은 4월 아침의 구름과 연기입니다. 황혼에 부는 바람의 부드러움입니다. 『별(星子)』들은 무심코 반짝입니다. 가랑비 방울이 꽃 앞에 뿌려지고 ……」

제10배 극락세계에 나타나 계시며 설법하시다

한마음으로 관하여 예배하옵니다. 극락세계 교주본존께서는 지금 저곳에서 모든 유정중생들을 위하여, 깊고 미묘한 법을 널리 설하시어, 수승한 이익과 안락을 얻게 하시옵니다. 시방의 보살들이 우러러 예배하고 설법을 들으며, 수기를 받고, 칭찬과 공양을 올리옵니다. 아미타부처님이시여!

나무아미타불

(1번 절하면서 3번 부른다)

제10 단락은 아미타불께서 「지금 현재 설법하고 계심」을 말씀하시는 것이다. 우리들은 「한마음으로 관하여 극락세계 교주본존께 예배한다.」 「교주,」 여러분도 모두 아시는 바와 같이, 석가모니는 우리 세계의 「교주」이시고, 아미타불은 극락세계의 「교주」이시다. 「본존(本尊)」은 밀교의 용어로서 「밀교」는 어떤 법을 수행함에 있어 그 부처님이 바로 당신의 「본(本)」이고, 당신의 「소존(所尊)[135]」이다. 지금 정토종에서 여러분은 모두 염불하고 있다. 그래서 밀교의 설법에 의하면 이 부처님, 아미타불이 바로 여러분들의 「본존」이다. 그래서 이 「교주본존,」 이 「본존」에 대한 설법은 밀교의 언어에 의한 것이다.

「현재 저 극락세계에서, 모든 유정중생들을 위하여, 깊고 미묘한 법을 널리 설하신다.」 현재 설법을 하고 계시는데, 「현재」는 현재형으로 과거가 아니며 미래도 아니고 현재이다.

135) 존경하는 대상

지금 설법을 하고 계시는데, 이것은 현재진행형으로, He is speaking ; was가 아니고, will도 아니며, 모두 아니다 ; 하나는 미래(will)이고, 하나는 과거(was)이다. 「현재」 설법하고 있는 중으로, 이때에 바로 설법하고 있는 중이다. 「교주본존께서 지금 저 국토에 계시는데」로, 극락세계에 계신 것이다 ; 「모든 유정중생들을 위하여」, 그 나라의 모든 중생을 위하여 「매우 깊고 미묘한(甚深微妙)」 법을 널리 설하고 계시는데, 이것은 「매우 깊은」 법이다! 그래서 우리는 (이 점을) 알아야 한다. 사람들은 항상 말하기를, 「정토법문은 어리석은 남정네나 어리석은 아낙네가 하는 짓이야!」라고 한다. 크게 무시한다! 만약 어리석은 남정네나 어리석은 아낙네가 이 왕생을 닦는다면, 그는 더 무시한다. 내가 이것을 훨씬 초과하는 것 같고, 내가 마땅히 더 좋은 방법이 있다(고 인식한다). 「어리석은 남정네나 어리석은 아낙네도 능히 할 수 있음,」 이것은 실제로 당신이 다른 사람에게 설파할 수 있다. [하지만] 어리석은 남자나 어리석은 여자는 [어떤 법을 수행하든지] 매우 곤란하지 않을까? 그는 지식이 얼마 없고 문맹이어서 그는 매우 어렵다 ; 다시 말하면 [어리석어 수행을 할 수 없는] 이 병은 매우 중하다. [그런데] 이 의사는 아주 중한 병을 고칠 수 있고 저 의사는 단지 감기밖에 치료할 수밖에 없다면, 어느 의사가 고명한가? 당연히 **저 중병을 고치고 저 불치병을 고치는 의사가 고명한 사람이다! 그래서 그렇게 [어리석은 남자나 어리석은 여자가] 어떤 지식이 없고 어떤 도리를 모르며, 학문이 없어도 그 [고명한 의사]는 매우 잘 치료할 수 있다** ; 저 병이 골수에 든 사람, 불치병을 이 의사는 모두 치료할 수 있으니, 의사가 고명하다고 말할 수 있을 뿐이다. 당신이 죽을 사람을 다 치료하고서, 나는 (당신을) 고치지 않을 것이다라고 말하는 것은 불가능하다. (염공이 여기 와서 유머러스하게 웃기 시작했다.) 많은 사람들이 이곳에서 전도되어(顛倒的) 있다. 저 바보의 카메라 같아, 바보의 카메라, 바보도 모두 사용할 수 있어서, 그 카메라는 결코 멍청하지 않은데, 그렇지 않은가? 그것은 매우 고급스럽구나, 얼마나 많은 컴퓨터가 속에 있는가, 그렇지 않은가! 여러분이 사용할 수 있고, 「보편적으로」 할 수 있는 것은 바로 이 법 자체의 고명한 수승함 [때문]이다! 정토법문은 「매우 깊고 미묘한 법」이다. 아래에서 우리는 다시 그것이 어째서 「매우 깊고 미묘한 법」인지에 대해 설명하려고 하는데, 모두 다 설명될 수 있다. 이는 할 수 있는 일이 아닌데, 아미타불의 「대자대비」가 여기에 있어서, **당신이 바로 이렇게 염(念)하니, 당신이 할 수 있는 일이 아님에도, 당신은 「암암리에 도의 미묘함에 계합하고(暗合道妙),」 당신은 자연히 「가장 높은 도의 미묘함(最高的道妙)」에 계합할 것이다**. 이것은 요행이 아니고, 이 방법은 그 자체에 이러한 「수승함」을 구족하고 있다. 그는 바로 그곳에서 그의 국토에 대해 「매우 심오하고 미묘한 법(「甚深微妙之法)」을 말하고 있는데, 「극묘지법(極妙之法)」을 「미묘(微妙)」라고 칭한다. 「모든 유정(有情)을 위해서」이다. 그가 있는 곳은 본토의 유정중생뿐만 아니라, 시방의 세계가 모두 극락세계에 가서 아미타불을 예배하고, 그곳에 와서 모두 법을 듣고 있기 때문에 《무량수경》에는 《예공청법(禮供聽法)》이 1품이 있다

석가모니부처님께서 말씀하신 것은, 여전히 당신이 **먼저 「제법공(諸法空) 자성공(自性空)에 완전히 통달(了達)」해야 한다**는 것이다. 당신은 이것에 완전히 통달한 후에야 바로 이 불토(佛土)를 「성취」할 수 있고, 당신은 바로 「수기 받고 부처가 되는 것(授記作佛)」을 할 수 있다. 그래서 《금강경》과 아무런

모순이 없고, 《무량수경》이 《금강경》과 통일되었는데, 이것이 하노사의 매우 큰 공덕이다! 하나의 불교일 필요가 없지만, 여전히 서로 「당신은 내가 안 된다. 나는 당신이 안 된다.」라고 하기를 바라고 있다. 그래서 이 현상을 무엇이라고 부르는가? 바로 「**투쟁뇌고(鬥諍牢固)**[136]」라 부른다. 이런 현상은 지금도 법칙이니, 그다지 이상할 것도 없다. 부처님이 세상에 계실 때는 「**해탈뇌고(解脫牢固)**」로 많은 사람들이 해탈하였다 ; 이후 부처님께서 열반하신 후에, 처음에는 「**선정뇌고(禪定牢固)**」라고 해서 매우 많은 사람이 쉽게 선정을 얻을 수 있었고, 선정이 깊었다. 그때 선정이 현재, 나중의 선정보다 훨씬 깊다 ; 다시 500년이 지나, 선정의 사람도 적어 「**다문뇌고(多聞牢固)**」로 더욱 경전도 많이 알고, 더욱 교학도 많이 알고, 더욱 연구도 매우 깊게 하여, 다문이 여전히 뇌고하다 ; 다시 500년이 지나, 다문의 사람도 적어서, 「**탑묘뇌고(塔廟牢固)**」로 곳곳에 탑과 절이 있다. 1950 몇 년쯤에, 나는 휴양하러 갔었고, 나는 모간산(莫干山)으로 가서 두 달 동안 살았는데 상해에서 차를 타고 항주로 갔다. 이 길에서 「무너진 탑」을 보았는데, 얼마나 되는지 알지 못한다. 이 절은 옛날에 내가 살았었는데, 이 일대에서 매우 가까웠다. 광제사(廣濟寺)는 먼 편으로 나에게서 떨어져 있었고, 도보로 대략 7분으로 이 일대에는 10여 개의 절이 있었다. 저쪽에서 전화가 오면 이쪽에서 알려주었다. 밖에 나가면 보는 저 집이 다 절이고, 10 몇 개의 절이 있었다. 그래서 「탑묘」가 많았다. 모두 무너져 없는데 「탑묘뇌고」도 지나갔다. 남아 있는 게 무엇인가? 「탑묘뇌고」도 모두 지나갔고, 뭐가 뇌고한가? 「투쟁뇌고(鬥諍牢固)」이다. 「투(鬥)」는 전투의 투이다 ; 「쟁(諍)」는 언(言)자 변의 쟁(爭)이며, 쟁(爭)이 많고 쟁(爭)이

136) 뇌고(牢固) = 견고(堅固)

적다할 때의 쟁으로, 「투쟁뇌고」이다. 「쟁론(諍論)」은 너와 나는 다르고 나와 너는 다른 것이다. 바로 내가 이 법을 수행하면 나의 이것은 좋고 당신의 저것은 좋지 않다. 두 명의 법사가 있는데, 당신도 정토종이고 나도 정토종인데, 당신의 그 정토종은 안 되고, [그] 염불은 안 되며, 나의 이것이 좋다. 아무도 서로 「찬탄」하지 않고, 모두 거기서 서로 「싸우고,」 거기에서 당신은 내가 나쁘다고 말하는데, 이러한 「쟁론,」 이것이 「뇌고」하다. 그래서 이건 무슨 이상할 게 없는데, 이것이 사바세계의 이러한 현상이다. 극락세계에서는 당연히 모두 「여러 상선인(上善人)들이 모두 한곳에 모여 있어,」 이렇게 퇴전하는 인연은 없다.

부처님은 이 「매우 깊고 미묘한 법으로 수승한 이익과 안락을 얻음」에 대해 말씀하고 계신다. 이 정토법문은 여러분 모두에게 「법락」을 얻게 하고, 정토 이 법은 가장 수승한 「이익과 안락」에 도달하게 한다. 시방의 보살은 모두 첨례(瞻禮)하고, 모두 예배하고, 모두 법문을 듣고, 아미타불의 수기를 받고, 모두 그곳에서 칭찬하고, 그곳에서 아미타불을 공양한다. 그래서 이 단락은 극락세계에서 부처님이 계속 「설법」함으로써 중생을 가르쳐 이끄시는 것을 설명한다. 어떤 세계는 꼭 「설법」이라고는 할 수 없고, 당신이 향기를 맡으면 모두 진보할 수 있는데, 갖가지 세상이 다르다. 우리가 보기에 극락세계는 여전히 「설법」을 위주로 한다. 그래서 **극락세계의 즐거움은 바로 「갖가지의 대승법락을 수용(受用)하는 것」이다.** 왕생 이후에 이 부처님의 설법을 듣고, 한 가지 큰 특징은, 들은 후에 당신은 이해할 수 있다. 그렇지 않더라도 그 세상에서 닦을(修) 수가 있다. 극락세계에 가기만 하면 「일체가 법문을 듣는 것인데(一切聞法),」 당신이 듣기를 원하고,

들은 후에, 당신은 「여실(如實)」하게 이해할 수 있다 ; 그래서 그는 항상 진보하고 들으면 이해한다. 우리가 있는 곳은 매우 어려운데, 여전히 많은 사람들이 「설법」하고 있지만, 그가 설법하는 것은 모두 잘못 설법하는 것이다. 방금 시작부터 구분이 안 되는데, 단지 잘못된 것이 하나 들어왔을 뿐인데, 정정하려 해도 매우 어렵다. 그래서 이러한 수행을 하는 데는 어려움이 매우 많다. 그래서 가장 큰 결심을 하는 것이 필요하다! 우리는 스스로를 제도할 수 있어야 하고, 중생을 제도할 수 있어야 하는데, 유일한 것은 이 길뿐이다. 제도받는 일체 중생은 금생에 생사를 초탈할 수 있는데 이것이 「최고 미묘한 법」이다. 극락세계에 온 후, 거기 모든 곳이 모두 당신으로 하여금 「증장(增長)」하게 하고, 진전된 수행을 하게 한다. 그러면 여기에 있는 우리보다 더 빨리 얻을 수 있을 것이다! 다음의 이 단락(段)은 매우 중요한 단락이고, 또 아주 이해하기 어려운 단락이다. 이 단락을 돌파해야 하는데, 대승경전을 다시 보면, 잘 이해할 수 있을 것이다. (염공이 여기까지 말하고 유쾌하게 웃었다.) (다음의) 이 단락은 매우 (중요하다).

【주역】

72. 「쟁(諍)」은, 첫째가 「승부심(勝負心)」의 뜻이 있는데, 《법구경(法句經)》에서 이른 것과 같이 : 「승자는 원망을 낳고, 패하면 스스로를 경멸한다. 승부심을 없애면 『쟁(諍)』이 없어 저절로 편안해 진다. 또 이와 같은데, 《육조단경(六祖壇經)·정혜품(定慧品) 제4》에서 이르시길 : 스스로 깨닫는 수행(自悟修行)은 다투지 않은데(不在於諍), 만약 선후를 『다투면』(若諍先後) 즉 미혹한 사람과 같다(即同迷人). **승부를 끊지 못하여**

오히려 아법(我法)을 증대시키고 사상(四相)을 떠나지 못한 다.」 두 번째 「무쟁(無諍)」은 바로 「번뇌가 다 끊어지는 것이다」이다. 정공 노법사가 《화엄경강기(華嚴經講記)》에서 개시(開示)한 바와 같이 : 「청량대사(清涼大師)가 주해(註解)에서 우리에게 말씀하신 것은 아주 좋은데, 『번뇌가 다툼이 되기 때문이다(煩惱為諍故)』이다. **『무쟁(無諍)』, 번뇌가 다 끊어지고 생사의 원인(因)이 끊어져 사라지면 생사의 과보는 당연히 재현될 리가 없다.** 『멸(滅)』은 바로 『쟁(諍)』을 멸하는 것으로, 이 말은 《육조단경(六祖壇經)》 속에도 있다. 조사께서 학생을 가르치고 제자를 가르치면서, 『이 법은 본래 무쟁이고(此法本無諍), 쟁은 도의를 잃는 것이다(諍則失道意)』를 말씀하셨다. 이 법이 바로 불법이다(此法就是佛法) ; 불법 속의 『육화경(六和敬)』에서 **『구화무쟁(口和無諍)**』인데, 만약 쟁론(諍論)이 있으면 이는 불법이 아니다. 우리들이 상상해 보면 우리들의 일상생활 속에서 또 쟁론이 없는가? 무엇 때문에 쟁론이 있는가? 번뇌습기에 대한 내려놓음(放下)이 없다. 번뇌습기를 내려놓은 것이 『무쟁(無諍)』이다. 내가 일찍이 출가했을 때, 한 분의 노법사를 만났는데, 영원 노화상(靈源老和尙)은 대만 기륭의 시방대각사(十方大覺寺)의 주지로, 대만에서 매우 희유한 도량인 시방도량에 계시었다. 대만은 도량이 매우 많으나, 시방도량은 매우 적다. 그러니까 이 도량은 자손묘(子孫廟)137)가 아니다. 출가자라면 누구나 이곳에서 괘단(掛單)138)을 할 수 있고, 모두 접수를 할 수 있기 때문에 그

137) 자손총림은 대대로 세습제를 이용하고, 사찰은 본사의 삭발한 승려나 출가한 도인의 사유재산으로 내부에는 엄격한 등급의 구분이 있으며, 주지도 내부에서 선출해야 한다. 소림사는 전형적인 자손사이다(子孙丛林使用世襲制，寺廟是本寺剃度僧人或出家道人的私有財產，內部有嚴格等級劃分，住持也必須在內部選出。少林寺即典型的子孫寺) [출전: https://zh.wikipedia.org/wiki/子孫叢林, 2021. 6. 11. 확인)

138) 출가중이나 도사가 시방총림 혹은 사원에 투숙하는 것(指出家眾或道士於

때 도량이 매우 번창했다. 사람이 많고 머무는 무리가 많으며, 출가한 사람이 많았다. 특히 출가한 남자들이 많은데, 그 중 절반은 대개 제대 군인이어서, 관리가 쉽지 않았다. 영원 노화상에게는 매일 그분에게 가서 일러바치는 사람들이 있었다. 노화상은 들으면서 고개를 끄덕이며, 『그래(是), 네가 옳다(你是)』 하고 돌려보냈다 ; 두 번째 나무랄 때 분명히 그에게 잘못이 있었는데, 『너도 옳아(你也是)』로 노화상은 포용하였다. 시간이 오래 지나서야, 여러분들은 노스님에 대해 이런 수지修持(**청정淸淨, 평등平等, 인양忍讓**)에 대하여, 탄복하여 오체투지를 하게 되었다. 노화상은 늘 서화를 좋아하여, 불상을 그렸으며, 그의 방장실에서 매일 글을 쓰고 불상을 그렸다. 그래서 『쟁(諍)』은 착오적인데, 어떻게 『무쟁(無諍)』이 되는가? 자기 자신으로부터 시작해서 자신의 진정한 덕목으로 대중을 감화시킨다.」

十方叢林或寺院投宿) [출전: https://zh.wikipedia.org/wiki/掛單, 2021. 6. 13. 확인)

제11배 참선과 정토는 둘이 아니다

한마음으로 관하여 예배하옵니다. 부처님은 마음에서 생겨나고, 마음은 부처님의 나타남을 따르옵니다. 마음 밖에 [달리] 경계가 없어 부처님 전체가 마음입니다. 경계 밖에 [달리] 마음이 없어 모든 것이 곧 자기입니다. [아미타불 만덕]홍명은 바로 자성을 나타내고, 정토는 바야흐로 [모든 것이] 오직 마음뿐이라는 [이치를] 드러냅니다. [중생과 부처님 사이에] 감응도교의 호응이 동시에 이루어지나니, 여기서 [극락세계로 가는] 십만억 노정은 멀지 않습니다. 이 마음이 짓고, 이 마음 그대로인 아미타부처님이시여!

나무아미타불

(1번 절하면서 3번 부른다)

「한마음으로 관하여 예배하옵니다. 부처님은 마음에서 생겨나고」이다. 방금 우리는 아미타불의 「출가,」 성취에 걸린 시간, 아미타불을 이루신 것에 대하여 이야기하였다. 이것을 한마디로 말하면, 「부처님은 마음으로 말미암아 생긴 것(佛由心生)」이다. 부처님은 어디에서 왔을까? 부처님은 바로 당신 마음에서 나온 것이다, 당신! (염공은 손가락 앞에 앉아 수업을 듣는 거사들을 가리키며 말하길,) 당신 마음속에서 나온 것이다. 이 한마디를 많은 사람들이 듣고 나서, 그들은 (이해가) 힘들다. 그가 말하길, 만약 이렇게 말하면 부처님에 대한 공경심이 없어지는데, 부처님은 오히려 내가 만들어 낸 것이야? 이 「마음」은 우리의 「본심(本心)」을 말하는 것이다. **사람마다 모두 「본심(本心)」과 「묘명적 진심(妙明的真心)」을 가지**

고 있다. 이 「마음」은 바로 석가모니불께서 성도(成道)시에 말씀하신 것으로, **「일체중생은 모두 여래의 지혜덕상을 가지고 있다(一切眾生皆具如來智慧德相)**」로, 일체중생은 모두 여래와 같은 「지혜」를 가지고, 여래와 같은 「공덕(功德)」을 가지고 있다. 그러면 우리의 이 「공덕」은 어디에 있을까? 우리가 여래와 같은 지혜공덕이라면, 이 많은 경(經)은 내가 말한 것인데 내가 다시 생각하고 또 봐야 하는가? 필요 없어[라고 생각한다]! 그러나 이것은 그 「진아(真我)」를 말하는 것이고, 「진심(真心)」을 말하는 것이다.

그러므로 우리의 유일한 큰일은 대강 말하자면, 「생사를 마치는 것으로(了生死),」 생사윤회하지 말아야 하고, 윤회가 너무 고통스러우니 중생을 제도해야 한다 ; 더 나아가 말하면 우리는 우리가 「본래 부처(本來是佛)」라는 것을 가장 큰일이라고 생각한다. 그러나 우리는 현재 이러한 상황에 국한되어 있고, 우리는 이것이 달갑지 않다! 그래서 회복해야 되는데, 「자신의 본래를 회복하는 것」으로, 이것은 한 단계 더 깊어진다. 이런 뜻을 아는 사람은 드물다. 우리 자신의 「본심」은 어떤 공덕인가? **십법계(十法界)는 모두 자기 마음에서 나온 것이다.** 「십법계,」 「6」이 바로 6도(六道), 6종(六種)이다 : 천(天)·수라(修羅)·인(人)·축생(畜生)·귀신(鬼)·지옥(地獄) 6종이다 ; 아라한(阿羅漢), 연각(緣覺 벽지불)인데, 벽지불(辟支佛)은 연각이고, 두 종은 8종을 이룬다 ; 보살(菩薩)은 9종을 이룬다 ; 십법계는 불(佛)이 더하여져 10종을 이룬다. **이 열 가지 법계는 모두 「한마음에서 생겨난 바(一心所生)」이다.** 모두 매 한 사람을 따라, 매 한 사람의 이 「마음」으로부터 생겨나기 때문에 「부처님은 마음에서 생겨난 것이다.」 매 한 사람마다 이는 「자심(自心)」 속에서 십법계가 흘러나와 나타난 것이고,

일체 부처도 「자심」 속에서 흘러나온 것이다.

이곳에서는 예를 하나 들어볼 수 있는데, 우리들은 「물」을 가지고 이 「진심(真心)」을 비유한다. **우리의 이 「진심」은 「부처의 법신(法身)」이다. 시방불의 「법신」은 두 개가 아니다** ; 마치 물과 같은데, 우리 태평양, 대서양, 온갖 양(洋), 온갖 바다, 온갖 강, 이것은 다 물 아닌가. 이 물은 「법신」을 비유하고, 또 우리 자신의 「본심(本心)」을 비유한다. 이 물이 한 번 움직이면 파도가 일지만, 파도는 여러 가지 다른 상황이 있다. 물은 다 똑같아서 물은 다 수소 2개와 산소이다. 다른 것이 없는 것이다 ; 당신의 어떤 물이든 불순물이 있는데 불순물은 물이 아니다. 기왕 불순물을 말하자면 불순물은 물이 아니며, 물은 바로 수소 2와 산소(H2O)이다. 다른 것은 없다. 그러나 큰 바람, 작은 바람이 있어 「물」의 작용이 다르다. 「모양」도 다르고 「작용」도 다르다. 「연못의 봄물에 물결이 치도록 분다(吹皺一池春水)」로, 이 작은 물결은 아주 귀엽다 ; 하지만 성난 파도는 무섭다. 물은 농사에 필요한 것을 댈 수도 있고, 물은 홍수도 일으키기 때문에 물의 「작용(用)과 모양(相)」은 천차만별이다. 그래서 「십법계」는 모두 「모양(相)」이다. 「모양(相)」은 물이 움직여서 파도를 만든 것이다. 파도가 일면 물은 배를 띄울 수 있고, 물은 배를 뒤집을 수도 있다 ; 「파도」는 현실(事相)에서는 같지 않은데 파동으로 천차만별이다 ; 하지만 배를 띄우는 그 「파(波)」나 배를 뒤집는 「파」나, 그것은 바로 수소 2개와 산소로 여전히 그 물이고 차이가 없는데, 이것을 예를 들어 (설명한 것이다). 그래서 우리는 이 모든 것이 자심(自心)을 (따르는 것임을) 알아야 한다 ; 모두 「법성(法性)」을 따른 것으로 법성이라고 할 수 있다 ; 「묘명진심(妙明真心)」이라 할 수 있다 ; 불성(佛性)

이라 할 수 있다 ; 「법신(法身)」이라 부른다 ; 이것은 한 가지 일에 다른 이름이다 ; 모두 이 「본체」로부터 갖가지 일이 생긴 것이다. 그래서 부처님도 이 「마음」에서 말미암아 생겨난 것이다 ; 부처는 이미 모습을 드러냈으니, 모두 「파도(波)」이지만, 이것은 모두 「물」에서 말미암아 형성된 것이다. 이 한 마디로, 「부처님은 마음에서 말미암아 생긴다(佛由心生).」

다음 한 구절은 「마음은 부처님의 나타남을 따른다(心隨佛現)」이다. 당신 자신의 「본심」은 어디 있는가? 어떤 모양인가? 요즘 우리 이곳에는 늘 염불하는 사람이 있는데, 이것은 바로 최근의 일이다. 최근 나는 그 사람에게 오지 말라고 했는데, 내가 말하길 : 「우리는 여기에, 당신들은 여기에 있고, 그는 (잠시) 오지 마라.」 그는 최근 허리가 아파서, 어제 편지를 보내왔다 : 「요통이 있으면, 저는 필사적으로 주문을 외웠습니다.」 너무 고생스러운데 이것을 역가지(逆加持)라 한다. (바로) 손거사로 그는 염하고 염하고 염하고 염했는데, 그는 「나 자신」이 없어지고 「나」가 없어져서 「나」를 찾으려 해도 찾을 수 없었다. **「나」를 찾으려 해도 찾을 수 없어서, 그래서 모두 진실인데, 무아적(無我的)인 것이 곧 무아(無我)이다!** 당신은 분명히 「나」가 있다고 생각한다. 그러면 당신은 지금 망상 속의 사정에 있는 것이다. 그렇게 지내다 보니, [손거사는] 허리 통증이 싹 가셨다. 허리 아프다고 말할 필요가 없는데, 지독한 병도 모두 좋아진다. 이것이 바로 최근의 일이다. 그래서 이 일체 모두가 마음이 나타내는 것이다. 그런데 「마음」을 내게 보여줘라, 당신의 「마음」은 어떤 모양인가? 달마가 온 후 신광(神光)은 2조가 되었다. 신광은 가장 총명하고, 매우 많이 알았으며, 각 방면의 연구는, 외도의 것들까지도 연구하여 매우 깊었다. 그는 달마가 왔다는 소리를 듣고 법을 구하러 갔다. 달마가 여기 앉아 있는 것을 보고 그는 감히 놀라게 하고 시끄럽게 할 수 없었다. 산속은 매우 춥고 눈이 내렸다 ; 눈이 너무 깊어 다리까지 묻혔는데도, 감히 움직이지 못하고, 여전히 매우 공손하게 서 있었다. 사실 달마는 다 알고 있었다! 나중에 그가 간절한 것을 보고 그에게 묻기를 :「무슨 일인가?」그가 말하길 :「제가 법을 구하고 있습니다.」달마가 말하길 :「법을 구하는 것(求法)은 이렇게 큰일인데, 너는 이렇게 경만(輕慢)할 수가 있는가?」(그는) 이렇게 이런 모양으로 거기에 공손히 서 있었고, 눈이 여기를 다 덮었는데, 그 [즉 달마]는 여전히 그[즉 신광]가 경망스럽다고 한다! 겨우 **「법을 구하는 것은 진실로 하나의 대사(大事)다!」**라는 것을 증명하는 것이다. 응당 (이러한 공경심을) 갖추어야 한다. 당신의 공경심에 따라 당신이 얻는 기회가 달라진다. 이때 2조는 가지고 있던 칼을 뽑아 들고, 단칼에 이 팔뚝을 잘라내고, 그 팔을 달마 앞에 놓고서, 내 목숨이 아깝지 않으며, 난 단지 법 때문에 왔다는 것을 나타내었다.

그러나 아주 멀쩡한 사람으로, 스스로 팔을 벤 후 그는 아팠다. 그는 여전히 일반사람(凡人)이다! 그는 아팠고, 몹시 아파서 마음이 불안하였다. 그는 말하길 :「조사님, 저는 마음이 불안합니다!」달마가 말하기를「마음을 가져오너라, 노승이 너에게 편안함을 주리다.」마음을 가져 오너라, 내가 편안하게 하리라. 그는 가져올 방법이 없었고, 또 **그가 마음을 찾고 있을 때 비로소 이「마음」을 얻을 수 없다는 것을 알았다. 이것은「마음」이 아니고 이것은 자신을 대표하는 것이 아니다.** 지금 과학은 당신에게 [장기]이식(移植)이 가능하다는 것을 증명한다. 예를 들면, 당신이 그의 심장을 이식하였다면, 다시 살아난 것은 당신인가 여전히 그 사람인가? 여전히 당신이다! 그래서 이 「심장」과는 상관없다. 플라스틱으로 된 심장을 사용한다고 해도 그 자신은 결코 플라스틱이 되지 않았다. 이 「심장」이 아니다! 이 마음은 「얻을 수 없는 것」이다! 내가 통증을 느낄 수 있는 그게 내 마음이다. 그러나 당신은 나에게 마음을 찾으라고 하고, 마음을 가져오라고 하나, 마음을 찾으려 해도 찾을 수가 없다! 그는 말하길 : 마음을 찾는다는 것은 얻을 수 없다! 나는 너에게 안심을 주어 편안케 하였는데, 네가 찾을 수 없는 까닭이다. (2조는) 깨달았다(開悟了)!

그래서 저 마음은 당신이 얻을 수 없다(不可得). 얻을 수 없다고 하는데 그러면 어떤 모양인가? 당신은 염불하고, 당신은 관불(觀佛)하면서, 황금산처럼 바다 위로 높이 나타난 모습을 상상하니 이 부처님이 모습을 드러낸다. 「부처님」은 당신의 물(水)이 형성하는 「파도(波)」,로 당신이 이 「파도」를 본 것은 바로 당신의 「물」을 본 것이 아닌가? 파도를 형성하였는데, 파도의 「실체」는 모두 「물」로 모두 당신의 「마음」이다. 그래서 당신의 마음은 그대로 부처님을 따라 드러난다.

그래서 이 두 문장을 같이 읽는데 : 「부처님은 마음에서 생겨나고 마음은 부처님의 나타남을 따른다(佛由心生, 心隨佛現).」 이 두 마디 말은 「**마음과 부처가 둘이 아님(心佛不二)**」을 말한다. 우리의 「본심(本心)」과 우리가 「생각하는 대상인 부처(所念的佛)」는 둘이 아니다. 그래서 어떤 사람, 선종(禪宗)의 사람들, 어떤 사람들은 정토를 깊이 이해하지 못하고, 그 사람이 정토를 비판하면서, 당신들은 「마음 밖에서 법을 구한다(心外求法)」며, '당신은 당신의 「본심」을 참구하지 않고 십만억 불토로 달려가서 아미타에게 절을 한다!'라고 말한다. **그는 그 아미타가 바로 「본심」이고, 마음 밖에 있지 아니하고, 「마음과 부처가 둘이 아님」을 알지 못한다.** 다음에는 다시 무엇을 설명할 것인가? **「자타도 둘이 아님(自他不二)」이다!**

「마음 밖에 [달리] 경계가 없다(心外無境)」인데, 어떤 것을 「마음」이라고 해야 하는가? 무슨 물을 보든지 그건 다 물이다. 당신이 아무리 큰 파도와 작은 파도를 보더라도, 파도를 보는 것이 아니고 당신은 물만 보고 있다. 그것은 전부 물이고 완전히 물이다. 파도는 바람이 불지 않으면 파도는 없어진다. 그래서 마음을 제외하고는 경계가 없다. 「모든 경계는 마음이고 모든 파도는 물이다.」 기왕 밖에 [달리] 경계가 없으니 모두 물이고 파도는 없다. 모두 물이어서 「부처님이란 파도」도 물이다. **부처님의 이 파도가 물이라면 「전체 부처는 마음인데(全佛是心),」 부처님 전부가 우리의 「본심」이라는 말이 바로 이런 뜻이다. 그래서 이렇게 염불하면 이 공덕이 증가하게 된다.** 어떤 사람이 말하기를 나의 이러한 일념은 좋은데, 공경심이 일어나지 않는다라고 한다 ; 실은 (이렇게) 하는 것이 더 공경스러울 (수 있다.) 이것은 「물」에 따라서 이렇게 보는데, 파도는 없고 전부 물이다. 부처님이 기왕 이와 같다면, 그는 「물」이고, 또 「마음」이다. 하지만 당신은 파도에서 보아야 하고 파도를 본다 ; 파도를 떠나서 당신은 물을 찾는데, 찾을 수가 있는가? 육지에는 파도가 없다. 육지에 파도가 없는데 어디에 물이 있겠는가? 그래서 당신이 「경계」라고 부르는 것은 바로 물이 만들어내는 파도이다. 이 「파도」를 벗어나면 물은 없어진다. 당신이 「파도」를 보았을 때 실제로 당신이 이미 본 것은 물이다. 당신은 현재 혼란하고 분주함 속에 있기 때문에, 당신은 그것이 물이라는 것을 이해하지 못하고 다만 (그것이) (파도라고) 여길 뿐이다. **삼라만상이 사실은 모두 당신의 「자심(自心)」이다! 그래서 일체가 모두 성불이다. 「일체가 모두 성불」로, 평등하여 어떤 저것과 이것이 없다. 갖가지 것, 일체 모두가 다 자기(自已)이다!**

「경계 밖에 [달리] 마음이 없다(境外無心)」이다. 경계 바깥에 [달리] 마음이 없다. 그래서 극락세계와 극락세계의 아미타불, 이는 「자기」 이외에 속하는 것으로 불교는 이를 「타(他)」라고 칭한다 ; 「자기」를 제외하고, 자기와 상대되는 것은 「타」이다. 「**전체 타가 즉 자기(全他**卽**自)**」로, 전체의 「타」는 모두 「자기」이다. 이것은 불학상(佛學上)에 있는 명칭으로 「자타불이(自他不二)」라고 부른다. 위에서는 「마음과 부처가 둘이 아니다」였는데, 이것을 「자신과 타는 (둘이 아니다)」라고 칭한다. 그래서 **정토종은 「타력파(他力派), 과교문(果教門)」**이라고 하는데, 다음에 또 이야기하겠지만 이것이 기타 법문과 다른 점이다. 그들은 「업을 가지고 왕생할 수 있다(帶業可以往生).」 그것은 「타력」에 의존할 수 있는데, 미타의 원력이고, 타력이다. 그래서 이것은 「타력파」이다. **「과교문(果教門)」은 「과실(果實)」상에서 시작하는 것이다**. 당신은 「땅」에서부터 시작하는 것이 아니라, 만두를 먹는 데서부터 시작한다. 당신은 종자를 선택하고, 황무지를 개간하는데, 황무지를 개간하는 것부터 시작한다 ; 당신은 황무지를 개간해야 하고, 연후에 땅을 갈고 김을 매야 하고, 종자를 골라야 하고, 여러 가지 것을 해야 한다 ; 심어야 한다 ; 파종하러 가야하고, 거름을 주고, 갖가지 모종(苗)을 골라 심고 심는다

; 그 다음에 또 베러 가서, 베고 나면 타작하고, 타작하고서 갈아야 하고, 갈아서 만두를 쪄야 비로소 입에 들어갈 수 있다 ; 당신은 황무지 개간부터 시작하는데 우선은 이렇게 해야 한다. 하지만 이 「과교파(果教派)」는 만두를 먹기 시작할 때부터 만두를 당신에게 준다. 당신은 혼자서 씹어서 먹어야 하는데, 이것은 아무도 대신해 줄 사람이 없다. (염공이 강의가 이곳에 이르자 활짝 웃었다.) 그래서 「과교파」인데 「과교파」는 타력문(他力門)이다. 그래서 「전체 다른 것이 곧 자기인데(全他即自)이다.」 다른 것 전부가 자기로 「자타가 둘이 아니다(自他不二).」《유마힐경(維摩詰經)》전체가 「불이법문(不二法門)」을 강의하는 것으로 일체 모두가 둘이 아니다(不二). 그래서 상대가 있는 것, 상대는 모순이다. 모순은 바로 우리 인류 세계의 일로 갖가지 것이 모두 투쟁을 하고 있는데, 모순은 투쟁을 요한다. 모순은 대립면(對立面)으로서, 통일면(統一面)을 말해도 통일은 매우 부족하다. 이것은 철저한 통일이며, 대립면을 하나로 철저하게 통일한다.

「[아미타불 만덕]홍명(洪名)은 바로 자성(自性)을 나타낸다.」
그래서 당신은 「아미타불, 아미타불」 염하고 있는데, 다른 이가 있어, 무슨 신(神)의 보우를 구하는 것처럼, 마음 밖의 어떤 법을 구하는 것이 아니다. 당신이 이 한 마디 부처님을 잘 염(念)하거나, 어떤 이는 본존의 주문을 염(念)하는데, 이것은 당연히 「염불이고(念佛了), 홍명이다(洪名了)」 ; 바로 자성이라고 부르는 당신 자신의 본성을 분명하게 드러낸다. 참선은 자기의 자성을 명백하게 하려는 것으로, 「참구자성(參究自性)」이다. **지금 당신이 염불하는 것이 바로 「자성을 뚜렷이 드러내 보이는 것」이다. 이것으로 선(禪)과 정(淨)은 「둘이 아님(不二)」으로 변한다.**

「정토는 바야흐로 모든 것이 오직 마음뿐 이라는 이치(唯心)를 드러낸다.」 이것은 또 한 구절을 더하는 것이다. 저곳은 「이름(名)」을 말하는 것으로 이는 「정토」를 말하는 것이다. 「정토장엄」을 이야기하고 정토왕생을 구해야 정말로 「유심(唯心)」이다. 마음 밖으로 법을 구하는 것이 아니고, 순전히 「자심(自心)」이다. 다음에도 있는데, 「저 의보(依報)와 정보(正報)를 의지하여야 나의 자심을 드러낸다.」 극락세계의 「의보·정보,」 [즉] **극락세계의 부처님과 보살님, 극락세계의 국토를 빌려 자신의 본심을 드러낸다.** 그렇지 않으면 당신의 자기 「본심」은 도대체 어떤 모양인가? 이것[즉 극락세계의 의보·정보]은 당신이 「당신의 자심은 이와 같이 장엄함」을 금방 알 수 있도록 도와줄 수 있다. 그래서 정토는 일반적인 외도(外道)같이 내가 승천해야 하는 천궁이 아니다. 그곳은 좋은 곳이어서, 그곳에 가면 영원히 죽지 않는다. 「천계(天界)」에는 무시천존(無始天尊), 혹은 옥황상제가 있어서, 그가 일체를 주관하고, 자기는 완전히 저곳에서 주관을 당하는데, 이러하다. 우리가 말하기를, 극락세계에 가서는 이 일체 모두가 「자기 집」이고, 부처님은 자기 마음이 드러난 바이고, 국토도 자기 마음이 드러난 바이다.

「감응도교의 호응이 동시에 일어난다.」 우리는 현재 여전히 중생이다. **우리가 「감(感)139)」에 있다면, 부처는 「응(應)140)」에 있는 것이다.** 우리는 모두 염불하고 있고, 「나무아미타불」을 염하는데, 우리는 여기서 외치고 있고, 우리는 호출하고 있다. 두 라디오 방송국처럼, 우리는 「호출」하고 있다. **우**

139) 부처님을 느끼는 것
140) 부처님께서 중생의 느낌에 응하는 것

리가 「아미타불, 아미타불」 염하면, 바로 우리가 상대방을 부르는 것이다. 그런데 상대가 바로 자기이다. 그러니까 「자기가 염하고 자기가 듣는 것(自念自聽)」으로, 자기가 「접수(接收)」한다 ; 발신(發報)하는 것이 당신 자신이고, 수신(收報)하는 것도 당신 자신이니, 당신 자신이 스스로 듣는 것이다. 그래서 그 「응(應)」은 동시이다! **당신이 들었으니 아미타불께서 분명히 들으셨다!** 부처님의 마음은 우리의 마음과 조금도 어긋나지 않는데, 다음 한 절(一節)에서 말하려고 한다 ; 그래서 간격이 한 치도 없다. 이 「부름(叫)」과 「응(應)」은 동시에 「자기가 염하고 자기가 듣는 것」이다. 당신이 말하는 「자기가 듣는 것(自聽)」은 또한 「부처님이 듣는 것(佛聽)」이다. 자기가 「염」하고 있는 것, 이것이 「호출」이며, 「호출과 응함은 동시」이다. 당신이 염할 때가 동시에 당신이 듣는 때 아닌가? 앞이 있고 뒤가 있는 것이 아니다. 「나무아미타불」을 염할 때가 당신이 듣는 때이고 이것은 「동시」이다. 이 「동시」는 또 극히 수승한 뜻이다. 「호응」인데 호출하는 것과 응답 중간에 다른 하나의 과정을 거치는 것이 아니다.

기이하도다! 당신이 호출할 때가 응답하는 때이다! 그래서 「인과동시(因果同時)」는 연꽃을 사용하여 표시하고, 늘 연꽃을 쓴다. 「연꽃」은 더러운 진흙에서 나와도 물들지 않을 뿐만 아니라, 연꽃은 다시 더욱 수승한 뜻이 있다. 그것은 「꽃과 열매가 동시에 이루어진다.」 꽃이 필 때 열매를 볼 수 없는 경우가 매우 많은데, (예를 들면) 복숭아와 배는 꽃잎이 떨어지고, 작은 것이 오래 걸쳐서 나오고 연후에 오래 걸려 열매가 나온다 ; 바로 꽃이 피었을 때에는 일반적으로 열매가 없다. 연꽃은 피기만 하면, 당신은 그 작은 연봉이 거기에 있는 것을 보는데, 그 열매는 바로 거기에 있다. 또한

「꽃은 있어도 열매는 없는」 것도 있다 ; 「열매는 있으나 꽃이 없는」 것도 있는데, 무화과이다. 이 (연꽃은) 꽃도 있고 열매도 있고, 게다가 꽃도 많고 열매도 많다. 꽃도 꽃잎이 많고, 열매는 연밥(蓮子)이 많이 있다 ; 더욱 중요한 것은 꽃과 열매가 동시라는 것이다. **꽃과 열매는 동시로, 「꽃」은 바로 「인(因)」을 의미하고, 「과(果)」는 바로 당신이 수행하여 얻은 「과(果)」를 의미한다.** 당신이 심은 「인」과 얻는 「과」는 「동시」여서, 당신이 인을 심은 것이 과를 얻는 것이다. 그래서 당신은 다시 의심할 필요가 없다 : 「내가 좋은 과보를 받을 수 있을까? 좋은 과위를 얻을 수 있을까?」 그것은 절대적이다! 그 「열매」는 이미 출현하였다. 그래서 이 법문은 인과가 동시이다 ; 「호응동시(呼應同時)」는 「인과동시(因果同時)」를 나타낸다.

「십만억 노정(十萬億程)」은 십만억 불토로, 이것은 「사(事)」와 사상(事相)을 말하는 것이다. 그래서 극락세계는 우리를 떠나 10만억 불토에 있다. 십만억의 불토는 그러나 「이곳으로부터 멀지 않다.」 이는 《관경(觀經)》의 말씀이다. 「십만억 불토」는 먼데, 거기[즉 관경]에서는 「이곳으로부터 멀지 않다」고 말씀한다. **「이곳으로부터 멀지 않다.」 이 말은 「이(理)」이다. 왜냐하면 마음 밖에 있는 게 아니니까.** 그래서 「이곳으로부터 멀지 않다」인데, 이것이 바로 「사(事)와 이(理)는 둘이 아니다(不二)」라는 것이다. 그것을 「사(事)」로 말하면 사(事)에서는 「10만억 불토 밖」이 될 것이다 ; 「이(理)」로 말하면 「이곳으로부터 멀지 않다」이다 ; 이(理)와 사(事)는 원융(圓融)하다. 「마음이 짓고 마음 그대로이다(心作心是).」 이 말은 《관경(觀經)》의 말씀으로, 「이 마음이 부처를 짓고(是心作佛), 이 마음이 바로 부처이다(是心是佛)」이다. 《관경》의 이 두 문장은 매우 중요하다. 이 단락의 이야기는 전부 이러하다. 《관경》에는 「제불여래는 법계신(法界身)이다」라고 되어 있는데, (이것이) 법신이다. 「일체중생의 심상 속에 두루 들어가 있다.」 **부처님의 몸은 모두 일체 중생심 속의 상념(眾生的心中的想念)에 들어가 있고, 그래서 당신이 마음을 일으키고 생각을 움직이는 것에 대하여 「여래가 모든 것을 알고 모든 것을 보는 것이다(如來悉知悉見).」** 그래서 다른 게 아니라, 여래는 일체중생의 심상(心想) 속, 당신의 사상(思想) 속에 있다. 그는 모두 「두루(遍)」 할 수 있어서, 그는 일체처에 두루 한데, 일체중생의 심상 속에 두루 하다. 당신의 마음이 마음을 일으키고 생각을 움직이는 것을, 「여래는 모두 알고 모두 보는 것」이다! 그래서 당신이 만약 착한 일을 하고, 무엇을 하고, 이 모든 것들, 이 모든 공덕들을, 여래는 모두 알고 있고, 여래가 가피한다! 그러니 이 점은 안심해도 된다! 당신이 「나는 나쁜 일할 것을 생각했는데, 나는 죄가 있다」라고 말하는데, 당신은 긴장할 필요가 없다. 부처님은 모두 용서한다. 부처님이 용서하지 않으면 되겠는가? 그래서 부처님께서 바로 구도(救度)해 주시는데, 여러분을 불쌍히 여기시는 것이다. 당신에게 조금의 선(善)이라도 있으면, 부처님은 당신을 가피(加被)하고, 호지(護持)하며, 섭수(攝受)하고, 도우신다!

「그러므로 당신이 부처님을 생각할 때,」 여러분들이 마음속에 부처님을 생각할 때, 이 「마음」이 즉시 「32상 80수형호」이다. 당신들이 부처님을 생각할 때, 당신들 자신의 이 「마음(心)」이 바로 「32상 80수형호」로, 모두 구족하고 있다. 「이 마음이 부처를 짓는데(是心作佛),」 당신의 이 마음은 이 부처를 짓고 있다 ; **당신이 부처를 생각하면 당신 마음은 부처를 짓고 있는 것이다.** 당신의 이 「마음(心)」 그 자체가 「이 마음(是心)」인데, 이 마음? 이 마음이 바로 부처이다. 「제불의 정변지의 바다(正遍知海)는 심상(心想)에서 생겨나는데,」 당신 마음의 상념(心的想念) 속에서 생겨난다. 그래서 우리들이 마음을 일으켜 염불하고, 우리들은 생각 생각마다 염불하는데, 이것이 「이 마음이 부처를 짓고 있는 것」으로, 당신은 수행하고 있는 것이다. **당신이 이 부처를 짓는 마음이 「본래 부처인데(本來是佛),」 우리가 방금 말했듯이, 우리 자신의 「묘명진심(妙明真心)」이 바로 「불심(佛心),」 바로 「법성(法性)」이다.** 그래서 「이 마음이 부처를 짓고(是心作佛), 이 마음이 바로 부처이다(是心是佛).」 이 여덟 자는 매우 짧지만, 극히 중요하고, 극히 깊다. 「이 마음이 부처를 짓는다」는 바로 수지(修持)인데, 그래서 우리는 수지를 떠날 수 없다. 이 수지는 어떻게 성공할 수 있는가? 당신이 본래 그랬기 때문이다. **「이 마음이 바로 부처이다(是心是佛)」가 바로 당신의 본성을 대표하고, 「이 마음이 부처를 짓는다(是心作佛)」가 당신의 수지이다** ; 당신의 본성은 본래 이것인데, 당신은 또 이 마음에서 일으켜 수행하니, 어찌 당신의 「본래」를 회복하지 않을 수 있겠는가? 그래서 이건 우리가 《서문》에서 말한 「성덕과 수덕이 둘이 아니다(性修不二)」로, 당신의 「수덕(修)」과 당신의 「본성(本性)」은 같은 것이다. 부처를 짓는 이 「마음(心),」 이 마음 그것이 본래 부처이다. 무엇을 짓는가? 짓는 것이 바로 「부처」이고, 「부처는 마음이다(佛就是心).」 마음이 짓고 있는데, 무엇을 짓는가? 「부처」이다. 「부처는 마음이다.」 이는 「마음이 바로 성덕인데(心就是性),」 「성덕(性)」은 거기에서 「부처를 짓고 있고(作佛),」 거기서 「닦고(修)」 있어서, 성덕(性)과 수덕(修)은 별개가 아니다.

「경계와 지혜가 하나이다(境智一如).」 또 이 단락 속에 회답이 있다. 이 일체 경계도 마음이고, 마음은 지혜이다. 그래서 「마음(心)」으로, 본래 이 「경계(境界)」는 완고하고 신통치 않은 것으로, 땅, 산하인데, 죽은 것이다 ; 「마음은 지혜」로 살아 있는 것이지만, 이 것은 두 개가 아니다. 그래서 「자성(自性)과 법성(法性)」은 두 개가 아니다. 어떤 때는 우리가 용어를 사용함에 있어서 이 「법성」은 무정물(無情物)에 치우쳐 있는 경우가 있고, 「자성」은 유정(有情)에 치우치는데, 이것은 용어의 한 가지 분별일 뿐이다. 실제로 「자성과 법성은 서로 포함하고 서로 거둔다.」 이 한 단락은 「일체가 모두 둘이 아니다(不二)」라고 설명하고, 「마음과 부처」는 둘이 아니다 ; 「자(自)와 타(他),」 우리 이 **모든 중생과 극락세계의 아미타불은 둘이 아니다** ; 「사(事)와 이(理)」도 두 가지가 아닌데, 서로 아무런 장애가 없으며, 십만억 노정(程)이 눈앞에 있는 것으로, 「사(事)」를 따라 십만억 노정을 설명하고, 「이(理)」를 따라 눈앞에 있어 이곳에서 멀지 않다고 설명하는데, 사(事)와 이(理)도 원융하고, 「사(事)와 이(理)」도 둘이 아니다 ; 게다가 「성덕(性)과 수덕(修)」은 둘이 아니다 ; 이 일체가 둘이 아니다! 이 한 단락에도 동시에 나타나는데, 방금 우리가 말했듯이 「정토는 유심(唯心)이다.」 「홍명은 드러난 본성이다(洪名就是顯的本性)」로, 또 「**선과 정토는 둘이 아니다(禪淨不二)**」라는 것을 표시한다. 그래서 이 단락은 선종과 정토를 주로 설명하여, 저 (설법을) 깨뜨렸다 : (어떤 이는) 당신들의 이 정토종은 마음 바깥에서 법을 구하는 것이고, 이는 얕은 것이라 한다. 이 점에서 말하면, 불법이 가장 깊다는 도리와 완전히 일치하고, [정토종은] 선종과 둘이 아니다.

【주역】

73. 「연못의 봄물에 물결이 치도록 분다(吹皺一池春水)」 이 일구는, 《알금문(謁金門)·풍사기(風乍起)》에서 나왔는데, 오대십국 시대 남당(南唐) 사인(詞人) 풍연사(馮延巳)의 작품으로, 사(詞)에서 이르길 : 「바람이 갑자기 불더니(風乍起), 연못의 봄물에 물결이 치도록 분다(吹皺一池春水).」

74. 혜가慧可(487년에서 593년까지), 또 승가(僧可)라 이름한다. 속성은 희(姬)로, 이름은 광(光)인데, 호는 신광(神光)이고, 낙양호뢰(洛陽虎牢) 또는 무뢰(武牢), 지금 하남형(河南滎) 양서북 사람(陽西北人)으로, 선종(禪宗)의 2조이다. 그는 어릴 적 유생이었을 때, 많은 책을 널리 섭렵하고, 노장(老莊)과 역학(易學)에 통달하였고, 특히 《시(詩)》《역(易)》에 정통하였다. 출가 이후에는, 삼장내전(三藏內典)을 정밀하게 연구하였다. 마흔 살 무렵 숭락(嵩洛, 지금의 하남 숭산에서 낙양 일대)에서 돌아다니며 교화를 펴는, 천축사문(天竺沙門) 보리달마(菩提達摩)를 만나, 즉시 달마에 예를 하고 스승으로 삼아, 의발(衣鉢)을 참으로 전수받은 선종의 대표적인 인물 중 하나이다.

75. 《경덕전등록(景德傳燈錄)·권3》에 기재되어 있다. 달마조사가 당시에 2조 신광에게 말씀하시길 : 「제불의 무상묘도는(諸佛無上妙道) , 광겁에 걸친 정근인데(曠劫精勤), 행하기 어려운 것을 능히 행하고(難行能行), 견딜 수 없는 것을 견디니(非忍而忍), 어찌 작은 덕, 작은 지혜, 경솔한 마음, 태만한 마음에 의한 것이랴, [이렇게] 진승(真乘)을 바란다면, 헛수고만 하는 것이다.」

76. 염불법문이 「인과동시(因果同時)임」에 대하여, 염공은 《심성

록(心聲錄)》에서도 훌륭한 개시를 하였다. 염공이 말하길 : 「그래서 꽃과 열매가 동시라고 말한다. 이것은 아주 바로 가는 지름길(直捷)이고, 매우 수승(殊勝)하며, 매우 원돈적 묘법(圓頓的妙法)이다. 《미타요해(彌陀要解)》속에 있는 기성의(現成的) 두 문장은, 마침 대련(對聯)을 이루었다. 『사지로부터 이지에 이른다(從事持達理持)』, 『**즉 범부심으로 불심을 이룬다(即凡心成佛心)**』, 이 두 문장은 정토종의 수승하고 오묘함(殊勝奧妙)을 개괄할 수 있다. **사지(事持)는 누구인가를 막론하고 항상 착실하게 『나무아미타불, 나무아미타불』을 계속 염하는 것이다.** 바로 사지(事持)로, 사에서(事上) 당신은 이렇게 수지(持)한다. **이지(理持)는? 모름지기 실상(實相)에 계합하고, 반야(般若)에 머문다 ; 염하되 염함이 없고(念而無念), 염함이 없으면서 염하는 것(無念而念)으로, 종용중도(從容中道), 이것을 이지(理持)라 부른다.** 그래서 네 가지 종류의 염불 : 『지명염불(持名念佛), 관상염불(觀像念佛), 관상염불(觀想念佛), 실상염불(實相念佛)』이다. 실상의 공덕이 가장 높아, 범부는 착수할 방법이 없다고 느낀다. 그러나 알지 못하는데, **이 오묘함은 당신의 『지명염불(持名念佛)』 중에 있는데, 만약 항상 매우 착실하고, 매우 면밀하며, 매우 청정하다면, 알지 못하고 느끼지 못하는(不知不覺) 중에, 알지 못하고 느끼지 못하면서 당신도 『실상염불(實相念佛)』에 도달한다.** 『가장 불가사의한 것은』 바로 여기에 있다. 그래서 『구경적 방편(究竟的方便)』이라 칭한다. 그래서 『**염불하는 때가 성불하는 때(念佛時就是成佛時)**』라고 말하는데, 당신은 바로 매우 청정하기 때문에 다른 것은 모두 내려놓았다.」

제12배 밀교와 정토는 둘이 아니다

한마음으로 관하여 예배하옵니다. 현교와 밀교가 일체이고, 몸과 국토가 둘이 아니며, [아미타불] 명호를 부르는 것과 주문을 수지하는 것은 다르지 않습니다. [아미타]교주가 곧 본존이시니, 대일여래·비로자나불께서 함께 무량광불·무량수불로 돌아가고, 화장세계와 밀엄세계가 극락세계를 여의지 않습니다. 세로로는 과거·현재·미래에 다하고, 가로로는 시방허공에 두루 하신 아미타부처님이시여!

나무아미타불

(1번 절하고 3번 부른다)

이 단락은 「밀교와 정토가 둘이 아님」이다. 「한마음으로 관하여 예배하옵니다. 현교와 밀교가 하나」인데, 현교(顯教)와 밀교(密教)는 일체이다. 현재 여러분은 분별이 좀 있는 것 같다. 마치 「현교」가 화상(和尙)이고, 「밀교」가 라마(喇嘛)이니, 그래서 「라마교」라고 칭하는 것 같다. 확실히 많은 풍속, 습관, 표현에 있어 라마와 승려(僧人)는 다르다. 복장도 다르고, 사용하는 법기(法器)도 다르고, 경을 읽는 것도 다르다. 그들은 티베트어, 몽골어로 경을 읽는데, 우리 모두는 중국어로 바꾸었다. 복장도 그러한데, 그들은 여전히 인도의 원래 (모양)을 가지고 있다. 겨울에도 여전히 팔뚝을 드러내는데, 경전에서는 오른쪽 어깨를 드러낸다고 하였다. 《금강경》에서는 장로 수보리가 여쭈었을 때, 오른쪽 어깨 이쪽을 드러내었는데, (왜냐하면) 인도는 덥기 때문이다. 중국 스님은 큰 포자(大袍子)를 일단 입고, 「가사(袈裟)」는 [오른쪽 어깨를] 여전히 드러내는데 이 지방적 고유의 것이다 ; 한번 노출은 되지만,

면포자(棉袍子)가 안에 있어, [실제로는] 「어깨가 드러나지」 않는다. 이 포(袍)는 중국 고대의 속인의 포인데, 이것은 승포(僧袍)가 아니고, 스님의 (복장이) 아니다. 「가사(袈裟)」가 바로 스님의 복장이다. 「가사」는 여전히 노출되는데, (오른쪽 어깨는) 밖으로 나오지만, 단지 안에 한 벌의 포자(袍子)를 더 입는다. 또 조금 다를지도 모르지만, 실제 말하면, 지금 현재에도 [오른쪽 어깨를 드러내려 하는 방식을] 유지하려는 사람이 있는 것 같다. 이렇게 다른 것을 현출하면, 어떤 사람은 서로 경시한다. 이 현교와 밀교간의 경시는 현재 선과 정토간[의 경시]를 넘는다. 현교는 「밀종은 모두 사마(邪魔)」라고 말하는데, 밀종은 너희들 이 「현교는 소승(小乘)이다」라고 말한다. 서로 업신여기는데, 사실 모두 잘못이다. 내가 늘 말하기를 「현교와 밀교」는 이 주먹과 같다. (염공은 하나의 손동작을 만들어, 손에 쥔 주먹을 높이 들고서, 손목을 돌려, 손등과 손바닥 모두를 볼 수 있게 하고, 다음과 같이 말했다.) 「이것이 모두 바깥에 드러나 있으니, 이것은 『현(顯)』이라고 한다.」 「밀(密)」이란 어떤 것인가? (염공은 또 하나의 손동작을 만들어 방금 높이 든 주먹을 내려놓으며, 사람들은 쉽게 볼 수 없게 한 뒤, 다음과 같이 말했다 :) 이것은 《밀(密)》인데, 항상 밖으로 드러내 보이는 것이 아니다. 내가 이렇게 (주먹 내려놓으면) 당신은 볼 수 없다. 이렇게 (또 들어 올리면) 당신은 여전히 볼 수 있는데, 이것이 「현(顯)」이다. (염공이 거듭 새로 쥔 주먹을 들어 보이고, 연후에 말하길 :) 당신은 현재 인연이 있어서 보는데, 이것이 「밀(密)」이다. 하지만 그건 두 가지 일이며, (동시에 또) 하나이다! 손등은 손바닥의 등이고, 손바닥은 손등의 바닥이다. 그래서 「밀(密)」은 「현(顯)」의 「밀(密)」이고, 「현(顯)」은 「밀(密)」의 「현(顯)」으로, (또다시) 일체이다. 모두 법(法)이고, 불법(佛法)인데, 어떻게 둘로 바뀔 수가 있겠는가? 두 개(兩個)로 바뀌면, 두 가지 일(兩回事)로 바뀌는 것 아니겠는가?

조금은 특색이 있을 수 있고, 당연히 다 가능한데, 현교에도 모두 여전히 여러 가지 다른 특색이 있다. 일본 정토종은 10가지로 나뉘었는데, 각기 특색이 있다. 그들은 합장(合掌)도 다르고, 염불도 다르고, 염주도 다르다. 가장 특별한 염주(念佛珠)는 여러 사람이 같이 수행하면서 여러 사람이 하나의 염주를 합한다. 모두들 한 바퀴를 둘러앉아 있고, 이것은 큰 염주로, 염주알마다 이렇게 큰데, 사람마다 하나씩 맡아서, 물을 흐르게 하는 작업 같다 ; 앞에 알이 있으면 (오자마자) 하나씩 밀어주면서, 「나무아미타불」 ; 염주알이 또 오고, 다른 사람이 밀어서 당신한테 오면 「나무아미타불」하고, 다시 한 개를 밀어주고 : 사람마다 이렇게 밀어주고, 이렇게 부른다. 그래서 이것이 특징인데, 이 특색을 가지고 결코 이것이 둘이라고 할 수 없는 것으로, 그렇다. 「현(顯)」과 「밀(密)」은 일체다. 「현(顯)」과 「밀(密)」이다.

또 하나, 이곳에는 또 어떤 사람이 매우 혼란스럽게 하는데, (진정으로 밀종이 가리키는 현교는 무엇인지), 나는 공갈활불(貢噶活佛)에게 물었다. 그분이 말하길, 밀종이 가리키는 현교는 우리 대륙 전체의 불교를 가리키는 것이 아니다 ; 소위 현교란 《중론(中論)》 이하의 불교경전으로, [이를] 『현교』라고 부른다. 게다가 **티베트에서 밀교를 배우는 사람은 먼저 12년 동안 「현교」를 배워 기초로 삼고, 12년 학습을 탈산(脫產)한다.** 「삼론(三論)」처럼 「중관견(中觀見)」을 배운다 ; 《성실론(成實論)》 《구사론(俱舍論)》 《중론(中論)》 등등, 이러한 교전(教典)은 매우 많다. 이 책들은 아주 좋은 것으로 이것을 「현교

(顯教)」라고 부른다. 더 위로 가서, 우리의 《반야(般若)》《법화(法華)》《열반(涅槃)》 뭐 이런 것에까지 이른다. 이것은 밀종이 소위 「현교」라고 부르는 범위 내에 있지 않고, 이것은 현(顯)과 밀(密)에 함께 있고, 현밀(顯密)이 공동적이다. 밀종은 「현교가 낮다」고 말하는데, [그들이 가리키는] 이것은 「소승(小乘)」이다. 「삼론」 이하를 지적하는 것으로, 그것은 우리의 설법과 같다. 불교는 10종으로 나누어지는데 「성실종(成實宗) 구사종(俱舍宗)」은 모두 「소승교」로 그것은 「낮다(低).」 「삼론」은 바로 대소승의 경계를 이루는 곳으로, 그것은 소승의 최고이고, 아직 대승에 부족하기 때문에 이 이하를 「현교」라고 부르며, 게다가 「현교는 낮다」라고 한다 ; [밀교에서] 전체적인, 대륙의 원래 불교를 비판한 것이 아니다. 그러나 밀을 배우는 사람은 이 문제를 뚜렷하게 파악함이 없이, 게다가 자신의 뜻까지 덧붙여, 「당신들 원래의 것, 중국 땅의 모든 것이 낮아서, 이로 인하여 오직 티베트에서 배우는 것만이 높은 것」이라 말한다. 이것은 착오로, 그런 뜻이 아닌데, 이것은 일종의 오해이다! 이것은 천천히 규명해야 한다! 지금 많은 문제들이 이것보다 더 심각한데, 아직도 거기서 잘못하고 있으니, 이러한 문제들은 잠시 모두 기다려야 한다!

게다가 「밀종의 계(密戒)」에서, **「현밀의 우열을 가늠하는 것(軒輕顯密)」은 [하지 말아야 할] 하나의 「근본계」이다.** (「밀종 14 근본계」 중에서 6조는 「자타 종파를 헐뜯는 것 詆毁自他宗派」이다.) 당신은 현(顯)을 무시하는데, 무엇 때문에 (밀종의) 그는 12년 동안 「현(顯)」을 배워야 하는가? 반드시 이 기초를 요한다! 그래서 진짜 밀(密)을 배우는 것은 매우 힘든 수지(受持)의 하나로, 12년 동안 「현교」를 배워야 하고, 연후에 「사가행(四加行)」을 닦는다 : 10만 번의 큰일로서, 온몸을 엎드려서, 이 머리로 10만 번 고두한다. 절만 하는 것이 아니라, 한편으로 「관상(觀想)」을 해야 하고, 「염(念)」을 해야 하고, 이런 고두이다 ; 10만 개의 만다라(曼達)를 제공해야 한다 ; 또 《백자명(百字明》을 10만 편 읽어야 하는데, 《금강백자명(金剛百字明)》은 100자이며, (상사상응법上師相應法)까지 네 가지의 「사가행」이다. 「사가행」은 다른 어떤 것도 모두 하지 않고서 마치는데 빠르면 3년을 요한다. 이것은 [총] 15년이다. 보통의 법을 전하여 수행하고, 또 몇 년을 수행하고, 연후에 당신에게 「개정(開頂)」을 주는데, 이렇게 또 3, 4년이다 ; 비로소 당신에게 「전계(傳戒),」 「전대법(傳大法)」을 주는 것을 개시한다. 여전히 모든 사람에게 다 전할 수 있는 것은 아니고, 다시 근기(根器)를 보아야 한다. **대법(大法)을 얻은 사람은, 마친 후에 폐관(閉關)할 것이다. 한 관문은 12년이다** ; 이 「폐관」은 진짜로 나오지 않는다. 그래서 그의 이 「밀종수지(密宗修持)」는 빨리 성취하는데, 빠듯하다(느슨하지 않음을 의미).

「밀교」의 높은 경지에 관해서도, 또 근거가 있다. 일본인들은 중국유학을 하였고, 그들은 중국으로부터 돌아간 후에, 그들은 교(教)의 등급을 판별하고 열거하여, 「십주심(十住心)」으로 열거하였다. 이 개인적 상황을 10개 등급으로 분류하여, 「십주심」으로 불렀다. 처음에는 「이생저양심(異生羝羊心)」인데, 마치 동물처럼 이런 사람은 말하는 것이 매우 무지몽매하고, 말하는 것이 부처님을 믿지 않는 사람이다. 조금씩 올라가는데, 어린애가 조금씩 올라오듯이, 위쪽을 말하면 이렇다. 여덟 번째는 「선종(禪宗)」을 열거하고, 아홉 번째는 「화엄(華嚴),」 열 번째는 「밀종(密宗)」이다. 밀종은 「비밀장엄심(祕密莊嚴心)」이라고 칭하는데, 「삼신(三身),」「사만(四曼)」이다! 당시 (일본) 화엄(종)은 중국 당나라[의 것]에 비견되는데, 일왕에게 달려가서 불복하여, [밀종] 그들이 말하는 것이 우리 「화엄」보다 더 높다고 말하였는데, 지금까지 「화엄」이 가장 높았는데, 어떻게 그들이 우리보다 높다는 것입니까? 일왕이 [밀종] 그들을 어전에 불러 그들에게 물었는데, (일왕) 그가 말하길, 「이것이 무슨 일인가?」 그러자 (그가) 회답하여 그가 말하길, 「저는 밀(密)을 배웠고 이 법을 배웠는데, 어쨌든 저는 자신으로부터 방광을 하옵니다」라고 말하였다. 그가 말할 때 방광하였고, 방광은 일본의 왕궁 전체를 밝게 비추었다. 당시 변론에 참가한 자나 고자질하는 사람들이 다 고두를 했고, 왕후도 정례하고 가사를 바쳤다. 이러한 그의 이 「판교(判教)[141]」가 성립되어, 감히 부정할 사람이 없었다.

그래서 우리의 이 「밀(密)」이 높다. 그것은 「제불의 경계,」 **제불의 「자수용경계(自受用境界)」**라고 한다. 그래서 그것은 확실히 비로자나께서 말씀하신 바로, 천궁에서 말씀하신 바이다. 《화엄》도 그런데, 비로자나께서 천궁에서 말씀하신 바로 일반적으로 이것을 뚜렷이 나타냄(顯現)이라 한다. 사실 석가모니는 바로 비로자나의 응화신일 뿐이며 일반적으로 지구상에서 말씀하셨다. 그럼, 밀교에 이르러, 「비밀장엄,」 이것이 바로 불교 속에 가장 깊이 들어간 것이고, 「비밀장엄심이 흘러나와 드러난 바이다.」

「정토종은 밀교의 현설(顯說)이다.」 그래서 밀교의 모든 ...... 이 안에서 우리 모두는 평등하고, 당신은 내가 어떤 것도 모두 닦을 수 있다고 말하는데-- 당신이 밀종을 찬탄할 때, 또

141) 교파의 등급을 판별하는 것

나의 염불을 찬탄하고, 나의 선종을 찬탄한다 ; 당신이 선종을 찬탄할 때, 또 나의 밀종을 찬탄하고, 나의 정토를 찬탄한다 ; 당신이 정토를 찬탄할 때, 또 나의 밀종을 찬탄하고 나의 선종을 찬탄한다 ; 나는 여기에서 나는 아주 확실하게 평등해졌다. 그러나 평등 속에서, 「밀종」은 확실히 「십주심」이며, 이 설법은 성립된 것이다 ; 「정토는 밀교의 현설이다.」 ; **선종은 밀종의 최고의 심지법문(心地法門)인 최상의 철각(澈**卻**)** (티벳 음: khregs-chod, 또 조각且卻이라 번역)인데, **입단(立斷)**이라 부르고, 철각은 입단이라 번역한다. 그러면, 「입단」 외에 「돈초(頓超)」가 하나 있는데, 선종과는 여전히 약간 다르다. 이렇게 되어 있다. 그래서 이것이 전체 교(教)의 상황인데, 「현밀(顯密)은 일체적이다.」 그래서 우리는 밀종의 수승함에 대해 이야기 했는데, 밀종의 「십주심」이 최고이다. 하노사 그분이 말씀하시길, 「밀종은 정토종과 일체일 뿐만 아니라, 현교 전체와도 일체」인데, 그것은 정토와 더욱 일체이다.

「몸과 국토가 둘이 아니다(身土不二).」 우리의 이 「몸」과 이 「국토」는 두 가지가 아니고, 모두 「마음으로부터 흘러나와 나타난 바」로서, 마음이 흘러 몸을 나타내고, 마음이 흘러 국토를 나타낸다. 그래서 당신이 보고 보면, **법신은 상적광토에 머물고, 보신은 실보장엄토에 머물며, 견사혹을 깨뜨리면 방편유여토이고, 우리는 여전히 범부로서 우리는 범성동거토에 있다. 이 「국토」와 우리 이 「몸」은 두 가지가 아니고, 모두 당신이 미혹을 끊는 수준에서 나오기 때문**에, 이것이 무슨 몸이고, 이것이 무슨 국토인가를 결정하는 것은 직접적으로 같은 일이다.

「명호를 부르는 것은 주문을 수지하는 것과 다르지 않다.」 당신이 칭명하는 것은 「나무아미타불」 저 명호를 염하는 것인데, 게다가 확실히 나는 「칭명」 속에서 확실하게 「밀종」의 매우 특수한 감응에 도달할 수 있었다. 「밀종」은 가장 높은 부처가 있는데, 비로자나보다 높은데, 「홍밀(紅密)[142]의」 「아달이마여래(阿達爾瑪如來)」라고 한다 ; **아달이마여래의 심인(心印)은 「지명(持名)」할 때에 바로 나타난다.** 당시 나는 여전히 「나는 염불에서 어떻게 아달이마불의 심인이 나왔을까?」라는 생각이 들었다. 나중에 알고 보니 동시에 「아미타의 심인」이었는데, 나는 당시 결코 그 사실을 몰랐다. 그래서 당신이 염불할 때 심인은 밀종의 일로서, 정토종은 지금까지 「심인」에 대해 이야기한 적이 없다. 밀종은 「심인」이 있는데, 관세음보살, 아미타불의 심인은 범문(梵文) ह्रीः자이다. 어떤 불상은 그 글자를 썼다 ; 어떤 불당(佛堂), 하노사의 불당 같은 곳은, 큰 범문의 심인 ह्रीः자가 거기 있는데, 「저 마음을 새긴 것」이다. 「주문을 수지하는 것과 다르지 않다.」 게다가 이 「나무아미타불」은 인도말로 「Namo Amitabha」로 사용한다. 이 한 마디의 부처님 명호는 《왕생주》《대비주》 속에 나타난다. 그런데 우리가 발음 표시가 틀리면 「나무(南無)」가 「나마(那摩)」가 되고, 「아(阿)」자가 「오(哦)」자가 된다. 현재 쓴 글자는 「다파야(多婆夜)」인데, 야만(夜晚 밤)의 「야(夜)」로, 남방의 많은 지방에서는 「야(夜)」를 「아(亞)」로 읽어서, 아(亞) 음이다. 그래서 당신은 이 「음」을 정확하게 읽어야 한다. 여전히 저 인도문과 같이, 「Namo Amitabha」인데, 「나무아미타불」은 인도음으로 읽는 방식(讀法)이다. 이로 인하여 우리는 「나무아미타불」을 읽어야 하는데, 「아」자는 매우 중요하다 (a, ㄚ; 아(啊), 첫 번째 소리). 지금 여러분이 처음

142) 티베트 밀교 4대 종파 중의 하나

수행을 하면, 나무(Namo), 아(a, ㄚ)미타불을 염하게 된다. 어떤 사람은 노년이 되고, 노파가 되어, 몇십 년이나 염했는데, 당신은 그녀에게 [발음이 잘못되었으니] 고치라고 하지 마라. 하지만 그녀도 나는 「오(哦)」라고 읽는다고 [고집하여] 말할 필요가 없다. 다른 사람이 「아(阿)」라고 읽는 것을 다시 고친다면, 고치는 것이 잘못이다.

「아미타불 명호를 부르는 것과 주문을 수지하는 것은 다르지 않고, [아미타] 교주가 곧 본존이신데,」 방금 이미 말한 것과 같이 우리 교주는 아미타불이다. 당신은 염불하는데 「교주가 본존이다」; 당신은 또 「주문을 수지」하고, 당신은 또 「본존」[을 모시는데], 그것은 여전히 「밀(密)」이 아닌가? 「대일여래(大日)와 비로자나(遮那)가 같이 무량광불·무량수불로 돌아가고」인데, 대일여래와 비로자나불이다. **《화엄》은 비로자나불이고, 「밀종」은 대일여래인데, 모두 무량광·무량수이고, 모두 아미타이다.** 이것은 근거가 있는가? 있다! 우리는 밀종의 동밀(東密)[143] 흥교대사(興教大師)[의 말씀]을 가져오는데, 그의 저작에서 「대일여래 혹은 무량수불로 이름하고, 대일여래 혹은 무량광불로 이름한다」라고 말씀하시어, 무량광·무량수는 대일여래라고 말씀하셨다. 그래서 하노사께서 이런 말씀을 하신 것은 모두 근거가 있다! 그럼 비로자나는? 흥교대사는 또 말씀하시길, 「**비로미타**」라고 말했다. **비로자나와 아미타불은 「같은 몸이지만 다른 이름(同體異名)」인데, 같은 하나의 본체이고, 같지 않은 이름이다. 그래서 이러한 「극락(極樂), 화장(華藏),」 아미타불의 세계는 극락세계이고, 비로자나의 세계는 화장세계인데, 이 두 세계는 어떤가? 이것은 「이름은 다르지만 한곳(名異一處)」이다.** 그 부처님 명호(佛號)는 「같은

143) 일본 밀교

몸이지만 다른 이름(同體異名)」이고, 이 국토는 「이름이 다른데(名異)」 명칭상으로 다르지만, 「한곳」이다. 그래서 이렇게 말하는데, 「화장」은 「극락」을 떠나지 않고 한곳에 있다.

다음에는 다시 「밀엄(密嚴)」을 말해야 하는데, 밀엄은 무엇인가? 밀엄은 《밀엄경(密嚴經)》이 있다 ; 《밀엄경》도 밀종의 경전으로, 말씀하시길 : 「부처는 이미 저쪽을 초월하여(佛已超過彼) 밀엄에 의지하여 머문다(而依密嚴住). 극락장엄국(極樂莊嚴國)의 세존은 무량수이다(世尊無量壽).」 **「밀엄국토는 극락국토인데,」 그분 그곳의 부처는 무량수라고 부른다. 또 설하길 : 「밀엄정토는 제불국토를 초월하는데,」 일체 불국토를 초월한다. 그것은 어떻게 초월하는가? 그것은 「무위성(無為性)」이다.** 이는 「무위로 성덕을 이룸(無爲爲性)」으로 말미암아, 무위(無爲)로 성덕(性)을 이룸에 의해 이루어지는 것이다 ; 이것은 「미진(微塵)」과 같지 않다! 매우 많은 세계, 「세계는 흩어져 미진이 되고, 미진은 모여서 세계를 이루는데,」 이것은 《금강경》에서 말하는 것이 아닌가? 매우 많은 세계는 모두 미진이 모여 이루어진다. 현재 「미진(微塵)」은 흙이라고 말할 필요가 없는데, 그러니까 전자 어떠 어떠한 것, 이 모두가 미진들이 모여 (이루어진) 것이다. 그래서 세상은 나빠지고, 장래에 대붕괴를 하고 대폭발을 한다 ; 온 세상이, 온 은하계가 끝나는데, 이 「대(大)」는 엄청나게 큰 것이다! 하지만 이 「밀엄국」은 다른데, 「무위성」이다. 「미진」으로 이루어진 것이 아니다. 그래서 이 밀엄은 극락에서 벗어나지 않는다. 「밀엄주(密嚴住)에 의지하는데,」 「밀엄주」는 「극락장엄국」으로, 이 부처님은 바로 「무량수」이다. 그러나 「밀엄세계는 제불국과 다른데,」 이러한 종류의 「청정장엄(清淨莊嚴)」은 또 극락세계를 찬탄하는 것으로, 그래서 이 두 마디 말이 있다.

그래서 「대일(大日)」은 대일여래이고, 「자나(遮那)」는 비로자나로 이는 《화엄》의 부처다. 「대일」은 「동밀(東密)」[의 것]으로, 비로자나를 「대일여래」라고 칭한다. 그래서 일본인 그들은 매우 존중하는데, 그것이 「일(日)」이고, 「일(日)」본인데, 이것이 「대일」이고, 대일여래로, (모두 저 「일(日)」자이다). 「대일여래와 비로자나불이 같이 무량광·무량수로 돌아가고」로, 모두 「무량광·무량수」이다. 「화장세계와 밀엄세계」는 극락세계를 여의지 않았고, 「교주」는 극락의 교주를 여의지 않았으며, 「국토」도 극락의 국토를 떠나지 않는다. 그래서 이러한 극락세계는 「세로로 삼제에 다하는데(豎窮三際),」 과거·현재·미래가 이 「삼제」로서, 세로로 말하는 것이다. 이건 「다하여 없는 것(窮盡)」이어서 찾으려고 해야 찾을 수가 없다. 「가로로는 시방허공에 두루 한데(橫遍十虛),」 가로는 공간으로, 시방허공(十方虛空)에 두루 가득하다 ; 동·서·남·북은 사방(四方)이다 ; 네 개의 각(四個角)을 더하여 팔방(八方)이다 ; 위·아래를 더하여 바로 시방(十方)이다. 「아미타불!」 「아미타불」에 한 번 절한다.

그래서 방금 우리들이 말하기를, 이 한 마디 불호는 「아(a, ㄚ)」라고 정확하게 읽어야 한다고 했다! 「동밀(東密)」의 흥교대사가 말씀하시길, 「그는 염불법문을 찬탄한다」 : **『아(阿)』자로부터 일체 다라니가 생겨나고, 일체 주문이 「아(阿)」자로부터 생겨난다.** 당시에 나는 염불을 할 때, 마음속에 이 「아(阿)」자가 나타났다. -- 지난 번 「염불칠(念佛七)」[144]은 아주

144) 도량을 설립하여 7일 주기로 불사를 하는데, 아미타불을 염하면 염불칠, 관세음보살을 염하면 관음칠, 선좌하면 선칠, 그 밖에 능엄칠, 대비칠 등의 설법을 통칭하여 불칠이라 한다(设立道场以七天为一周期做佛事，若念阿弥陀佛，则称念佛七，若念观世音菩萨，则称观音七，若禅坐，则称

좋았고, 그것은 곧 마치게 되었는데, 「밀교」는 기초를 다졌고, 「현교」도 다시 기초를 다졌다 ; 끝마친 이후 전도(前途)가 어떠한지, 전혀 모른다 ; 그땐 마음이 정성되고 간절했고, 매우 「고(孤)」했다. 이것은 「아(阿)」자인데 「아(阿)」자는 모든 다라니를 생기게 하고, 일체 다라니를 따라 일체 제불이 생겨나며, 일체제불이 모두 주문을 따라 생겨난다.」

그래서 현재 다시, 저 「밀(密)」을 말하자면, 현교 정토종이 절대적으로 약간의 주문이라도 염하지 않는 것은 없다 ; 당신이 《아미타경》의 경본을 보면 뒷부분에 모두 《왕생주》가 있다. 《아미타경》의 뒷부분에 《왕생주》를 가지고 있지 않은 것은 매우 드문 일이다. 기타는 《대비주》를 읽거나, 《준제주》를 읽는다. 화상이 하루 종일 전각에 올라 [하는 것이] 《대비주(大悲)》《십소주(十小咒)》이다. 당신은 그것을 「밀종」이라고 하는가 「현교」라고 하는가? 그것은 바로 「당밀(唐密)」이 한화(漢化)한 것이 아닌가? 바로 「글자의 음이 도망간 밀(字音走了的密)」인데, 이렇다.

그런데 현재 「밀종」은 우리가 왜 제창하지 않는가? 확실히 위험천만하다! 많은 사람들이 여기에서 사칭하고 있는데, 이런 것들은 마(魔)이다! 이런 것들은 「가짜 약」과 같다. 중국의 마오타이(茅台)를 사는 것은 좋지 않은데, 그것이 어떻게 나쁜 것인지를 모른다! 그가 바로 이 병을 샀는데, 마오타이 술병 하나이면 술 한 병을 살 수 있어서, 빈 병으로 술 한 병을 살 수 있는데, 가장한 후에는 그것이 바로 「위조품(假貨)」이다. 이 병을 가져와 (가짜 술로) 바꿔 채운, 가짜다! 그

禅七，此外还有楞严七、大悲七等等说法，可以统称佛七). [출전: https://baike.baidu.com/item/佛七, 2021. 7. 10. 확인]

래서 「밀종을 자칭하는 사람이 많은데」 이것은 사기이다. 오직 「정토」만이 「밀교의 현설」로 가장 안전하다! 그것은 당신으로 하여금 한 「개인」에게 의지(依止)하게 하지 않는다! 이 사람도 만악(萬惡)이다! 이것은 위선인데 그게 더 무섭다! 그는 여러 가지 모습으로 사람을 속일 수 있다. 그래서 마음대로 사부님을 모실 수 없는데, 당신은 그가 유명하든 그렇지 않든 간에, 혹 어떤 것이든 상관없이 유명할 때 그 「이름(名)」은 아주 부정직하게 올 때가 있다! 다른 사람은 말할 필요 없이, (그는) 이렇게 명성이 자자하고, 이렇게 많은 사람들의 신앙심이 있으니, 보니까 잘못일 리가 없다. 「봐라!」 나는 매우 위험하다고 말했다. (염공은 강의가 여기에 이르자 초연히 웃었다). 확실히 이러한데, 많은 유명한 사람들이, 이병남[145]이 말한 그 「대마왕」인데, 내가 한 말이 아니다. 이병남의 말은 잘못이 없다! 그는 늙어서 부처님을 배운 사람으로, 남과 다투지 않고, 세상을 거스르지 않는다. 그가 하필 [망어죄를 지어] 죄인이 되겠는가? 그는 바로 이렇게 말한다. 그도 망어의 (죄업과 과보를 안다). 게다가 이러한 말이 틀리다면, 책임이 매우 크다! 사람의 혜명(慧命)을 장애한다! 어떤 사람이 「선지식(善知識)」인데도, 당신은 「마(魔)」라고 말하는데, 이것은 결국 자기가 최소한 8분(分) 정도 파악해야 하고, 9분 정도는 파악해야 감히 이렇게 말할 수 있다. 그렇지 않으면 말을 함에 있어 당연히 좀 함축적이어야 한다.[146]

그래서 저 진건민(陳健民)은, 그것이 확실하고 확실한데, 그가 죽은 후의 상황이 매우 좋지 않았으니, 모두들 또 그의

145) 정공법사의 스승 중의 한 분으로 정공법사에게 정토법문을 가르치심
146) 파악하지도 못하고 직설적으로 단정하면 망어죄를 짓게 된다는 말씀인 듯함

얼굴에 분을 발라서 어찌어찌 그를 선양하였다. 어떤 사람은 어리석어지려 한다. 그는 매우 총명한 사람임에도, 매우 어리석은 일을 할 수 있는데, 그는 이 「감정(感情)」이다! 그래서 우리는 지금 감정을 중요하게 생각하지 않는데, 우리들이 말하기를, 우리 이렇게 감정적인 관계를 맺지 말고, 우리 모두 「이지(理智)」가 필요하다! 이지는 바로 정확함을 요구한다. 모두 불법을 위한 것이다! 이러한 하나의 숭고한 기초 위에 세워진다. 이 「밀(密)」은 한편으로는 찬탄하고, 한편으로는 경종을 울려야 한다. 지금 미국에 건너간 두 명의 화상이 있는데, 또 사람들이 [두 화상의] 부적절한 행동을 발견하게 되는데, 우리는 누구 누구인지, 일일이 말하지 않는다. 그래서 이 한 가지는 아주 어렵다. 「밀종」은 「수승」하지만, 단지 배우기가 어렵다!

나는 항전(抗戰) 중에 남쪽으로 도망갔는데, 나와 함께 배를 탄 사람은 엽만(葉曼)으로, 그녀가 새댁인 때였다. 일본이 항복한 뒤에 나는 중경(重慶)으로부터 돌아와서 「밀종」을 위주로 홍양(弘揚)하였다. 해방된 후 산서(山西)에 배치되었다. 산서 뒤에 다시 천진(天津) 북양대학, 천진대학으로 조정되었다. 후에 체전학원(郵電學院)으로 돌아와, 천진으로부터 돌아와, 「선종(禪宗)」을 주로 홍양하였다. 문화대혁명은 잡귀신이 되었는데, 간부학교(幹校)에 입학하고, 하남(河南)에 이르러서는, 이 대목이 일생에서 가장 고통스럽고, 가장 힘든 대목이어서, 상상할 수도 없다! 내가 [앞에서] 여덟 몫으로 나뉘어 졌다고 말했는데, 나를 여덟 몫으로 나누어 각자 나의 8분의 1을 나누어 가지면, 여덟 사람은 아마 모두 죽을 것이다.[147]

147) 여러 명이 염공을 조목조목 비판하거나 염공이 자아비판을 강요당했다는 의미인 것 같으나, 그 의미를 상세히 고증하지는 못했음

그래도 다행히 또 죽지 않고 돌아왔다. 돌아와서 다시 홍양(弘揚)한 것이 정토로, 「정토 위주였다.」 그래서, 이 몇 가지 측면이 확실히 ...... 나 자신은 세 가지148)가 여전히 「평등하다.」 이것이 실제 상황으로 볼 때나, 여러 가지 인연으로 볼 때, 오직 이 「정토」만이, 다음에도 칭찬하지만, 「가장 온당하다.」 그래서 「화엄과 밀엄이 극락세계를 여의지 않고, 세로로는 과거·현재·미래(豎窮三際)에 다하고, 가로로는 시방허공에 두루 하신(橫遍十虛), 아미타불이다.」 이 단락은 저 부처님께 절하는데, 아미타불이 우리들의 「본존」이고, 극락이 화장·밀엄이며, 저 교주가 대일여래·비로자나불이며, 「현교와 밀교가 일체이다.」 그래서 이 한 단락은 「현교와 밀교가 둘이 아님」이다. 이 「아(阿)」자, **『아(阿)』자는 일체 다라니를 생기게 하고, 일체 다라니로부터 일체제불이 생겨났다.** 「아미타불」에는 이 「아(阿)」자가 있다. 현재 (여러분은) 마침 이 아(a, ㄚ음) 자를 잘못 읽었는데, 이건 좀 틀렸다. 그래서 우리는 정확히 읽는 것이 필요한데, 여러분에게 이 「아」(a, ㄚ음) 자를 잘 읽으라고 알려주는 것이 필요하다.

【주역】

77. 《심성록(心聲錄)》(황념조노거사선집) 중에서 염공은 「대비(大悲)를 근본으로 삼음」을 말하여 「현교와 밀종이 동일근본이다」라는 것에 도달하였는데, 염공이 이르길 : 「《화엄경(華嚴經)》에서 설하길 : **『제불여래는 대비심으로 체(體)를 삼는 고로, 중생으로 인해 대비가 일어나고, 대비로 인해 보리심이 생기며, 보리심으로 인해 무상정등정각(等正覺)을 이룬다.』** 그래서 불교 어느 종파이든 모두 반드시 자비심에서 출발해야

148) 정토·선종·밀종을 말씀하는 것 같음

한다. 수라(修羅)는 다 능력(本領)이 있지만, 부족한 것은 자비심뿐이다. 그래서 당신은 자비심 없이 수련하는데, 요컨대 맹목적 수행과 마구잡이 수련(盲修瞎練)으로 결국 수라를 이루게 된다. 밀종의 《비로자나경(毘盧遮那經)》도 설하길 :『대비를 근본으로 삼음』인데, 첫 마디는 대비심에서 출발해야 한다는 것으로,『현교와 밀종이 동일근본』임을 볼 수 있다.」

78.「라마(喇嘛)」: 공갈상사(貢嘎上師)가「라마(喇嘛)」에 대하여 한 말씀이 아래의 개시와 같이 있다 :「라마(喇嘛) 두 글자는 뜻이 매우 넓은데, 간단히 말해, **『라(喇)』자는 제불의 마음(諸佛之心)**이라고 한역(漢譯)한다. **『마(嘛)』자는 중생의 어머니(眾生之母)**이라고 한역(漢譯)한다.『라마』는 제불의 마음으로서, 시방의 함식(含識)에 대하여, 자녀를 사랑하는 자애로운 어머니의 마음(慈母心)으로, 생사를 균등하게 마치도록 널리 중생을 제도해야 함을 말하는데, 포함하는 뜻이 많다. 석가모니불은 석가라마, 아미타불은 역시 아미타라마라고도 할 수 있는데, …… 나머지는 모두 유추할 수 있다.」(《장밀육성취법전석(藏密六成就法詮釋)》의 부록인 《밀종공법수습개시록(密宗功法修習開示錄) ——낙나조사(諾那祖師)》에서 발췌)

79.「오른쪽 어깨를 드러내고(偏袒右肩)」에 대하여,《금강경종통(金剛經宗通)》에서 인용한 《금강경찬요간정기(金剛經纂要刊定記)》의 일단의 말씀에서 이르길 : 장로가 제보살에게 부촉할 때, 마치 부처님을 찬양하는 것과 같았다(時長老至付囑諸菩薩, 整像讚佛也). 덕이 높으면 장(長)이라고 하고, 나이가 많으면 노(老)라고 한다. 수보리는 공성(空生)이라 이르고, 또 선현(善現)이라 이른다. 자리에서 일어났다라는 것(從座起者)은, 스승과 제자의 도리(師資之道)인데, 높고 낮음(尊卑)이 구

별된다. 물으려거든 앉아서 물을 수가 없다. 『오른쪽 어깨를 드러내고(偏袒右肩)』, 오른쪽 무릎을 땅에 대고(右膝著地), 합장하고 깊이 생각하는 것(合掌冥心), 모두가 공경이다. 《금강경종통》에서 다시 이르길 : 「삼업(三業)에도 적합한데, 어깨를 드러내고 합장하는 등은 신업(身業)이다. 공경은 의업(意業)이다. 부처님께 말씀드렸다 이하는 구업(口業)이다.」《금강경찬요간정기》는 곧 송나라 장수자선(長水子璇)법사가 기록(錄)한 것이다 ; 《금강경종통》은 명나라 증봉의(曾鳳儀)가 저술(著)한 것이다.

80. 공갈활불은 1893년에 태어난, 강장(康藏)의 저명한 백교(白教)의 대덕(大德)이고, 학자, 시인으로, 일찍이 제16세 (대법보왕) 갈마파활불(噶瑪巴[149])活佛) 상사(上師)의 한 분으로, 까귀(噶舉)와 닝마(寧瑪) 두 계통의 교법을 주요 전승하였다. 공갈활불은 20세기 30년대와 40년대에 두 차례 초청에 응하여 한지(漢地)로 넘어가 홍법(弘法)하여, 8년여의 시간에 거쳐 사천(四川)·운남(雲南)·양호(兩湖)·양강(兩江)·경(京)·호(滬)·섬(陝)·공(贛) 등지를 오가며 모두 승속(僧俗)의 제자 수십만 명을 모았다. 공갈활불은 불교의 성취하신 대덕(成就大德)일 뿐만 아니라, 게다가 위대한 티베트 학자·장학가(藏學家)[150])·교육자·시인이기도 하다. 그는 일생동안 평범하면서도 위대하고 걸출하여 한족과 티베트 불교도의 가장 숭고한 경의를 얻었다. 1957년에 강장(康藏)에서 원적(圓寂)하였다.

---

149) 까마빠(噶瑪巴)는 티베트 불교 까귀파의 12까귀분파 중 까마까귀의 최고 지도자이다. 금강총지의 화신으로 여겨지며, 티베트 불교에서 환생 제도의 전통을 제일 먼저 시작하였다. 정식 칭호는 게와까마빠이고, 명나라 영락제가 준 칭호인 대보법왕이라고도 한다(출전: 위키백과).

150) 티베트의 전통문화 등을 연구하는 사람

81. 「헌지(軒輊),」 앞 선(先) 진나라(秦) 이전에, 「헌(軒),」 「지(輊)」 두 글자는 [각자] 단독으로 의미를 나타내었는데, 수레의 앞이 높고 뒤가 낮은 것을 「헌(軒)」이라 부르고, 앞이 낮고 뒤가 높은 것을 「지(輊)」라 부른다. 주희(朱熹)의 《집전(集傳)》에서 이른 바와 같이 : 지(輊)는 수레가 넘어지기 전(車之覆而前也), 헌(軒)은 수레가 멎은 후(車之卻而後也)이다. 무릇 수레는 뒤에서 보면 지(輊)와 같고, 앞에서 보면 헌(軒)과 같은데, 연후에 적당하게 조정을 한다.」 「헌(軒)」, 「지(輊)」 두 자의 위에서 서술한 함의는 뒤에 두 글자의 복합어인 「헌지(軒輊)」를 고저(高低), 경중, 우열의 뜻으로 변하게 하였다.

82. 「현밀의 우열을 가늠하는 것(軒輊顯密)」은, 확실히 밀종의 근본계 중 하나이다. 「밀종14근본계(密宗十四根本戒)」중, 제6은 「논현밀법비불소선설(論顯密法非佛所宣說)」인데 : 세존께서는 중생의 근기가 같지 않기 때문에, 방편에 의지하여 불법을 전하는데, 법문이 팔만사천이어서, 무릇 현밀의 제자들은, 각기 인연에 의지하여, 각기 배움을 잇는다. 불법에 대해 망령되이 평론을 가하면, 자기가 배운 것을 수승한 불법이라고 자기 스스로 믿어, 다른 종파를 폄하하거나 좋아하는데, 나쁜 분별심은, 즉 계를 위반하는 것에 속한다. 마땅히 불법은 본래 둘이 아니고(不二), 천만 가지 마음을 다스리기 위해서, 천만 가지 법을 갖추었음을 알고서, 그러므로 이법(理法)이 밝지 않으면, 망령되이 논해서는 안 된다. 만약 계를 위반하면, 제때에 상사(上師) 앞에서 참회하고, 정계체(淨戒體)로 돌아와야 하는데, 그렇지 않으면 금강지옥에 빠지는 원인이 된다.」 (《금강승무상유가지십사조근본대계(金剛乘無上瑜伽之十四條根本大戒)에서 발췌) 또 이와 같이, 자성라주慈誠羅珠 감포堪布 (오명불학원五明佛學院 전계감포傳戒堪布)는 《혜등지

광(慧燈之光)》이라는 책을 저술하였는데, 그 중 강의가 《밀종십사근본계(密宗十四根本戒)》 제6조「저훼자타종파(詆毀自他宗派)」에 이르렀을 때에 자성라주(慈誠羅珠) 감포(堪布)가 말하길 : 「**현(顯)·밀(密)·정(淨)·선(禪)은 모두 정법으로, 절대 저훼(詆毀)해서는 안 된다. 이 계를 범함과 동시에, 또 법을 비방하는 엄중한 죄업을 범하는데 …… 여러분들은 반드시 단정하게 행동해야 하고(規行矩步), 신중하게 생각하여 행하여(三思而行), 절대 불법을 훼방하지 않아야 한다!**」

83. 《심성록(心聲錄)》(황념조노거사선집) 중에, 역시 「밀을 공부함에 있어 신중해야 함(學密的慎重)」을 말한 것이 있는데, 염공이 이르길 : 「티베트에서는 규율에 근거하는데, 규율에 근거하여서 이런 문제가 좀 적다. 먼저 『12년 탈산(十二年脫產)』으로 전문적으로 『현교경론(顯教經論)』을 공부해야 하는데, 전부 12년을 배운다. 부처가 말하는 도리에 대해 기본적으로 알고 있고, 많은 부처가 설하는 말을 알고 있어, 사람들은 『성언량(聖言量)』이라고 부른다. **『성언량(聖言量)』**에 의거하여, 곧 다른 사람의 말과 행동이 『여법(如法)』한 것인지 형량(衡量)하고 감별(鑑別)할 수 있고, 곧 사람의 『삿됨과 바름』을 분별할 수 있다. **티베트에서, 사제지간은 서로 3년은 보아야 한다.** 사부는 제자를 3년간 관찰해야만, 곧 전수를 할 수 있는지 없는지 결정할 수 있지 않겠는가? 제자도 사부를 동일하게 이런 식으로 귀의가 가능한지 가능하지 않은지 결정한다? 이것은 의지(依止)할 수 있는 사부를 가리킨다. 당신의 보통 개별적 연을 맺는 것은 고두를 하는 것인데, 그것은 연을 맺는 것(結緣)으로, 이러한 대열에는 있지 않은데 …… 진정으로 내가 말했던 이러한 『사부에게 절하는 것, 관정(灌頂)을 받는 것, 밀계(密戒)를 받는 것』, 이것이 바로 『학밀(學

密)[151]』이다. 이것은 매우 신중해야 하고, 일정한 기초가 있어야 하며, 게다가 서로 3년 동안 관찰해야 한다. 이 일은 앞으로 더욱 엄하게 처리해야만 현재의 이런 유행하는 폐단을 근절할 수 있으며, 당장의 유행하는 폐단은 바로 규율(規矩)에 따르지 않기 때문이다. 선사(先師) 허운 노법사가 가장 정확하게 말씀하셨는데, 이것은 직접 나에게 말씀하신 것이다 : 『밀법은 확실히 석가모니불의 법이지만, 단 티베트의 계율이 문란해져서, 안 되고, 현재 [티베트 이외의] 각지에서는 더욱 안 된다.』」

84. 《심성록(心聲錄)》 중에서 염공이 말한 적이 있는데, 「**밀종의 수지(修持)방법은 자신의 삼업(三業)을 단번에 여래의 과각(果覺)의 삼밀(三密)과 같게 하는 것이다.**」 지금 발췌하면 아래와 같다 : 「일본의 판교(判教)는 10개의 등차(等次)로 나누는데, 중생의 (이생저양심異生羝羊心)으로부터 최고의 『십주심(十住心)』에 도달한다. 『십주심(十住心)』은 비밀장엄심(祕密莊嚴心)이라 칭하는데, 이 비밀장엄심으로부터 드러내 보인다. 진언(真言), 종자자(種子字)[152], 수인(手印), 만다라(曼陀羅) 등을 여래의 『**신구의(身口意) 삼밀(三密)**』이라 칭하는데, 하나하나가 여래께서 친히 증득한(如來親證) 비밀장엄심(祕密莊嚴心)의 무량한 수승공덕(殊勝功德)을 구족하였다. 우리 중생의 신구의(身口意)에 이르면, 몸(身)은 신업(身業)을 만들고, 입(口)은 구업(口業)을 만들고, 뜻(意)은 의업(意業)을 만든다 ; 선업(善業), 악업(惡業)은 모두 업이다. 그래서 범부의 신구의(身口意)를 『삼업(三業)』이라 부른다. 밀종의 방법은 『범부의

151) 밀교를 배우는 것

152) 종자(种子)·종자(种字)라고 칭하며, 밀교에서 부처·보살을 대표하는, 범어음절의 자모이다
[출전: https://zh.wikipedia.org/wiki/种子字, 2021. 7. 4. 확인)

신구의(身口意) 삼업(三業)을 단번에 여래의 삼밀(三密)에 계합하여 동일하게(契同) 하는데』, 부처의 삼밀은 부처님의 과위(佛果位)에서 증득한 덕으로, 『과덕(果德)』이라고 부른다. 부처님의 과덕(果德)으로서 중생이 힘써 공부를 하는 것(用功)의 시작으로 삼는데, 이것이 바로 『**과위로부터 수행을 일으키는 것**』이다. 그래서 『**과교파(果教派)**』라 칭한다. 예를 들어 사과가 이미 잘 익었다면 당신은 이 사과를 먹기 시작하면 된다. 만약 당신이 황무지를 개간하는 것으로부터, 씨를 뿌리고, 모종을 기르고, 비료를 주고, 해를 제거하여, 줄곧 나무가 자라고, 각종 유지와 보호를 하여, 사과가 맺힌 후에 먹는다면, 당신은 더디게 될 것이다. 만약 당신이 과위로부터 수행을 한다면? 바로 이 사과인데, 부처가 이미 당신을 위해 해야 할 일을 다 했으니, 열매가 여기 놓여 있으니, 당신은 먹기만 하면 된다. 그래서 과교파라 칭한다. 『범부의 삼업이 단번에 부처의 삼밀과 같아진다.』 그래서 수행할 때 항상 수인(手印)을 맺는 것을 요하는데, **합장(合掌)이 바로 인(印)이다!** 여러분이 타좌(打坐)를 할 때, 두 손바닥을 뉘여서 겹치는데, 이것이 미타의 정인(定印)이다. **손은 몸에 속하는데, 몸으로 결인(身結印)하니 『신업(身業)이 바로 부처의 신밀(身密)과 같다』. 입으로 주문(咒)을 외는데, 바로 『구업(口業)을 부처님의 어밀(語密)과 같게』 한다**. 중생의 사상, 일체의 마음을 일으키고 생각을 움직이는 것은 의업(意業)인데, 여래의 의밀(意密)은 극히 얕은 말로 한다면, 이것은 관상(觀想)이고, 깊게 말하면, 그것이 바로 반야(般若)이다 ; 『**자심(自心)이 반야에 계합(契)하는 것이 의밀(意密)**인데』, 이것이 바로 진정하고 엄격한 의밀(意密)이다. 그래서 밀종의 수지(修持) 방법, 이것은 『자신의 삼업(三業)을 단번에 여래의 과각의 삼밀(果覺的三密)과 같게 한다.』 과위(果)로부터 시작하여, 그래서 시작이 과위(果)를 얻는 것이니 『진실로 불가사의하다.』」

85. 《심성록(心聲錄)》(황념조노거사선집) 중에, 염공이 강설하시길 : 「**『밀종(密宗)』은 과(果)로부터 수행을 시작하여, 즉신성불(即身成佛)하는 대법(大法)이다.** 그것을 『밀(密)』이라 칭하는데, 비밀로 유지한다는 뜻이 아니라 부처 스스로 친증(親證)한 경계이기 때문에, 중생들에게 이해시킬 방법이 없는 것을 『밀(密)』이라고 한다. 부처가 《화엄경(華嚴經)》을 설하실 때, 제대아라한(諸大阿羅漢)들은 모두 귀먹고 눈먼 것과 같아, 도량에서 부처가 설법하는 것을 보았으나, 장님이나 귀머거리와 마찬가지로 이해할 방법이 없어서, 이러한 의미로 『비밀(祕密)』이라고 말하였다.」

86. 《심성록(心聲錄)》(황념조노거사선집)에서, 염공이 개시하시길 : 「말법 중생의 근기(根器)는 높지 않아, 『삼밀을 고르게 수행하는(三密齊修)』 사람도 드물다! 제불의 대자비로 다시 방편을 드리워, 삼밀제수가 불필요하고, 단지 『한 개의 밀이 상응하는 것(一個密相應)』이면 된다. 『상응(相應)』하는 때에는, 비록 단지 『하나의 밀(一密)』을 닦을 지라도 『삼밀이 동시에 상응하는 것』이 된다. 그래서 『한 개의 밀』로부터 시작하는 것과 『삼밀을 고르게 수행하는 것』은 『상응하는 과실(果實)』에 있어서는 마찬가지이다. 단지 『한 개의 밀을 개시(開始)하는 것』으로부터 하는 것은 매우 쉽다. 그럼 『어밀(語密)』부터 해야 하는가? 현재 여러분은 주문(咒)을 염해야 한다. 주문을 염하여 왕생에 이른 자는 매우 많다. **『한 개의 밀과 상응하면 성불인데』, 이것은 우리의 정토종과 『완전히 일치』한다.** 그래서 우리의 노사(老師)이신 하련거 노거사, 그분이 말씀하시길 : 『**정토종은 밀교의 현설(顯說)이다**』. 현밀은 둘이 아닌

것이다.」

87. 「동밀(東密)의 흥교대사(興教大師)」: 각종(覺鑁)이라 이름하는데, 학자들은 『밀암존자(密岩尊者)』라 칭하며, 일본 가보(嘉保) 2년(중국 송나라 철종 소성 2년 中國宋哲宗紹聖二年) 6월 17일에 태어났으며 비전녹도(肥前鹿島) 사람이다. 아버지는 이좌평차겸원평장문(伊佐平次兼元平將門)의 후예로, 아들 넷을 낳았는데, 후에 모두 스님이 되었다. 스승은 그 중 셋째 아들이다. 어렸지만 정신과 의지가 영명하여, 사람들이 다 그것을 기특하게 생각했다. 천영(天永) 원년(元年)에, 관조(寛助) 승정(僧正)이 그를 삭발(削髮)하였고, 십팔계계인호마의궤(十八界契印護摩儀軌)와 제존삼매야비법(諸尊三昧耶祕法)을 받았다. 영구(永久) 원년(元年)에, 다시 남도(南都)에 갔는데, 성상의 깊은 뜻을 궁극하였다(窮極性相蘊奧). 또 2년에, 동대사(東大寺)에서 구족계를 받았고, 보안(保安) 2년에, 삼마야계(三摩耶戒)를 인화사(仁和寺)에서 받았다. 마침내 전법(傳法)을 함에, 아사리(阿闍梨) 자리에 올랐다. 관정(灌頂)을 할 때에는 스승의 미간에서 백광(白光)이 나와, 도량을 밝게 비추고, 기이한 향기가 사방으로 풍겨, 전법사(傳法師)가 특이하였다. 그해 겨울, 이성원(理性院) 현각(賢覺)스님의 모든 오부(五部) 비밀관정(祕密灌頂)을 받아, 그 일가(一家)의 오전(奧傳)[153]을 다 얻었다. 강치(康治) 2년 12월 12일, 스승이 풍질(風疾)을 핑계로 제자를 불러 유계(遺誡)하고, 가부좌(跏趺坐), 결인(結印)하고서 진언(真言)을 염송하면서, 담담하고 욕심 없이 돌아가시니(泊然遷化), 수명이 마흔에 아홉이고, 법력(法曆)이 서른이었다. 원록(元祿) 3년 겨울, 『흥교대사(興教大師)라는 시호(謚號)를 하사(賜)받았다.』 위 문장은 《흥교대

153) 깊은 이치를 전함

사 각종전(興教大師覺鍐傳), (당밀唐密 제18대조사)》에서 발췌하였는데, 역자(譯者)는 원오아사려圓五阿闍黎 (왕홍원王弘願 거사)였다. 왕홍원 거사는 (중국의 당시 당밀唐密을 부흥시켰는데 1936년에 원적圓寂하였다) 흥교대사를「바로 일본 밀교의 중흥조(乃日本密教之中興)」라고 평가하였다.

88. 《심성록(心聲錄)》(황념조노거사선집) 중에서, 염공이 강설하길 :「《화엄경》은『현밀이 공히 존중하는(顯密共尊)』법전(法典)의 왕인데, 밀종의 진제(真諦)는 완전히 《화엄》의 경계이다. 소위『당상즉도(當相即道), 즉사이진(即事而真), 일진법계(一真法界)』이다. 《화엄》은『일진법계(一真法界)』를 강(講)하는데,『일진은 일체진(一真一切真)』으로, 일진법계 중에 있는 전부가 진(真)이다! 그것은 망령(妄)된 것이 없다. 《수능엄경(首楞嚴經)》에서, 수능엄(首楞嚴)의 포함된 뜻은『일체사구경견고(一切事究竟堅固)』이다. 일체 사상(事相)은 모두 구경적 견고로, 또 바로『부증불감(不增不減), 불생불멸(不生不滅)』이라 설하고, 또 바로 일체가 모두 진이고(一切皆真), 모두가 진여(皆是真如)이다. 이것이『일진법계(一真法界)』의 경계인데, 일진이 일체진이고(一真一切真), 또 바로『대원만의 경계(大圓滿的境界)이다』. 그래서 이『대원만경계(大圓滿境界)』중에『음성문자(聲字)는 모두 실상(實相)』으로, 그래서『주음(咒音)과 자종(字種)』은 모두『실상(實相)』이다.」(염공은 이 단락에서「화장(華藏), 밀엄(密嚴)」은「이름만 다른 한곳」이라고 말하였다. 염불법문이 진리에 계합함(契理)은 진실로 우익대사의 말과 같은데,「능신소신(能信所信), 능원소원(能願所願), 능념소념(能念所念), 능생소생(能生所生), 하나 하나가 모두 실상의 정인(實相的正印)」이다. 앞의 문장에서 말한「『대원만경계(大圓滿境界)』중『음성문자(聲字)는 모두 실상(實

相)이다』」는, 알 수 있는 바와 같이, **극락세계는 즉 대원만경계(밀엄세계)로, 이로 인해서 「능념소념이 모두 실상의 정인」이다** ; 그리고 「대원만경계」는 「일진이 일체진(一真一切真)」으로, 그렇다면 **극락세계는 동시에 일진법계(즉 화엄세계)이기도 하다** ; 종합하여 논하면, 극락, 밀엄, 화장은 곧 「이름만 다른 한곳(名異一處)」이다 ; 아미타불, 대일여래, 비로자나불은 「한 몸이지만 이름만 다르다(同體異名).」)

89. 고(孤) : 여기서는, 모든 역량을 다하여 1차로 노력하는 것을 가리킨다.

90. 위 문장 중에서 염공이 말하길 : 「이 『사람(人)』 그가 만악(萬惡)이다!」 「사람이 만악의 근원임」에 대하여, 염공도 이미 개시(開示)를 하였는데 : 「**이 『아(我)』자는, 바로 사사건건 개인을 위한 타산(打算)으로, 『만악의 근원이다.**』」 방미 중에 개시한 《결택견(抉擇見)》에서 발췌하였다.

91. 「무오(無忤)」는 뜻을 해석하면 : 저촉되지 않음(不抵觸) ; 거스르지 않음(不違逆)이다. 이하 두 가지 출처를 인용한다. 첫 번째는, 《신번현지(新繁縣誌)·인물지(人物志)·비밀전(費密傳)》: 「천성이 화평하여(天性和平) , 『남에게 거스르지 않는데(與人無忤)』, 종신토록 남의 허물을 말한 적이 없다 ; 마주하는 사람(有機相向者)에 대하여, 담담하게 대처한다(淡然處之).」 또 《도덕경(道德經)》 제8장의 황원길(黃元吉) 주석은 : 「오직 천지의 자연에 순응하면(惟順天地之自然), 극만물을 얻음이니(極萬物之得所[154]), 그래서 『세상에 대하여 거스름이 없는데

---

154) 득소(得所): 안주할 곳이나 적당한 위치를 얻다
[출전: https://baike.baidu.com/item/得所, 2021. 6. 19. 확인).

(與世無忤)』,진실로 물의 이익이 만물을 이롭게 하여 조금도 다툼이 없는 것과 같다(眞若水之利濟萬物毫無爭心).」

92. 「항전기간(抗戰期間)」에 염공은 중경(重慶)에서 근무하였는데, 이리저리 전전하다가 동료인 제창정(齊昌鼎) 노거사를 따라 낙나조사(諾那祖師) 직계계승 제자인 왕가제(王家齊) 상사(上師)에게 찾아갔다. 1942년 초에 정숭무(鄭崇武) 등 다섯 사람과 동시에 왕상사에게 귀의하였는데, [왕상사께서 다른 사람들에게는] 세 자로 된 법호(三字法號)를 내리시면서, 유독 염공에게는 네 자로 된 법호(四字法號) 「**연화용존(蓮華龍尊)**」을 내리시었다.

93. 엽만여사(葉曼女士)는, 원래 이름이 유세륜(劉世綸), 1914년생으로, 본관(祖籍)은 호남(湖南), 북경대학 졸업, 미국 로스앤젤레스 거주, 보인대학(輔仁大學) 철학과 부교수를 역임하였다. 어려서 부친의 가르침을 받아, 여섯 살에 《좌전(左傳)》으로 교육을 시작하였다. 1935년 당시 북경대학교 문학원 원장이었던 호적지(胡適之) 선생에 의해 특별 합격되어, 북경대학교 법학원 경제계(經濟系)에 다녔다.

94. 항전기간에, 매우 많은 청년들이 학업을 위해서 또 핍박을 받아 고향을 등지고 떠나야만 했다. 위 문장 중에 염공이 언급한 것은, 같은 배에 탔던 「엽만 여사」도, 이 때문에 북경을 떠나 남하했다는 것이다. 등신망(騰訊網)의 오리저널 고화질 실록 방담란(訪談欄目) -- 《대사(大師)》 방담 제44회는 이 역사적 과정을 게시하였다. 엽만 노거사가 말하길, 그해 그녀는 2년 동안 북경대학에 있었는데, 일본이 북경을 점령하여, 3학년은 법대에서 임시로 공부하였다. 후에 북경대학은 북경

대학·청화대학·연경(燕京)대학 세 대학을 합쳐서「서남연합대학」이라고 통지하고, 곤명(昆明)에 있었다 ; 그녀에게 위 과(課)에 들어가라고 통지하였다. 엽노거사는 모친에게 꼭 서남연합대학에 가겠다고 말하였고, 모친은 그녀가 반드시 결혼을 해야 다시 갈 수 있다고 하였다. 모친의 명을 존중하여, 엽노거사는 그해 같은 북경대학 경제계에 있던, 일찍이 중학교 동창인 전보대(田寶岱) 선생과 부부가 되어, 함께 곤명으로 떠났다. 이 방담은 바로 염공이 말한 것이다 :「나는 항전 중에 남쪽으로 도망갔다. 나와 같은 배를 탄 사람은 엽만이었다. (그녀는) 새댁인 때였다.」라는 이 단락의 말씀이 가장 좋은 인증이다.

제13배 명호는 만법을 통섭한다

한마음으로 관하여 예배하옵니다. [나무아미타불] 여섯 자 [명호]가 만법을 모두 거두오니, 이 하나의 법문이 곧 모든 법문입니다. 전체 현상이 곧 이체이고, 전체 망상이 진여로 돌아가며, 전체 성덕이 수덕을 일으키고, 전체 수덕이 성덕 속에 존재합니다. 널리 배움은 원래 [하나의 법문에] 깊이 들어가기 위함이고, 전일하게 수행하는 것이 바로 총지입니다. [염불] 소리 소리에 자기를 불러 깨우고, 생각 생각에 본존을 여의지 않겠습니다. 아미타부처님이시여!

나무아미타불

(1번 절하면서 3번 부른다)

방금 「둘이 아니다(不二)」라고 말했다. 이곳에 오자마자, 한 구절이 「여섯 자가 만법을 모두 거두오니」이다. 이 여섯 글자는 「나무아미타불」이고, 아주 간단하게 단지 여섯 글자인데, 이 여섯 글자는 만법을 모두 거둔다! 만법(萬法), 팔만사천 법문, 만법은 수량을 초월한 것으로, 많다는 것에 대한 극한 말로, 이것은 일체이다! 그래서 이 여섯 글자가 「일체법을 모두 거둔다.」「하나의 법문이 곧 모든 법문이다(一門卽是普門).」 당신이 염불하는 것은 「하나의 법문에 깊이 들어가는 것(一門深入)」이다 ; 당신은 염불하는데, **《보문품(普門品)》의 보문시현(普門示現)처럼, 부처님이 갖가지로 나타나시고, 아미타불은 여러 가지 몸으로 와서 구제하신다.** 이 하나의 법문은 바로 널리 구제하고(普救), 널리 제도하며(普度), 널리 나타나는데(普現), 이것이 「보문(普門)」이다. 이 이유, 이론은 바로 《화엄》인데, 「하나가 일체이고(一就是一切), 일체가 하나이다(一切就是一).」 하나(一)와 다수(多)는 《대경해(大經解)》속에 있는데, 특별히 「십현(十玄),」《화엄》 속에 「십현」이 있어서, 하나 속에 다수가 있다 ; 작은 것에 큰 것이 포함되고, 수미산에는 많은 겨자가 포함되는데, 이 겨자는 능히 수미산을 포함할 수 있고, 작은 것은 큰 것을 포함한다 ; 짧은 시간은 긴 시간을, 1초는 1년을 포함한다. 비단 1년에 몇 초가 있을 뿐만 아니라, 1초에 1년을 포함한다. 이런 도리는 「긴 것(延)과 촉박한 것(促)은 동시다」라는 것으로, 모두 우리의 이 정견(情見)을 깨뜨렸다. 우리의 이러한 견해, 우리가 인식하는 이러한 상식, 이러한 객관적 견해, 마치 「유상식론(唯常識論)」 같은데, 이 상식이 진리라고 생각한다 ; 사실 상식은 당신의 3도 공간인데, 당신은 불쌍한 생명체로, 당신이 접하고 있는 이런 것들은, 그것이 어떻게 진리인가?

《화엄》은 바로 「십현」으로, 비단 「사(事)와 이(理)」가 저촉이 없을 뿐만 아니라, 「사(事)와 사(事)」도 저촉되지 않는다. 작은 것(小)과 큰 것(大)은, 큰 것은 작은 것을 포함하고, 작은 것은 큰 것을 포함할 수 있다. 어느 유학생이 있어, 수학 문제 한 가지에 대하여 그가 말했는데, 난 지금 이해할 수 없지만, 과학으로 증명되었고, 객관적으로도 사례가 있다. 그가 말하길 : 「전체가 부분(局部)을 포함하는 것을, 나는 당연히 이해한다」라고 말했다. 그 다음에 그가 증명했다. 당신이 포함하고 있는 항목이 당신이 집합한 항목이 무한대에 이르렀을 때, 당신은 그 중 매 항목이 하나의 부분으로서 전체를 포함한다는 것을 어떻게 상상할 수 있겠는가? 부분이 어떻게 전체를 포함할 수 있는가? 이 (문제는), 내가 쓴 「정토자량(淨土資糧)」에 이것을 언급하였고, 사례도 있다. 「홀로그램(全息照相, hologram),」 홀로그램의 그 원판(底版)을 당신이 깨뜨리면 부스러기를 하나 가진다. 그것은 부분적인 것으로 하나의 부스러기는 부분이다. 당신은 다시 이 부스러기를 원래 원판의 그 위치에 놓고, 다시 이 광선을 통과시키면, 현출되는 것은 여전히 이것은 전체이고, 그것과 그 원판(底片) 전부는 한 가지이다. 그런데 나를 예로 들면, 나타난 나는 원래 것보다 조금 작다. 작은 것은 상관없고, 확실히 이 일체 정보(信息), 전체를 담고 있는 정보가 작은 부스러기들 부분 속에 모두 들어 있다. 그래서 부처님께서 말씀하신 것은「하나가 다수이고, 작은 것 중에 큰 것이 있음」이다. 그 큰 원판은 큰 것이다. 작은 부스러기는 작은 것이다. 큰 것은 모두 작은 것 안에 있다. 흠결이 없다. 그래서 우리는 현재 우리의 이러한 정견(情見)을 깨뜨려야 한다.

우리는 이런 도리를 알고, 부처님 (설법)을 배우는데, 장래에는 , 나는 이렇게 (인식하지만), 당연히 틀릴 수도 있고, 또 내가 마음대로 말한다고 말할 수도 있다. 내가 말하길 :「불법은 중국에서 가장 잘 받아들여지고 있다!」다른 나라들은 소승법을 받아들였는데, 비록 학습하는 것이 진실하게 여겨지고, 사회적으로 여러분이 매우 공경하고, 지위도 매우 좋지만, 단지 소승법일 뿐이다. 부처님의 맘에 드시지 않는다! 부처님은 소승법을「타버린 싹 썩어버린 종자(焦芽敗種)」라고 하신다! 겨우 싹이 텄는데, 그 싹이 타들어가고, 당신의 이 종자가 썩었으니, 부처님은 이 소승을 비평한다. 소승은 대승의 종자가 성취한 것을 보는데, 소승의 울음소리가 하늘을 찌른다!「어떻게 일법 중에 이 일을 모르는가(云何一法中 而不知此事)?」수년 동안 부처님을 따랐지만, 이것을 나는 모른다! 소승(인)은 줄곧 부처를 따라다녔는데, 그들은 귀먹고 안 보이는 것과 같고, 장님과 같고, 귀머거리와 같았다. 이 대승법은 정말 중국에서 받아들였다! 일본은 착오가 없다. 이들은 우리 학생이다. 그래서 일본이 우리를 치는 것은「배은망덕하다!」정말 [일본은] 우리 학생인데, 각 방면에서 중국으로부터 배웠다.

이러한 철리(哲理)들(에 대해), (비유하자면)「하나와 다수」인데, 방금 말했던 이 부스러기 하나, 이것은 매우 (세밀하게) 강설해야 하고, 저 하나 하나 그 모든 것이 (매우 심오한 도리를 가지고 있다). 당신은 북해(北海)의 물처럼 비유할 수 있는데, (여러분은) 모두 북해공원을 본 적이 있다. 이 물에는 파도가 있다. 이 파도는 어떻게 이런 모양을 형성하였을까? 방금 물이 어떻게 움직였는지에 따라서, 또 바람의 양이 어떤 상황인지에 근거한다. 앞의 그 파도가 어떻게 이러한 모양을 형성하는가? 전체 호수의 구조, 물의 동력, 바람의 대소, 이 일체 정보가 공동으로 결정하는 것이다. 그래서 이러한 기초 위에서 다시 새로운 정보(信息)를 더한다. 이러한 파도는 또 움직이고 있고, 여전히 움직이는데, 또 움직이고 있어서, 그래서 저 파도는 전체 북해수(北海水)의 전체 정보를 가지고 있다. 지금 우리는 이러한「정보론」인데, 어떻게 [홀로그램의] 부스러기 하나가 아직도 사람 전체[의 형상]을 방출 할 수 있는가? 그 부스러기 하나에 모든 정보가 다 있다. 그것이 그 전체 원판의 물질을 가지고 있는 것은 아니고, 그것은 결코 아니지만, 단지 정보 그것은 전부이다. 이 파도가 이는 물, 그것은 전체 성질을 구비하고 있다. 게다가 당신이 하나의 파도를, 당신이 그것을 자르도록 요구받는다면, 무엇이 그것의 경계인가? 이 파도와 저 파도 사이를 당신은 자를 수 있는가? 그것은 하나의 몸이다.

그래서 이런 모양인데, 「하나(一)」 속에 「다수(多)」가 있고, 기타 것들도 모두 내 속에 있고, 나도 다른 물건 속에 있다. 이것은 거울로 쉽게 볼 수 있는데, 10개의 거울이 여기에 있어서, 모든 거울은 다 내 거울에 들어오고, 게다가 나는 다른 거울 속에 들어가서, 게다가 중중무진(重重無盡)이다. 중중무진, 우리 둘만 마주하면 중중무진으로 끝이 없다. (염공이 안경을 벗고, 기뻐하며 저 앞에 있는 거사들에게 말했다.) 당신은 나를 보고 있지 않은가? 당신은 나를 보았고, 당신은 나의 눈동자를 보고 있지 않은가? 내 눈동자 안에 누가 있는가? [나의] 눈동자 속에 당신이 있다. 그런데 당신은? 당신에게는 눈동자가 있고, 당신 눈동자에는 내가 있는데, 그래서 당신은 나의 이 눈동자 위에 있는 당신을 본다. 그러나 당신은 내 이 눈동자 위에 있는 당신을 말할 수 있고, 이렇게 당신의 눈동자 속에 또 내가 있다. 이렇게 계속하면 끝이 없어, 그래서 중중무진인데, 말하자면 이 세계이다. 그래서 우리들은 기껏해야 다수 속에 하나가 있을 뿐이고, 하나 속에 다수가 있을 수 없다라는 이러한 것을 너무 고집할 필요가 없다 ; 즉 큰 것은 작은 것을 담을 수 있고, 작은 것은 큰 것을 담을 수 없다[라는 것에 대하여 너무 고집할 필요가 없다]. 이렇게 한번 덮으면 다 보이지 않는데, 이 정도 것으로 모든 큰 것을 덮었다. 「하나(一)와 다수(多)」로부터 우리는 「하나(一)와 보편(普)」을 말하는데 이르고, 《화엄》의 무애(無礙)를 말하는데 이른다.

다음에는 「전체 현상이 곧 이체이고(全事即理)」를 말한다. 이 사(事), 파도(波)는 무엇인가? 파도가 곧 사(事) 아닌가, 사상(事相)은? 전체 사상(事相)은 무엇인가? 이 파도(波), 그것은 전부 어떤 것인가? 전체 파도, 전체가 물이다! 파도라고 부를 만한 것이 없는데, 파도가 이런 모양으로 변했다. 물이 몰아치니, (파도) 그 본체는, 다른 것이 없고, 다만 물일뿐이다. 그래서 일체 사상(事相) 그것의 본질은 무엇인가? 단지 이(理)이다. 이(理)가 본체이고, 사(事)는 사상(事相)이다 ; 하나의 형상이 하나의 본체이다. 요컨대 이 본체와 이것은 불가분의 관계로 사(事) 전부가 이(理)이다. 사(事) 전부가 모두 이(理)이기 때문에 「**이사일체(理事一體)**」인데, 그래서 저 「하나(一)」 속에 바로 「일체」를 포괄하는 것이 가능하다. 「전체 망상이 진여로 돌아가고(全妄歸真)」이다. 현재 우리는 망(妄) 속에 있는데, 망상(妄想)이다. 우리가 염불하는데, **염불은 바로 우리 전체의 「망상」을 「진여(真如)」로 돌아가게 하는 것이다. 그래서 이 망상은 무서워할 만한 것이 아니다**. 그러므로 당신은 염(念)이 (망상이 없는) 경지에 이르렀다고 말할 필요가 없고, 단지 염하기만 하면 되는데, 염불 중에 있는 망상을 두려워할 필요가 없다! 물에 그림을 그리면, **물에 원을 그리면, 원이 하나 있고, (잠시) 기다리면, 바로 없어진다. 이 망(妄)은 어디로 갔는가? 망(妄)은 또 물속으로 들어가 버렸다**. 물은 「진여(真)」를 대표하는데, 당신이 이 그림을 그리는 것은 사상(事相)이다. 당신의 일시적인 맹목적 움직임이다 ; 이 맹목적 움직임은 관계없다. 그것은 결코 진실하고 고유한 것이 여기에 있지 않은데, 그것은 곧 「진여(真)」로 돌아가고, 모두 여전히 진여(真)로 돌아갈 것이다. 그러니까 이것은 말인데, 이 모든 것은 「전체 현상이 곧 이체이고, 전체 망상이 진여로 돌아간다」이다.

「전체 성덕이 수덕을 일으키고(全性起修), 전체 수덕이 성덕 속에 존재(全修在性)하고」이다. 우리는 「성덕과 수덕이 둘이 아니다(性修不二)」라고 말했다. 이것은 또 한층 더 들어간 것으로서, 전체적인 성덕(性)을 받아 수행하는 것을 시작하게 된다. 우리가 염불하는 것은 당신의 본심(本心)에서 염두(念頭)를 일으키는 것이다 ; 우리에게 본각(本覺)이 있는데, 우리가 깨달음(覺悟)을 시작하여 시각(始覺)이 있으면, 우리들의 본각으로부터 깨달음의 생각을 일으킨 것이 아닌가? 본각은 우리들의 본성(本性)이고, 이 성덕(性) 안에서 하나의 수행의 염(念)을 일으켰기 때문에, 그래서 전체 성덕(性)이 수행을 일으키는 것이다. 우리들은 무엇을 수행하는가? **우리가 염(念)하는 것은 아미타불이고, 아미타불은 우리의 본심(本心)이다. 그래서 우리가 염(念)하는 것, 수행하는 것이 바로 우리의 본심이다.** 당신이 수행한 바는 어디에 있는가? 수행하는 바는 나의 본심에 있다. 당신이 수행하는 바는 성덕(性)에 있고, 게다가 우리의 염불법문, 당신의 수지(修持) 모두가 당신의 본성에 있다. 그래서 이것이 바로「전체 성덕이 수덕을 일으키고, 전체 수덕이 성덕 속에 존재한다」이다.

「이 마음이 바로 부처이고(是心是佛), 이 마음이 부처를 짓는다(是心作佛).」「이 마음이 바로 부처」임으로 말미암아 이 마음에서 염불을 하는데, 이것은「전체 성덕이 수덕을 일으킨다」이다 ; 당신이 염하는 것은 부처님이고, 부처님은 당신의 마음이다. 당신이 수행하는 것은 전부 당신의 마음에 있고, 마음 밖에 있는 것이 아니다 ; 당신의「전체 수덕은 성덕에 있고,」당신의 본성에 있다. 구슬이 빛나는 것과 같은데, 구슬이 빛나면 온 구슬이 빛이 난다 ; 구슬이 빛을 낸 후에 구슬의 빛은 누구에게 먼저 비춰질까? 구슬의 빛은 여전히 본래 구슬을 비추고 있구나! 우선 이 구슬을 먼저 밝히는데, 그렇지! 이 비유가「전체 성덕이 수덕을 일으키고, 전체 수덕이 성덕 속에 존재한다」를 설명할 수 있다. 당신의 손전등은 밝아서 밖을 비추니 먼 곳이 밝아졌다(강설이 이곳에 이르자, 염공은 공개적으로 웃기 시작했다). 구슬이 빛을 방출하면 이 빛이 우선 구슬을 비추는데, 이것이 바로 「전체 구슬이 빛을 내고, 전체 빛이 구슬을 비춘다」이다. 이것이 「전체 성덕이 수덕을 일으키고, 전체 수덕이 성덕 속에 존재한다」이다. 「단도직입적인 것으로(直截了當)」 중간에 곡절이 없고, 낭비가 없다. 당신 스스로 일으켜서 자신을 비춰 밝게 하는 것이다 ; 자신을 조명하면, 자성이 더욱 밝아 더욱 빛을 발하고, 더욱 빛이 날수록 더욱 밝아지는데, 실제 이러하다. 마지막으로 철저하게 「[마음의] 때가 없어지고 선(善)이 생기며,」 철저하게 「본래를 회복한다.」

「널리 배움은 원래 [하나의 법문에] 깊이 들어가기 위함(廣學原爲深入)」인데, 우리는 무엇을 위해 많고 많은 것을 배워야 하는가? 깊이 들어가기 위함이다. 그래서 그 화장불교회(華藏佛教會), 다시 시청각도서관에 스님, 비구니 여러분이 왔는데, 나는 그들에게 「널리 배움(廣學)」을 말했다. 나는 당신들의 스승들과는 다르다고 말한다. 당신의 사부님은 「전수전홍(專修專弘)[155]」을 말씀하는데, 나는 내가 **「광학보찬(廣學普讚)[156], 일문심입(一門深入)[157]」**을 주장한다고 말한다. 그들은 나의 이 「보찬(普讚)」을 한 글자 잘못 써서, 「편찬(遍讚)[158]」이 되었다 ; 「편찬」은 나의 (설법이) 아닌데, 「보(普)」자의 좋은 점이 없어서, 나는 「광학보찬」이어야 한다. 구덩이를 하나 파려면 깊이 파야한다. 당신이 이렇게 깊은 구덩이를 원하여 5척 깊이로 파야하는데, 윗부분은 이 정도 크기

155) 전일하게 수행하고 전일하게 널리 고양함(弘揚)
156) 널리 배우고 널리 찬탄함
157) 일문(一門)에 깊이 들어감
158) 두루 찬탄함

밖에 안 되어서, 당신의 이 쇠칼은 내려가지 않는다. 당신[의 처음 파는 윗부분]이 좀 더 커야만, 당신은 바로 5척의 깊이를 얻을 수 있다. 「널리 배움(廣學)」은 바로 「깊이 들어감(深入)」을 위한 것이다. 그리고 당신은 「보찬(普讚)」을 해야 하는데, 평등하여 법문에는 좋지 않은 것이 하나도 없다. 우리의 이러한 찬탄은 당신이 그것을 했다고 해서 잘못은 아니며, 이것이 우리가 「보찬」을 필요로 하는 것이다. 하지만 최후에는 「일문에 깊이 들어가야」하는데, 당신은 항상 양다리를 걸치지 말아야 한다 ; 양다리를 걸치면 「두 문(兩門)이 다 깨진다.」 그래서 「널리 배움은 바로 깊이 들어가기 위함이다.」

「전일하게 수행하는 것이 바로 총지(總持)」로, 전일하게 수행하는 것이 총지이다. 하나의 [나무아미타불 만덕]홍명(洪名)은 여섯 자밖에 되지 않으나, 「만법을 통섭한다.」 그러므로 우익대사께서 말씀하시길, 당신이 이 한 마디 부처님 명호를 염(念)함에, 삼장십이부(三藏十二部)의 경전이 모두 [그] 안에 있고, 일체 계율이 모두 [그] 안에 있다. 정당하게 염불할 때, 당신은 여전히 다른 사람의 달러를 훔치고 싶을까? (염공이 여기까지 말하고 유머러스하게 웃기 시작했다.) 물론 그럴 리가 없다! 당신이 남의 달러를 훔치려고 하면, 기꺼이 염불하고 싶지 않은 것이다. 이것은 계율을 깨뜨릴 염두조차 내지 못하는 것으로, 이런 것이 바로 계율을 지키는 것으로, 계율은 모두 [그 염불] 안에 있다. 선종(禪宗)은 「1,700개의 공안(公案)」인데, 선종이 현재까지 의지하는 공안은 1,700조(條)이다. 공안은 바로 모두가 소위 공식적 문서(檔案)의 일종으로, 안건(案件)이고, 입안(立案)한 것이다. 공안(公案)은 공공(公共)이 승인한 안으로 모두 1,700조가 있는데, 바로

「1,700칙(則) 공안」이다. 다른 한 마디로 말해서, 선정은 모두 [그] 안에 있다. 그래서 「하나의 법문이 모든 법문이고(一門就是普門),」 「만법을 모두 거둔다(統攝萬法)」이다 ; 「전일하게 수행하는 것이 바로 총지이다.」 이 때문에 총지다라니(總持陀羅尼)이다 ; 「만법을 모두 거두는 것」은 완전히 전체 모두를 거두는 것으로 바로 「총지(總持)」이다.

다음 두 문장이 좋다. 「[염불] 소리 소리에 자기를 불러 깨운다.」 「나무아미타불, 나무아미타불」 누구를 부르는가? 당신 자신을 불러 깨우는 것이다! 당신은 자고 있는데 현재는 모두 꿈속의 일이다. 이 소리 소리를 불러서 당신 자신을 불러 깨운다. 「[염불] 소리 소리에 자기를 불러 깨움」 이 말이 선(禪)이지, 다시 어떤 것이 선이겠는가? 그래서 「이 몸은 이미 함원전(含元殿)에 있다.」 **진실로 항상 염불하는 사람, 당신은 이미 「함원전」에 있다.** 「함원전」은 바로 장안성의 황궁으로, 북경에 있다고 말하는 것이나 다름없다. 당신의 「이 몸은 이미 천안문에 있는데, 또 어디 가서 북경에 대해 묻는 것인가?」 천안문에 도착했는데, 당신은 여전히 북경이 어떠냐고 물을 필요가 있는가? 당신은 북경 중앙에 도착했다. (다른 한 마디로) 「또 어디서 장안을 찾을련가」로, 원래 문구는 이와 같다. 「이 몸이 이미 함원전에 있는데, 또 어디에서 장안을 찾을련가.」 옛날에는 함원전이었다. 정토를 닦는 것은 더 이상 참선이 필요 없다. 선(禪)을 조금[이라도] 이해하는 것은, 우리에 대한 집착을 파괴하고, 유위(有為), 유루(有漏)에 한정할 필요가 없어서, 여전히 좋은 점이 있다. 그래서 우리는 널리 배우고 많이 들으며, 반야를 배운다.

「생각 생각에 본존을 여의지 않는다.」 **소리 소리에 자기를**

불러 깨우고, 나의 일념 일념은 나무아미타불을 생각하여, 나의 「본존」을 떠나지 않는다. 이 구절은 바로 「밀(密)」인데, 이것이 바로 밀법의 「상응(相應)」으로, 생각 생각은 모두 「본존(本尊)」에 있다. 나는 이 「감응도교(感應道交)」가 되어, 이 마음이 감응하여, 자기와 본존이 분리되지 않는다. 「아미타불,」 「본존」은 누구인가? 아미타불이다. 이것이 제13[조]이다. 제14[조]는 매우 중요하다. 오늘 오전에 한 강설 이것은 다 우리 《정수첩요》의 정화(精華)이다. 또 우리 전체 불교의 정화이다. 정토종뿐만 아니라, 여러 가지 중요한 불교 경론에 관련되어 있다.

【주역】

95. 서항지(徐恆志) 노거사가 《서간절록(書簡節錄)》의 보정호거사의 편지에 답함 중에(答保定胡居士信函中) 하신 말씀이 있다. 「또 법문이 무량(法門無量)하나, 망상을 쉬는 것 즉 하나(息妄則一)인데, 만약 일문에 깊이 들어갈 수 있으면(果能一門深入), 자재하게 일문으로부터 보문에 들어갈 수 있으니(自可由一門會入普門), 그러므로 도처에서 추구할 필요가 없다(故不必到處趨求).」(서 노거사는 그해에 부탁을 받고, 염공의 《대승무량수경해(大乘無量壽經解)》원고를 교정하는 작업을 위하여, 1년에 걸쳐, 교정을 7차례 하였고, 염공과 서신 왕래를 수십 차례 하였다.)

96. 서항지 노선생(상해불교협회이사를 여러 차례 역임하고, 상해불교협회 제8기 자문위원, 상해불교거사림강사, 홍일대사연구회고문 등 직무를 담당)은 《부심역혈(剖心瀝血) 공재만세(功在萬世)——나와 황념조 노거사의 일단의 경을 교정한 인

연을 기록함》이라는 글을 지었다. 글에 이러한 일단의 일화를 기재하여, 염공의 일생이 「널리 배움은 원래 하나의 법문에 깊이 들어가기 위함이고(廣學原為深入), 정토는 돌아갈 근본이다(淨土為根本所歸)」의 원력이라는 것을 인증하였는데, 현재 이와 같이 공경하게 기록한다 :「1987년 8월 1일, 황념조 노거사가 편지에서 말하길 :『지금은 출국절차를 잘 마쳤으며, 미국 유주(維州, Victoria)의 연화정사가 미국행 동반자를 보내주기를 조용히 기다리고 있다.』아울러 이르길,『이번 여행은 밀법(密法)을 전파하는 것을 위주로 하였으나, 동시에 정토법문을 널리 강설할 것이다.』그는 내가 8월 상순에 먼저 《대경해(大經解)》 인쇄 견본 1부를 부치기를 바랐다. 이 편지 중에, 그는 여전히 수증(修證)의 과정을 스스로 진술하여 말하길 :『동생은 남선(南禪)으로부터 물꼬를 튼 후, 밀법(密法)을 기본으로 수지(修持)하며, 광대한 정토(宏淨)를 근본 원력으로 삼았는데, 좋은 말로 원융(圓融)이라 말하고, 질적으로 말하면, 4가지는 같은 점이 없으며, 매우 나이가 많아, 주절주절 하는데, 해외에서 돌아온 후에는, 스스로 돌아갈 곳을 알았습니다.』일단의 겸손함이 사람을 더욱 숙연하게 한다!」

97.「두 배를 타면 두 문(門)이 모두 깨진다」에 대하여, 서항지 노거사 역시 이하와 같이 개시하였다 :「선정이문(禪淨二門)의 방편은 같지 않은데, 수지(修持)를 시작할 때, 결코 동시에 받아들여서는 안 되며, 두 배에 다리를 걸치면 안 된다. 그래서 마땅히 세월이 다하도록,『하나의 법문에 깊이 들어가야(一門深入)』하며, 그렇지 않으면 반드시『두 가지 법이 모두 실패』하여, 한 가지 일도 이루지 못한다. 그리하여 종래 조사와 대덕들이 쌍수(雙修)를 제창한 것은, 역시 **반드시 참선명심(參禪明心)으로 먼저 근본을 깨달고(先悟根本), 근원의**

바닥을 통철하여(洞徹源底), 연후에 다시 정토법문을 닦아 소탕(掃蕩)하고 그것을 원만히 깨끗하게(圓淨) 하는 것이다. 참선이 육근과 육진을 아주 해탈(根塵迥脫)함에 도달할 때, **영광(靈光)**이 홀로 비추어, 결국 단멸이 아니다(終不斷滅) ; 염불이 염하되 염함이 없는(念而無念) 때에 도달하여, 비록 홍명(洪名)이 역력해도, 결국은 달라붙지 않는데(終不黏著), 공문(空門)따라 들어가는 자는 진공불공(真空不空)임을 알 수 있다 ; 유문(有門)따라 들어가는 자는 묘유불유(妙有不有)이다 ; 공(空)과 유(有)는 본래 두 가지 법(二法)이 아니니, 선정(禪淨)은 실제로 분리(分家)가 되지 않는다. 이미 두 가지 법(二法)이 아닌데, 어떻게 융통(融通)한다는 것인가? 처음부터 분리(分家)되지도 않았는데, 어떻게 취합을 말하는가? 고요하게 비춤(寂照)이 바로 염불(念佛)이고, 염불은 고요하게 비춤(寂照)을 떠나지 않는다. 그러므로 부처님의 대사(佛大事)를 공부함에는 한 사람마다 한 사람의 근기(機)[159]가 있고, 한때마다 한때의 법(法)이 있음을 알아야 하는데, 만약 정해진 법(定法)이 있다면 불법이 아니다. 근본적으로 말하자면, 유법은 결국 구경이 아닌데(有法終非究竟), 무위가 어찌 곧 열반이겠는가(無為豈即涅槃)?」 (서노거사가 지은 《서간절록書簡節錄》 중 답상해이노거사신함答上海李老居士信函에서 발췌)

98. 《육조단경(六祖壇經)》에서 말씀하신 것과 같이 :「심지는 자성계가 아닌 것이 없다(心地無非自性戒).」 **한 마디 [나무아미타불] 여섯 자 [만덕]홍명이 원만심지계품(圓滿心地戒品)임**을 볼 수 있다.

159) 여기서 기(機)는, 근기(根機) 또는 기연(機緣)으로 옮길 수 있겠다(옮긴이 주). 기(機)는 기회, 연(緣)은 인연, 학인이 스승의 교화를 받을 수 있는 기회(출전: 운서주굉 지음, 연관 옮김, 죽창수필, 2019, 불광출판사, 316쪽 각주1)

99. 염공이 《의지선도대사칭념미타명호(依止善導大師稱念彌陀名號)》의 문장 중에서 강설하였다 : 「또 《능엄경염불원통장(楞嚴經念佛圓通章)》에서 설하시길 : 『방편을 빌리지 않고도(不假方便), 스스로 마음이 열린다(自得心開).』 『자득(自得)』 두 자는 마땅히 깊이 고려해야 한다. 대개 밖에서 얻는 것(外得)을 좇지 않으면 자연히 원만하게 나타난다(圓現)라고 이른다. 그래서 우익대사께서 말씀하시길 : 『**일찍이 아미타불을 잘 염하게 되면, 1,700공안, 향상의 계책(向上機關), 역시 그 안에 있다.**』 원나라 중봉국사(中峰國師)가 말씀하길 : 『선(禪)이란 정토(淨土)의 선(禪)이다. 정토(淨土)란 선(禪)의 정토(淨土)이다.』」

100. 「함원전(含元殿)」은 고대 한족(漢族) 궁전건축의 정화(精華)로, 대명궁(大明宮)에 속했던 전조(前朝) 제1의 정전(正殿)이고, 또 당나라 장안성의 상징 건물이다. 서기 662년에 건축이 시작되어, 용삭(龍朔) 3년(663년)에 완공되었다가, 희종(僖宗) 광계(光啟) 2년(886년)에 소실되었다. 함원전은 건립 이후 200여 년 동안 사용되어 왔으며, 국가의 의식과 대전(大典)이 거행되는 곳이다 ; 설날과 동지를 맞아 대부분 황제들이 이곳에서 대조하(大朝賀) 활동을 거행하였다. 소위 「천관망장안(千官望長安), 만국배함원(萬國拜含元)」은 바로 함원전 대조회(大朝會)의 성황을 묘사한 것이다.

101. 「이 몸이 이미 함원전에 있는데, 다시 어디서 장안을 찾을런가?」 이 두 마디는 《오등회원(五燈會元)》 권4에 나오는데, 곧 당나라 시대의 장사경잠(長沙景岑) 선사(법호法號가 소현招賢, 남전보원南泉普願 선사로부터 득법得法하였음)의 법어

(法語)이다. 《오등회원(五燈會元)》에 기재된 바 : 「장사경잠 선사는 호남의 장사경잠소현(長沙景岑招賢) 선사로, 처음 녹원(鹿苑)에 머물렀는데, 그후에는 정해진 장소에서 머물지 않았으며, 단지 인연에 따라 교제를 하며, 좋을 대로 설법을 하여, 당시 장사화상이라 일렀다. 묻기를 : 『어떤 것이 보현의 몸인가(如何是普賢身)?』 스승께서 이르길 : 『함원전 속에서(含元殿裡), 다시 장안을 찾는다(更覓長安).』 묻기를 : 『무엇이 학인의 마음입니까(如何是學人心)?』 스승께서 이르시길 : **『진시방세계가 너의 마음이다(盡十方世界是你心).』**」

제14배 시각, 본각에 합하다

한마음으로 관하여 예배하옵니다. 무량광불·무량수불이 저희들의 본각이옵니다. 마음을 일으켜 염불해야, 비로소 시각이라 이름합니다. 저 [극락국토의] 의보·정보를 의지하여 저희들의 자심을 드러내니, 시각과 본각이 여의지 않아 깨달음의 길로 곧장 나아갑니다. [그러나 시각과 본각이] 잠시 어긋나게 되면 곧 무명에 떨어집니다. 그러므로 비록 정변지의 바다가 중생의 심상에 들어가 있을지라도, 적광은 진실로 청정하다는 것을 알고서, 일체의 [감]정과 헤아림에 관계하지 말아야 합니다. 아미타부처님 이시여!

나무아미타불

(1번 절하면서 3번 부른다)

「한마음으로 관하여 예배하옵니다. 무량광불·무량수불이 저희들의 본각이옵니다.」 이것은 「삼각(三覺)」을 강설하는 것인데, 「삼각」은 본각(本覺), 시각(始覺), 구경각(究竟覺)이다. 사람마다 모두 본각을 가지고 있고, 일체 중생도 모두 본각을 가지고 있는데, 하지만 중생은 그가 미혹해져서, 중생이 되었으니, 불각(不覺)이다. 이 중생은 불각이어서 그는 깨달음(覺悟)이 없다. 그는 비록 본각이 부처님과 마찬가지이지만, 그러나 지금 그는 소리, 향기, 이런 종류의 누림(享受), 이 세간의 이 욕심(欲), 욕망, 정욕, 물욕, 물질적인 이러한 자극을 위하여, 그가 바라는 바를 위하여, 그의 몸과 마음을 더럽히고 있어서, 그는 불각이다. 사람들은 모두 본각을 가지고 있는데, 다만 현재 미혹되어서 무명이 있고, 망동(妄動)이 있다 ; 자신의 마음속의 망동이 무명을 가지게 되어, 무명을 가진 후에, 점점 더 깊이 더럽히게 되면, 당신은 완전히 불각으로 변하게 되는데, 현재 중생은 이런 모양이다. 사람은 여전히 좋기는 한데, 여전히 중생이 더욱 우매하고 더욱 잔혹하여 서로가 죽이는데, 그럼 어떻게 「본래를 회복」할 수 있을까? 그래서 본각은 사람마다 모두 가지고 있기는 하지만, 다만 그는 불각(不覺)인데, 불각 속에서 어떻게 곧 본래를 회복할 수 있을까? 「시각(始覺),」 개시적 각오(開始的覺悟)에 의지해야 한다. 당신은 시각이 있어 잃어버린 곳(失地)을 회복할 수 있는데, 나의 산하(山河)를 돌이켜야만, 바로 철저할 수 있다. 그렇다면, 시각이 있은 후에는, 그거면 되는 거 아닌가? 당신은 시각이 본각에 합치해야 하는데, 매우 요긴한 것은 「시각이 본각에 합치하는 것(始覺合本)」으로, 당신의 시각은 당신의 본각에 합치해야 한다. 이렇게 하면 「구경각(究竟覺)」에 도달하는 것으로, 이것이 곧 성불이고, 진짜 성불로, 다시 미혹하지 않는다. 비록 현재 우리는 …… 어차피 이 비유는, 하나의 비유도 능히 각 방면에 합당한 것이 없다. 광물을 사용하여 비유로 드는 것은, 성불을 회복한 이후에는 다시 미혹에 빠지지 않기 때문이다. 우리는 비록 「본각」이 있지만, 마치 광물 속에 금이 있는 것과 같은데, 당신은 (반드시) 단련을 한 후에, 금을 연성하여, 이렇게 성공하는데, 그것이 바로 「구경각(究竟覺)」이다. 이러한 성공 후에, 당신의 이 금은 다시는 광물로 변할 리가 없다.

「무량광불·무량수불이 나의 본각」으로, 무량광불과 무량수불이 우리들의 「본각」이다. 시각을 어떻게 헤아리는가? 우리가 마음을 일으켜서, 이 마음을 일으켜서 「염불」하여, 나무아미타불을 염하는데, 이것을 바로 시각이라 부른다. 그래서 일반적으로 **당신이 부처님을 믿지만, 아직 「시각」이라 칭하기는 충분하지 않다. 이 염불은 매우 중요하다! 그래서, 십지보살(十地菩薩)은 매 지위의 보살들**[160]**이 모두 염불을 떠나지 않는다!** 그래서 **당신이 어떤 수행을 하던 간에, 당신은 반드시 염불의 마음을 낸 이후에야 바로 진정한 「시각」이다.** 불각(不覺)으로부터 당신은 당신의 불각을 끝내고서, 구경각을 좇아간다. 당신은 시각을 만들어 내야 하는데 시각을 만들어 내는 것은 「염불」에 의지해야 한다.

「저 극락국토의 의보와 정보를 의지하여야(託彼依正), 저희들 자심이 드러난다(顯我自心).」 이 여덟 글자는 매우 좋다! 우리들은 빌려 의탁(藉託)하고, 기대야(靠) 하며, 의탁하고 기대야 하는데(託靠), 빌려 의탁(藉託)한다 ; 저 국토에 기대(靠)는데, 저곳에 의탁(託)하는 것으로, 그 국토가 극락세계이다. 극락세계의 의보와 정보로, 「의보(依報)」는 국토이고, 황금으로 된 땅, 샘과 연못이 교차하여 흐르는 것, 궁전, 갖가지 장엄, (이것을) 의보라 (설한다) ; 「정보(正報)」는 곧 부처님과 보살, 대중인데, 이것 모두가 정보이다. 우리들은 임시로 의탁(假託)하는 것이 필요하고, 저 국토 극락세계에 기대어 의지(依靠)한다. 정보는 불보살이고, 의보는 갖가지 장엄으로, 나 자신의 「본심」을 분명하게 드러나게 한다. 그래서 우리는 이렇게 강설하는데, 극락세계를 관상(觀想)을 해야 하고, 아미타불의 무슨 무슨 공덕을 생각하는데, 이 일체 모두는 우리 자신의 「본심」을 분명하게 드러나도록 돕는 것이다.

「시각과 본각이 여의지 않아, 깨달음의 길로 곧장 나아간다.」 나는 늘 염불하는데, 나의 이것을 「시각」이라고 부를

160) 십지보살의 초지(初地)에서 십지(十地)까지 지위

수 없는가? 내가 염하는 바는 무엇인가? 「나무아미타불」을 염하는 것, 이것이 「무량광불·무량수불」이고, 내가 염하는 바가 바로 「본각」이다. 이로 인하여, **나의 시각이 염하는 바는 본각이니, 나의 시각이 본각(本覺)을 떠남이 없는 것이 아닌가?** [그러나] 이것은 [당장에] 「시각이 본각에 합치하는 것」이 아니다! 그래서 시각을 만들어 내어, 다시 시각이 이 본각에 합치해야 하는데, 이것이 「깨달음의 길로 곧장 나아가는 것」으로, 구경각의 깨달음길(究竟覺的覺路)로 곧장 가로질러 달려가는 것이다. 그래서 **부처님은 「삼각원만(三覺圓滿)」으로, 본각·시각·구경각이 모두 원만하여 부처이다**. 우리는 현재 매우 영광스럽고 다행하게도, 본각에서 시각을 만들어 내는데, 「염불을 해야 이것이 시각이다.」 당신은 단지 시각이 당신의 저 본각을 여의지 않아야 하고, 늘 염불하면 깨달음의 길(覺悟之路)로 곧장 나아가는 것이다. 그럼 가장 수승한 (상황을) 가정한다면, 「무생법인(無生法忍)을 증득」함이 생긴다. 이러한 일이 있었는데, 진나라(晉朝)에 가난한 사람이 하나 있었고, 생활이 매우 고달팠지만, 이 법문을 알고서, 그는 필사적으로 염불하며, 대보리심을 발하였다. 결국 부처님이 나타나서 그에게 설법을 하니, 그가 현생에 「무생법인」을 증명하고, 보살을 이루었다. 그는 후에 왕생한 후, 일곱 차례 세상에 나왔으나, 세상 사람들은 모두 알지 못했다. 청나라에 이르러서야, 계단(乩壇)161)에서만 이 일을 말하였는데 매우 많은 개시(開示)를 말하였다.

그래서 이 세상에 위제희 부인이 있었는데, 《관경(觀經)》에서, [위제희의] 아들이 너무 못되어서, 아들이 아버지를 죽이려 하였고, 그녀는 남편을 구하려 했다. [아들이 아버지에게]

161) 점을 치기 위해 설치한 신단(神壇)

먹을 것을 허락하지 않고 굶겨 죽이려는 것이다. 그녀는 잼(果醬) 따위를 몸에 발랐다 ; 몸에 발라서 남편을 만나니, 남편은 그녀의 그런 것들을 먹고 연명하였다. 나중에 아들이 말하길, 「이 늙은 것이 왜 이렇게 오랫동안 죽지 않느냐?」 다른 사람이 말하길, 「황태후께서 그를 보러 올 때, 먹을 것을 가져 옵니다」라고 하였다. 그는 어머니를 죽이려 했다. 대 재상이 말하길, 「저는 그만 두겠습니다. 자고로 아버지를 죽인 왕이 있었지만, 아직 어머니를 죽인 왕은 없었습니다. 저는 이러한 황제의 재상을 맡지 않겠습니다.」 그[즉 위제희의 아들]은 바로 [어머니를] 죽이는 것을 멈추었다. [그리하여] 황태후[즉 위제희 부인]가 매우 고통스러워 부처님을 청하였다. 부처님이 오셔서 그녀에게 설법을 하셨다. 그래서 그녀는 극락세계를 보면서, 그녀는 당시 「무생법인을 증득하였다.」 아들은 너무 못되었다.[162] 그래서 우리들의 이 염불은 단지 왕생, 임종만을 말하는 것이 아닌데, 하지만 절대다수는 임종시에 나타난다. **극히 특수한 경우에 당신은 사일심(事一心)을 증득할 수 있고, 그러면 견사혹(見思惑)을 끊을 수 있다 ; 「이일심(理一心)을 증득하면 무명을 타파한다.** 무명을 깨는 데는 사십 몇 개의 단계가 있다. 그래서 《화엄》은 10주(十住), 10행(十行), 10회향(十回向)이다. 매 하나마다 10이 있다. 30개의 위차(位次), 이것이 「**3현(三賢)**」이다. 초주(初住)부터 무명을 깨뜨리기 시작하는데, 그 속에 다시 30개의 위차가 있고, 초지(初地)에 이르면 거기 또 10개 위차가 있으며, 연후에 등각(等覺), 묘각(妙覺)인데, **최후 일분의 무명(一分無明)을 깨뜨려 없애면 곧 성불이다.** 그러니 「무명을 깨는 것」도 한꺼번에 하는 것이 아닌데, 무명을 깬 사람은 모두 같은가? 그것은 매우 다르다. 다시 40여 개[163]의 다른 상황

162) 이 일은 《관무량수경》이 설하여지는 계기가 되었다.

이 있는데 한층 한층씩이다. 마치 우리가 구리 제품을 닦는 것과 같이 본래의 구리 빛을 좀 내보이면, 그럼 당신은 기쁘고 당신은 그것을 닦을 수 있다고 여긴다 ; 그러나 이 닦는 과정 그것은 여전히 느리고 느린데, 여전히 40여 위차가 남아 있다. 그래서 우리는 단지 「구경각」을 요하는데, 그것을 전부 깨끗하게 닦으면 전부 「무명을 깨뜨려 없앤 것」이다.

「시각과 본각이 여의지 않음」이 바로 「깨달음의 길로 곧장 나아감」인데, 「잠시 서로 어긋나게 되면 바로 무명에 떨어진다.」「잠시,」 이렇게 짧은 시간에 당신은 시각과 본각이 분리되는데, 서로 어긋나는 것이 서로 분리되는 것이고, 피차가 상반되어 본각에 합치함이 없이 바로 무명 속으로 떨어진다. 무명은 불각(不覺)이고 미혹이다. 그래서 우리가 성취하려면, 저 40여 품의 많은 무명을 깨뜨려야 한다. 그래서 수행 과정에서, 그래서 무명을 (깨뜨려 없애야 하는데), 우리 수행은 바로 「실행(行)과 이해(解)를 함께 중시해야 한다.」 **「이해만 하고 실행하지 않으면, 사견(邪見)을 증장하는 것이다.」** 단지 연구하고, 책을 많이 읽고, 많은 것을 알고 있어서, 도처에서 사람들에게 강설할 뿐, 부처님이 말한 대로 하지 않는데, 이것을 「이해만 하고 실행하지 않는다」라고 부른다. 「이해만 하고 실행하지 않으면,」 당신이 진보한 바와 당신이 증장한 바는 무엇인가? 단지 일부 「사견(邪見)」일 뿐이다! 그것은 결코 「정견(正見)」이 아니다. 「실행하기만 하고

163) 보살수행의 52단계는 십신·십주·십행·십회향·십지, 등각, 묘각의 차례이다. 초주 보살부터 일분의 무명을 깨뜨리기 시작하여 등각에 이르면 일품의 무명이 남아 있고, 일품의 무명마저 모두 깨뜨리면 묘각(부처)이다. 본문에서 '40여 개', '40여 위차', '40여 품'은 무명을 깨뜨리기 시작하는 십주·십행·십회향·십지를 말한다. 십신보다 높고 십지보다 낮은 십주·십행·십회향을 삼현(三賢)이라 한다.

이해하지 않으면,」 어떤 사람들은 단지 염하는 것만 알고, 어떤 것도 모르는데, 이것은 아무것도 몰라서 매우 위험하다! 많은 사람이 염불하는데, 내가 한 마디 염불하면, 죽은 후에 여러 가지 보물이 생긴다고 말한다. 그의 소원은 바로 사후에 여러 가지 보물인데, 이로 인해서 그는 왕생할 수 없고, 장래에 그의 원을 이루어, 그는 더 많은 보물을 얻게 될 것이다. 부처님 모두는 당신에게 강요하지 않는데, 당신의 마음속 바람은, 그가 포기하든가, 그가 포기하지 않으면 그냥 이대로 일 것이다. 나는 일찍이 한 사람을 거사림(居士林)에서 만났다. 그가 말하길, 나는 어떤 것도 없는데, 나의 마음속의 원은 바로 내가 이 일체, 죽은 사람이 누구든지, 그가 좋은 것을 얻을 수 있도록 염(念)하는 것이다. 그래서 나의 큰 누이가 말하길 「나는 단지 내가 죽었을 때 좀 나아질 것을 원한다.」 왜냐하면 그녀는 나의 어머니와 나의 장모가 매우 편안하게 죽는 것을 보았고, 그녀 자신의 시부모와 시아버지는 매우 고통스럽게 죽었다. 그래서 그녀는 나에게 이것을 구한다고 말한 것이다. 그녀가 말하길, 「왕생은 내가 희망이 있겠어? 희망이 없어.」 이런 사람들이 매우 많다. 그래서 「실행은 하되 이해하지 않으면 무명을 키운다.」 우리는 무명을 깨뜨려야 하는데, 당신이 단지 수행만 하고, 당신이 이해하지 못하면, 당신이 증장시키는 것은 무명이다. 그래서 이러한 사정이니 우리는 「실행과 이해가 서로 돕는 것(行解相資)」이 매우 중요하다. 그래서 《정수첩요》는 이러한 장점이 있어서, 우리는 아주 빨리 불교의 하나의 「강령(綱領)」을 완벽하게 이해하는데 깊이 들어갈 수 있다. 강령을 알면 이루기가 쉽다. 그런 후에 이것을 핵심으로 하여, 한 걸음 더 나아가 인연 따라 「실행과 이해가 서로 돕는 것(行解相資)」을 상호 촉진시킨다.

「그러므로 정변지의 바다가 중생의 심상에 들어가 있을지라도」. 《관경(觀經)》에 이런 말이 있는데, 제불의 법성신(諸佛的法性身)은 「일체 중생의 심상에 두루 들어가 있다(遍入一切衆生心想)」; 후에 다시 말하기를, 「정변지의 바다는 심상에 따라 생긴다(正遍知海從心想生).」 우리들은 모두 「정변지」를 알고 있는데, 정변지는 바로 부처님의 십호 중 하나이다. 「변(遍)」은 모르는 것이 없는 것이고, 바르게 아는 것(正知)이다 ; 이 정변지는 아는 바가 바다와 같아서, **이 정변지의 바다는 일체중생이 마음을 일으키고 생각을 움직이는 곳에 들어가 있다.** 부처님뿐만 아니라 관세음보살도 이와 같다. 관세음보살은 이근원통(耳根圓通)을 수행하는데, 한 걸음 한 걸음 「능소(能所)」를 타파하여, 최후에는 모두 없고, 멸(滅)해야 한다. 멸(滅)도 제거(滅掉)해야 하는데, 「생멸이 멸하는데(生滅滅已),」 생멸(生滅)의 이러한 멸(滅), 심지어 이 멸(滅)도 멸(滅)하여, 적멸(寂滅)을 이루는데, 「적멸이 현전한다(寂滅現前).」 「적멸이 현전함」은 단멸(斷滅)이 아니고, 홀연히 두 가지 종류의 수승함을 얻는데, **생멸이 멸한 후에 두 가지 종류의 수승함을 얻는다** : 「위로는 시방제불과 동일한 자력(慈力)」인데, **일체불과 동일한 자력(慈力)으로, 구제하고 제도할 수 있다** ; 「아래로는 일체중생과 같은 비앙(悲仰)」인데, **일체중생과 동일한 마음으로 거기서 부처님의 가피를 구한다.** 「마음, 부처, 중생 세 가지는 차별이 없다(心, 佛, 眾生 三無差別).」 관세음보살의 발심은 이러한 마음을 내는 것으로, 증득한 과(證的果)도 이와 같으니, 즉 「시방제불(과) 같은 자력,」 「일체중생(과) 같은 비앙」이다. 그래서 중생들이 구제를 청할 것 같으면, 관세음보살께서 곧 해결하실 수 있고, 감응하시어 곧 알게 되는데, 「당신의 비앙과 같다.」 그러나 그분은 또

「[여래와] 같은 자력」으로, 여래와 같은 자력이 있으니, 자력이 당신에게 미친다. 그래서 이 「소리를 찾아 구원(尋聲救苦)」하시기 때문에, 관음의 영험을 염하고 구원을 받는 사람은 말할 수 없을 정도로 많은데, 지금도 여전히 매우 많다!

「그러므로 정변지의 바다가, 중생의 심상에 들어가 있을지라도」. 그러나 여러분은 알아야 하는데, **적광(寂光), 상적광토(常寂光土)가 진실한 정토이고, 그것은 우리들의 정(情)과 헤아림(計)에 조금도 관련이 없다.** 중생은 정과 생각(情想)으로, 모두 어느 정도 고려하고, 계산한다. **[정변지는] 실 한쪽 털 한 가닥만큼의 정과 헤아림(情計)에 관계가 없다.** 《능엄경》에서 말씀하시길, 정과 생각(情和想)인데, 인류는 「정과 생각이 중심에 있다(情想居中)」; 「정(情)이 더 많다면」 축생, 귀신이다 ; 「생각(想)이 많다면」 천계(天界)이다. 「생각(想)」은 이상(理想)이다. 그래서 나는 자주 말하기를 감정(感情)이 이상(理想)에 꼭 맞아야만 한다! 불법에서 말하기를, 《대불정수능엄경》:「순전히 정(純情)만 있으면 즉 가라앉는다. 아비지옥에 들어간다.」 순전히 정만 있으면 떨어지고, 순전히 정만 있으면 타락하며, 정이 많으면 아래로 내려간다. 「순전한 생각(純想),」 이 생각(想)은 정(情)과 정(情)의 상대편(情的對面)에서 떠난 것인데, 이상(理想)을 설명하는 것으로는 여전히 충분하지 않다. 이 「순전한 생각은 즉시 날아(純想即飛),」 이 같은 정(情)에 관련되지 않는 것이다. 그렇기 때문에 이 일체의 물욕을 추구하고, 명리를 추구하며, 가족자녀, 이러한 갖가지 감정(感情)이 모두 이 「정(情)」자 속에 있다. 당신은 사사로움이 있기 때문인데, 사사로움이 있으면 대공(大公)이 될 수 없고, 그런 보편적인 마음이 없다. 당신은 단지 「유(有)」에 있을 뿐으로, 소위 「유연자(有緣慈)」이다. **부처님은 「무연자(無**

緣慈), 동체비(同體悲)」이다! 「유연자(有緣慈)」여서, 당신은 나와 연(緣)이 있고, 우리는 이런 인연으로 나는 당신에게 잘 해주고 나는 당신을 돕기를 원한다. 이 착한 마음은 그리 대단한 것이 아니지만, 어쨌든 여전히 좋은 일로, 이것이 「유연자(有緣慈)」이다. 부처님은 「무연자(無緣慈)」이다. 이러한 개별적 인연에 의한 것이 아니라, 나와 동등하게 모두를 구원하고 제도하기를 바란다. 「동체비(同體悲)」는 **그 어떤 중생도 다 내 몸이고, 본체이고, 그의 병은 바로 내 병이다! 그래서 불보살은 위대하여, 일체의 정(情)과 헤아림(計)에 관계하지 않는다.** 이러한 정과 헤아림으로, 중생, 이런 이들은 「정과 헤아림」에 속하는데, 「정」보다 더한 무언가를, (그냥) 항상 고려하기를 원한다 : 비유하면 내가 법을 수행하는데, 수행은 어떤 모양이고, 잘하는 것인가 아닌가? 오늘의 수행은 수승한가 아닌가? 늘 그것을 계산하고, 늘 그것에 바라는 바가 있고, 기대하는 바가 있는데, 이는 바로 「유위(有為)」에 빠진 것이다. 다만 **적광진실정토(寂光真實淨土), 이 법신의 경지에 이르러서야, 일체의 정과 헤아림에 연루되지 않는다.** 부처는 비록 중생의 심상에 들어와 있지만, 그러나 부처님은 결코 우리들 이런 것들에 관계되어 있지 않은데, 그는 모두를 그 부처님의 「정변지의 바다(正遍知海)」 속에 데리고 오지만, 그는 조금도 이런 것들에 관계하지 않으니, 진실로 청정한 것이다. 이로 인하여 우리가 만일 「정변지의 바다」를 성취하려 한다면, 똑같이 마땅히 「일체 정과 헤아림에 관계하지 말아야 한다.」 그래서 항상 착실하게 염불하는 것(老實念)164)은 이와 같다. 염불할 때, 모든 것을 고려하지 않고, 바로 이 한 구절, 바로 이렇게 한 구절 한 구절 염하는 것이다. 나는 늘 말하는데, 우리들이 이렇게 염불할 때, 일체 모

164) 노실염불(老實念佛)의 줄임말

두와 바꿀 수 없다. 예를 들어 **부처를 보고(見佛), 빛을 본다(見光)고 해도 나의 염불 속에 있는 이 한마디 매우 청정한 한 구절을 가져갈 수 없고, 그런 것들과 거래하여 바꾸는 것도 불가능하다!** 이는 견지(堅持)를 (요하는데), 「일체 정과 헤아림에 관계하지 말아야 한다.」

「미묘하여 생각하기 어렵다(微妙難思).」 이 일은 매우 「미묘」한데, 묘(妙)는 더욱 깊이 들어가고, 더욱 세세하고 면밀(細緻)하다. 그래서 어떤 때 우리는 이 현미경을 (사용하여 하부세계를 형용하는데), 그것은 너무 작아서, 당신은 볼 수 없고, 그것은 매우 「미세(微)」하다. 하지만 이 안에는 여전히 많은 일들이 있는데, 이것을 가지고 이 「묘(妙)」를 형용한다. 이 묘(妙)는 당신이 (육안으로 관찰할 수 있는) 매우 큰 (구조의) 것이 아니고, 당신이 발견할 수 있는 것은 매우 제한되어 있어, 미묘는 당신이 [현미경 같은] 측정기구를 빌려야만 곧 알 수 있다. 그래서 이러한 「시각과 본각이 합치하고, 저 의보와 정보를 의지하고, 나의 자심을 드러내는 것」은 미묘한데, 이 일체 모두가 「미묘」하다. 「생각하기 어렵다(難思)」는 「생각하기 어려운 법(難思之法)」인데, 우리들이 우리들의 매우 간단한 두뇌의 사고를 사용하여서 그것과 상통할 수 있는 것이 아니다. 그럼 이제 우리는 어떤 것을 요구하는가? 우리가 먼저 이해할 수 있기를 바라는 것이 더 좋기는 하지만, **우선은 「우러러 믿어야 한다(仰信).」** 왜냐하면 내가 방금 말했던, 어떤 (문구는) 어느 부경(部經)의 말씀이다 ; 어느 경에나 있는 말씀으로 그렇다면 모두 부처님이 말씀하신 바이다. 우리의 이 부분 (이 경문들 모두는) 부처님이 말씀하신 바로 우리는 반드시 그것이 정확하다는 것을 알아야 한다. 하지만 어떤 것은 내가 이미 받아들인 것도 있고, 일부는 여전히 받아들이지 못하지만, 단 오늘 나는 모두를 안심시킬 수 있는데, 오늘 받아들일 수 없다는 것은 긴요하지 않다. 당신이 늘 염하고(老念), 늘 염하면(老念), 당신 모두는 하루하루 다르게 명백하게 알게 된다 ; 자연 자연히 알게 되어, 반드시 사람들에게 강설을 청하는 것이 필요하지 않고, 당신은 단지 늘 반복적으로 보고 또 보고(看來看去), 혹은 염하고 또 염하니(念來念去), 당신은 변한다. 그래서 이것은 부처님의 은혜이다! 이러한 불법의 수승함이 여기에 있다.

「절대원융(絕待圓融)」은 이 일체가 상대적이지 않은 것이다 ; 한번 상대(對待)가 있으면 곧 「둘(二)」인데, 이것은 모순이고, 바로 우리 세간이다. 이것은 상대를 떠나 상대적 법이 아니다. 그래서 상대법이 없는데, 당신은 여전히 무엇을 비교하는가? 본래 절대적이고 원융적이며 피차 방애(妨礙)가 없다. 「원융(圓融)」과 「불원융(不圓融)」에 대하여 우리는 하나의 비유적 방법을 들 수 있다. 물은 어떤 용기에 부울 수 있는데, 그것은 모두 합당하고, 모두 매우 적합하다. 같은 물을 냉장고 안에서 한 덩어리 얼음으로 얼리면, 당신의 이 얼음은 무슨 그릇에 넣어도 적합하지 않고, 어떤 것은 들어가지 못하거나 어떤 것은 들어가기는 해도 적당하지가 않다. 그러면 이 물이 바로 「원융」이고, 이 얼음 그것은 「불원융」이다. 그럼 이 얼음과 물의 차이는 어디에 있는가? 그것은 바로 좀 더 많은 「한기(寒氣)」로 그것을 응결시키는데, 그것을 응결시키는 이 추위를 없애면 그것은 바로 물이다. 그래서 이게 바로 이렇다. 이런 것이 「절대적 원융」이다.

【주역】

102. 「범부의 염불왕생은 또 상품상생이 가능한가?」 이 중요한 문제에 대하여, 염공은 일찍이 《대승무량수경백화해(大乘無量壽經白話解)》(《삼배왕생(三輩往生)》 제24권) 중에서 우리들을 위하여 해답을 내었다. 역시 우리가 본문에서 「진나라(晉朝)의 가난한 사람이 이번 생(當生)에 무생법인(無生法忍)을 증득한 것」을 이해하는 중요한 참고가 될 수 있으니, 지금 이하에서 발췌한다 : 「우리들 이 사바세계의 범부가 염불왕생하면, 또 상품상생이 가능하겠는가? 이 문제에 대한 옛날의 설법에 의하면, 상상품(上上品)은 4지(四地) 이상의 보살이 곧 도달할 수 있는 품계(品級)로 여긴다. 다행히 당나라 시대의 선도대사께서 경론을 광범위하게 인용하여, 힘써 구설(舊說)을 타파하여, 『**극락구품은 모두 오탁악세의 범부가 왕생할 수 있는 급위(級位)**』라고 주장하였다. 단 중생이 만나는 인연이 같지 않아, 그래서 구품에 태어나는 것에 차별이 있다. 예를 들어 **상삼품(上三品)은 대승법(大乘法)을 만난 범부가 태어나는 곳이다.** 중삼품(中三品)은 소승법(小乘法)을 만난 범부가 태어나는 곳이다. 하삼품(下三品)은 선법(善法)을 만난 중생이 태어나는 곳이다. 이런 종류의 사람은 악업을 지었기 때문에, 본래 마땅히 타락하여야 하나, 단 임종시에 그에게 염불을 가르치는 선지식을 만났다. 염불은 『여러 선중의 왕(諸善中王)』으로, 그는 이미 참회하였고, 또 명호(名號)를 지니니, 미타의 『십념필생의 수승한 발원(十念必生勝願)』의 불가사의적 역량에 의지하여 왕생에 이르게 된다. (선도)대사의 말씀대로 극락의 상중하 삼배는 모두 범부가 수행으로 이를 수 있다는 것을 알 수 있다. 다만 인연이 각각이어서 만나는 불법이 같지 않아 차별이 있다. 그래서 대사가 왕생의 삼배구품은, 모두 『오탁범부(五濁凡夫)』를 위한 것이다라고 주장한다. 비록 상품상생이 수승하고 탁월하나, 단지 우리들 **오탁악세의 범부**

는, 단지 『무상보리의 마음(無上菩提之心)을 일으켜, 일향으로 아미타불을 전념』하는 것을 요하는데, 염이 이일심(理一心)에 이르면, 『육자홍명(六字洪名)』과 『일승원해(一乘願海)』의 불가사의한 위신력을 타고, 상품상생의 극락세계에 왕생한다. 이러할 뿐만 아니라, 진나라(晉朝)에 곤궁한 한 사람이 있었는데 생활이 매우 곤궁하였다. 그는 정토법문을 들은 후에 폐관염불(閉關念佛)을 하였다. 그는 더러운 세계(塵世)에 대하여 충분히 싫증이 나서, 한 점의 미련도 남김이 없었고, 단지 일심으로 노실염불(老實念佛)하였다. 그의 염(念)이 어느 정도 시간이 지나자 아미타불을 보았고, 또 부처님의 설법을 듣게 되었는데, 그래서 사람의 몸으로 『무생법인』을 얻었다. 극락세계 삼배구품은 여러분 모두 몫이 있음을 알 수 있으며, 단지 수지(修持)의 노력정도만 본다.」

103. 기효람(紀曉嵐)이 지은 《열미초당필기(閱微草堂筆記)》중에, 수십 개의 부계(扶乩)[165]를 하는 사례를 열거하였다. 기효람은 : 「대개 환술(幻術)은 많은 수법이 날쌔지만, 유독 점을 치는 일에는 확실히 빙의(憑附)가 있어, 영귀(靈鬼)가 능히 문장을 하는 것이다. 어떤 신(某神) 어떤 신선(某仙)이라 칭하는 바, 본래 임시로 의탁함(假託)에 속한다. 민국 7년(1918년), 체한법사(諦閑法師)는 북경의 서울여(徐蔚如) 거사의 초청에 응하여, 북경으로 가서 강경설법을 하였다. 당시 북경의 계단(乩壇)[166]은 매우 성행하였고, 일찍이 백성황白城黃(구시대의 성시城市의 수호신을 성황이라 부름)의 강란(降鸞)[167]이라 자칭하는 자가 체한법사의 강경에 가야한다고 하였고, 만약 모르는 것이 있으면, 다시 체한법사의 해설을 청해야 한다고 하

165) 길흉을 점치는 점술의 일종
166) 점을 칠 때 설치하는 신단(神壇)
167) 신 내림 또는 신 내린 몸

였다. 나중에 체한법사가 초청에 응하여 도착하자, 백성황(白城隍)과 관성제군(關聖帝君)은 서로 예정대로 강란하여, 함께 체한법사(諦閑法師)에 대하여 크게 칭찬하였고, 당시 이 사건은 북경사회에 매우 큰 반향을 일으켰다.

104. 「염불은 어렵지 않으나, 신심을 내는 것이 어렵다. 믿음을 내는 것은 어렵지 않으나, 바른 믿음(正信)을 내는 것이 어렵다.」 이로 인하여, 바른 믿음의 유무가 왕생 여부의 십분 관건(關鍵)이다. 염공이 《심성록(心聲錄)》 중에서 이것에 대하여 특별히 개시를 하였다. 염공이 강의하길 : 「그래서 늘 『염불은 어렵지 않으나, 신심을 내는 것이 어렵다』라고 말했다. 그러면 내가 현재 한 마디를 보충하는데 : 『믿음을 내는 것은 어렵지 않으나, 바른 믿음을 내는 것이 어렵다.』 비록 많은 사람들이 믿기는 하나, 바른 믿음이라 칭할 수 없는데, …… 『바른 믿음(正信)』은 무엇인가? 정토종의 조사에 절류대사(截流大師)가 있다. 그에게 『권생정신문(勸生正信文)』이 있는데, 여러분에게 바른 믿음을 내기를 권한다. 그가 말하길 이 바른 믿음과 바른 믿음이 아닌 것의 구별은 너무 크다. 그의 **바른 믿음은 어떤 것인가?** (제1조는) 바로 『**자기의 본심과 부처의 마음은 본래 분별이 없음을 믿는 것**』**이다.** [이는] 바로 석가모니불이 증득한 바이다! 모두 여래의 지혜덕상(智慧德相)을 갖추었다! 그래서 자신의 본심(本心)과 부처의 묘명진심(妙明真心)은 본래 다르지 않다. 그런데? 현재 자기는 여전히 범부이고 여전히 부처가 아니다. 이것이 처음 1조이다. 제2조는 『**나는 우리가 부처는 아니지만 우리와 부처 사이에 분리됨(隔斷的地方)이 없다고 믿는다**』. 한 컵에 우리는 물을 붓고 우유를 부으면, 이 컵 안에 물이 있는 곳에 우유가 있고, 우유가 있는 곳에 물이 있다. 우리와 부처, 비록 지금은

우리가 중생이지만, 우리는 물인 셈이고 부처는 우유인 셈이다. 단 우리와 부처는, 물과 우유와 마찬가지로 서로 융합하고 서로 섭수한다. 이 도리는 옳다. 왜냐하면 적어도 우리는 부처의 마음이 일체처에 두루 하다는 것을 믿을 수 있기 때문에 당연히 우리들은 부처님의 마음속에 있다. 다시 한 걸음 더 나아가, 우리의 마음은 부처님 마음과 같다고 믿어야 한다. 그래서 우리의 마음도 일체처에 두루 하다. 모두 일체처에 두루 하여, 부처가 내 마음 속에 있고, 내가 부처님의 마음속에 있어서, 일체처에 피차 모두 있다. 컵에 우유와 물을 넣으면, 컵 속에는 자연히 도처에 우유이고 도처에 물이다. 이것이 제2조이다. 제3은,『이로 인하여 우리들은 이 염불을 한다! **여래가 모두 알고 모두 보시니, 감응도교(感應道交)한다.** 그래서 염불은 반드시 왕생의 과(果)를 얻게 한다.』이와 같은 신심을 바른 믿음이라 한다. 그 밑에 한 문장 더 있으면 매우 심오할 것인데, 바른 믿음과 바른 믿음이 아닌 것은 장래 이 구별이 천양지차이다.『당신이 바른 믿음을 갖추지 않으면, 왕생은 불가능하다.』」

105. 염공의 노 모친인「매 태부인(梅太夫人)」도 때가 이른 것을 미리 알았는데, 정토에 왕생하였다. 도경량(姚景良) 거사(법명은 흔량欣量)가《황념조 거사가 관세음보살상을 나타내다(黃念祖居士現觀世音菩薩相) —— 한번의 매우 수승한 경험(一次非常殊勝的經歷)》의 한 문장 중에서 소개하기를, 1955년, 56년에, 도거사의 조부모는 서사정가(西四丁街)에 있는 임자(壬字) 409에 진료소를 개업하였다. 도거사는 어릴 때부터 할아버지 할머니와 함께 살았는데, 할머니는 늘 그를 황념조 노거사의 집으로 데리고 갔다. 도거사의 할아버지는 일찍이 그에게 알려주었는데, 황념조 거사의 모친(매 태부인)은

왕생 반년 전에 때가 이른 것을 미리 알고, 손에 달고 다니던 염주를 도거사의 할머니에게 선물하기도 하였다.

106.「순전한 생각은 즉시 난다(純想即飛).」: 염공은《보은담》의 해설에서 원영법사(圓瑛法師)를「능엄독보(楞嚴獨步)」라고 칭송하였다. 지금은 원(圓)공의 주해(《대불정수능엄경강의》)로「순상즉비(純想即飛)」를 해석한다. 아래에 부록(附錄)한다 : 《대불정수능엄경》에서 이르길 :「순전한 생각은 즉시 날아(純想即飛) 반드시 천상에 생겨난다(必生天上) ; 만약 날아가는 마음 중에 복(福)을 겸하고 혜(慧)를 겸하며 정토발원(淨願)이 함께 하면, 자연히 마음이 열려서 시방불을 보고, 일체 정토에 원을 따라 왕생한다. 원공이 말하기를 :「생각(想)은 맑고 깨끗한 마음으로 하는 관상(澄心觀想)이지, 어지러운 생각(亂想)이 아니다. 이것은 난생(卵生)의 상(想)과 다른데, 그것은 대략 생을 받을 때 망상에 물든 상(妄染之想)이다 ; 이것은 대략 세상에 있을 때 승묘한 상(勝妙之想)에 습관이 든다. 순전한 생각의 승묘한 경계는 신(神)이 다른 곳을 이리저리 다니는 것처럼 그러므로 즉 날 수 있고, 추락하지 않아 반드시 천상에 태어나며, 하늘에 거주하는 것을 선택한다. 낮은 순전한 정(下純情)은 오로지 극히 무거운 아비지옥(阿鼻)에 국한된다 ; 이 순전한 생각은 삼계제천(三界諸天)을 통솔한다 : 삼계제천은 모두 선업을 생각하는 마음이 감응한 바(皆想心善業之所感)임을 알 수 있다. 만약 순전한 생각으로 나는 마음(純想飛心) 중에서, 평소에 복과 지혜를 함께 닦는 사람은, 부처를 공양하는 것이 복업(福業)이고, 법을 듣는 것이 혜업(慧業)과 같다.『정토발원(淨願)』과 함께라는 것은 : 여전히 항상 불학(佛學)을 따르기를 원하고, 부처님의 수기(授記)를 받으며, 왕생을 구하려 하면서 부처님 뵙기를 원한다. 무릇

수명이 장차 끝날 때 신식(神識)이 혼미하고 어두워지는데, 시방을 보면 먹을 모은 것과 같이 매우 깊숙하고 컴컴하여 어디에 머무는지를 알지 못한다. 지금은《순전한 생각(純想), 복과 지혜의 힘(福慧力), 정토발원력(淨願力)》으로 자연히 심지가 개통하여(心地開通), 시방불, 일체의 정토, 예를 들면 서방의 미타낙방(彌陀樂邦)[168], 동방의 약사유리(藥師琉璃)[169] 등을 본다 ; 시방이 모두 나타나고, 우열이 가려져, 그러므로 원하는 바에 따라 왕생한다. 이것 역시, 순전한 생각에 속하는 것이지만, 복과 지혜(福慧)를 겸하고, 아울러 원력이 있어서, 제천(諸天)을 뛰어넘는다.」

107. 우리 중생은 얼음과 같이 한기(寒氣)가 많아, 원융하지 않다 ;「한기」는 중생의 집착으로부터 나온 것이다. 현재 염공이 미국을 여행하면서 개시한《결택견(抉擇見)》한 문장 중에 관련 개시로 설명한 것을 발췌한다. 염공이 말씀하길 :「우리 중생은 얼음인데, 얼음은 무엇인가? 전체가 물이다. 비록 중생이지만, 그러나 전체가 부처이다. 다만『한기(寒氣)』가 좀 많아져서 한기가 응결되어 얼음이 되었다. 그래서 우리들 수지(修持)의 관건도 이 속에 있는데, 다른 어떤『구전단성(九轉丹成)[170]』도 필요가 없으며, 그런 일이 아니다. 단지『한기(寒氣)』가 사라지면, 얼음은 바로 용해되어 물이 되는데, 전체가 물이다. 바로 이 물건이고, 바뀌지 않는다! 물도 H2O이

168) 아미타불의 극락세계

169) 약사유리광여래의 정토

170) [도교에서] 구전금단(九轉金丹)을 연마하는 것을 지칭하는데, 후대에 흔히 비유하여 장기간의 끊임없는 고된 노력을 거쳐 마침내 성공을 거둔 것을 비유한다.
(출전: https://baike.baidu.com/item/九转丹成/5145997, 2022. 10. 2.확인). 여기서는 정토법문 이외의 노력이 많이 들어가는 다른 수행법을 의미하는 것으로 보인다(옮긴이 주)

고, 얼음도 H2O로, 성분을 바꿀 필요 없이, 다른 성질과 물건으로 바뀐다. **단지 『한기』가 좀 많아져서 응결되는데, 『집착』이다! 본래 무애(無礙)하고 유동적(流動的)인데, 『집착』이 유애(有礙), 불유동(不流動)으로 바꾸었다. 망심(妄心)의 갖가지 분별로 인하여 마음이 생겨 바로 갖가지 법이 생겨난다.**

제15배 접인 받아 왕생하다

한마음으로 관하여 예배하옵니다. [아미타불] 만덕홍명이 뭇 죄를 소멸시키옵니다. 일향으로 전념하면 자연히 [마음의] 때와 장애가 사라지고, 도심이 무르익을 뿐만 아니라, 또 복덕과 지혜가 증장하게 됩니다. 임종시에는 성중들께서 앞에 나타나시어 자비의 가피를 주시니, [저희들의] 마음은 산란하지 않사옵니다. [저희들이] 접인받고 극락세계에 왕생하여, 칠보연못에서 [연]꽃이 피어나 뵈옵게 되는 아미타부처님이시여!

나무아미타불

(1번 절하면서 3번 부른다)

제15조, 「만덕홍명(萬德洪名)이 능히 뭇 죄를 소멸시킨다. 만약 일향으로 전념하면, 자연히 [마음속의] 때와 장애가 사라진다.」 이 명호는 만덕이 장엄한 바로, 그래서 「만덕홍명(萬德洪名)」이라고 칭한다. 「명호에 만덕을 갖추시었고」로, 저 이름 속에 만덕을 갖추었다. 이름이 「만덕을 불러올」 수 있다. 그래서 이름이 만덕을 갖추었고, 이름이 만덕을 부른다. 당신이 누구의 이름을 부르면, 누구를 부르면 누가 온다. 이 명호는 만덕으로 이루어진 것이고, 그 속에는 만덕이 포함되어 있기 때문에, 그래서 **이 이름을 부르면, 당신은 만덕을 모두 불러 오는 것이다. 그래서 말인데, 당신이 염불하면 부처님의 공덕을 모두 거두어 자기의 공덕을 이룬다.** 이것은 우익대사(蕅益大師)의 말씀으로 이 말씀이 좋다! 당신이 염불을 할 때, 이 한 마디 부처님 명호는 역시 우익대사가 말씀한 것과 같이, 바로 석가모니부처님께서 얻은 아뇩다라삼먁삼보리법으로, [이를] 전부 우리에게 주신다. 이것이 부처님

의 공덕을 전부 거두어 자기의 공덕을 이룬다는 것이다. 아미타불의 공덕인데, 당신이 이 한 마디를 염하면, 아미타불의 공덕 전부가 당신 자신의 공덕으로 변하게 된다. 그래서 이 한마디의 공덕의 효험이 이렇게 크다! 「능히 뭇 죄를 소멸 시킨다」는 것은 각종 죄를 소멸시킬 수 있다는 것이다.

「만약 일향으로 전념하면」은, 당신이 정말로 일향으로 전념할 수 있다면이다. 「일향전념(一向專念)」이라는 말이 여기서 나왔는데, 이 「일향전념」은 중요한 수지(修持)의 관건이다. 《무량수경》의 《삼배왕생(三輩往生)》은 당신이 상배(上輩)·중배(中輩)· 하배(下輩)이든 상관없이 공통적으로 모두 필요한 조건이 무엇인가? 이것은 「보리심을 발하여(發菩提心) 일향으로 전념하는 것이다(一向專念).」 「일향(一向),」 나의 일향은 이와 같은데, 일관적(一貫的)인 것이다 ; 「전념(專念)」은 전일한 염(專一的念)으로, 어떤 모든 염이 아니고, 매우 잡다한 것이 아니다 ; 어떤 사람은 내가 비록 부처님 명호(佛號)를 염하는 것은 맞지만, 마음은 늘 불안하고, 항상 장래에 내가 다른 것을 배울 기회가 있어야만 만족할 수 있다라고 생각하는데, 이것은 모두 전(專)이 되지 못한다. 진정한 전념이 (필요하다)! **당신이 만약 「일향전념」할 수 있다면, 그것은 당신이 일심(一心)에 도달했는지를 묻지 않는다.** 이는 《아미타경》과 이 점에서 같지 않다. 《아미타경》은 하나의 돌격을 하는 것이다. 기한을 정해서 증득하고, 정해진 기한 내에, 전심적 수행(全心的修)을 하여, 수행이 과연 「사일심(事一心)」이나 「이일심(理一心)」에 도달할 수 있다면, 이렇게 하면, 마지막에 반드시 왕생할 수 있다는 것이 하나의 해석이다. 그런데 한 걸음 더 나아가서 바로 이것[즉 위와 같이 해석하는 것]보다는 조금 더 느긋할 수 있는데, 바로 **「일향(一向)」, 「일심불란(一**

心不亂) 전지명호(專持名號)」는, 「사일심(事一心), 이일심(理一心)」에 도달할 필요가 없다171) ; 「사일심(事一心), 이일심(理一心)」에 도달하면 당신은 당연히 좋은 것으로 그럼 방편유여토에 태어날 수 있고, 실보장엄토에 태어날 수 있다. 그런데 우리는 일반적으로 모두 범성동거토에 도달하는데, 그것은 「사일심(事一心), 이일심(理一心)」에 도달할 필요가 없다. 당신은 단지 일심불란만 요하는데, 이것저것 생각하는 매우 어지러운 이러한 염(念)이 아니라, 일심불란의 매우 청정한 한마음 한 뜻이 이 염(念)에 있다. 그래서 현장(玄奘)이 번역한 것이 바로 **「계념명호(繫念名號)」**172)인데, 마음은 이곳에 있고, 이 명호를 이렇게 염(念)한다.

그래서 《무량수경》은 「일향전념」으로, 이는 일관적이고, 전념(專念)하는 것이다. 즉, 당신은 자신이 일심불란에 도달할 수 있는지를 불문하고, 여전히 도달되지 못하였더라도 모두 왕

---

171) 〈불설아미타경요해(우익대사 저)〉에 의하면, 일심불란(一心不亂)을 사일심(事一心)불란과 이일심(理一心)불란으로 나눈다. 여기서 황념조 거사께서는 일심불란을 신역 《아미타경》의 계념불란(繫念不亂), 《무량수경》의 일향전념(一向專念)과 같은 의미로 보고, 왕생을 하는데 있어 일심불란이 사일심불란이나 이일심불란에 이를 필요가 없다는 견해이시다(옮긴이 주).

172) 만약 선남자, 선여인이, 아미타불에 대해 말씀하는 것을 듣고, 명호를 꼭 지니어, 만약 하루, 이틀, 사흘, 나흘, 닷새, 엿새, 이레 동안 한마음이 되어 흐트러지지 않으면(若有善男子，善女人，聞說阿彌陁佛，執持名號，若一日、若二日、若三日、若四日、若五日、若六日、若七日，**一心不亂**) [출전: 불설아미타경, 구마라십 역]. 또 사리자야! 만약 청정한 믿음을 지닌 선남자 또는 선여인이, 이와 같은 무량수불의 무량무변한 불가사의 공덕이 있는 명호와 극락세계의 공덕장엄을 듣고, 듣고 사유하여, 만약 하루 밤낮, 이틀, 사흘, 나흘, 닷새, 엿새, 이레 동안을 마음을 매어 두고 생각하여 흐트러지지 않으면(又，舍利子！若有淨信諸善男子或善女人，得聞如是無量壽佛無量無邊不可思議功德名號、極樂世界功德莊嚴，聞已思惟，若一日夜，或二、或三、或四、或五、或六、或七，**繫念不亂**) [출전: 칭찬정토불섭수경, 현장 역)

생할 수 있다. 왜냐하면 우리는 단지 「범성동거토」에 태어날 수 있는 것만 요구되므로, 정말 대단한 것인데, 어떤 문제도 모두 해결되었다. 만약 당신의 염(念)이 「사일심(事一心), 이일심(理一心)」에 도달할 수 있다면, 그럼 더욱 좋다! 그래서 왕생에 대해 많은 사람들이 오해하여, 「염(念)이 일심불란에 이르지 못하면 왕생하지 못 한다」고 하는데, 이것은 이해가 깊지 않은 것이다. 그래서 하노사께서 말씀하시길 : **「염(念)이 일심불란에 도달하지 못해도, 마찬가지로 왕생이 가능하다 ; [그러나] 일향전념하지 않으면 그는 왕생할 수가 없다.」** 대체적, 일반적 상황으로 말하자면 이러하다. 왜냐하면 당신은 반드시 일정한 수지(修持)가 필요하며, 일정한 염(念)은 저 정토연분(淨緣)과 결합한다. 게다가 이 염(念)은, 임종 때 부처님이 와서 접인하실 뿐만 아니라, 「만약 일향전념 할 수 있으면 [마음속의] 때와 장애가 소멸하여 없어지는데,」 내 마음속의 더러움(汚垢)도 장애도 모두 없앨 수 있다. 「비단 도심(道心)이 무르익을(純熟) 뿐만 아니다」라는 것은 겨우 나의 이러한 도심(道心)이 무르익을(純熟) 뿐만이 아니다라는 것이다.

무엇 때문에 「일향전념」을 가르쳐야 하는가? 당신은 저 일체 장애를 소멸시키고 제거해야 하기 때문이다. 당신이 왕생하기 전에, 이 길에는 온통 장애물로, 당신에게는 많은 장애물이 놓여 있어, 당신은 갈 수가 없다! 과거에는 저 통행지장물(堵塞), 저 탱크를 배치하고, 갖가지 노상 장애물을 배치하여, 그것이 뚫고 지나갈 수 없었다. 군용차가! 그래서 그것을 (소멸시키고 제거해야 하는데), (이게 다) 장애이다. **당신이 많이 염(念)하면 장애를 없앤다 ; 그것은 장애를 없앨 뿐만 아니라, 게다가 당신의 「도심을 무르익게(純熟)」 할 수 있는**

데, 당신의 도를 향한 마음이 곧 무르익는다.

우리가 수지(修持)하는 것은 단지 두 가지 일뿐인데, 두 가지 일은 사실 말하자면 하나의 일을 말하는 것이다. 바로 「생소한 곳을 친숙하게(生處熟), 친숙한 곳을 생소하게(熟處生) 하는 것」이 필요하다. 우리는 생소한 면과, 친숙한 면이 있다. 우리가 친숙한 것은 무엇인가? 탐진치(貪瞋痴)로, 나를 위해 계획하는, 이런 것들은 극히 친숙하다. 망상하는 것, 지금까지 말한 적이 없는데, 나는 지금 시간을 내서 망상을 좀 정돈, 안배하려 하는데, 자연히 이것은 망상이다 ; 그 탐심·진심·치심을 당신은 누르려고 해도 그치지 않는데, 그것은 대단히 친숙하다! 이러한 **「도를 향하는 마음(向道的心),」 내가 염불을 하는 것, 내가 공덕을 쌓는 것, 남을 돕는 것, 다른 이를 이롭게 하는 것, 이런 마음은 「생소」한 것이다.** 저 각종 탐욕이 (없는), 그런 마음이면 그럼 친숙해지고, (그럼) 자연스럽다 ; 그러한 [탐욕의] 마음이 없으면 그럼 진실한데, 모든 것을 상관하지 않을 수 있고, 목숨까지도 상관하지 않을 수 있다. 그래서 하나는 생소한 것이고, 하나는 친숙한 것이다. 수행은 전환과 변화를 요구하는데, 이 「생소한 곳을 변화시켜 친숙하게 하고, 친숙한 것을 변화시켜 생소하게 하는 것이다」. 우리는 이 도심, 보리심, 저 온갖 것, 자비심을 가지려 하고, 염불을 해야 하고, 계율을 지켜야 하는 것들을 매우 친숙한 것으로 만들어야 한다. 그러나 이런 세간, 이런 공명부귀, 처자식들, 여러분이 친숙한 모든 것들을, 우리는 생소한 것으로 만들어야 한다. 이것이 하나의 전환이다!

그래서 말하자면, 극락세계를 흠모하고 우러르며, 도를 닦아야 한다 ; 이 사바세계를 싫어하여 떠나는 것, 사바세계의 것들에 대하여 내가 기뻐하지 않는 것, 그것이 「친숙한 것을 생소하게 바꾸는 것」이다. 그렇지 않으면 저것이 바로 내가 탐내고 연연하는 것이다. 그래서 염불은 당신으로 하여금 「도심을 무르익게」 할 수 있고, 생소한 것을 친숙하게 한다. 게다가 당신의 복과 지혜가 모두 증장할 수 있다. 우리의 이 복은 여전히 겨우 세간(世間)에서 이렇게 누리는 것뿐만이 아니라, 출세간(出世間)도 복이 필요하다. 출세간 복보가 매우 중요하니, 당신은 선지식을 가까이 하는 것이 필요한데, 당신에게 기연(機緣)이 필요하다. 어떤 때는 당신이 이런 복보가 없어서, 오늘 도량(道場)173)이 [열려]있으나, 참가할 수 없다 ; [도량에] 참가한 후에도 당신은 병이 나서, 다른 사람들이 모두 거기에서 잘 듣고 있는데, 당신은 거기에서 이가 아프고, 많은 장애가 있다. 일찍이 왕상사(王上師)께서 여기 계셨을 때, 건너편 집에 사는 성이 학(郝)인 이웃이 있었는데, 이 학거사는 사람이 대단히 좋다 ; 그는 나중에 경험을 하였는데, 그는 한때 왕상사를 만나려는 누군가를 [왕상사께] 소개하였다. 아무리 해도 [만남이] 안 되고, [소개를 받았던 사람은 왕상사를 뵙는 것이] 항상 좋다고만 하였고, [막상] 그 때가 되면 [만남이 실행이] 안 되었다. 나중에 그는 경험을 총결하길, 그는 어떤 사람을 [왕상사께] 소개하기를 원했고, 그는 먼저 이 사람을 대신하여 《금강살타백자명(金剛薩埵百字明)》을 몇 번이고 읽어주어서, 장애(障礙)를 없앴다 ; 이렇게 한 후에, 바로 성공하여, 때가 되자 그[즉 소개받았던 사람]가 [왕상사에게] 올 수 있었다.

이 「장(障)」자는 매우 무섭다. 여러분은 때때로 죄 받는 것을 두려워하고, 어떤 것을 두려워한다. 어떤 때는 그것이 반드

173) 법회

시 죄만이 아니라, 그것은 장애를 증가시키는 것이다. 장애를 증가시키는 것은 매우 심하여, 당신이 수지(修持)를 하지 않는 것이 더 나은데, 수지는 도처에 방해를 받고, 당신의 수지를 저지한다. 당신이 방금 말했는데, 나는 이 안에서 조금 더 염(念)을 많이 해야 하는데, 그는 하필이면 직장의 부서에서 당신에게 임무를 하달하여, 당신을 어떤 것에 맞추라고 하는데, 당신의 [수지를 하려는] 계획은 허사가 되었으니, 이것 모두가 장애이다. 당신이 만약 열심히 공부한다면, 복보가 있는데, 출세간의 복이다. 그래서 당신이 필요한 책을 얻을 수도 있고, 당신이 요청하는 불상을 청하여 모실 수 있으며, 매우 많은 좋은 것, 모든 종류의 것, 여러분 모두 선지식을 만나고, 모두 좋은 벗을 만나며, 친족 같은 보리권속(親眷的菩提眷屬)을 얻는다. 이 모든 것이 복보이다. 당신 혼자 염불하면, 온 가족이 당신을 반대하는데, 이것이 바로 당신의 장애이다. 이런 상황은 아주 많다! 남편이 화가 나서 그녀의 불상을 밖으로 던져버리고, 아주 멀리 내다 버리는데, 그렇지 않은가, 싸우면 이길 수 없다. 그러므로 보리권속(菩提眷屬)[174]은, 여러분 모두가 알다시피 매우 귀한 일로서, 모두 「복(福)」에 속한다.

출세간의 복도 요긴하지만, 「지혜(慧)」가 더 중요하다. 우리가 이 속에서 말하는 관건은 「지혜」이다. 당신이 당신의 법신을 회복하고, 당신의 이 번뇌를 해탈하는 것은, 모두 반야(般若)에 의지해야 한다. 당신은 늘 염불하는데, 당신은 복과 지혜가 자연히 증장할 수 있다. 더욱 중요한 것은 임명종시(臨命終時)[175]이다. 그래서 이 **「일향전념」의 의미는 바로 당**

174) 불교를 믿고, 불교를 믿는 것을 지지해 주는 가족이나 친지
175) 임종시 또는 명종시

신의 「믿음(信)·발원(願)·지명(持名)」이다. 앞에서 믿음이나, 발원을 모두 언급하였는데, 실제상으로는 이미 속에서 암암리에 포섭하였다. 당신이 「일향전념」을 할 수 있는 사람이라면, 그는 믿음과 발원에서 출발하는 것이다. 그럼, 이렇게 그가 임종할 때 …… 이 왕생은 자기의 역량이 아니다! 특히 임종할 때, (평상시) 염불할 때가 아닌, 이때 「사대가 분리되는 것(四大分離)[176]」은 매우 고통스럽다 ; 마음도 그러한데, 마음의 힘이 극히 미약할 때이다 ; 이때 염불할 수 있어야 하는데, 당신이 평소에 단련한 것으로는 이와 같이 되지 않는다. 그래서 매우 많은 사람들 모두가 내가 거기(這一步)까지 단련해야 한다고 생각하는데, 그것은 쉬운 길이 아니다! [임종시에 염불할 수 있는] 이것이 당신이 이 부처님의 접인하심에 도달할 수 있는 조건이다! 부처님께서 접인하러 오시는 것은, 이미 내가 항상 말했던 것이다 : 현재 비유하여 말하면, 일반적으로 500점에 이러한 대학들을 합격하는데, 나는 이 학교에서 200점을 받으면 합격하는 것, 이것은 가능하다 ; 당신이 만약 0점을 얻는다면 이것은 불가능하다. 극락세계라는 학교는 200점 만점에 합격할 수 있는데, 그후 등급이 내려가지 않고, 유급되지 않고, 각각 아인슈타인 수준의 졸업생들이 모두 성불하는, 이것은 하나의 특수학교이다. 그래도 당신은 여전히 200점을 얻는 것을 요한다. 그래서 당신은 부처님이 내영(來迎)하시어 당신을 접인하려는 저 원력에 도달해야 하는데, 당신이 과연 믿고, 발원하며, 왕생을 원한다는 말이다. 당신은 발원 속에 있고, 당신은 [부처님께서 접인하러] 오시기를 원하며, 또 당신은 여전히 염불하고 있으니, 일향(一向)은 이와 같다. 일향은 이와 같은데, 그

176) 불교에서는 몸이 지수화풍(地水火風) 사대(四大)로 이루어져 있다고 하며, 죽을 때는 이것들이 모두 흩어진다고 함

래서 이렇게 임종할 때에, 부처님과 많은 대보살과 많은 성중(聖衆)과 당신은 인연이 있다. 그래서 많은 분들이 모두 증명하였는데, 많은 사람들이 왕생할 때 자기 집으로 이미 죽은 사람과 부처님이 함께 마중 나오는 것을 보며, 여러 분께서 맞이하러 오시어, 현재 임종인의 앞에 계신다.

이것이 「**자비의 가피로 보우하시어(慈悲加佑), 마음이 산란하지 않도록 하신다(令心不亂)**」이다. 그래서 《아미타경》 두 가지 번역본, 하나는 구마라십의 번역이고, 하나는 현장의 번역이다. 이 두 마디는 현장법사의 번역본 속에, 임종할 때의 부분에 있다. 그래서 현장법사는 왜 [아미타경을] 다시 한번 번역을 해야 했을까? 모두 원인이 있는데, 이런 대덕(大德)의 시간은 모두 귀중한 것이다. 구마라십 법사의 번역본은 모두들 읽고 싶어 하여 《진역본(秦譯本)》을 읽는다. 현장대사, 여러분은 그의 번역이 정확하고, 번역이 잘 되어 있지만, 또 아무도 읽으려 하지 않는다는 것을 아는데, 그것은 발음이 잘 되지 않는다. 하지만 그는 여전히 번역하려 했는데, 중요한 것은 「자비의 가피로 보우하시어(慈悲加佑), 마음이 산란하지 않게 하신다(令心不亂)」를 [신역에] 추가한 것이다. 부처님의 자비로운 힘이 당신을 감싸고(庇護), 당신을 가지(加持)하여, 「마음이 산란하지 않게 하는 것」이다! 이 「영(令)」자의 분량은 매우 무겁다. 당신의 마음을 부르고, 죽어가는 사람의 마음을 부르고, 이 부름으로 그는 흐트러지지 않는데(不亂), 그가 흐트러지지 않도록 명령한다 ; 이 「영(令)」은 반드시 명령(命令)이 아니라, 그것을 얻게 하는 것이다. 그리고 어떤 경전에서 말씀하시길, 부처님은 이때 특별한 삼매에 들어가 계시는데, 그리고 그 망자도 별도로 일종의 삼매에 들어가게 하신다. **이 망자는 이때 부처님의 가지(加持) 속에서**

삼매 중으로 들어가는데, 이로 인하여 능히 염(念)할 수 있다.

그래서 이것은 무엇에 의지하는가? 「타력(他力)」에 의지한다. 왕생법문, 정토법문은 「타력문(他力門)」이다. 말하자면 「타력」을 믿지 않고, 「자력」만을 믿는다면, 이것은 충분하지 않다. 타력은 미타의 원력이다. 그래서 미타는 「대원력의 왕(大願之王)」, 「부처님중의 왕(佛中之王)」이라고 칭한다! 그의 이 원력은 특별히 수승하다. 당신은 이 일정한 「믿음(信)·발원(願)·지명염불(持名)」만 있으면 된다. 왕생을 원하는 뜻으로, 「보리심을 발하여, 일향으로 전념하면」, 이 조건들에 부합하여, 당신이 최후의 시간에 있을 때, 부처님은 당신 앞에 나타나고, 대중도 당신 앞에 나타나, 부처님의 역량으로 (접인하시어 왕생하게 하신다). 이 말은 좀 간단하다. 다른 경에서 말씀하시기를, 부처님은, 나의 이 《대경해(大經解)》에 다 있는데, 부처님은 이런 삼매의 힘으로 당신을 삼매에 들게 하시고, 이럴 때 자연스럽게 정념(正念)이 분명하여, 계속하여 염(念)할 수 있다면, 그럼 부처님을 따라 왕생한다.

「접인받아 왕생한다(接引往生).」 그래서 아미타불을 「접인불(接引佛)」이라고 칭한다. 우리들 수행자는 「보리심을 발하여, 일향으로 전념하는 것」이 필요하다. 얻는 과실은 바로 「부처님의 접인을 받음(蒙佛接引)」이다. 부처님의 접인을 받아 왕생하는 것으로 부처님의 힘(佛力)에 의지한다. 그래서 **「접인불(接引佛)」은 한 손에 연꽃을 들고, 한 손은 이렇게 늘어뜨린다. 이 연꽃이 바로 당신이라는 망자가 앉을 연꽃으로, 당신에게 보내는 것이다.** 저 손은 접인하는 것으로 접인을 표시하며, 부처님의 위력가피가 당신으로 하여금 능히 [극락세계에] 갈 수 있게 한다.

「극락에 왕생하여, 칠보연못 속에서, 연꽃이 피어 아미타불을 뵈온다.」 그래서 극락세계에 도달하면 부모에게서 태어나는 몸이 아니고, 연꽃 속에서 「자연화생(自然化生)」하며, 자연히 변화하여 나오니, 우리 같은 이런 혈육의 신체가 아니다. 그래서 「**연꽃에서 변화로 생겨남(蓮花化生)**」이라고 부른다. 한 생 후에는 여러분 모두는 32가지의 대장부의 상(相)이다.177)

이것이 설명으로, 위에서 여러 가지 도리를 이야기했는데, 이것이 바로 구체적인 점이다. 이 일체가 모두가 둘이 아니다(不二). 아미타불, 또 여러분 모두 함께 극락세계를 보고, 아미타불을 뵙는 것이 확실하다. **우리가 염불을 시작하는 것은 바로 깨달음(覺悟)의 시작인데, 저 깨달음(覺悟)과 본각(本覺)이 합치하여, 바로 구경(究竟)에 나아간다.** 그럼 구체적으로 그것은 당신의 「일향전념」이 필요한데, 임종시에 접인이 되어 왕생한다. 그래서 하나의 가르침, 그것은 한편 당신에게 설명을 요하는데, 이것은 필연적으로 하나의 도리가 있는 것이고, 지당한 도리가 있는 것이며, 이것은 진리에 부합하는 것이니, 당신은 충분히 받아들일 수 있다. 어둡고 혼란한 동물과 같지 않아서, 가장 높고, 가장 오묘하며, 가장 청초(清楚)하고, 가장 정확하다. 하지만 여전히 그것이 정확해서 좋다 그런 것만이 아니고, 당신은 여전히 이룰 수 있도록 해야 한다! 이룰 수 있으려면, 어떻게 해야 하는가? 그래서 (염불법문) 그것은 이렇게 매우 온전하고, 이것은 이룰 수 있는 것이다. 당신은 「일향전념」으로, 나178)는 결심하였고, 나는

177) 성불한다는 뜻

178) 여기서는 황념조 거사 본인을 가리키는 것이 아니고, '당신(you)'의 의미

지금부터, 내가 공양(할) 불상도 모셔올 것인데, 그 시작은 매우 좋고, 나는 부처님께 공양을 올린다 ; 부처님께 공양을 올리고, 나는 매우 작은 하나의 정해진 과(定課)로부터 시작해서, 매일 매일 염불한다. 그들은 이 아이들도 다 염불하고 있다. 어떤 이는 중학시절이었는데, 그는 지금 대학에 들어갔으며, 이것이 하나[의 예]이다. 그는 중학시절에 바뀌어 하루에 8만 번까지 염(念)하여, 염을 계속하였다. 염(念)을 한 후에 바뀌어, 지금은 공과(功課)가 매우 순조롭다. (염공의 강의가 여기에 이르러 고개를 돌려 주변에 있는 한 사람에게 물으시고, 카메라에 그녀의 얼굴을 담지는 못했지만, 앳된 목소리는 들을 수 있다. 염공께서 물으시길,) 「오늘 얼마나 염했어?」 (그 앳된 목소리가 대답했다 :) 「오늘은 11,000번을 염했습니다.」 (염공이 이 말을 되풀이했다 :) 「11,000 염이라.」 (그리고 계속 말하시기를,) 그래서 여러분 모두는 「보리심을 발하여 일향전념」해야 하는데, 미래에는 부처님에 친화적인 가정으로 변화하여, 보리권속으로서, 여러분은 같다.

【주역】

108. 「**이름이 만덕을 부른다(名召萬德)**」는 정토법문의 지명염불적 공덕이 불가사의함을 설명한다. 《심성록(心聲錄)》 중에서, 염공은 정토종 조사인 도작(道綽)법사의 공안(公案)을 가지고 「이름이 만덕을 부른다(名召萬德)」가 진실하여 허망하지 않음과 불가사의함을 설명하였다. 염공이 강설하길 : 「한 마디 불호(佛號)는 아미타불이 다생다겁에, 만덕으로 훈습하여 수행한 과실(萬德薰修的果實)이다. 당신이 명호를 염하면, 명호

로 보임

중의 만덕장엄적 묘과(萬德莊嚴的妙果)는 당신의 마음속에 있다. 게다가 명호의 공덕은 불가사의하다. 그래서 지명(持名)의 공덕도 불가사의하다. 정토종의 조사인 도작은, 실례를 들어, 이름(名字)을 염하는 것의 좋은 점을 설명하였다. 하나의 예는 : 개에 물린 것을 치료하는 약처방은 호랑이의 뼈를 뜨겁게 달구어 상처에 문질러 주면 좋아질 수 있다. 그런데 두메산골 외진 곳에서 개에게 물리면 호랑이 뼈를 구할 수 없는데 어떡하는가? 자기의 손을 아주 뜨겁게 하여, 그 상처에 문지르고, 속으로 염하길 :『호랑이가 온다! 호랑이가 온다!』도 좋을 수 있다. 다른 하나는 자신의 직접 경험으로 ; 삔 발은 모과를 데워서 비벼야 하는데, 모과 역시 평소에 얻을 수 있는 것이 아니라, 자신의 뜨거운 손으로 상처 부위를 마사지하고, 속으로 염하길 :『모과(木瓜), 모과(木瓜) …… 』그 자신이 이렇게 치료하였다. 이름(名字)과 실제가 서로 연결되어 있음을 알 수 있는데, 당신이 장선생을 부르면, 장선생이 온다 ; 이선생을 청하면, 이선생이 도착한다. 만덕홍명을 염하는 것은『만덕을 불러오는 것(召來萬德)』이고, 아미타불의 일체공덕을 모두 불러오는 것이다.」

109. 연공은 《진역(秦譯)》의 「일심불란(一心不亂)」을 「일심불란(一心不亂), **전지명호(專持名號)**」로 고증하여 정정하였는데, 《당역(唐譯)》의 「계심불란(繫念不亂)」과 다를 바 없다. 이로 말미암아 염불법문을 드러내니, 진실한 믿음(真信)과 간절한 발원(切願)으로, 타력의 명훈가피(他力冥加)에 감응하여, 왕생불퇴의 과를 얻는다. 정종의 묘지(妙旨)를, 쟁반채로 내놓았다.

110. 연공은 《정토대경(淨土大經)》의 「보리심을 발하여(發菩提

心), 일향으로 전념한다(一向專念)」를 왕생에 필수적인 바른 원인(正因)으로 들어, 말씀하길 :「염이 일심불란에 이르지 못해도 마찬가지로 왕생이 가능하다.」단「일향전념이 불가능하면, 왕생이 불가능하다.」「일향전념은 누구나 할 수 있다.」

111.「생소한 곳을 익숙하게(生處熟), 익숙한 곳을 생소하게(熟處生)」는 우리들의 수지에서 가장 중요한 두 가지 일로, 연공의 정토시집인《정어(淨語)》중에서《증모거사십육수(병서)贈某居士十六首(並序)》1수가 있는데, 그 중 사구게(四句偈)가 있다 :「만약 어떻게 애욕의 강을 벗어나냐고 묻는다면(若問如何出愛河), 단지 미타를 많이 염하라(只有彌陀念得多), 염이 익숙하면 바야흐로 낙토에 오를 수 있는데(念熟方能登樂土), 혹시 생소하면 사바세계에 떨어지는 것을 면할 수 없다(倘生不免墮娑婆).」이로써 알 수 있는데, 염불인은 부처님 명호(佛號)를 염하는 것이 익숙해야 바야흐로 정토에 오를 수 있다 ; 부처님 명호가 만약 생소하면, 사바를 어떻게 벗어나나. 이것도 우리들이「생소한 곳을 익숙하게(生處熟) 하고, 익숙한 곳을 생소하게 하는 것(熟處生)」에 대하여 힘써 공부해야 할 곳(用功之處)이다.

112. 왕가제 상사(王家齊上師)는 법명이 연화정각(蓮花正覺)이다. 근대 티베트 밀교의 동쪽 전래 이후, 최초의 한족(漢族) 금강상사이다. 티베트에서 전해진 닝마파 제33대 금강대아사려(金剛大阿闍黎)이다. 역시 닝마파의 34대 금강상사인 황념조 노거사에게 밀종의 의발(衣缽)을 전승한 상사(上師)이다.

제16배 의보가 수승하다

한마음으로 관하여 예배하옵니다. 극락세계는 공덕의 바람과 꽃비, 미묘한 향기와 하늘음악, 샘·연못과 나무숲, 보배그물과 신령한 새, 빛깔·광명·소리·향기가 불국토에 두루 가득합니다. 이와 같은 공덕장엄을 성취하여, 유정중생들의 수승한 선근을 증익하게 하시는 대원대력의 아미타부처님이시여!

나무아미타불

(1번 절하고 3번 부른다)

여기서는 극락세계의 자연환경에 대하여 강설한다. 「한마음으로 관하여 예배하옵니다. 극락세계는 공덕의 바람과 꽃비」이다. 이 바람은 「공덕의 바람(德風)」인데, 매우 맑고 깨끗하고, 매우 온화하며, 매우 편안하다. 「꽃비(華雨)」, 그것은 비가 내리는 것이 아니라, 바람만 부는데, 바람이 불면은 하늘에는 꽃이 내린다. 꽃이 매우 많아서, 꽃잎이 한 잎, 한 잎 내리는 것이 비가 내리는 것과 같다. 꽃은 땅 아래 떨어지고, 색에 따라 달라서, 붉은 꽃잎과 붉은 꽃잎이 합쳐지고, 노란색과 노란색 꽃잎이 합쳐져서, 자연스럽게 땅 아래 문양이 되는데, 아름다운 땅융단(地毯)과 같다. 당신이 그것을 밟고자 하면, 다리는 네 손가락(四指) 깊이로 밟게 되는데, 그것이 부드럽기 때문이다. 당신이 그곳을 밟으면, 이 꽃잎들은 네 손가락 아래로 가라앉고, 이 부드러운 것들을 밟으면, 당신이 발을 뗀 후에 그것은 또 평평해진다. 이런 덕(德)을 「꽃비(華雨)」라고 칭하는데, 꽃이 내리는 비이다. 하루에도 몇 번씩이나 땅 가득 꽃잎이다. 그리고 저 꽃은 난잡하고 무질서하거나, 여기저기 널려 있지 않다 ; 여러 가지 색으로 이루어진 아름다운 도안(圖案)인데, 모두 꽃으로 이루어진 바이다.

공기 속, 공간은 모두 미묘한 향기이다. 이 [극락]세상의 일체는 모두 갖가지 보석으로 이루어진 바이고, 또한 갖가지 가장 좋은 향으로 이루어진 바이다. 이로 인하여 **일체 만물이 향기를 뿜는다. 이 향은 갖가지 좋은 공덕이 있어, 당신으로 하여금 「갖가지 선근(善根)을 증익(增益)」시킬 수 있으며, 이 향은 모든 세계를 널리 훈(薰)하는 극락세계의 향이다.** 그래서 어떤 사람들은 법을 수행하는 중에 특별한 향을 맡는데, 두 가지 상황이다. 하나는 극락세계의 향으로 이제 당신 마음속이 청정하여 향기를 맡을 수 있게 되었다 ; 또 공행모(空行母)가 오고, 천인이 오면, 당신은 여기서 향을 만나는데, 이런 향이고, 꽃향이다.

「하늘음악(天樂)」, 극락세계 도처가 모두 이러한데, 바람이 불면 나무마다 방울이 달려 있어 이러한 (방울이) 모두 울리면, 저절로 음악이 연주된다. 그래서 나무도, 그물도, 나무 위도 다 보배그물을 가지고 있다 ; 방 구석구석에 갖가지 매달려 있는 방울들이 딸랑딸랑 울리고 있으니, 당연히 음악을 연주하는 것이다! 도처에 미묘한 음악이 있고, 하늘에는 허다한 음악들이 매우 많이 연주된다.

「샘·연못(泉池)」, 샘물의 연못으로, 흐르는 샘물로 만들어진 연못이 도처에 널려 있다. 위쪽은 모두 연꽃인데, 온갖 것으로, 「흰 꽃에서는 흰 빛이, 노란 꽃에서는 노란 빛이 …… 」 그래서 《무량수경》에 말씀하기를, 「바람 따라 향기(馥)가 흩어지고, 물 따라 분(芬)이 흐른다.」 바람 따라 모두 이 향기

(香氣)를 뿌린다 ; 또 강을 따라 흐르는 물, 흐르는 물인데, 흐르는 것은 무엇인가? 흐르는 것은 향(香)인데, 또 모두 향(香)을 뿜고 있다. 게다가 이 물, 그 묘(妙)는 여기에 있는 묘이다! 돈황에는 그림 한 장이 있는데, 그림의 극락세계 수영장은 머리에 원광(圓光)이 있는 얼마간의 보살들이 연못에서 헤엄치고 있다 ; 언덕에 앉아 있는 많은 분들은 수영장 주변에서 수영을 하는 것을 바라보는데, 모두 보살의 의상을 입고, 머리에는 원광이 있다 ; 그곳 극락세계는 모두 같은데, 당신은 수영도 할 수 있고, 춤도 출 수 있고, 다 있는데, 그것은 청정이고, 기쁨이다. 또 이 샘·연못은 정말 불가사의하다! 여러분 모두 한 연못 안에 있으나, 각자 각자의 의사에 따른다 ; 어떤 사람은 이 물이 단지 발등까지 오는 것을 좋아하는데, 조금 얕아서, 그에 대하여 말하자면 단지 발등까지만 온다 ; 어떤 이는 어느 정도 깊은 것을 원한다 ; 어떤 사람은 샤워(淋浴)를 하기를 원해서, 위로부터 아래로 물이 쏟아진다 ; 갖가지, 갖가지 이 모두가 하나의 연못으로서, 일체 중생의 마음을 따른다. 그래서 이것은 미묘하고 불가사의하다! 이것이 무슨 물인데 이처럼 총명할 수가 있는가? 그래서 도처에 아미타불의 마음이다. 그렇지 않으면 당신이 무엇을 생각하고 있는지, 그가 어떻게 바로 당신에게 적응할 수 있는지 알 수 없는데, 모든 곳이 이와 같다. 물이 나타나, 각종 법들을 연설하는데, 현교적(顯的), 밀교적(密的)인 것이다. 어떤 사람은 관정수위(灌頂受位)를 듣는다 ; 어떤 사람은 갖가지 온갖 종류의 소리를 듣는다 ; 갖가지 소리는 당신이 어떤 것을 들을 생각이면 어떤 것을 듣게 된다 ; 당신이 들을 생각이 아니어도, 그것이 소음으로 변하는 것은 아니다! 나의 옆방에서 과거에 누가 큰 나팔 소리를 냈는데, 여기 사는 성이 오씨인 사람이 그에게 말하길 : 「소음이 나를 방해한

다.」 옆방에서 큰 나팔 소리를 낸 그가 말하길 : 「나는 음악을 내보냈다.」 옆에 사는 오씨가 말하길 : 「음악이든 아니든, 내가 듣기 싫을 때 당신이 나에게 듣게 하는 것도 소음이다.」 이것은 정확하다! 그는 듣고 싶지 않은데, 당신이 이렇게 크게 내보내면, 당신은 음악이라고 할 수 없다. 극락세계는 이런 것이 아니니 듣고 싶으면 듣는다 ; 바꿔 말하면, **당신이 큰 소리를 생각하면 소리가 크다 ; 당신이 듣고 싶지 않다면, [소리가] 「있다가도」 다 없어진다. 더욱 중요한 점은 당신이 듣는 때에 바로 「상응(相應)」하는 것이다.** 그래서 무엇을 하든지, 당신이 그곳에서 수영을 하든, 목욕을 하든, 모두 진보하고 있다! 그래서 (이) 샘·연못을 말하는 것이다.

「나무숲(林樹)」, 소위 칠보나무(七寶樹)이다. 고궁 안에서 본 것이 아니라, 이런 보배, 저런 보배, 금 어떤 어떤 것을 하나의 나무로 합성한 것이다. 그 나무를 나에게 주어도 모두 필요 없다! (염공이 말하면서 크게 웃으시면서) 차라리 나의 이런 것만 못하다! [하지만] 그것은 더 말할 수 없이 아름다운데, 단지 어떤 산호와 마노로 비유한다. 「칠보나무」 그것은 광명이고, 또 청정하며, 색이 또 보기 좋고, 세간의 어떤 어떤 보물과 비슷하지만, 정말 기계적이거나, 그런 종류의 보물을 이렇게 모아서 화분의 경치를 만드는 것이 아니다. 저 화분[179]의 경치는 단조로운데, 그것은 바로 부자나 속인의 어리석은 향락으로, [극락세계의 칠보나무는] 이런 것이 아니다. 그것이 황금으로 땅이 이루어진 것이라면 그것도 혹시 끔찍이 싫은가? 금은 또 차갑지? 그건 아닌데, 그것은 부드럽고, 그 **꽃을 밟고 나면, 꽃이 없어지고, 바로 금이다. 그래서 「황금으로 땅이 이루어져 있으나,」 「그 감촉은 유연」하다.**

179) 법회장소에 있던 화분이나 분재를 가리키는 것으로 보임

우리 세상의 금이 아니다! 이 세상에서 금은 어떤 좋은 점이 있는가? 그것의 빛은 일체 부식이 생기지 않는다. 쇠는 녹이 슬려고 하는데, 쇠는 녹이 슬면 얼마나 보기 흉한가! 녹은 매우 보기 좋지 않으며, 부식이다. 그러나 금은 녹이 슬지 않고, 영원히 빛나고, 게다가 일반적으로 금빛 광명이다. 그래서 황금을 사용하여 당신에게 알리는 것인데, 당신은 이해할 수 있다. 결코 차갑고 딱딱한 그 황금이 그곳에 하나의 지면을 이루는 것이 아니다. 아무튼 매우 미묘하다.

칠보나무, 「보물그물」이다. 나무와 집에는 모두 칠보가 있고, 갖가지 보물, 갖가지 방울, 갖가지 악기로 이루어진 그물이 거기의 위에 덮여 있다. 갖가지 마니보, 갖가지 물건이 빛을 발한다. 그것이 빛을 발하고, 향기가 풍기고, 음악이 나오고, 이 일체 모든 것이 그렇다. 「신령한 새(靈禽)」, 앵무새, 가릉빈가, 공명조 등등이다. 이 색·빛·소리·향기는 갖가지 모두가 갖가지 색깔이 있다 ; 갖가지 색깔에서 갖가지 빛이 나온다 ; 서로 변화를 주고받는다. 이렇게 방금 향에 대해 말하고, 소리를 말했는데, **곳곳에 바람이 불어, 모두 다 미묘한 소리를 낸다. 저 색·빛·소리·향기는 「불국토에 두루 차 있다.」 도처가 모두 같다.**

「이와 같이 공덕장엄을 성취한다.」 극락세계는 이런 공덕을 성취하였다. 이러한 공덕장엄은 무엇을 하는가? 「유정중생의 수승한 선근을 증익(增益)하게 한다」 이 한 마디에 있다. 이 모든 것은 이익을 증가시키기 위해서이다. 「증(增)」은 증장(增長)이고, 「익(益)」은 요익(饒益)으로, 유정중생들에게 수승한 선근을 증장시키게 한다. 「대원대력(大願大力)」 이것은 대원(大願)의 왕이다 ; 대원은 게다가 역량을 형성하고, 원력을 이루고, 그래서 대력인데 그래서 이와 같이 불가사의한 장엄, 「아미타불」을 성취한다. 그래서 우리들은 염(念)이 이때 [정수첩요의 이] 문장을 따라 관(觀)에 들어가게 되면, 극락세계 정경, 색깔·빛·소리·향기, 갖가지 꽃, 갖가지 일체 모두의 수승함을 생각할 수 있게 된다.

제17배 정정취에 머물다

한마음으로 관하여 예배하옵니다. [상선인들께서는] 극락세계 황금땅 위, 줄지어 선 보배나무 사이, 연꽃이 피어 있는 연못 안, 보배누각 가운데로 보리심을 발하고 염불하여 왕생하셨습니다. 정정취에 머무시고, 영원히 불퇴전이옵니다. 용모는 미묘하여 세간 사람들을 뛰어넘어 희유하며, 모두 같은 부류이고 생김새에 차별이 없으며, 모두 청허의 몸과 무극의 체질입니다. [이러한] 모든 상선인들께서 다 같이 일향으로 전념하는 아미타부처님이시여!

나무아미타불

(1번 절하면서 3번 부른다)

「한마음으로 관하여 예배하옵니다. 극락세계 황금땅 위」이다. 방금 「황금으로 땅이 이루어져 있다」라고 말했다. 방금 이건 하나의 비유라고 말했는데, 세상에서 황금으로만 비유가 될 수 있다. 극락세계의 땅이 어떤 빛인지, 어떻게 밝은지, 어떻게 깨끗한지, 어떻게 가지런한지를 우리는 조금 알 수 있다. 「보배나무 사이에서」인데, 그것은 칠보의 나무로 모두 매우 가지런하고, 난잡하거나 무질서하지 않으며, 한 줄 한 줄 모두 딱 맞아, 매우 가지런하다. 이 나무들은 모두 칠보로 되어 있는데, 이 모두가 그렇다. 칠보는 형용사인데, 그것은 아주 기계적이지 않다. 그 보배는 비유하면 그런 잎, 그런 열매를 이루는데, (단) 갖가지가 모두 세속을 초월한다. [상선인들은] 보배나무 사이, 황금 땅 위, 보배나무의 한 줄 한 줄 가운데, 「연꽃못 안, 보배누각 가운데」에 있다. 여기서는 모두 네 군데를 이야기한 것이다. 땅 위에서 경행(經行)하고,

염불을 하고, 앉아서 좌선을 한다 ;「보배나무 줄 사이에」 있는 것은, 나무의 줄 속에 있는 것이다. 안에서 둘러싸고 있는 나무들 사이를 지나다니며, 경행을 한다 ;「연꽃이 피어 있는 연못 안에」 있으면서, 어떤 이는 목욕하고 있고, 어떤 이는 정좌(靜坐)하고 있으며, 연꽃 속에 있거나, 연못 안에 있다 ;「보배누각 가운데」는 궁전누각, 칠보누각 가운데로, 「보리심을 발하고 염불왕생」하는 사람들이 많다. 이 사람들은 보리심을 발하고 또 일향전념한다.「보리심을 발하여, 일향으로 전념함」은 앞에서도 나왔는데, 이 뒤에도「일향전념」이 있는데, 이곳에 모두 빠짐없이 모았다. 그래서「일향전념」은 두 번 제기되었다.

현재 이곳에, 황금땅 위에, 보배나무 줄 사이, 연꽃이 피어 있는 연못 안, 보배누각에서, 보리심을 발하고 염불왕생 하는 사람들이 그 속에 있는데, 그 속에 있는 것은「정정취(正定聚)에 머무는 것」이다. 이「정취(定聚)」, 이것은 하나의 명사인데, 세 가지 종류가 (있다) : 하나는 정정취이고, 하나는 사정취(邪定聚)이며, 하나는 부정취(不定聚)이다. 「취(聚)」는 취합(聚合)이고, 또 종류(類)이다. 우리는 이 말을 세 종류로 나누었는데, 하나는 정정류(正定類)이고, 하나는 사정류(邪定類)이고, 하나는 부정류(不定類)이다. 이 분류는 여러 가지 분류방식이 있어, 같지 않다. 여기에 소개된 것은 가장 일반적인 것 중 하나로, 우리들에게 하는 말로 충분하다. 우리가「정정(正定)」이라고 하는 것은 분명히 증득(證)할 수 있고, 분명히 깨달을(悟) 수 있는데, 이것은 **정정취**에 속하고, 분명히 보리를 성취할 수 있다. 「**사정취(邪定聚)**」는 반대로 반드시 깨달음을 증득하지 못하는데, 이 천제(闡提)[180], 천제(闡提)

180) 선근을 없앤 사람을 가리키며, 이로 인하여 그는 해탈할 수 없다. (출전:

그는 비단 불신(不信)을 제기할 뿐만 아니라, 훼방까지 하여, 지금 당장은 그가 그러한 [깨달음을 증득할] 가능성이 없는 것이 확실한데, 이것을 「사정취(邪定聚)」라고 부른다. 「**부정취(不定聚)**」는 양자 사이에 있는 것이다. 정정취에 머무는 것이 아직 성공하지 못하였더라도, 결정코 성공할 수 있어서, 정정취에 머물게 된다. 그럼 **여러분이 진정 보리심을 발하고, 왕생을 발원한다면, 극락세계의 「정정취에 머무는 것」에 도달할 뿐만 아니라, 이 세계에서 이미 「정정취」이다.** 그래서 이러한 정토왕생을 구하고, 대심(大心)을 발하며, 대원(大願)을 발하는 것의 수승함은 불가사의하고, 이미 「정정취」 속에 있는 것이다. 그래서 《아미타경》[에서 말씀하시길] : 「**어떤 사람이 이미 발원하였거나 지금 발원하거나 장차 발원한다면, 무상정등정각에 대하여 불퇴전을 모두 얻는다.**」 무상정등정각, [그것에 대하여] 그는 불퇴전이다. 그는 결정코 성공할 수 있으니, 그래서 이것은 모두 불가사의한 것이다!

「영원히 불퇴전(永不退轉)」이다. 극락세계에 왕생하는 사람은 사람마다 영원히 불퇴전한다. 그래서 이것이 왕생이 가지는 내포된 수승한 뜻이다. 앞에서 이미 「수명이 무량하다」고 말했다. 부처님의 수명이 무량하고, 왕생하는 일체 사람의 수명도 무량하며, 극락세계에 이르면 더 이상 죽음이라고 부를 만한 어떤 것은 없고, 여기에 또 하나의 「영원한 불퇴전」이 추가되었다. 불퇴전은 세 가지 불퇴가 있다 : 하나는 「**위불퇴(位不退)**」로 지위가 퇴전하지 않는 것이다 ; 하나는 「**행불퇴(行不退)**」로 당신의 수행이 퇴전하지 않는 것이다 ; 또 하나는 「**염불퇴(念不退)**」로 내가 일으키는 마음과 움직이는 생각이 매 생각 매 생각마다 모두 불퇴인데, 이 뒤의 것은 높

---

https://zh.wikipedia.org/wiki/一闡提, 2022. 11. 9. 확인)

다.

「위불퇴」, 극락세계에 이르면 지위에서 물러나지 않고 다시는 범부로 바뀔 리가 없다. 극락세계에 있는 사람, 그는 다시 범부로 바뀔 리가 없다. 그가 (만약) 다시 온다면, (그럼) 그는 극락세계에서 다시 온 사람인데, 지금은 「호도극도(呼圖克圖)」라고 말해야 한다! **다시 온 사람은 범부가 아니며, 그래서 「활불(活佛)」이라 칭하는데, 「호도극도」는 원(願)을 타고 다시 왔다.** 지금 이 「호도극도」들은 가짜인데, 진정한 [호도극도는] 여전히 매우 귀중하다. 당신이 극락세계에 가서 다시 오기를 원한다면 그것은 상당한 말인데, 그것은 「호도극도」로, 그렇지, 다시는 범부로 떨어지지 않는다. 그가 「위불퇴」이다.

「행불퇴」, 모두 대승심(大乘心)을 발하여 일률적으로 모두 성불할 것이고, 당신은 더 이상 아라한도(阿羅漢道)로 물러서지 않을 것이다. 다만 아라한을 증득하는 것을 구할 뿐인 이러한 인(因)도, 이러한 연(緣)도 없어, **모두 「성불을 인(因)으로 삼고, 성불을 연(緣)으로」 한다.** 「행(行)」인데, 당신이 행하는 바는 다시 이승(二乘)으로 퇴전하지 않는다. [중생은] 만약 아라한까지 수증(修證) 하면 그만둘 생각을 하여, 나 스스로 그만두려 하는데, 이것이 중생의 어려움이다. 낙나조사(諾那祖師)는 어머니 뱃(속에서) 울고 있었는데, 후인들이 낙나조사에게 물었다 : 「(상사님) 당신께서는 부처에 머무시는데 어머니 뱃속에서 어찌하여 우십니까?」, 「나는 중생의 어려움 때문에 운다!」 확실히 어렵다! 어떤 사람은 퇴심(退心)이 되는데, 이 어려움에, 나[181]는 그만둔다! 사리불과 비슷한데, 그

181) 낙나조사나 황념조 거사를 지칭하는 의미가 아니고, 수행에서 퇴전하는

는 그만둔다고 말했다! 누군가 그에게 눈을 달라고 하여 그는 보시를 했다. 보시를 한 후, 그 사람이 [눈을] 가져간 후에 (말하길) : 「이봐, 당신은 성격이 너무 급해, 내 말을 기다리지 않았어, 난 눈을 달라고 했는데, 나는 왼쪽 눈을 원했는데, 당신이 오른쪽 눈을 파주면 어떻게 해?」 사리불이 스스로 생각하기를, 내가 두 개의 눈을 가지고 있어서 하나를 희생하면, 그 사람이 살 수 있고, 내가 여전히 물건을 볼 수 있다고 생각했는데, 생각지도 못하게 그가 「틀렸다」고 말했다. 나중에 생각하기를, 사람을 끝까지 구하자. 그는 이(왼쪽) 눈을 파서 그에게 주었고, 그에게 가져다주었다. 이 사람은 보고 : 「당신 눈은 냄새가 나서 약을 바를 수 없어」! 땅에 던지고, 발로 밟아, 그의 눈을 밟아버렸다. 그(사리불)가 말하길 : 「이것을 나는 행할 수 없어, 중생제도 나는 이것을 행할 수 없다.」 결과적으로 [그는] 퇴심하였다. 퇴심(후에는) 진점겁(塵點劫) 동안 모두 성문이었고, 다시 대승심(大乘心)을 일으키지 않았다. 다시 석가모니불에 이르러 그때 비로소 대승심을 일으키게 되었다. 그래서 [한번] 물러서면 (다시 나가기가) 어렵다. **당신은 사리불이 [수행함에 있어] 이 정도에 이르러 두 눈을 파내고도 여전히 퇴보하는 것을 본다.** [두 눈을 파내는 것] 이것은 매우 힘들며, 한쪽 눈을 파내기도 힘든데, 여전히 기꺼이 두 쪽 눈을 파내도 퇴보한다. [그러나] 극락세계에서는 영원히 퇴보가 없다!

「염불퇴」는 더욱 높은데, 생각 생각마다 부처님의 지혜에 바다에 흘러들어, 생각 생각마다 부처님의 지혜의 바다와 서로 계합하니, 저 마음을 일으키고 생각을 움직이는 것이 반야의 때(時)와 합치하지 아니함이 없다. 그래서 극락세계에 도달하

이를 가르킨다(옮긴이 주).

면 저 경계에 능히 도달할 수 있다. 그래서 모두 「불퇴전」이다. 또 긴 수명이 무량하니, 어찌 성불을 얻지 못하겠는가! 부처가 아니면 무엇이 되겠는가? 그렇지 않은가? 항상 앞으로 나아가고, 「수명이 무량하니,」 어떻게든 어느 날 당신은 성공하는데, 일체공덕이 원만해진다.

황금땅 위, 보배나무 사이, 연꽃이 피어 있는 연못, 보배누각 속에 모두 이러한 사람들이다. 「정정취에 머물고」, 「영원히 불퇴전」이어서, 이들은 「용색(容色)이 미묘」하다! 「용(容)」은 용안(容顏)이고, 「색(色)」은 「색상(色相)」인데, 미묘하고, 극히 장엄하다. 「세상을 초월하여 희유한데」, 세간 사람들을 뛰어넘어 매우 희유하다. 「다 같은 부류」로 모두 일치된 것이고, 우리 세계에 있는 것처럼 이 피부, 저 피부, 이 종족, 저 종족이 서로 멸시하고 서로 잔인하게 죽이며, 서로 투쟁하면서, 서로 눌러서 짜는 이런 것이 아니다. 그곳은 차별상이 없어 모두 평등하다.

「모두 청허의 몸(清虛之身)이고, 무극의 체질(無極之體)이다.」 방금 앞부분 한 대목을 말했듯이, 연꽃 속에서 변화로 생겨난다. **「청허의 몸」이란 신체는 있지만 단지 하나의 형색일 뿐으로, 우리의 이 모양 같이, 그것은 결코 피와 살이 있는 것이 아니다. 그래서 그는 밥을 먹는 것도 「뜻으로 식사를 한다.」** 범성동거토에는 여전히 먹는 습관이 있는데, 식사할 때가 되면 음식들이 진열된다. 그는 한번 보는데 한번 보는 것으로 충분하다. 그래서 그는 대소변이 없다. 먹고 싶은 건 뭐든지 다 온다. 다 먹고 난 후에, 먹은 것은 쟁반을 씻고 사발을 씻을 필요가 없다. 설거지하는 데 있어서 또 어떤 이가 당신에게 책임지고 해줄 필요도 없어 자연히 없어진다.

그는 아직도 이런 습성이 있어서 때가 되면 여전히 먹고 싶다. 그래서 이 습관은 매우 지독하여, 단지 부처에 이르러야만 습성을 깨끗이 제거하여 정(淨)을 얻을 수 있다. 그래서 어떤 대덕(大德)은 여전히 좀 탈(毛病)도 있고, 습기(習氣), 이런 점들이 있다는 것을 우리는 알아야 하는데, 우리는 그들의 주류(主流)를 본다 ; 어떤 것들은 습기에 속하는데, **아라한까지도 모두 습기가 있다.** 한 아라한이 있었는데, 항하의 여신이 석가모니부처님께 달려가 고자질하여 말하기를 : 당신의 제자가 늘 나를 욕하는데, 그는 항하를 건너면서「나를 항하의 어린 계집」이라 부른다. 저 항하의 신은 대개 여자이다. 그녀가 말하길 :「그는 나를 깔본다.」부처님께서 말씀하시길 :「이런, 그가 사과하도록 해야겠네.」(부처님께서) 그를 불러서 말씀하시기를 :「남들이 원하지 않는다.」부처님께서 말씀하시기를,「너는 응당 사과해야 한다! 」(아라한) 그가 사죄를 하면서 말했다 :「항하의 계집애야, 내가 너에게 불경(不敬)했다.」석가모니부처님께서 말씀하시길 :「당신은 못 보았는가? 그가 당신에게 사과를 했고, 그는 항하의 어린 계집애라고 부른다. 그는 결코 당신을 얕보는 것이 아니고, 이것은 그의 습기이다. 그는 이런 습관을 이루어 왔다.」그래서 이 습기도 이와 같다!

이러한「청허의 몸」은 이러한 (혈육의 몸이) 없지만, 그는 습기가 있어 여전히 먹는 것을 생각한다.「무극의 체질(無極之體)」이란 우리는 (늘상 말하는 것은) 이른바「(有極)」이다 ; **「무극(無極)」그것은 비록 이런 형상이 있지만, 그는 결코 우리의 물질이나 이런 것, 이런 모양이 없다. 소위 무한한 하나의 형(形)이다.** 그래서 그것은 매우 미묘하다. 이러한 설법은《한역(漢譯)》으로, 여전히 도교의 일부 설법을 차용한 것이다. 「청허」라든지, 「무극」이라든지, 이런 것들을 사용한다. 즉 그는 변화로 태어난 몸으로 **부모로부터 받은 피와 살이 있는 몸과 다르다. 그래서 이는 아주 청정하다. 「청허」란 바로 이러한 실질적인 것이 없는 것이고, 「무극」이란 이러한 고정적이고, 구조적인 약간의 조건이 하나도 없는 것이다.**

이런 「여러 상선인(諸上善人)」은, 이야기가 여기에 와서야[182] 우리는 아는데, 내가 이렇게 하나의 예를 차리는 사람이 누구인가? 여기에 와서야 바로 이 대상을 지적했는데, 나의 예배는 이러한 「여러 상선인」들에 대한 것이다. 이런 여러 상선인들은 어디에 있는가? 이런 「여러 상선인」들은 극락세계의 보배나무 줄 사이, 황금땅 위, 연꽃이 피어 있는 연못, 보배누각 속에 있다. 저 여러 상선인 모두는 보리심을 발하여 염불하고 또 왕생을 이루어 그들은 현재 정정취에 머무르고, 퇴전할 줄 모른다. 용색(容色)도 미묘한데, 또 차별도 없어, 「청허의 몸이고, 무극의 체질」이다! 이 일체 선인(善人)들에게 나는 바로 정례(頂禮)한다. 1배를 이분들에게 하는 것이다. 이 사람들은 어떻게 극락세계에 왕생하였을까? 한 마디를 다시 반복하면, 이것은 우리의 주의를 끄는데, 이분들은 「모두 일향으로 아미타불을 전념하였다.」 앞에서 「보리심을 발함」이 있었지 않은가? 여기 또 다른 중요한 문장이 있는데, 모두들 일향으로 아미타불을 전념함으로 말미암아, 나는 이렇게 정례하고, 그들의 공덕에 정례한다. 이는 우리들이 마땅히 학습해야 하는 것을 나타낸다.

아래에서는, 방금 극락세계의 「여러 상선인들이 모두 한곳에

---

182) 정수첩요 원문에서는 제17배 마지막 부분에만 '상선인'이 나온다. 옮긴이는 가독성을 위하여 옮길 때 앞부분에 상선인을 추가하였다.

모여 계신다」고 했고, 그 중에는 「아비발치(阿鞞跋致)」가 많은데, 아래에서는 이런 「아비발치에 정례해야 한다.

【주역】

113. **호도극도(呼圖克圖)**란, 청나라에서 몽고에게 수여한 것으로 티베트지역의 티베트 불교의 수행에 매우 높은 성취가 있고, 자신의 의지와 원(意願)에 따라 환생할 수 있는 사람의 봉호(封號)이다. 「호도극(呼圖克)」은 몽고어를 음역한 것으로, 그 뜻은 「수명(壽)」이다. 「도(圖)」는 「있음(有)」이다. 합하여 「수명이 있는 사람(有壽之人)」으로, 즉 장생하고 늙지 않는다는 뜻이다. 원래 티베트어 「주필고(朱必古)」의 몽고어 음역으로, **뜻은 「화신(化身)」이다.** 무릇 「호도극도(呼圖克圖)」에 책봉된 자는 그 명부(名冊)가 모두 이번원(理藩院) 공문서철(檔冊) 중에 등재되어 있다. 그 다음 세대에 환생하여, 청나라 대표(흠차欽差)가 주관하는 금병체첨의식(金瓶掣簽儀式)을 반드시 거쳐 승인한다. 청나라 이번원(理藩院)의 공문서철에 따르면, 건륭(乾隆)에서 도광(道光) 연간에 이르기까지 합계하여 호도극도가 146분이 있었다. 그 중 **달라이(達賴), 판첸(班禪), 제쮠담바후툭투(哲布尊丹巴), 장가(章嘉) 4분이 몽고와 티베트 불교의 사성(四聖)인데, 달라이라마가 전역을 통치한다** ; 판첸은 달라이 라마를 보좌하고 후장(後藏)을 이끈다. 제쮠담바후툭투는 막북몽고(漠北蒙古)를 이끈다. 장가는 막남몽고(漠南蒙古)를 이끈다. 또, 막남몽고(漠南蒙古)는 장가를 수장(首)으로 삼는다. 실제상 팔대호도극도(八大呼圖克圖)가 있는데, 이는 청나라에서 연속으로 책봉한 8분의 고승이다. 그분들은 각자 영역과 주석하는 사원이 있고, 평소에는 북경에 상주하다가, 매년 한차례씩 영역을 시찰하러 나간다.

114. 낙나조사 : 티베트 창도지구(昌都地區)의 저명한 활불(活佛)로, 또 처음 정식으로 티베트 밀교를 중국(漢地)에 널리 전한 활불이다. 낙나활불은 태어나자마자 보통사람보다 총명하였고, 3세 때 은달(恩達)의 영토에 있는 류오제낙나사(類烏齊諾那寺)의 길충활불(吉忠活佛)이 금당활불(金塘活佛)의 14세 환생으로 인증하여, 본사(本寺)에 돌아가, 함께 몽장원(蒙藏院)에 등록(備案)을 신청(報請)하였다. 낙나조사의 중국(漢地) 제자는 매우 많은데, [그 제자 중에] 그 학문이 어느 정도 이루어져서 어느 일방을 홍화(弘化)시킨 사람에 앞 문장에서 언급한 왕가제 상사(王家齊上師)가 포함된다.

115. 일찌이 어떤 사람이 낙나조사에게 개시를 청하였다. 여쭈기를 :「상사(上師)께서 어머니 뱃속에 있을 때, 전생의 일을 기억할 수 있습니까?」조사께서 답하시길 :「기억이 매우 또렷하고, 또 어머니 뱃속에서 울음을 그치지 않았다.」또 여쭙기를 :「상사(上師)께서는 어머니 뱃속에서 왜 울었습니까?」조사께서 답하시길 :「중생의 고통과 중생을 제도하기 어려움 또 제도를 다함이 없기 때문에 우는 것이다 ; 뱃속에서 우는 바람에 어머니는 나를 괴물로 여겼다.」(《장밀육성취법전석(藏密六成就法詮釋)》의 《낙나조사개시록(諾那祖師開示錄)》로부터 발췌)

제18배 일생보처의 대보살

한마음으로 관하여 예배하옵니다. [일생보처의 여러 대보살들께서는] 극락세계 보리수 아래, 보배난간 주변에서, 미묘한 법음을 듣고 무생법인을 얻어, 갖가지 대승법락 누리옵니다. 복·지혜·위덕이 있으며, 신통이 자재하고, 필요한 것들이 뜻한 대로 생각에 따라 앞에 나타납니다. [이러한] 일생보처의 여러 대보살들이 모두 일향으로 전념하는 아미타부처님이시여!

나무아미타불

(1번 절하고 3번 부른다)

「한마음으로 관하여 예배하옵니다. 극락세계 보리수 아래, 보배난간 주변에서」이다. 보리수에 있는데, **극락세계에서 가장 높은 나무를 보리수라고 부른다.** 그것은 광대하고, 높이가 아주 크며, 공덕도 아주 크다. **이 나무는 당신이 모양을 보고 음성을 듣는데, 나무를 보고, 나무의 그림자를 보고, 그 소리를 듣고, 당신이 이 나무를 관상(觀想)한다면, 모두 불가사의한 공덕을 얻는다.** 「삼종인(三種忍)」을 얻을 수 있고, 심지어는 「무생법인(無生法忍)」에 도달할 수 있다. 그래서 이 나무는 극단적으로 수승하다! 그래서 우리 밀종은 관상(觀想)을 많이 하는데, 경(境)에 귀의하고, 매우 많은 단성(壇城)을 관상하는데, 보리수 위에 있다. 당신이 이 나무를 염하고, 생각하면, 가없는 공덕을 얻을 수 있다. 보리수 아래에서, 보배난간의 주변에서 묘법을 듣고, 「무생법인(無生法忍)」의 증득에 이른다. 「무생법인」의 증득에 이르면, 그럼 지상 보살(地上的菩薩)이다. 「무생법인 증득」은 **진정으로 무생법인을 증득하면 팔지보살(八地的菩薩)이다.** 다시 위로 구지(九地), 십지

(十地)로 나아가는데, **십일지(十一地)는 등각보살이고, 십이지(十二地)는 부처이다.** 다시 특수하게 말하면, 십이지는 묘각(妙覺)이고, 다시 부처는 다시 높은 십삼지(十三地)이다. 그래서 팔지에 도달하면 매우 높고 매우 높아서, 부처와 차이가 아주 적고, (부처와) 어깨를 나란히 한다. **무생법인을** 철저하게 증득하면 팔지보살인데, 다만 **초지보살(初地菩薩)도 증득할 수는 있다.** 그래서 초지(初地)는 이지(二地)에 이르고, 삼지(三地), 사지(四地), 오지(五地), 육지(六地), 칠지(七地)가 증득한 깊이와 같지 않지만, 단지 모두 증득을 개시할 수 있다. 팔지(八地)에 이르러서야 진정으로 무생법인(無生法忍) 증득을 마치고, 무생의 법(無生之法) 증득을 마친다. 그래서 여러분은 이 찬(讚)을 외치는데, 「**꽃이 피면 부처님을 뵙고 무생법인을 깨닫는다(花開見佛悟無生)**」, 극락세계에 이르러 [연]꽃이 피면 부처님을 뵙고, 부처님을 뵈면 부처님의 설법을 듣고, 법음을 듣는 것에 이르는데, 법음(法音)을 듣는 것에 이르면 스스로 깨닫게 되어, 무생법인을 증득하게 된다! 무생법인을 증득하는 것은 보통일이 아니어서, 당신은 곧 지상보살(地上的菩薩)로, 그것을 여전히 [증]득할 수 있다! 그래서 **이것은 매우 특별한 「돈(頓)」적 방법이다!**

「갖가지 대승법락(大乘法樂)을 누린다.」 그래서 지상보살의 법락은 [보통의] 우리들이 도달할 방법이 없다. 「복과 지혜, 위덕이 있고, 신통이 자재하며, 필요한 것이 뜻에 따라, 생각에 응하여 나타난다.」 그는 저 복과 지혜로, 복이 있고 지혜가 있는데, 부처님은 공덕과 지혜로, 복보(福報), 복과 지혜 이러한 방면이 모두 원만하다. 복도 원만하고, 지혜도 원만하여, 「복·지혜·위덕이다(福慧威德).」 이러한 「일생보처(一生補處)」들은 팔지보살이 아니라 그들은 미륵과 비슷하다. **석가**

모니불의 법이 다 끝난 후에, 다음의 새로운 겁에 이르러, 사람의 수명이 84,000세가 될 때, 미륵보살이 와서 성불한다. 그는 「일생보처」로, 현재 이미 도솔천에서 기다리고 있는데, 장래 그는 도솔천을 버리고, 왕궁으로 내려와, 연후에 출가하여, 득도(得道)하고, 성불하여, 법륜을 굴리고, 마지막에 열반에 드는데, 이것이 「일생보처」이다.

이런 「일생보처」의 보살은 그래서 그의 복과 지혜, 위덕, 신통이 자재하고, 이 일체가 「필요한 것이 뜻에 따라, 생각에 응하여 나타나는데,」 마음 속 생각이 거기에 이르고 **마음이 한번 움직이면 모두 나타난다.** 이것이 「일생보처」로, 미륵과 마찬가지인데, 이러한 대보살이다. 지금은 비록 보살이지만, 이는 「일생보처(一生補處)」로 부처의 후보자리이다. 당신이 총통에 당선되었지만 아직 취임을 하지 않았다는 얘기나 다름없다. 선거 결과 당신은 이미 당선되었지만, 단 전임 총통의 임기가 끝나야만, 비로소 직위를 당신에게 맡긴다. 실제상 다음 번 총통은 다른 사람이 아니고, 당신으로 결정되어서, 이것은 이미 결정되어 있다. 그래서 다음 번 부처는 미륵이 되었지만, 그는 아직 취임하지 않았다. 이러한데, 이것은 좀 기다려야 하며, 이것이 「일생보처」이다.

이 「일생보처」는, **어떻게 하면 일생보처를 이루는가? 「모두 일향으로 아미타불을 전념하는 것에서 비롯되는 것」이다. 그래서 십지보살도 모두 염불을 떠나지 않고, 이 일생보처보살도 염불에서 비롯되었는데, 아미타불을 염한다.** 그래서 우리는 염불을 매우 얕다고 볼 수 없고, 그래서 이 종류의 개념을, 우리는 반드시 그것이 단정(端正)하도록 해야 한다. 이 모든 것은, 계속해서 일생보처의 보살 그가 (일생보처를) 이루는 까닭도 염(불)에서 비롯된다. 다음에 우리는 모두 강의해야 하는데, **문수, 보현이 모두 정토에 왕생하기를 발원하고 있다.** 문수는 대지혜자이고, 일곱 부처님의 스승으로, 그도 발원하였는데 또 누구의 지혜가 문수를 능가할 수 있겠는가? 모두 정토왕생을 구하고 있다. 게다가 가장 낮은 하근기까지 [왕생하여] 갈 수 있다는 말이니, 또 가장 심한 환자의 불치병이 중증이어서 병이 고황(膏肓)에 이르렀어도, 다 치료할 수 있다는 말이다. 최고인 **문수, 보현같이 모두가 재능을 충분히 발휘할 수 있는 분들이지만(不屈才), 그들도 [극락세계에] 가는 것이 필요하다.** 뭐가 이렇게 광활할 수 있는가? 일체 모두가 재능을 충분히 발휘할 수 있는 분들인데, 일체 모두를 구할 수 있다고? 이 두 가지이다! 그래서 당연히 하노사께서는 학생의 수준이 맞지 않을까 봐 염려하였다. 수준이 맞지 않는데, 당신의 강의는 수준이 낮으면, 수준이 높은 사람들은 듣기를 좋아하지 않는다 ; 당신의 강의 수준이 높으면, 수준이 낮은 사람은 알아듣지 못한다. 노사께서는 다른 것을 염려하지는 않았지만, 학생의 수준이 맞지 않는 것을 염려했다. 극락세계, 이 수준은 다시 같지 않지만, 또 극점(極點)에 이르렀으니, 모두 구도(救度)할 수 있다! 불가사의하도다! 그래서 내가 늘 말하는데, 이러한 [정수첩요] 공과(功課)는 유치원부터 연구원(研究院)에 이르기까지 하나의 과본(課本)이다. 단지 불법만이 가능한데, 아미타불 한 마디만, 당신이 정말 이렇게 염(念)을 계속하면, 이 일생에 결정코 왕생하고, 부처를 짓는다. 이것이 바로 방금 (강설했던) 일생보처 보살에 대한 예배이다. (아래의) 이 예배는 무엇인가? 예배는 방편(유여토)와 (범성)동거토에 있는 분들에 대한 것이다. 방금 그분들[즉 **일생보처보살]은 모두 실보장엄토, 상적광토에 있는데, 주로는 실보장엄토로, 이 일체이다.**

제19배 왕생보살 성중

한마음으로 관하여 예배하옵니다. 극락세계 도량·누각·강당·정사에 계시는 여러 왕생자들께서는 방편유여토와 범성동거토에서 혹 즐겁게 법을 설하고, 혹 즐겁게 법을 들으며, 혹 신족통을 나타내고, 혹 허공에 있거나, 혹 평지에 있으면서, 뜻하는 대로 수행하고 익혀서 원만하지 아니함이 없습니다. [이러한] 보살성중이 일향으로 전념하는 아미타부처님이시여!

나무아미타불

(1번 절하면서 3번 부른다)

이 이하에서는 「방편유여토(方便有餘土)」와 「범성동거토(凡聖同居土)」의 이러한 성중(聖衆)들에게 예배하려 한다. 극락세계에 이미 태어난 이러한 성중들을 우리는 관상(觀想)하고, 예배하고, 존경해야 한다. 그들은 모두 우리 이전에 성공하여, 이들은 장차 우리들의 동수(同修)가 될 것이다. 당신이 [극락세계에] 간 후에, 이들은 동수가 아닌가? 그렇지 않은가? 우리는 장래의 동수인데, 그래서 연을 맺는 것(結緣)이 필요하다.

「방편유여토」는 일평생에 이미 견사혹을 끊었거나, 극락세계에 이르러 견사혹을 끊어 당신은 방편유여토에 태어난 것이다. 그것은 범성동거토의 위, 또 실보장엄토의 아래에 있다. **실보장엄토는 보살인데, 보살은 진사혹(塵沙惑)을 깨뜨려야 하고, 또 무명(無明)을 깨뜨려야 한다.** 그래서 보살은 실보장엄토에 머물고, 또 부분적으로는 상적광토를 증득하여 들어가는데, 이것이 최고 높은 것이다. 진정한 부처님은 상적광토에 계신다. 그래서 사토(四土)로, 극락세계는 사토로 나뉜다. 다만 **사토의 경계를 분명히 나눌 수 있는 것이 아니고, 융회적, 융합적이다.** 그래서 매우 특수함이 그곳에 있다. 「방편유여토」는 견혹(見惑), 사혹(思惑)을 끊어내었다. 범성동거토, 극락세계를 「범성동거토」라 부른다 ; 현재 우리들은 이 세계에 있고, 사바세계에 있는데, 우리 이 국토가 범성동거토이다. 우리는 모두 범부 아닌가? 우리 이곳에[도] 성인이 계시는데, 오대산에 계시며, 문수(文殊)는 바로 오대산에 계신다.

문화대혁명 전에, 어떤 사람이 문수를 친견하였는데, 복건[성 출신의] 어떤 화상이다. 이것은 두 사람이 말한 것으로 틀릴 리가 없다. 한 분은 통원법사(通願法師)로 통원법사가 비구니들 속에 있었고, 지금 국내 제1위로 있다. 매우 도덕적인데 그녀가 오대산에 있을 때였다 ; 또 한 사람은 원철법사(圓徹法師)로 그는 복건사람이다. 그들 중 복건 동향인 사람이 그 [원철법사]에게 [복건출신의 어떤 화상이 문수보살을 만난 일을 전해 듣고] 말했고[183], 그 [원철법사]는 서둘러 그 [문수보살을 만났다는 복건출신의 어떤 화상]을 따라갔지만, 따라잡을 수 없었다. 이 복건화상은, 그가 오대산에 이르렀을 때, 매우 공경하면서, 삼보일배를 하였다. 현재는 그와 같은 사람이 드문데, 삼보일배를 하고, 삼보일배를 하였다. (모두) 다섯 개의 대(五個台)[184]에 절을 하면서 도착하고, 그는 반쯤 간 모양인데, 한곳을 보았고, 작은 문 하나가 있었는데, 산 위의 동(洞)의 동문(洞門)에, 「금강동(金剛洞)」이라고 쓰여 있

183) '복건출신의 어떤 화상'이 문수보살을 만남 → 이 사실을 다른 '복건 동향사람'이 직접 들음 → 원철법사가 전해 들음 →황념조 거사가 원철화상으로부터 다시 전해 들음

184) 오대산의 다섯 개의 대

었다. 그가 이 이름이 (매우 수승하다고) 말하고, 문으로 들어가서 보니, 오! 안은 매우 크고, 도량이 있었다. 매우 많은 대전(大殿)이 있고, 장경루(藏經樓) 등등이 있으며, 매우 많고 많은 출가인들이 있었다. 두 가지 복장이 있는데, 한 종류는 화상 복장이고, 한 종류는 라마 복장이었다. **오대산에는 두 종류가 있는데, 화상도 있고 라마도 있었다.** 그래서 그는 대전에 들어갔고, 대전에 들어가니 이상하였데, 이 대전에 대(台子)가 하나 있는데, [그 위에] 공양하는 불상이 없었다. 불상이 없기 때문에 그는 정례하지 않았는데, 빈 대들이었다. 하지만 그는 세 바퀴를 돌았는데, 이것은 일종의 예절이다. 도는데, 이 주위를 세 번 도는 것은 예의인데, 정례하는 그런 공경은 없이 그렇게 하였다. 그는 왜 위에 불상이 없지, 매우 기괴해, 이곳에는 어째서 불상이 없을까?라고 말하였다. 그는 다른 곳으로 걸어 나가 보려고 하여, 그 장경루 등을 보고, 다른 곳들을 보려 하였다. 막 이 문 앞에 도착했을 때, 막 나가려던 참에, 뒤에서 작은 사미가 나와서 그를 불렀다 :「무슨 무슨 법사님！」하고 그를 불렀다.「아이고!」(마음속으로 말하길)「그[185]가 여전히 나를 부르는가?」그가 고개를 돌리면서,「여기서 어떻게 나를 아는 사람이 있는가? 나 혼자 방금 왔는데.」(작은 사미) 그가 그 [복건화상]을 불러서, 그 [즉 사미]가 말하길 :「나의 스승님이 당신을 부르신다.」나중에 그 어린 화상과 함께 들어가 보니, 한 노인을 보았고, 보고 난 (뒤에) 매우 공손하게 정례하였다. 이마로 절하여(頂) 예를 한 후에, 노화상이 말하길,「멀리서 오는 것이 쉽지 않으니, 자리를 하나 내드려라.」그에게 자리를 주게 하였다. 그는 노화상에게 말했다 :「여기가 매우 좋은데, 제가 여기에 같이 머물면 안 되겠습니까?」노승이 말하길,

185) 복건화상과 함께 행각하던 원철법사나 다른 무리들을 의미하는 듯함

「당신의 인연은, 당신이 다시 돌아가야 하며, 나는 여기에 당신을 머무르게 할 수 없다.」 그가 말하길, 「노법사님, 여기는 왜 대전에 부처님이 없습니까?」 노화상이 말하길, 「난 필요가 없어.」 이는 선종(禪宗)의 말씀으로, 선종(禪宗)의 말씀을 사용한 것인데, 「밖에서 형상이 있는 부처를 구하는, 당신과 같지 않다.」 하지만 현재 우리는 여전히 늘 착실하게 불상을 가지고 공양을 한다. (염공은 말하고 나서 해맑게 웃었다.) **우리는 여전히 선종의 도리를 이해하고 나서 여전히 공양(供)을 하는데, 이것이 가장 고명한 것이고, 계속해서 선종 이것에도 집착하지 않을 수 있다.** 선종의 말을 듣고서, 나[186]는 공양(供)을 하지 않는데, 그것은 여전히 한쪽에 「고착(粘住)」되어 있는 것이다.

그 다음에 화상은 그를 머물게 하지 않았는데, 그는 노화상의 개시(開示)를 들었다. 노법사는 몇 마디를 써서 그에게 주었는데, 그는 기억하였다. 계속 갔는데, 그는 조금도 특별한 느낌이 없었고, 그도 [삼보일배의] 절을 하지 않았다. 그는 나중에는 갈 수 없었는데, 하늘이 어두워져 하산이 불가능하고, 갈 수 없고, 위험했다. [하산 중에] 마침 티베트인 한 명이 그곳에 살고 있었고, 출가인이 아니었다. 단지 그는 거기에서 살았다 ; 그가 있는 곳으로 가자, 그 사람이 그를 그냥 머무르게 하였다. 말하길: 「당신은 내려갈 수 없습니다. 당신이 간다면 매우 위험하니, 당신은 내가 있는 곳에서 밤을 보내십시오.」 그는 내려가는 것을 보류하였다. 내려가는 것을 보류하고 저녁을 대접받고, 두 사람은 잡담을 하였다. 이 화상이 그에게 물었다 : 「당신들 여기에 화상은 몇 명이나 됩니까? 모두 다 합쳐서요? 전 오대산에요?」 「이 오대산은 아

186) 황념조 거사를 지칭하는 것이 아님

무리 해도 수백 명이 안 됩니다.」 그가 말하길, 「어떤 사람이 천승재(千僧齋) 공양을 요청하는데, 우리는 모든 사람을 다 불러도 부족합니다.」 이 화상이 말하길, 「아닙니다, 아닙니다! 나는 한 곳을 알고 있는데, 그곳 한 곳만 700, 800인데, 당신들은 또 다른 곳이 있는데, 어떻게 1,000명을 모을 수 없을까요?」 이 [티베트] 사람 이 말하길, 「내가 오대산에 있는데, 내가 어떻게 모른단 말입니까? 나는 당연히 충분하지 않다는 것을 압니다. 종래에 부족합니다.」 두 사람은 곧 다투기 시작했다. (한마디 하길 :) 「내 눈으로 직접 보았습니다.」 (또 다른 질문은 :) 「어디에 있습니까?」 (그 [복건화상]이 말하기를 :) 「내가 어디 어디에 있었는데, 어디 어디라고 부릅니다.」 그 [티베트] 사람이 말하길: 「그런 곳은 없습니다.」 그 [복건화상]이 말하길, 「왜 없습니까?」 [티베트 사람이] 「책을 찾아서 당신이 볼 수 있게 하겠습니다. 오대산 가이드의 오래된 지도에는 각 방면에 이런 명칭이 없고, 금강동이 없습니다. 몇백 명의 화상이 계시는 곳이라니, 어떻게 없을 수 있겠어요?」 모두 멍해졌는데, 어떻게 이런 일이 있지? [복건화상과 티베트 사람은] 대치하여 양보하지 않았다. 그곳에 살던 그 [티베트] 사람이 갑자기 말했다 : 「당신은 아마 문수보살을 만났겠군요!」

이 말이 끝나자, 그 [복건출신의 어떤 화상]은 본래 식사를 하려던 사람이었는데, 툭하고 눈물이 왈칵 쏟아졌고, 밥도 먹지 않고, 앉지도 않았다. 그는 처음부터 다시 절을 하고, 또 처음부터 삼보일배 하고, 삼보일배를 하며, 그곳까지 참배하여 날이 밝았는데, 아무리 찾아도 찾을 수 없었고, 찾지 못하였다. 찾지 못한 후에 그는 절에 이르러, 그의 복건 동향사람에게 이 사건의 사정을 말하였고, 그 동향사람이 원철법사에게 말하였으며, 이 말은 원철법사가 나에게만 한 말이다. (원철법사) 그가 보니, 그가 말하길 복건출신의 어떤 화상의 이것은 틀림이 없고, 한 점도 틀리지 않는, 결정코 문수였다. 왜냐하면 그 네 마디를 썼기 때문입니다. 그것은 가로로 볼 수도, 세로로 볼 수도 있다. 가로로 보면 표면적인 뜻이고, 세로로 보면 또 다른 뜻이다. 세로로 보면 문화대혁명 이후의 일을 말하면서 또 그에게 「**장래에는 불전(佛前) 앞에 등불이 없고, 절에 승려가 없을 것이다**」라고 알려주었다. (원철법사) 그는 이어서 말하였는데, 「내가 이 사람[187]을 쫓아갔다」. 그[188]는 쫓아가지 못했는데, 이 사람은 이미 산을 내려갔다. 이것이 문수를 만난 것이다.

현재 여전히 이러한데, **문수는 여전히 그곳에서 사람을 맞이하고 보내고 있다. 가는 사람은 그가 모두 맞이하지만, 모두들 보고도 알지 못한다.** 이 일은 고대의 그 일과 아주 유사한 점이 있다. 그래서 이것은 성인이 우리와 함께 계신 것 아닌가? **안탕(雁蕩)과 천목(天目)에는 수백의 아라한이 있다!** 절강성의 안탕과 천목의 500아라한, 이들도 역시 성인이다 ; 그리고 끊임없이 불보살이 오셔서 교화하고 제도하시고, 이 세상에 오시는데, 역시 성인이다. 그러나 [이러한 상황은] 극락세계와는 다른데, 여러분은 [우리 세계에 있는 이 성인들을] 쉽게 볼 수 없고, 보더라도 알아보기 쉽지 않으며, 게다가 매우 적다. 마치 극락세계와 「여러 상선인(上善人)」, 「아비발치(阿鞞跋致)」가 도처에 있어, 매일 매일 만날 수 있는 것과는 다르다. 이것이 다른 점이다.

---

187) 복건화상을 말하는 듯함
188) 원철법사를 말하는 듯함

여러 상선인(上善人)들이 함께 하는데, 「범부와 성인이 함께 거주하는 것」은 하나의 측면일 뿐이다. 본질적으로 그들은 「범성동거의 정(淨)」이고, 정토(淨土)이다. 우리들은 「범성동거」인데, 우리들은 예토(穢土)이다. 오염되고 더러움의 「예(穢)」로, 우리들은 「범성동거의 예(穢)」이다. 그래서 우리는 이 왕생이 쉬운데, 범성동거에서 범성동거로 전환되는 것이다. 하지만 이건 마치 여전히 1층 누각 같아서, 방편유여토로 바뀌지 않는다. 그러나 당신은 범성동거의 더러운 데서 청정한 데로 바꾸었다. 그러나 청정한 쪽에 이르자, 그것은 자동적으로 변화하여 고급의 방편유여, 실보장엄토, 상적광토와 하나를 이루어, 이쪽[즉 범성동거토의 예(穢)]과는 다르다. 그러므로 이 이사는 매우 쉬워, 당신은 많은 물건을 위층으로 옮길 필요가 없으며, 한번 밀고 한번 바꾸면 바로 지나간다. 이것은 쉬운 점으로, 범성동거 예토로부터 범성동거로 (바뀌는데), 단지 그것은 정토이다.

그럼 우리는 현재 어떤 정례를 하고 있는가? 극락세계 저 「도량(道場)」 속의, 「누관(樓觀)」 속에서, 「관(觀)」은 누각을 뜻하며, 큰 건물이다 ; 「강당, 정사」[에 있는] 이 모든 왕생자들에게 정례한다. 방편유여토나 범성동거토에 있으면서, 혹자는 기쁘게 설법을 하는데, 다 같이 모일 수 있고, 그는 설법하고 다른 이들은 듣는다 ; 어떤 이는 설법 듣는 것을 좋아하는데, 마침 여러 사람이 한군데 모였다 ; 혹은 신족통을 나타내고, 그는 갖가지 신통을 드러낸다. 「혹은 허공에 있고, 혹은 평지에 있다.」 **범성동거토는 평지에 있는 사람이 많고, 방편유여토는 모두 갖가지 신통을 가지는데, 모두 허공 속에 있다.** 「뜻에 따라 수행하고 익혀서 원만하지 아니함이 없다.」 그 사람의 자기 의사에 따라 어떤 것을 수행하고 익히는 것을 생각해도 모두 가능하고, 모두 원만하지 아니함이 없다. 이러한 「보살성중」인데, 그러므로 우리는 이곳에 주의해야 하는데, 그는 다른 성중을 말하지 않았다. 「보살성중」이다! **무릇 범성동거토나, 무릇 방편유여토는 모두 보살인데, 사람이 아니고, 아라한이 아니다 ; 모두 「대승심」을 발한 사람이고, 모두 보살이다. 이들은 「보살성중」이다.** [단] 그가 견혹을 끊은 수준이 이 정도이기 때문에, 그래서 방편, 동거에 있다고 말할 수밖에 없다. 「방편」은 (방편)유여이고, 「동거」는 범성동거이지만, 모두 마땅히 「보살」이라고 불러야 한다. 이러한 보살들은 모두 「일향으로 아미타불을 전념하기」 때문이다. [이 단락에서는 우리가 극락세계에 왕생하여 만나게 될] 우리의 미래 동수(同修)들에게 널리 예배한다.

【주역】

116. 통원법사通願法師(1913~1991년), 비구니, 속성은 적(翟), 이름은 요신(堯臣), 본적은 산동(山東)이다. 중국 근대 명사(名師)인 체한(諦閑) 노법사에게 귀의하였고, 1940년 자주(慈舟)노법사를 따라 출가하여, 법명은 통원(通願), 호는 묘체(妙體)이다. 오대산불교협회 부회장, 산서성불교협회 부회장, 중국불교협회 상무이사를 지냈다. 일평생 간소하고 뜻이 굳고, 수행에 힘써, 널리 승속의 칭송을 받았다.

117. 원철법사圓徹法師(1929~2004년), 별도의 기명(別署)은 춘명일납(春明一衲)이다. (문화혁명 이전에) 오대산에서 5년 머물고, 깊이 연구하고(研習), 수백 부의 불경을 정리했으며, 중원(中原) 불교계에서 명성을 얻었다. 1982년부터 1985년까지, 「불학연구부」 연구원으로 초빙되었으며, 다른 세 명의 법사와 함께 업무를 주관하였다. 일상 사무 중에, 계속해서 조

박초(趙樸初) 노회장의 업무를 도왔고, 항상 각국불교단체를 접대하고, 우인(友人)들이 내방하면, 조박초 노회장을 대신하여 중요한 문건 등을 기초하였다. 1986년에, 복건(福建名) 민후현(閩侯縣) 설봉사(雪峰寺)에서 그를 수좌(首座)로 초빙하였는데, 조박초 노회장의 비준을 얻어, 북경을 떠나 부임하였다.

제20배 일체 제불께 예배 찬탄하다

한마음으로 관하여 예배하옵니다. [항하의 모래알같이 많은 여러 부처님께서는] 시방세계에서 광장설상을 나타내 보이시면서, 정성되고 진실한 말씀을 설하시어 무량수불의 불가사의한 공덕을 칭찬하시옵니다. 중생들로 하여금 저 [아미타]불의 명호를 듣고, 청정한 마음을 발하여 기억·생각하고 받아 지녀서, 귀의하고 공양하게 하시옵니다. 모든 선근을 지극한 마음으로 회향하여, 발원한 대로 모두 왕생하고, 불퇴전의 지위와 더 나아가 무상정등보리를 얻도록 하시옵니다. 항하의 모래알같이 많은 여러 부처님이시여!

나무아미타불

(1번 절하면서 3번 부른다)

다시 이하는, 제20[조]으로, 시방의 부처님께 널리 예배한다. 그래서 현재는 극락세계에만 예배할 뿐만 아니라, (또다시) 「시방세계를 관하여 예배한다.」 시방허공은 중간에 무궁한 세계가 있다. 시방세계에는 모두 부처님이 계시고, 그분들은 「광장설상(廣長舌相)을 나타내 보이시는데,」 시방세계의 모든 부처님이 광장설상을 나타내 보이시고 계신다. [부처님의] 32상 속에 이 「광장설상」이 있는데, 석가모니의 혀가 나오면 혀는 자신의 얼굴을 전부 가릴 수 있었다. 나의 이 외숙부는 「남매(南梅)」인데, 그도 특이한 점이 하나있어, 혀를 내밀면 자신의 코끝을 핥을 수 있다. 그래서 그가 설법을 하면, 모두가 매우 옹호하여, 「남매」라고 칭하였다. 강경(講經)이 많고, 저서도 있기 때문에, (사람들이 칭하길) 「남매북하(南梅北

夏)[189]」라고 한다. 부처님의 넓은 광장설상은 그 얼굴을 스스로 덮을 수 있는 것이다. 현재 《아미타경》 속에 「시방의 부처님은 현재 광장설상을 나타낸다」[라는 말씀이 있는데], 이 광장설상은 아주 커서, 「삼천대천세계를 두루 덮는다.」 이것을 말하자면, 혀를 너무 크게 볼 필요는 없고, 바로 부처님이 말씀하신 음성, 설법이 「법음(法音)」인데, 이 법음이 삼천대천세계를 두루 덮을 수 있는 것이다. 그래서 시방의 부처님은 이러한 광장설상을 드러내 보이시는데, 소리가 삼천대천세계를 관철한다.

「정성되고 진실한 말씀(誠實言)을 설하신다.」 그래서 부처님은 모두 망어(妄語)가 없고, 가장 진실한 말씀이다. 이 정성되고 진실한 말씀은 무엇인가? 다 칭찬하고 있는데, 우리 무량수불의 불가사의한 공덕을 칭찬한다! 그래서 아미타불은 시방불 모두가 칭찬하고 계신다. 「명성이 시방세계에 가득하고(名聞十方)」, 시방의 부처님은 모두 시방의 각 방면, 자기의 삼천대천세계에 계시면서, 자기의 일체유정 중생들에게 아미타불의 공덕을 연설하고 계신다. 무엇을 위해 연설을 하시는가? 「중생들이 저 부처님 명호를 듣도록 하기 위함이다.」 자기 본토의 중생에 대해 [아미타불의 이름을 듣도록] 바라고, 시방 모든 중생들이 아미타불의 이름을 듣도록 바라신다. 이 이름을 듣자마자, 모두들 청정한 마음이 일어나는데, 우리가 가진 일종의 더러운 마음이 아니다. 그래서 많은 것들이 사람들의 마음을 움직이게 하는데, 그것[즉 사람들의 마음]은 오염된 것들이다. 현재 부처님의 이름을 듣고, 이 법회를 들으니, 여러분은 청정한 마음을 일으킨다. 「기억·생각하고 수지하는 것」은 아미타불의 이러한 공덕, 아미타불의

189) 남매는 매광희(梅光羲) 거사, 북하는 하련거 거사임

공덕을 기억하고 생각하는 것으로, 이러한 대자대비, 대원대력, 이런 것이다 ; 일향으로 진실혜(真實慧)에 머물고, 대지혜이며, 중생을 위하여, 구제하고 제도하는 것에 대하여, 「기억·생각하는 것」이다. 게다가 「수지(受持)」를 요하는데, 받아들임(接受)을 요하고, 집지(執持)를 요하고, 수지(修持)를 요하고, 귀의(皈依)를 요한다. 우리는 응당 의지(依止)해야 하는데, 아미타불에 의지해야 한다.

우리는 「공양(供養)」을 해야 한다. 우리는 공양을 하는데, 여러분은 현재, 일반 여러분들의 공양은 단지 돈을 조금 내고, 어떤 물건을 좀 바치는데 국한되고, 공물을 올리는 것(上供)이다. 이렇게 공양을 짓고, 이것도 모두 공양이지만, 하지만 더 좋은 공양은 「법공양(法供養)」이다. 그래서 「일체 공양은 법공양이 최고이다.」 「법공양」은 무엇인가? 당신이 「설법처럼 수행하는 것(如說修行)」이 가장 좋은 법공양인데, 당신이 「보리심을 발하는 것」이 가장 좋은 법공양이다. 그래서 반드시 이런 것을 바치는 것이 아닌데, 이 공양품(供品)들을 차려 놓고, 뭘 차려 놓고. 나도 예전에 이런 일에 (상당히) 집착했는데, 하남(河南)에서 돌아온 이후부터 변화하여, 이런 것들을 매우 부차적으로 보았다. 그래서 공양은 법공양이어야 한다. 그래서 어떤 사람이 말하길, 다른 사람이 이러한 것을 보내서, 인연을 맺으려는 것은 좋은 마음인데, 당신은 마땅히 …… 내 말은, 나는 여러분에게 이 일반적인, 이러한 종류의 공양을 법공양으로 바꾸라는 것이다. 더욱 좋지 않겠는가? 법공양의 공덕이 훨씬 크다! 그래서 우리 공양도 이와 같고, 아미타불에 대한 공양도 이와 같은데, 재물공양은 법공양만 못하다. 「설법처럼 수행하는 것(如說修行)」, 「가르침에 의거하여 봉행하고(依教奉行)」, 「보리심을 발하여, 일향으로 아미타불을 전념하는 것」 이것이 진정한 「공양」이다.

보라, 「귀의」, 「공양」 다음에 「가지고 있는 선근을 지극한 마음으로 회향함」이다. 가지고 있는 이 선근을 지극하고 정성스러운 마음으로 회향한다. 무엇을 회향하는가? 나의 일체 공덕을, 모두 그것을 돌이켜 극락왕생을 구하는 것에 전향시킨다. 극락왕생을 구하는 것의 「구(求)」는 개인으로 받아 누리는 것(享受)이 아니다. 그래서 내가 이르기를, 어떤 사람이 부처님께 구하는 것은 현재 부처님의 보우, 일체 평안, 일체 길상, 부자가 되는 것, 승진, 죽으면 내가 좋은 곳으로 가는 것, 다른 사람보다 더 나은 것이다 ; 살아 있을 때는 좋기를 바라고, 죽을 때는 남보다 나은 것을 바란다. 단지 하나의 자신을 위한 타산일 뿐, 이것으로 극락세계에 왕생할 수 없다. 극락세계가 요구하는 것은 이타(利他)이다! 나는 중생을 제도하기를 바란다! 나 자신을 위해서가 아닌데, 모두 자기를 생각한다. 이것으로 당신은 약간의 복을 얻을 수 있고, 부처님은 당신의 소원을 만족시켜줄 수 있지만, 왕생하는 것은 불가능하다. 그것은 대승법인데, 그것은 모두 대승으로, 대승은 모두 이타(利他)이고, 아라한이 아니다.

우리가 말하기를, 무엇을 위해 왕생을 구해야 하는가? 바로 우리가 가장 빨리, 가장 철저하게 중생을 제도하려는 발원과 희망(願望)을 실현시켜야하기 때문이다. 우리는 중생을 제도하기를 원하지만, 단 당신은 어떻게 제도하는가? 자기도 여전히 물속에 [빠져] 들어갔다 나왔다 하는데, 내가 물속에 있는 사람들을 모두 구하려는 생각을 한다면, 이것은 빈 말이 아닌가? 그래서 당신 스스로가 수영을 할 줄 알아야 하고, 당신 스스로 구명환이 있고, 당신 스스로 또 구명정이 있고,

또 큰 배가 있어야만, 당신은 진정으로 남을 구할 수 있는데, 고해(苦海)에서 사람을 구하는 것이다. 그래서 극락세계에 가는 것은 바로 이것이다. 당신은 아주 빨리 성공하고, 당신에게 방법이 있고, 당신은 분신으로 일체세계에 도달하고, 갖가지 설법을 하고, 갖가지 구제를 하고, 무변한 중생을 제도한다. 우리의 왕생은 이런 하나의 큰일을 위해서 하는 것이다!

다시 자기와 결합하여 말하면, 우리는 많은 생 중에 이 일체에 우리는 많은 친족(親眷)이 있었다. 금생에 친족이 있고, 과거생 중에도 친족이 있었다. 금생에 친족에 대한 사랑과 보호는 갖가지이다. 당신의 전생에 당신의 그 친족에 대해서도 똑같이 그렇게 (사랑하고 보호하였다). 중간은 단지 떨어져 있을 뿐이다. 마치 연기를 하고 그 연극은 끝이 나, 이번 연극으로 바꾸면 당신은 그것을 전부 잊게 되는데, 사실은 같은 일이다. 당신은 금생도 이와 같은데, 다음 생에 이번 연극이 끝난 후에 또 연극을 바꾸니, 당신은 이제 전혀 상관하지 않는단 말인가? 이 사람들 중에는 지옥에서, 기름 솥에서, 고통 받고 있는 이들이 많은데, 그의 가족이 와서 구원하고 제도해 주기를 간절히 바라고 있다. 우리는 바로 그들이 바라던 사람이다! 다른 사람들은 아직 그럴 가망이 없잖은가! 그럼 우리는 아주 빨리 성공해야만, 우리는 바로 그를 구하러 갈 수 있고, 바로 그의 바람도 만족시킬 수 있다. 그래서 이런 생각인데, 우리는 정진을 해야 하고, 우리들은 (게으를) 수가 없다. 실제 진실로 이런 것이다.

그렇다면, 이런 말인데「원하는 바에 따라 모두 왕생한다.」우리는 부처님의 이름을 듣고, 부처님의 공덕을 들어, 곧

「기억·생각하고 받아 지닌다(憶念受持).」 부처님은 다생다겁에 중생을 위하여 갖가지로 끝없는 고난(勤苦)으로 성취했다. 이로 인하여 우리도 기꺼이 구도(救度)를 원한다. 왕생하여 우리들은 불퇴전에 이르고, 왕생하면 확실히 「세 가지 불퇴전」이거나, 「무상정등보리」에 이르거나, 성불에 이른다. 다음에서는 시방의 부처님께서 이렇게 중생에게 권장하고 있는데 이 부처님들은 항하의 모래 수 그것만큼 많다. 우리는 여기에서 함께 똑같이 정례(頂禮)한다. 시방의 부처님께 정례한다. 그래서 그러한 이 법은 「광대」한 것이다! 아무튼, 여러분은 짧은 시간 동안, (글자가) 많지 않은 [정수첩요를] 보는데, 다만 당신이 이 속에서 예배와 공경, 찬탄하는 바, 각 방면이 모두 매우 중요하고, 매우 본질적이며, 게다가 매우 「광대」하다.

【주역】

118. 최초 녹화 중에서, 강해(講解)가 이곳에 이르자, 어떤 사람이 염공에게 물었는데 : 「잠시 쉴까요?」 염공이 매우 단호하게 말했는데 : 「우리는 이것만 강설하고, 이것만 강설하고 다시 쉽시다. 우리들은 [해야 할 분량이] 많지 않을 것이니, 오늘 강의를 다 마치고 다시 쉰다. 내가 보기에 시간이 모자란다.」 염공은 언제 어디서나 부지런하고 의연한 수학(修學) 태도를 유지하였는데, 이곳에서도 세세한 부분까지 남김없이 드러났다.

119. 매광희(梅光羲) 노거사는, 자(字)가 힐운(擷芸), 강서(江西) 남창 사람(南昌人)으로, 청나라 광서(光緒) 6년(1880년) 경진년에 태어났다. 매씨는 명문귀족(洪都望族)으로 학자집안(書香世家)이다. 민국 10년(1921년) 전후에 산동성(山東省) 고등

감찰청(高等監察廳) 청장으로 기용되었다. 그는 제남(濟南) 신서문(新西門) 대명호(大明湖) 호숫가에서, 불학사(佛學社)를 조직하고, 불학강좌를 개설하여, 정기적으로 법상유식(法相唯識)학을 강의하였다. 대만에서 경법을 강의하던 이병남(李炳南) 노거사는 바로 당시 매노거사 좌하(座下)의 제자였다. 매노거사의 제1부 유식학(唯識學)적 저작이 《상종강요(相宗綱要)》이다. 이 책은 민국 9년에 출판되었는데(1920년), 구양경무(歐陽竟無)선생이 서문을 지었다. 이 책은 유식학에서 가장 번거로운 명상(名相)[190]으로, 「삼시교상(三時教相)」, 「오위백법(五位百法)」 등과 같이, 일일이 해석을 가하여, 수미상관하고(首尾相貫), 매우 체계적이고, 조목을 152조로 총괄하여, 한 부의 법상(法相) 소사전(小辭典)에 상당하다.

---

190) 귀가 들을 수 있는 것을 '명(名)'이라 하고, 눈이 볼 수 있는 것을 '상(相)'이라 한다(耳可闻者日名，眼可见者日相)
[출전 : https://www.hao86.com/ciyu_view_997d2d43ac997d2d/, 2022. 10. 3.확인]

제21배 일체 제불께 두루 예배하다

한마음으로 관하여 예배하옵니다. [항하의 모래알 같이 많은 세계의 일체 여러 부처님께서는] 사유상하에서 일체 세간을 향하여, 이 행하기는 쉬우나 믿기는 어려운 [정토]법[문]을 설하시는 본사 [석가모니부처님]을 칭찬하시면서, 유정중생들에게 지극한 마음으로 믿고 받들기를 권하시옵니다. 시방의 염불중생을 호념하시어, [극락]정토에 왕생하게 하시는 항하의 모래알 같이 많은 세계의 일체 여러 부처님이시여!

나무아미타불

(1번 절하면서 3번 부른다)

다시 「관하여 예배하는데」, 바로 「항하사 세계의 일체 부처님」이시다. 이 일체 부처 그분(들)은 우리의 본사 석가모니부처님을 찬탄하는 것이다. 「사유상하」는 동남서북을 사유(四維)라 칭하고, 상하(上下)는 중국의 「육합의 안(六合之內)」이며, 이것은 하나의 「육합(六合)[191]」이다. 사방(四方)에다 (또) 위가 있고 아래가 있어, 육방이 아닌가? [육방에는] 네 모퉁이가 다 들어가 있어서, 시방을 [별도로] 말할 필요가 없고, (단지) 「육방(六方)」이다. 그래서 진역(秦譯)의 《아미타경》은 바로 육방불(六方佛)[192]인데, 육방이면 충분하다. 실제 인도 문장은 「시방(十方)」이다. 현장(법사)가 번역한 것이 바로 시방이다. 그 네 모퉁이[193]를, 구마라십 (법사가) 생략했으니,

---

191) 천지와 사방

192) 동·남·서·북·하·상의 여섯 방향의 부처님

193) 동남방·서남방·서북방·동북방을 말함(정토오경일론, 2016, 비움과 소통, 77~78쪽 참조)

육방이면 충분하다. 그래서 하노사의 회집(會集)도 육방을 유지하고, 시방이 없다. 하지만 [정수첩요에서는 현장법사의 번역 중] 「자비의 가피로 보우하사(慈悲加佑) 마음이 산란하지 않게 하심(令心不亂)」 이것을 섭수(攝受)하[여 구마라십의 번역을 보충하]였다. 사유상하에서, 「본사를 칭찬한다」함은 우리의 스승인 석가모니불을 칭찬하는 것이다. 무엇을 칭찬하는가? 이 일체 세간에 계시고, 이러한 세상 속에 계시며, 갖가지 세상, 일체의 세상에서, 이 「행하기는 쉬우나 믿기는 어려운(易行難信)」 법을 설하고 계시는 본사를 칭찬한다. 이 「믿기 어려움」은 모든 세상에서 믿기 어려운 법으로, 사람들이 믿지 못할 뿐만 아니라, **천인들(天)이 우리보다 훨씬 총명해도 그들도 믿지 못 한다 ; 고차원적인 하늘도 믿지 못하고, 색계천, 무색계천, 「일체 세간에서 믿기 어려운」 법이다**. 석가모니불(께서 일체 세간을 향하여, 이 행하기는 쉬우나 믿기는 어려운 법을 설하셨다.)

「모든 유정중생들에게 지극한 마음으로 믿고 받들기를 권하신다.」 사유상하에서, 본사께서 설하신 이 법을 칭찬하는 것이, 정례(頂禮)의 첫 번째이다. 두 번째는, 시방의 부처님 자신이 모두 이 일체 유정중생들에게 「지극한 마음으로 믿고 받들기」를 권하시는 것이다. 이것은 믿기 어려운 법인데, 시방의 부처님들(十方佛)이 모두 거기에서 중생을 권도(勸導)하는 것을 돕고 있으니, 당신들은 매우 잘 받들어야 한다. 석가모니부처님께 말씀하신 것을 지극한 마음, 지극한 정성으로 믿고, 받아들이며, 석가모니부처님께서 말씀하신 것을 믿어야 한다. 게다가 시방불은 모두 「시방의 염불중생을 호념(護念)」하고 계신다. 그래서 우리는 염불하고 있는데, 우리는 본사 석가모니부처님이 우리를 호념하실 뿐만 아니라, 당신은 그의 훌륭한 학생이다 ; 아미타불이 당신을 보살피고 있는데, 당신이 가고 싶어 하기 때문에, 당신은 배움을 구하러 갈 것이다 ; 시방불은 모두 당신을 호념하고 있다. 이 시방불은 모두 시방의 염불중생을 호념하고 있다! 바로 당신은 진정으로 발심한 염불인으로서, 당신은 시방불의 호념을 얻었다! 이것이 당신을 성공하게 하고, 정토에 왕생할 수 있게 한다. 그래서 이런 제불은 「항하사세계」에 두루 가득하고, 우리들은 항하사만큼 많은 그런 세계에 계신 일체 부처님께 두루 예배하는데, 이것은 광대하다! 우리는 그분들에게 예의를 갖추어야 하고, 우리와 관계도 이와 같다. 그분들은 우리 본사를 칭찬하고, 모두에게 본사의 가르침과 이끄심을 잘 받아들이라고 권하며, 게다가 일체의 염불중생을 호념하신다. 그래서 이 일종의 우리들이 예배하고 부처님들을 공경하는 것, 이것은 부처님들께 절하는 것으로 이것이 공덕이다. 당신은 이러한 부처님들의 공덕을 알고, 우리의 신심을 키워야 하는데, 우리는 고립된 것이 아니다. (염공은 이 대목을 강의하다가 앞에 있는 청중 앞에서 활짝 웃었다.)

그래서 매우 많은 분들이 항상 그렇게 생각하는데, 내가 밖에서 어떤 곳에 참가하고, 사람이 굉장히 많으며, 도량이 굉장히 성(盛)하고, 이 사부는 대단히 유명하며, 시끌벅적하고, 매일 또 무슨 건축을 하며, 징과 북소리가 요란하고, 향불 연기가 빙빙 돌며 올라간다. 이것은 [청정함과] 관계없고, 관계가 없다. 당신은 진짜 열심히 힘써 수행하는데, 당신의 여기는 (하지만) 청정하여, 당신의 이곳은 「시방제불의 호념을 받는 바이다!」 그래서 우리가 귀하게 여기는 것은 산림 속의 불법이지, 도시(城市)안의 불법의 그 떠들썩함을 요구하는 것이 아니다. 그래서 우리는 산림속의 불법을 귀하게 여기는 바인데, 도시 속 불법의 그런 떠들썩함을 요구하는 것이 아니다. 그래서 예로부터 산림 중의 불법과 도시 안의 불법은 같지 않은데, 하나는 바로 광범위한 인연을 맺어야 한다는 것이다. 떠들썩하다 ; 하나는 청정인데, 진짜 수행이다 ; 이 두 가지는 겸할 수 없다! 여러분은 모두 알아야 한다! 당신이 바빠서 두서가 없는 후에, 종종 바빠서 두서가 없는 후에, 정과법사(正果法師)의 말이 있듯이, 그분이 말씀하시길, 당신이 누군가를 알면, 그 [누군가]는 바로 당신의 목에 한 가닥 올가미를 건다. 올가미를 건 후, 그는 아무 때나, 그는 와서 시험 삼아 한번 끌어당기려고 한다 ; 당신은 그가 언제 기쁠지 당신도 모르는데, 끈이 생겼으니, 그가 당신을 시험 삼아 한번 끌어당기려 한다. 당신은 [올가미를] 너무 많이 걸었다. 이것은 방금 시험 삼아 한번 끌어당기는 것을 마쳤고, 그것을 다시 더 당기려 하는데, 늘 어떤 사람이 끌어당기려 하면, 당신은 성가시게 된다.

그러니까 현재, 나는 이 시끌벅적함을 피하고, 다른 사람이 늘 한번 끌어당기려 하는 것을 피해야 한다고 생각한다. 하지만 만약 **우리가 서로 정토법문을 설하기 위하여 여러분의 자신감을 다지기 위하여 정법을 선전하는 것, 이것은 아무리 힘들어도 해야 할 것**이고, 이것은 [분주함과는 별도로] 분리해야 한다. 이 일들은 끌어당김을 당하는 것이 아니라 내가 주동하는 것이다. 가능한 한 다른 사람이 끌어당기는 것을 피해야 하며, 남에게 코 꿰어 가는 것을 원치 않는다. 나도 나의 계획이 있는데, 이 모든 일들은 내게도 계획인데, 내가 계획한 것과 서로 부합되므로, 나는 힘써 한다 ; [나는] 남은 나이가 많지 않아서 이런 것들과 나의 계획이 맞지 않는다면 피하려고 최선을 다하고 있는데, 나를 버리고 다른 사람을 따를 수는 없다! **할 수 있는 것도, 그 역량도 많지 않아서, 우리는 불법에 좋고, 중생에 유익한 몇 가지 일을 착실하게 할 수밖에 없다.** 그래서 여러분이 호지(護持)하기를 희망하고, 할 수 있는 것을 이루기를 희망한다. 매사를 이루는 것이 간단하지가 않고, 모두 많고 많은 장애가 있다.

【주역】

120. **정과법사(正果法師)**, 1913년에서 1986년까지, 사천성(四川省) 자공시(自貢市) 사람이다. 속성은 장(張)으로, 19세에, 중강현(中江縣) 수녕사(壽甯寺) 광거화상(廣渠和尚)로부터 삭발을 하였다. 21세에, 성도(成都) 문수원(文殊院)에서 수계를 받았다. 계속하여 중경(重慶) 화암사(華岩寺) 천대교리원(天臺教理院)과 중경(重慶) 북배(北碚) 한장교리원(漢藏教理院)에서 배웠다. 한장교리원에서 일찍이 태허(太虛)대사로부터 6년간 불교를 익혔다. 졸업 후에, 학교에 머물면서 가르치는 임무를 맡았다. 1954년에 삼시학회(三時學會) 연구실 주임을 맡았다. 또 중국불학원의 초빙에 응하여 불학을 주로 강의하였다. 평생 승재(僧材)육성을 위한 교육사업에 종사했다. 일찍이 중국불교협회 제1부회장, 북경시 불교협회장, 중국불학원 부원장, 북경 광제사(廣濟寺) 주지 등을 역임하였다.

제22배 무량수경 선본을 예배 찬탄하다

한마음으로 관하여 예배하옵니다. [대승무량수장엄청정평등각]경에서 이르시기를, '미래에는 경전들이 사라질 것이니라, 부처님께서 자비와 연민으로 이 경전을 홀로 남기어, 100년 동안 머물러 있게 하시니, 이 경전을 만나는 사람은 발원한 대로 모두 제도를 받을 수 있을 것이다'라고 하셨습니다. 그러므로 저는 지금 지극한 마음으로 정례하옵니다. 광대하고, 원만하며, 간결하고 쉬우며, 바로 가는 지름길이고, [최고의] 방편이며, 구경이고, 제일 희유하여, 만나기 어려운 법보인 대승무량수장엄청정평등각경이여!

나무아미타불

(1번 절하면서 3번 부른다)

「한마음으로 관하여 예배하옵니다. 경에서 이르시길」이다. 경에서 하신 말씀으로, 이것은 우리들이 이 경에 예배하는 것이다. 「미래에는 경전들이 사라질 것이다.」 이것도 경전의 문장(經文)인데, 앞으로 불경은 모두 소멸할 것으로, 이[를 말하고 있는] 경을 《법멸진경(法滅盡經)》이라고 한다. 그래서 어떤 이는 말하길, 당신들 불교도 소멸해야만 한다. 나는 우리 불교가 종래 세상에 의지(賴)하고 떠나지 않는다라고 결코 말하지 않았다고 말했다. 우리는 이미 [경이] 소멸할 것이라고 말해왔는데, **제일 먼저 소멸하는 것은 《능엄경》이다.** 그래서 나는 지금 비교적 쌍방을 중시하고 있다. 하나는 제일 먼저 소멸할 것이고, 하나는 최후까지 존재하는 것으로 이 두 가지이다. 제일 먼저 소멸할 것은 《능엄경》이다. 현재

[일부 사람들이] 이미 알아차리고, 가장 유명한 학자들은 모두 글을 써서 《능엄경》이 가짜라고 한다. 이런 종류의 학설은 현재 아직 완전히 깨지지 않았다. 그래서 두 파가 있다. 보다시피 현재 모두 이 설인데, 원영법사(圓瑛法師)님이 여전히 주해(註解)하셨고, 이것이 일파(一派)이다 ; 여징(呂澂)처럼 그가 바로 《능엄백위(楞嚴百僞)》를 고증하여, 백방에서 모두 가짜라고 말하였는데, 이 또한 매우 유명한 학자이다. 학자가 「이해하되 행하지 않으면 사견(邪見)만 증장시키는 것」이다. 그들은 후에 한 무리가 되었고, 호북(湖北)성의 이 사람들, 또 왕은양 누구는, 또 《화엄》도 가짜라고 하기를 원하는 것 등등이다. 왜냐하면 그들에게 그것이 저촉되기 때문이다.

소시종돈원(小始終頓圓), 법상유식(法相唯識)이다. 소시종돈원 이것은 오시(五時)이다. 「**소(小)**」는 소승이다 ; 「**시(始)**」는 대승을 설하는 것을 개시하는 것이다 ; 「**종교(終教)**」는 대승법을 마치는 것이다 ; 그리고 「**돈(頓)**」은 특별하게, 찰나에 성취한다 ; 「**원(圓)**」은 원만인데 원교(圓教)이다. 그 [즉 능엄경을 비방하는 자들]은 이 「시교(始教)」의 관점을 가지고 「원돈교(圓頓教)」에 반대한다. 그래서 그들의 착오는 바로 여기에 있는 것이다. 근기(根器)가 같지 않기 때문에, 설법이 같지 않다. 소승은 성불을 말하지 않고, 최다가 당신이 아라한을 증득하는 것이다. 시교(始教)에 이르면, 당신이 부처가 될 수 있는데도 불구하고, 「천제(闡提)는 부처가 될 수 없다」 ; 여러분은 천제는 부처가 될 수 없다는 이 말을 들었다. 그러나 **「종교(終教)」는** 그렇게 말하지 않는데, 종교는 **모두 불성이 있다고 설하고, 천제도 여래의 지혜를 갖추고 있으며, 그래서 천제도 능히 성불할 수 있다**는 것이다. 이것은 모순이 아닌가? 당연히 성불에는 삼대아승지겁(三大阿僧祇劫)을 요한다. 그러나 「**돈교(頓教)**」는 그렇지 않은데, 돈교는 찰나간에 부처가 될 수 있다고 말한다 ; 미혹하면 중생이고(迷就是衆生), 깨달으면 부처로(悟就是佛), 한번 깨달으면 부처인데, 무엇을 삼대아승기(三大阿僧祇)라 하는가? 「**원(圓)**」은 다시 원융인데, 원은 일체를 포함한다. 대상이 같지 않기 때문에, 말하는 방법이 같지 않다. (비유하면) 수학교사 당신이 현재 지금 옴의 법칙에 대하여 이야기 하는데, 당신이 초·중학교에서 하는 것은 대수공식(代數式子)으로, 전압과 전기저항의 비율은 전류와 같은데194), 대수공식, 이것은 상수(常數)이다. 당신이 만약 고급 레벨에 도달 한 후에는, 실제로는 이와 같지 않은데, 그것은 미분공식으로, 미분적 전압을 미분적 전기저항으로 나눈 값은 전류와 같은데, 모두 변하고, 순간 때때로 변하고 있다. 그러나 당신이 이것을 이제 막 시작한 학생에게 가르치려 하니, [그들이] 이해할 방법이 없는데, 이런 모순은 필연적인 것으로, 이것이 교사의 교묘함이다. 그래서 당신은 초·중학교의 대수공식에 근거하여, 대학에서 개념을 말하면서 [미분공식] 이건 옳지 않고 너희들은 나와 다르다라고 말할 수 없다. 지금 이 사람들이 이런 잘못을 저지른다! 이러니 각종 병, 노승언(盧勝彥)195)적 병, 재물 및 이성에 대한 마음이 끊이지 않으니, 이 마음 가지고 출발해서, 여기 나쁜 불교를 하는 것이다. 여징(呂澂)196)처럼 그들은 이 모든 것을 오랫동안 배워 편견, 이러한 여러 잘못을 이루고, 그래서 각각의 잘못이 모두 장애를 이루었다.

경(經), 앞으로 《능엄경》은 소멸될 것이다. 그래서 먼저 반대하는 사람이 있다. 앞으로 점점 더 말이 많아지고, 그들의

194) I(전류) = V(전압)/R(저항)
195) 인물의 이름
196) 인물의 이름

(언론이) 우세해지고, (오래 오래되어) 여러분 모두 기왕에 이것이 가짜라고 하는데, 누가 읽겠는가? 필연적으로 소멸될 것이다. 그래서 이건 공연히 논쟁할 수 없고, 또 염려할 필요도 없다. 게다가 자연 부처님 말씀은 앞선 것이고, 현재 이러한 추세도 거기에 있다. 그래서 이런 상황에서, 여전히 마지막 경전이 하나 있는데, 최후에 여전히 남아 있는 것이 바로 우리의 《무량수경》이다. 나는 일찍이 의심했는데, 나는 《무량수경》이 매우 심오하다고 말한 적이 있으며, 이러한 경인데, 말법시대에 이르면, 중생은 겨우 열 살의 평균수명인데 …… 우리가 「감겁(減劫)[시대]」로 [가면], 수명이 감소한다 ; **현재 우리의 수명이 늘어나고 있는 것은 특수한 현상이다.** 나는, 난 아무렇지 않은데, …… 나 스스로 이렇게 추측하는데, 아마 중흥의 서상(瑞相)으로, 인간의 평균 수명이 늘어나는 것이다. 감겁에 근거하여 말하자면, 백 년이 지날 때마다 사람은 한 살씩 수명이 감소한다. 요즘에는 인간의 평균 수명이 늘어나고 있는 것 같다. 또 마침 티베트의 전설, 밀종의 전설은 「**불법은 세계에서 중흥할 것이다**」로, 이 두 가지는 우연히 일치하는 점이 있다. 현재 우선은 우리가 이렇게 보는데, 이것은 일종의 중흥하는 서상이다.

그래서 여러분이 오래 사는 것이 매우 중요하다. 내가 젊었을 때, 팔십이 다 되어가는 사람이 여전히 이렇게 생각할 수 있는 것, 그런 건 없었다. 예순 살에 모두 부축해 주었는데, 두 사람이 서로 떠받드는 노인이었다. 그들은 현재, (염공은 그 옆에 앉아있는 남자 거사들을 가리키고, 그 후에 말씀하길,) 이들처럼 (이 나이는 현재) 여전히 젊은 남성이 될 수 있는데, 과거에는 이들을 모두 노인으로 삼았다. 수명이 길어지니 이것은 좋은 현상으로 이것은 중흥이지 늙은 것이 아니다. **경이 소멸할 때가 되면, 사람은 겨우 열 살이다. 그래서 그 겁, 우리의 장래에 오는 겁은 「도병겁(刀兵劫)」으로 사람들끼리 만나지 못하고, 서로 죽이려 하고 서로 의심한다** ; 내가 너를 죽이지 않으면 네가 나를 죽일 것이다. 그래서 만나면 내가 먼저 손을 쓰고, 먼저 시작하는 것이 유리하다. 모든 사람들이 먼저 손을 써서 유리해지려고 한다. 그래서 이는 살광(殺光)으로, 인류는 서로 잔인하게 죽인다. 살광으로, 그래서 「도병겁(刀兵劫)」이다. 그때가 오면, 마침내 인류는 멸망하고 마는데 극소수의 사람만이 [무사히] 지나갈 수 있고, 다시 다음 겁으로 바뀌는 것을 기다린다. 그럼 그때에 여전히 《무량수경》을 읽을 수 있을까? 《법멸진경》에서 잘 말씀하셨는데, 부처님께서 말씀하시기를, 인류는 이때 법운(法運)이 등불과 같은데, 등잔불이 꺼지려할 때, 촛불이 꺼지려 할 때, 갑자기 매우 밝아진다. 그래서 사람이 죽을 때, 석양(夕陽)이 한없이 (좋은 것과 같은데), 그것은 「회광반조(回光返照)」로 특별히 잘 보인다. 사람이 막 죽으려고 할 때, 갑자기 정신(神志)이 또렷해져서, 매우 많은 말을 할 수 있고, 그런 후에, 그는 숨을 거두는데, 또 「회광반조」이다. 이것은 전체 법운의 「회광반조」이다. 그래서 **최후 이러한 100년 동안 인류의 총명지혜는 《무량수경》을 받아들일 수 있다. 촛불이 꺼지려고 할 때 오히려 평상시보다 더 밝아지는 것같이,** 이로 인하여 그들은 능히 받아들일 수 있다. 그렇게 받아들일 수 있어서 여전히 많은 사람이 제도를 받는다. 다시 다음 [단계로] 넘어가면, **아미타불을 염할 줄 알면 아사려(阿闍黎)이고, 금강아사려(金剛阿闍黎)이다.** 다른 사람들은 이 [아미타불] 네 자를 염할 줄 모른다. **다시 다음으로 넘어가면, 더 이상 염할 수 있는 사람은 없는데, 공중에 몇 마디가 나타나, 당신은 여전히 염할 수 있고, 여전히 제도 받을 수 있다.** 최후에는 모두 없어지는데, 법이 없어지고, 법이 소멸하여 완전히 없어진다(法滅盡).

「장래에는 경전들이 없어지는데, 부처님께서 자비와 연민으로」인데, 부처님께서는 자비심으로 여러분을 불쌍히 여기신다. 「이 경을 홀로 남기어, 백 년 동안 머무르게 하신다.」 모든 경이 다 끝났지만, 오직 《대승무량수경》만은 인간세상에 백 년 동안이나 존재할 수 있다! 시간이 매우 길지 않고, 겨우 최후 백 년이다. 「이 경을 만나는 사람은 원하는 대로, 모두 제도를 받는데,」 **이 경의 말씀을 만나면, 당신의 의사에 따라, 당신의 소원을 모두 만족할 수 있다.** 「그러므로 내가 지금 지극한 마음으로 정례하니,」 우리들 수행인, [정수첩요의] 32배를 수행하는 사람은 이 경 때문에, 최후에 그것이 존재함으로 말미암아, 그래서 나는 현재 지극한 정성의 마음으로 이 경전에 정례(頂禮)한다. 최후까지 아무런 경도 없이, 오로지 이 부경(部經)에만 의지하는데, 지극 정성의 마음으로 이 경에 정례한다. **이 경은 「광대하고(廣大), 원만하며(圓滿), 간단하고 쉽고(簡易), 바로 가는 지름길이며(直捷), [최고의] 방편(方便)이고, 구경(究竟)」인데, 이는 「제일희유하여, 만나기 어려운 법보(法寶)이다.」** 바로 이와 같기 때문에, 내가 이 경에 정례해야 하는데, 최후에 여전히 중생을 제도할 것이다. 「광대」, 이 경전의 내용은 일체를 널리 제도하는데, 이 내용은 광대하고, 위로는 극히 심오한 《화엄》의 《십현(十玄)》과 인천승(人天乘)까지, (아래로는) 사바세계의 중생들이 어떻게 온갖 악을 짓는 가에 까지 이른다 ; 그래서, 인천승으로부터 계속하여 원교(圓教)의 《화엄》에 이르기까지 포함하지 않는 바가 없어, 「광대」하다. 구도(救度)가 필요한 중생(은 일체 모두 제도되는데,) **많은 대보살들이 이 법을 듣지 않으면 모두**

퇴전한다. 이 (부경部經)은 매우 「광대하고, 원만하다.」

이 경(이 있어서,) (중생) 그는 다시 다른 것이 필요 없는데, 그래서 이 한 부의 경이면 충분하다. 어떤 경은 당신에게 큰 계발을 주지만, 단 전반적으로 수지(修持)를 하는데 있어서는 당신에게 쓸모 있을 것 같지 않다. 《금강경》과 《아미타경》은 누구에게나 다 알려져 있다. 매우 많은 사람들이 《금강경》을 알고, 능히 이해할 수 있고, 또 「문장에 따라 관을 짓고(隨文作觀),」 「문자반야(文字般若)」를 따라, 「관조반야(觀照般若)」를 연습한다. **「응무소주이생기심(應無所住而生其心)」과 같은 것은 이러한 중생이 이룰 수 없는 것이다.** 우리가 할 수 있는 것은 단지 「여몽환포영(如夢幻泡影)」같은 것으로, 이는 당신이 그것을 좀 가볍게 보면, 이 중생들은 모두 도달할 수 있다. 이 **「무주생심(無住生心)」, 그것은 등지보살(登地菩薩)에 이르러야만 그는 곧 도달하게 된다.** 등지(登地)의 보살, 등지(登地) 이전은 이 「삼현위(三賢位)」인데, 단지 머묾이 없을(無住) 때만 머묾이 없고, 마음을 낼(生心) 수는 없다 ; 마음을 낼(生心) 때는 단지 마음을 낼 뿐, 머묾이 없을(無住) 수 없다. 그러나 「머묾이 없으면서 여전히 마음을 내고(無住還生心), 마음을 내면서 여전히 머묾이 없는 것(生心還無住)」은 등지보살만이 도달할 수 있다. 그래서 당신은 이 경, (《금강경》)을 알게 되었고, 이 경의 수승함을 알게 되었다. 하지만 중생에 대하여 말하자면, 그는 여기에서 법익(法益)을 얻을 수 있어야 하지만, 생활과 한 덩어리가 되지(打成一片) 않아서, 일체 때와 일체 장소에서 모두 쓸모가 있어야 하지만, 그 중의 아주 얕은 일부분만 쓸모가 있다. 「일체유위법 여몽환포영(一切有為法如夢幻泡影)」, 당신은 이 여몽여환(如夢如幻)을 보는데, 당연히 많은 사람들에게 충분하다. 이 관문을 그는 깨뜨리지 않고 그는 「일체유위법(一切有為法)」에 대하여 그는 흥미진진하다. 단지 당신이 이것을 깨뜨렸는데, 별게 아니고, 당신은 「여몽환포영(如夢幻泡影)」을 본 것으로, 당신은 기껏해야 악을 저지르지 않고, 선을 좀 짓는다고 해도, 여전히 이런 육도를 벗어나지 못할 것이다! 당신은 어떻게 해야만 바로 육도를 벗어날 수 있는가? 일반적으로는 모두 세로로 벗어나야 하는데, 그것은 견사혹(見思惑)을 끊어야 하니 매우 어렵다! 그래서 방편이 충분하지 않다. 또 방편도 있어야 하고, 또 이론도 있어야 하며, 또 실제적으로 있어야 하고, 또 갖가지의 원만인데, 그것은 바로 《무량수경》이 원만하다!

이렇게 원만한 1부의 대법(大法), 그것은 다시 매우 간단한데, 《무량수경》은 결코 매우 길지 않아서, 1권으로 다 된다. 게다가 당신의 염(念)은 단지 여섯 자만 염하면 되는데, 더 이상 간단한 것이 없고, 어린 아이들도 모두 염할 수 있다. 그래서 많은 어린이들이 염하는데, 「나무아미타불」을 그대로 염한다. 게다가 단도직입적으로 **당신이 염하는 것은 무엇인가? 바로 당신의 「자심(自心)」이다. 당신이 염불하면 당신의 「이 몸이 이미 함원전에 있는데,」 단도직입적이다 ; 당신은 바로 「본존(本尊)」으로 선종, 밀종이 모두 안에 있으니, 그래서 광대하고(廣大), 바로 가는 지름길(直捷)이다.** 이 시각(始覺)은 본각(本覺)에 합치하는데, 그래서 바로 가는 지름길이다. 구슬은 빛을 발하여 구슬 자신을 비추는데, 아주 바로 가는 지름길이다. 손전등은 바깥을 비추고 밖으로 찾았지만, 자신이 무엇이었는지는 반대로 비추지 않아서, 바깥은 매우 밝고, 먼 곳은 매우 밝은데, 이것이 다르다. 「방편(方便)으로,」 중생제도를 말하자면 모두 가능하고 가장 쉽다. 간단히 말해서, 가장 편리한 방법을 가리켜 「방편」이라 하는데, 이것은 통속적인 설법이고, 해석이다. 「구경(究竟)이다.」 방편적인 것은 왕왕 이처럼 「방편에서 하류(下流)가 나온다」 라고들 한다. 그러나 이것은 「구경」으로 그것은 또 「방편」이고 또 「구경」으로, 철저하여, 「하류가 나오는 것」이 아니다. 비단 「하류가 나오는 것이 아닐」 뿐만 아니라, 게다가 「구경」이고, 가장 철저한 성취이다. 그래서 이 부경(部經)에 대한 이러한 찬사가 이 「광대하고(廣大), 원만하며(圓滿), 간단하고 쉽고(簡易), 바로 가는 지름길이며(直捷), [최고의] 방편이고(方便), 구경이며(究竟), 제일희유(第一希有)하고, 만나기 어려운 법보(難逢法寶)」이다. 이런 말은 모두 여실하게 말한 것이지, 감정에 관계한 것이 아니다. 하노사, 그분이 이 경을 회집하였으나, 그가 약간 미려한 말을 사용하여 한번 찬탄하려는 것, 그것은 안 되는 것이다. 그래서 우리는 감정을 대신하여 이지(理智)를 사용해야 하는데, 일체 모두가 감정에서 출발하는 것은 아니다.

이 「제일희유하고 만나기 어려운 법보(第一希有難逢法寶)」는 무엇인가? 이는 《대승무량수장엄청정평등각경(大乘無量壽莊嚴清淨平等覺經)》이다. 이 점에서, 우리는 이 경에 정례한다. 이 경의 제목은 매우 「수승」한데, 2부의 경제목이 하나로 모여 있다. 《대승무량수장엄(大乘無量壽莊嚴)》, 이 1부는 《송나라 때 번역(宋譯)》이며 마지막으로 번역한 것이다 ; 《무량청정평등각(無量清淨平等覺)》은 한나라 때 번역(漢譯)한 명칭이다. 그래서 《송나라 때 번역》한 명칭을 《한나라 때 번역》한 명칭의 앞에 놓았더니 자연스럽게 이 하나의 명칭이 되었다. 이 명칭을 이룬 후, 이것을 대승적 법이라고 말하는데, 인법유(人法喻)가 모두 있게 되었다. 이 법은 모두 광범위하게 구도(救度)하는 것으로 소승이 아니다. 「무량수(無量壽)」 이것이 바로 우리의 본체, 저 국토의 부처인데 이것이 인(人)이다. **「장엄청정(莊嚴清淨)」은 법(法)**이고, **「대승(大乘)」은 유(喻)**이며, **「평등각(平等覺)」은 또 부처(佛)**이다. 이러한 의의인데, 이 경제목은 말하려고 하면 매우 깊을 뿐만 아니라, 또 매우 자연스럽다. 그래서 이 경은 우리의 32배 정례(頂禮)의 대상이다. 그러므로 경은 공양할 수 있고, 예배할 수 있다. 일본에 있으면서 나는 도처에서 《나무묘법연화경(南無妙法蓮華經)》을 [염하는 것을] 볼 수 있었는데, 매우 많은 일본인들이 《나무묘법연화경》(경제목)을 염하였다. 경제목을 염하는 것은 모두 공덕이 있다. 이곳에서는 이 [대승무량수장엄청정평등각]경에 절하는데, 방금 [제20배, 제21배에서는] 부처님께 절하고, 시방불에 절하고, 이곳 [즉 제22배]에서는 이 경에 절한다.

제23배 정토법문을 예배 찬탄하다

한마음으로 관하여 예배하옵니다. [정토법문은] 일승요의이고, 만 가지 선이 함께 돌아가는 곳이며, 범부와 성인을 고르게 거두고, 뛰어난 근기와 어리석은 근기를 모두 가피하옵니다. 한꺼번에 팔교를 갖추고 원만하게 오종을 거두며, 가로로 삼계를 뛰어넘어 곧바로 [극락의] 네 가지 국토에 오르게 하시옵니다. 일생에 성취해 마쳐 구품연화대로 나아갈 수 있게 하시옵니다. 시방제불이 다 같이 찬탄하고, 천 가지 경전과 만 가지 논서가 다 함께 가리키는 보왕삼매이자, 불가사의하고, 미묘한 [정토]법문이여!

나무아미타불

(1번 절하면서 3번 부른다)

이것은 [정토]법문에 절하는 것이다. 이것은 매우 중요한데 바로 이 법문을 찬탄하는 (것이다). 만약 이 하나의 단락에 대하여 잘 알면, 우리의 이 정토법문에 대하여 「만 마리의 소도 잡아당기지 못하여,」 만 마리의 소가 당신을 끌어도 끌 수가 없다. 「일승요의이고, 만 가지 선행이 함께 돌아가는 곳이며, 범부와 성인을 고르게 거두고, 뛰어난 근기와 어리석은 근기를 모두 가피한다. 한꺼번에 팔교를 갖추고 원만하게 오종을 거두며, 가로로 삼계를 뛰어넘어 곧바로 네 가지 국토에 오르게 한다. 일생에 성취해 마쳐 구품연화대로 나아갈 수 있게 한다. 시방제불이 같이 찬탄하고, 천 가지 경전과 만 가지 논서[197]가 다 함께 가리키며, 보왕삼매이자, 불

197) 불교의 삼장(三藏)은 경(經)·율(律)·론(論)을 말한다. 여기서 천경만론(千

가사의하고, 미묘한 법문」은 이 염불법문을 찬탄하는 것이다. 그래서 여러분은 마땅히 자기가 이 염불을 마땅히 깊이 믿고, 여전히 마땅히 기뻐해야 한다. (기쁘게도) 자기가 능히 이러한 하나의 법문을 믿을 수 있고 능히 이러한 법문을 만날 수 있다! **이것은 「일승법(一乘法)」인데, 이는 불법을 분류함에 있어 이것은 최고 높은 것이다.** 일반적으로 모두 삼승법(三乘法)인데, 아라한(성문), 연각, 보살로, 이를 「삼승법」이라고 한다. 「승(乘)」은 비유로 사용하는 것으로, 당신은 바로 「차(車子)」라고 하는 (수단이) 있다. 당신에게 교통수단이 하나 있어야 한다면, 당신은 무엇을 교통수단으로 삼겠는가? 그렇지 않은가, 비유하면, 소승(小乘)이나 대승(大乘)이나 다 비유이다. 소승(小乘)이란 그러니까 당신이 실어 나르는 바가 작은 것을 말하는 것이다 ; 대승(大乘)이란 큰 열차는 무수한 사람을 실어 나를 수 있다. 이 「일승(一乘),」 최후 말씀인 《법화(法華)》는 전형적으로 예로서 일승법이고, 그것은 삼승이 아니다. 그 속에는 하나의 비유가 있는데, 불타는 집(火宅)의 비유이다. 어떤 사람이 말하기를, 《법화》를 읽는 것은 고사(故事)를 읽는 것과 같다고 한다. 그는 이 고사 속의 모든 것이 매우 깊은 법임을 알지 못한다.

이 불타는 집의 비유는 이 말이다. 어떤 아버지에게 아들 몇이 있는데 이 아들들은 말을 잘 듣지 않고, 집에서 놀기만 하였다. 이 집 안에는 많은 독사, 매우 많은 벌레, 많은 좋지 않은 것들이 있고, 게다가 집에 불이 붙었다. 아버지가 아들들을 나오라고 불러도 아이들이 안에 있으면서, 그 속이 좋아 나오려 하지 않았다. 그래서 불타는 집은 이러한 비유이다. 이 아버지는 그 애들한테 떠들어 댄다 : 「빨리 나오너라,

---

經萬論)은 모든 경(經)과 모든 논(論)이라는 의미이다.

나는 밖에 좋은 놀이기구가 하나 있어. 양수레, 사슴수레, 소수레, 너희들이 나와서 이 수레들을 가지고 놀 수 있단다.」 아이들은 이 수레들이 있다는 소리를 듣고 분분히 모두 뛰어나왔다. 다 뛰어나왔는데, 집이 불탔고 아이들은 구했다. 먼저 아버지가 거기에서 3대의 수레를 외쳤다. 바로 이 삼승법(三乘法)의 비유인데, 그 양수레는 아라한이고, 그 사슴수레는 연각이고, 그 소수레는 보살이다. 실제로는 결코 이 3대의 수레는 없다. 아버지가 거짓말을 한 것인가? 아니다! [아이들이] 나오고 나서, 아버지는 매우 기뻤다. 아들들을 구하였고, 우선 아들들은 구하였다. 그러나 그는 여러분에게 무엇을 주는가? 여러분 모두에게 커다란 흰 소가 끄는 수레를 주니, 네모나고 평평하며 바람처럼 빠르고 갖가지로 장엄하여 아이들이 상상하고 이해할 수 있는 그런 양수레, 사슴수레를 능가한다. 그래서 이것은 바로 비유이다. **그 3대의 수레는 삼승법으로 부처의 「권설(權說)」의 한 종류이다.** 아이들이 나오려 하지 않기 때문인데, 이렇게 말하면 당신의 아이들은 말을 듣고 나올 수 있다. 기왕에 나왔으니 아버지의 말씀을 듣고, 아버지께서 당신에게 주시는 바는 당신이 바라는 것을 초과한다. **큰 흰 소가 끄는 수레는 「일승법(一乘法)」에 대한 (비유이다). 모두 큰 흰 소가 끄는 수레로, 모두 당신의 성불이라 부른다.** 그러므로 「일승법」은 모두 성불의 법이지 소승법이 아니다. 현재 동남아 그들의 소승법(小乘法)은 이 대승법(大勝法)과 차별이 있고, (게다가) 상당히 크다.

「요의(了義)」이다. 부처님에게는 「**사의(四依)**」가 있는데, **「법에 의지하고 사람에 의지하지 않으며, 의(義)에 의지하고 말에 의지하지 않으며, (지혜에 의지하고 식識에 의지하지 않으며), 요의(了義)에 의지하고 불요의(不了義)에 의지하지 않는다.**」 이것을 사의 속에 있는 것이라 부른다. 부처의 가르침은 방금 말했는데, 소교(小教)·시교(始教)·종교(終教)·돈교(頓教)·원교(圓教)이다. 방금 [이 교(教)들이] 같지 않다고 말했는데, 어떤 것은 성불을 말하지 않고, 어떤 것은 삼대아승기[겁]을 말하며, 어떤 것은 천제(闡提)는 이룰 수 없다고 주장하기도 하고, 어떤 것은 천제는 이룰 수 있다고 말한다. 일치하지 않는 많은 부분에서 당신은 어떤 경전의 말을 듣는가? 부처가 일찍이 우리에게 말했듯이, 당신은 저 「요의의 가르침(了義教)」을 들어야 한다. 저 「요의(了義)」의 가르침(教)에 의지(依止)하고, 이 「불요의의 가르침(不了義)」에 의지하지 않는다. 모두 불경(佛經)으로, 그래서 현재도 그런데, 모두 화상(和尙)이고, 혹자는 모두 활불(活佛)이고, 그들이 말하는 것을 당신은 누구에게서 듣는가? 항상 모순이 있을 수 있다. 그래서 모순이 있는 것은 매우 자연스러운 일이다. 단 당신은 어느 것이 「요의」인지, 어느 것이 「불요의」인지 알아야 한다. 무엇을 「요의」라 부르는가? **제법실상(諸法實相)적인 것이 「요의」인데, 그것이 제법실상을 이야기하지 않으면 「불요의」이다.** 「불요의」, 당신이 이것 두 가지가 만약 다르다면 「불요의」적인 것은 들을 필요가 없고 「요의」적인 것을 들어야 한다. 비록 두 가지가 상반되면 하나는 버려야 한다. 그러면 현재 우리들은 이 법문을 「요의」라 부른다. 그래서 우익대사께서 [불설아미타경요해에서] 말씀하시기를, 우리의 이 「능원소원(能願所願), 능념소념(能念所念), 능생소생(能生所生)」은 갖가지가 「실상의 바른 도장이 찍히지(實相正印之所印)」 않은 것이 없다. 모두 실상의 바른 도장(正印)으로 찍혀 나온 것이어서 완전히 모두 실상에 합치하는 것이다. 그래서 우리의 이 본체, 우리는 무엇으로 본체를 삼는가? 무엇으로 체(體)를 삼는가 하면 「실상(實相)」을 체(體)로 삼는다. **《대승무량수경》은 본체가 바로 실상이다. 그래서 이는 「요의」적 법**

문이고 「요의」적 경전이다.

「만 가지 선행이 함께 돌아간다(萬善同歸).」[198] 이 바다로 들어가는 것인데, 그래서 세상의 일체 강물은 완전히 모두 바다로 흘러들어 가는 것이다. 당신이 행하는 모든 선(善), 당신이 최후에 만약 이 선(善)으로 결실을 얻으려 한다면, 당신은 이 아미타불의 대원(大願)의 바다에 흘러들어 가야 한다. 「만선(萬善)」이 진정으로 귀착지(歸宿)에 도달하는데, 만선이 함께 (돌아가는,) 가장 이상적인 귀착지는 바로 이것이다. 이 일승의 원해(一乘的願海)를 귀착지로 삼는다. 그래서 문수, 보현 모두 극락에 태어나기를 구하고 있다.

「범부와 성인을 고르게 거둔다(凡聖齊收).」 범부와 성인을 모두 거두는 것이다. 그래서 하나의 법, 어떤 법은 방금 범부에게 적합하고, 성인에게 적합하지 않다고 말했다 ; [어떤 법은] 성인에게 적합하고, 범부에게 적합하지 않다 ; 그러나 이 법은 성인과 범부 모두에게 적합하다. 십지보살(十地菩薩), 지지보살(地地菩薩)은 모두 염불을 떠나지 않는다. 범부를 말하자면, 범부는 어느 정도까지 이르는가? **(범부는) 오역(五逆)[199]까지는 모두 왕생할 수 있다. 다시 (그뿐 아니라, 축생도) 모두 왕생할 수 있다.** 과거에는 많은 기록들이 있었는데,

---

198) 만선동귀는 영명 연수선사가 제시한 불가어이다. 선사는 114개의 탐구주제를 정리하여 불교의 선문, 연종, 천태, 현수 등 각 종들의 의리를 교묘하게 하나의 전체로 융합하여 마침내 정토로 함께 귀향하게 되었으므로, 여러 종들의 의리를 인용하여 '만선동귀'라 하였다(萬善同歸，是永明延壽禪師提出的佛家語。禪師彙整了114條探題，巧妙地將佛教禪門、蓮宗、天台、賢首等各宗的義理融入一個整體，最終一同歸向淨土，故引諸宗義理，故謂為「萬善同歸」)
[출전: https://zh.wikipedia.org/wiki/萬善同歸, 2022. 9. 14. 확인]

199) 오역죄(五逆罪)를 지은 자

하노사께서는 늙은 쥐 1마리의 왕생을 우연히 경험한 적이 있으시다 ;「그분이 폐관(閉關)을 하실 때, 그도 화상 같은 두 개의 큰 신발을 신고, 앉아서 염하고 일어나서 신을 신고 도는데, 불상을 도는 것이다. 쥐 1마리가, 하노사께서 일어나 염불을 시작하자, 이 쥐는 바로 뒤에 있었다. 염불을 마치고, 돌아와 앉아 신발을 벗었는데, 여기 신발 두 짝이 있지 않은가, 이것의 (중간) 여기에 공간이 있는데 쥐가 앉아 있다. 일어나면 쥐가 따라서 돌고, 그분이 앉으면 쥐가 앉는 것이 습관이 되어, 매일 매일 이러했다. 어느 날 하노사께서 일어나서 가는데, 쥐가 따라오지 않았다. 하노사는 (마음속으로) 「오늘 왜 움직이지 않지?」라고 말했다. 그것을 놀래주려고 생각하고, 여전히 일정한 소리를 내었다. 마치 잠들어 있는 것 같은데? (여전히) 왜일까? 여전히 움직이지 않으니, 조금 다른 느낌이 들어서, 다시 살펴보니, 왕생하였다. 단정하게 앉아 있는데, 거기에 앉아 왕생하였다. 그래서 동물도 마찬가지로 왕생이 가능하다!

또 절에 닭이 있었는데, 화상을 따라다니며 부처님 주위를 돈다. 어느 날 갑자기 닭이 울더니, 창가 쪽으로 날아가, 발 하나를 들어 올려서 금계독립(金雞獨立)[의 자세를] 하였다. 태극권을 하면 「금계독립」이 있지 않은가? 금계독립, 닭은 이 1수(招數), 즉 발톱 하나를 들고 또 서쪽을 향하였는데, 발톱을 하나 든 것은 하나로 합장하는 것이다. **닭은 양쪽 (손) 합장을 할 수 없는데, (그렇지 않으면) 그는 (서 있을) 발이 없다. 금계독립을 하여 한쪽 발을 들고, 서쪽을 향하여 한번 소리치고 왕생(化了)하였다.** 그래서 축생도 염불하면 또 왕생(할 수 있다). 이 구도(救度)는 보편적으로, 여러분 모두 알아야 하는데, 그래서 이것은 은덕이다! 게다가 중생은 똑

같이 불성(佛性)이 있다고 말하는데, 우리는 경시할 수 없다. 지금 당장 그들이 말할 수 없더라도, 어떤 것을 할 수 없더라도, 그것에도 마찬가지로 영성(靈性)이 있다. 게다가 이러한 영성은 비둘기들이 나보다 낫다. 당신이 남경(南京)에서 통신비둘기를 비행기에 실어 와서, 당신이 이것들을 놓아 주면 그들은 스스로 남경으로 돌아갈 (수 있다). 자기(磁)의 감각, 지구 자기(磁)의 감각으로, 그들은 이 방향을 변별할 수 있다. 이들이 나보다 총명한데, 나는 [그렇게 하는 것이] 불가능하다. 나는 한 군데도 찾을 수 없는데, 어떤 때는 처음 가보고도 두 번째는 찾는 것도 여전히 힘이 든다.

그래서 「범부와 성인을 다 같이 거두고, 뛰어난 근기와 어리석은 근기를 모두 가피한다.」 당신이 뛰어난 근기이든 어리석은 근기이든 관계없다. 확실히 근기(根器)에는 뛰어남과 어리석음이 있는데, 어떤 법은 뛰어난 근기에 적합하다 ; 어떤 법은 둔한 근기도 행할 수 있다. 다만 뛰어난 근기는 [둔한 근기가 수행하는 법으로] 수행할 생각을 하지 않는다 ; 그러나 이러한 종류의 법은 뛰어난 근기, 어리석은 근기 모두에 적합한 수행이다! 「한꺼번에 팔교를 갖춘다.」 불법은 8교로 나눌 수 있는데, 장(藏)·통(通)·별(別)·원(圓)이다. 「**장교(藏)**」는 소승이다 ; 「**통교(通教)**」는 소승과 대승의 공통된 가르침으로 통교라고 부른다 ; 「**별교(別教)**」는 오로지 대승법을 말하는 것을 별교라고 한다 ; 「**원교(圓教)**」는 《법화》·《화엄》이 최고의 가르침이다. 장(藏)·통(通)·별(別)·원(圓)은 네 종류이고, 여전히 돈(頓)·점(漸)·비밀(祕密)·부정(不定) 또 네 종류가 있어, 바로 여덟 가지인데, 이를 「8교」라고 부른다. 「**돈교(頓教)**」는 바로 돈법(頓法)이다. 찰나 간에 성공할 수 있는 것이 바로 이 돈법(頓法)이다. 「**점교(漸教)**」는 삼대아승기겁이 필요하고, 삼대아승기겁은 무수겁으로 무수한 겁을 거쳐야만 바로 성공할 수 있다. 세 개의 무수겁, 이것이 「점교」이다. 「**비밀(祕密)**」, 이것은 말로 하지 않는데, 아주 매우 높고 심오한 것으로, 언어로는 표현할 수 없다. 예를 들면 선종(禪宗) 같아서, 많은 경우에 그가 명확하게 설명하지 않고, 당신에게 설파하지 않는다. 그리고 많은 선종[인]들이 깨달은 후에, 그는 노사(老師)께 감사하는데, 그는 다른 것에 감사하지 않으며, 다만 그는 그 노사가 나에게 설파하지 않는 것이 감사할 따름이다. 자기 참구(參)를 해야 한다! 그래서 「**문으로 들어오는 것은(從門入者), 가문의 보배가 아니다(不是家珍)!**」 눈은 보는 것이고 귀는 듣는 것으로, 이 모두가 문(門)이다. 문으로 들어오는 것은 당신 집의 보물이 아니다. **[보배는] 자신의 마음에서 나오는 것이어야** 하는데, (이것이) 종문(宗門)의 주장이다. 이 「8교」 (중에서) 이것이 바로 「비밀」이다. 「**부정(不定)**,」 이것은 단순히 어느 한 부류에 속하는 것이 아니다. 이런 성질을 가질 수 있고 또 저런 성질을 가질 수도 있어, 「부정(不定)」이라 칭한다 ; 변화할 수 있는 많은 것들이 있는데, 포함된 인소(因素)가 비교적 많아, 이를 「부정(不定)」이라고 칭한다. 그래서 일대 시교(一代的時教)를 이 8가지 방면으로 나눌 수 있다. 단지 이것[즉 정토법문]은 칭명법문인데 이 8개 방면의 이 가르침이 모두 안에 포괄되어 있다. 그래서 「한꺼번에 팔교를 갖추었다」라고 부른다.

「원만하게 오종을 거둔다(圓攝五宗).」 선종(禪宗) 하나의 꽃에 잎이 다섯이다. 인도에서는 한 세대에 하나의 의발(衣缽)이 전해져서 의발을 얻는다. 석가모니부처님의 옷(衣)과 석가모니 부처님의 발우(缽)로, 이것이 [전법(傳法) 또는 전등(傳燈)에 대한] 증명을 표시한다. 의발을 얻는데 있어 한 세대에 1

개를 전하고, 한 세대에 1개를 전한다. 저 달마는 왕자로 왕자가 출가한 것이다. 나는 한 왕자가 출가한 것을 본 적이 있는데, 아마도 부탄의 왕자로 티베트에서 출가한 것 같았다. 그는 친존활불(親尊活佛)과 함께 중경(重慶)에 가서 여러 사람에게 수법(修法)을 줌에 있어, 활불을 따라 하는데, 풍채(儀表)가 매우 좋고, 확실히 속되지 않았는데, 아, 왕자였다. 그래서 옛날뿐 아니라, 현대에도 [이러한 예가] 있는데, 왕자도 출가한다. 많은 사람들이 거기에서 (왕자) 그에게 정례(頂禮)를 하는데, [이는] 매우 법답지 않은 것이다. [왕자에게는 친존활불] 스승이 계시기 때문에 (마땅히) [사람들은 친존활불 이외의] 다른 사람에게 다시 정례를 하지 말아야 한다. 많은 사람들이 그때 한쪽만 생각하는데, (왕자는) 확실히 매우 장엄하다. (이상이) 「한꺼번에 팔교를 갖춤」이다. 「오종(五宗)」은 바로 이것이다. 달마는 왕자인데, 달마는 동토(東土)에 대승(大乘)의 기운이 있는 것을 보았다 ; 인도는 우리의 서쪽에 있는데 그가 말하는 동토는 바로 우리나라[200]이다. 우리 여기에 대승의 기상이 있는 것을 보고 의발을 들고 곧 중국에 왔다. 누가 양무제의 (그곳까지) 달려갈 줄 알았겠는가, 양무제는 이해하지 못하였다 ; 북쪽으로 갔는데, 북쪽에서도 이해하지 못하여 ; 그래서 숭산 소림사에 면벽(面壁)하고 있었다 ; 나중에 2조(二祖)를 만나, 전했다. 6조(六祖)에 전해지고, **6조라는 일화오엽(一花五葉)에 이르러서야 비로소 크게 (성하게) 되었다.** 그래서 의발은 다시 전해지지 않았지만, 그러나 광범위하게 법이 전한다.

「오종(五宗)」은 선종의 오종을 말한다. 이 「오종」이 바로 임제종(臨濟宗)으로, 현재 가장 광범한 것이 임제종이다. 그래

200) 중국

서 「임제 자손이 천하에 두루 하다.」 일반적으로 「화상께서는 어느 종입니까?」라고 말하면, 「임제종」이라고 한다. 두 번째로 많은 것은 조동종(曹洞宗)으로, 조동종은 중국에 있지만 극도로 쇠미하였고, 일본에서는 여전히 성행한다. 그래서 일본은 조동종이다. 제3은 위앙종(潙仰宗)이고, 제4, 5는 운문종(雲門宗), 법안종(法眼宗)으로, 이것은 유명무실하지만, 과거에는 극도로 성행하였다. 그래서 현재, 국제적으로 선종을 중국의 것이라고 하는 것은 우리에게 영광인데, 실제는 모두 인도에서 온 것이고, 달마가 전래한 것으로 우리 자신의 것이 아니다. 도교(道教)와 선(禪)을 중국으로 귀속시켰다. 이 도교, 지금 이 기공사(氣功師)들은 어디가 도교인가? 아니다. 도교의 잔해(糟粕)는 모두 없고, 기공사와 양생가(養生家)라고 할 수밖에 없는데, 노자(老子)의 것이 아니다. 성(姓)이 반(潘)씨로, 그는 성 요한(聖約翰)을 졸업했고, 아버지가 은행 경리이며, 결혼도 하지 않았고, 하는 일이 없으며, 《역경(易經)》을 전문적으로 연구한다고 말했다. 프랑스의 한 도교 대표단이 온 후에 상하이에 도착하여 대접할 사람을 구하지 못하는데, 어디서 도사(道士)를 찾겠는가? 문화대혁명을 거치면서 도사도 매우 쇠퇴하였다. 바로 이 반선생을 오게 하여, 그들을 모시고 좌담하였다. 그들은 그에게 물었다. 「당신네 도교는 어떻습니까?」 그는 당연히 말할 수 없었는데, 도교는 지금 없어졌다. 프랑스 사람들은 매우 놀라면서, 어떻게 된 것입니까? 도교가 이렇게 좋은데, 당신 나라 것이 당신들의 여기에 없다니! 사람들은 매우 놀랐다!

노자(老子), 장자(莊子), 이게 다 중국(에 있다.) 그래서 우리는 바로 노장(老莊), 공자가 있기 때문에 우리 불교의 대승불법은 중국에서 잘 받아들여졌는데, 이와 같다. 바로 이 기초가 좋은데, 이 기초가 있어야만 바로 향상시킬 수 있다. 공자의 《역경(易經)》(《역경(易經)·계사(繫辭)》)에서 「무사야(無思也), 무위야(無為也)」가 있는데, **무사무위(無思無為)**이다 ; 「**적연부동(寂然不動), 감이수통(感而遂通),**」 적연부동 속에 있으면, 한번 감응하면 통하는데, 이는 불법과 매우 가깝다. 바로 우리 중국에는 이런 성자들이 있기 때문에, 그래서 우리 중국의 고대문화는 밝다! 현재 잘못된 주장이 있는데, 지금 중국 문화로는 안 되고, 서방을 배워야 하며, 전반적으로 서양을 배워야 한다는 것이다. 방려지(方励之)도 잘못된 주장인데, 이 모두가 중국에 대한 문화적 인식이 부족한 것이다. 마땅히 그것이 잘 발휘될 것이다! 동방문화가 몰락한 것이 아니라, 하지 않고, 계속 하지 않아서, 일관되게 중시되지 않은 것이다.

여기서 강설이 「오종(五宗)」에 이르렀다. 이것은 선종의 오종이다. 그래서 염불법문 속에서 「오종을 원만하게 거두데」, 이것은 바로 선종의 이 오종이 모두 이 한 마디 부처님 명호(佛號) 속에 있다는 것이다. 바로 우익대사가 말한 바와 같이, **선종의 1,700칙(則) 공안(公案)이 모두 이 부처님 명호 안에 있다.** 당신이 항상 착실하게 염불(老實念)하기만 하면, 그 속에 있는 것이다. 어떤 사람이 연지대사께 묻기를 : 「**어떻게 선종과 정토를 융통(融通)합니까?**」 연지대사께서 말하길, 「**융통이 필요하다면 두 가지인 것이다.**」라고 말했다.[201] 만약 융통을 기다린다면, 그것은 두 가지이다. 그는 당신이 어떻게 융합을 할 것인지에 대해 대답하지 않고, 그는 융통해야 한다면 그것은 두 가지라고 말한다. 그럼 현재, 본래

201) 주거사가 묻기를, 염불과 참선은 융통이 가능한지요. [연지]대사께서 말씀하시길, 그것이 두 가지 것이라면 융통을 할 수 있습니다(朱居士鷺問參禪念佛 可用融通否, 師日 若然是兩物 用得融通著). [출전: 蓮池宏禪師傳]

하나인데 왜 융통이 필요하단 말인가? 실제는 이러한 한 마디 말이니, 그래서 선(禪)과 정토(淨)는 본래 둘이 아니다(不二)! 그러나 지금 이 「투쟁뇌고(鬥諍牢固)」의 시기가 되어, 여러분은 바로 「문호지견(門戶之見)」이 필요한데, 그래서 매우 많은 「문호지견」이 있어, 문호(門戶)를 만들어 낸다. 선종은 다른 종을 반대하는 것이고, 밀종도 반대하는 것이니, 모두 같은 문호지견이다. 선종에서, 나는 아무개 사부인데, 나는 당신의 다른 사부들의 선(禪)에 반대한다 ; 밀종도 이와 같다. 각자가 이러하니 「투쟁뇌고」로, 지금 바로 이러하다. 한 마디 부처님 명호는 「한꺼번에 팔교를 갖추고 원만하게 오종을 거둔다」.

내가 스무 살이었을 때, 그땐 그렇게 말하지 않았는데, 저 곽조명(郭兆明), 그는 대만의 상황을 보러 갔다고 말하면서, 중국의 1,000여 년 동안의 불법(佛法)은 정법(正法)이 아니라고 말했다. 내가 말하길, 이것은 내가 17, 18세 때 생각했던 것이다. (나는 그때) 이러한 대거사들, 대화상들이 여전히 암투를 벌이는 것, 여전히 간교한 마음(機心)을 가지는 것, 종파라든지, 갖가지 개념을 보았는데, 세상의 이런 고려(考慮)는 조금도 감소하지 않았다. 나의 (당시 잘못된 생각은) (곽조명) 그의 한마디와 마찬가지로, 「그런 불교는 영험이 없어, 소용이 없다」라는 것이었다. 부처님을 공부한 다음에, 모두 이 수준밖에 안 되면 무슨 소용이 있겠는가? 소용이 없다. 그래서 하나의 착각을 했다. **내가 20살 때, 대학 3학년, 겨울방학 끝나고, 《금강경》을 보았는데, 바로 제호(醍醐)로 관정(灌頂)을 한 것으로, 이 안락, 저 경쾌함은 형용할 방법이 없었다!** 이것은 명백하다 : 「불법이 영험하지 않은 것이 아니라, 여러분이 불법에 대해 떳떳하지 않은 것이다.」

이「머묾이 없이 마음을 내는 것(無住生心),」당시 내가 하나를 체회(體會)하였는데,「머묾이 없이 마음을 내는 것」은 범부는 해낼 수 없다고, 방금 말하지 않았는가? 당신이 만약 지상보살(地上菩薩)에 이르면, 바로 [머묾이 없이 마음을 내는 것에] 이를 수 있다. 그러나 아까 염불이 이렇게 수승하다고 했고, 도리에 맞게 강설해야 하는데, 좋다고 말할 수 없고, 할 수 없다고 하니, 어느 정도 도리에 맞아야지, 그렇지 않은가? 이런 도리는「머묾이 없이 마음을 내는 것」이다. 어떤 (일인가), 나는 당시에 나의 이 염불, 너는 어떤 생각도 하지 않고, 염불을 하는데,「아미타불, 아미타불, 아미타불, 아미타불, 아미타불, 아미타불」...... 다른 건 모두 생각하지 않는데, 다른 것에 모두 머무는 바가 없다(無所住)는 것을 알았다! 직장에 머무르지 않고, 지위에 머무르지 않고, 금전에 머무르지 않고, 남녀 간에 머무르지 않는데, 그래서 일체 사정이 모두「머무는 바가 없음(無所住)」이다. 또 성불하려는 것에 머무는 것도 아니고, 어떤 어떤 것을 하려는 것, 모두 없다. 법에도「머무는 바가 없는데,」바로「아미타불, 아미타불......」그러나 **이 부처님 명호(佛號)가 끊이지 않으면, 이 마음은 끊임없이 생겨나는데, 단멸(斷滅)이 없으며, 죽음이 없다. 그래서「머묾이 없이 마음을 내는 것(無住生心)」**으로, 나는 이 염불 속에서, 그때에 아직 지금의 이것을 분명히 알지 못하였지만, 스스로 이렇게 탁마(琢磨)를 하니, 이것을 이렇게 달성할 수 있다고 여긴다! 실제로 그 생각이 정확했다. 당시에는 함께 생각한 것이, 만약 주문을 외우면 더 좋을 것이다라는 생각이 들었다. 어떤 것이 더 좋을까? 나의 이 염불에는 불(佛)자가 있다. 단지 지금 초근기(初機)에 대해 말하자면, 여전히 불(佛)자가 있으니, 당신은 공경심을 일으켜야 한다! 그때는 완전히 내려놓기를 원했는데, 불(佛)마저도 내려놓는다. 그때의 내 생각은, 부처님도 내려놓았다. 부처님도 내려놓아야 하는데, 나에게 불(佛)자가 하나 있으면 내려놓기가 매우 쉽지 않다. 나의 저 주문은 불(佛)까지도 내려놓으니, 진정한 「머무는 바가 없음」인데, 여전히 이 마음은 다시 흐트러지지 않아야(不亂) 한다. 그것이 나의 처음 간경(看經)이었는데, 나의 착오를 바로 잡았다.

그래서 이렇게 보면, **6조(六祖)는 「머무는 바가 없이 마음을 내는 것(無住生心)」에서 (개오開悟하였다)**. 처음에, 그는 객잔에서 있었는데, 객잔에 땔감을 져서 날라 대주었다. 다음날 손님이 거기에서 경을 읽고, 그가 옆에서 들었다. 처음 이것으로, 「머무는 바가 없이 마음을 내는 것」을 듣고서 그에게 물었다. 「어디서 오셨습니까?」 (답변하여 말하기를), 「황매(黃梅)요.」 그가 곧 황매에 가려고 하니, 모두가 그에게 돈을 기부하였다. 그에게 또 노모가 있는데, 땔감을 좀 사고, 쌀을 좀 사서, 남들에게 모친을 돌보라 하고, 그는 갔다. 5조(五祖)가 있는 (그곳에) 이르러, 뵌 후에, 이 기연(機緣)으로 5조가 그에게 설법을 하였다. 또 설법이 「머무는 바가 없이 마음을 내는 것」에 이르러 설법이 다 끝나지 않았지만, 그는 이것을 처음 들었을 때 신수(神秀)를 능가하였다. 신수는 「12부경론」을 능히 강설할 수 있고, 500명이, 모두 다 신수를 알고 있었다. 물론 그는 [5조로부터] 의발(衣鉢)을 얻을 것이고, [신수를 제외한] 우리들은 자격이 없으며, 그는 위엄과 명망이 매우 높았다! 이렇게 힘들게 일하는 사람은 화상도 아니고, 절에서 일하며, 남방 사람이고, 소수민족이며, 5조가 그를 험악한 자, 야만인, 문맹라고 불렀다. 그[202]가 바

202) 육조

로 「머무는 바 없이 마음을 내는 것」으로, 의발을 얻었는데, 그는 진정으로 개오(開悟)하였다. 오종(五宗)은 이렇게 나오지 않았는가? 그럼 오종은 이렇게 나오는데, 당신, 염불하는 사람 당신은 자연스럽게, 알지 못하고 느끼지 못하는 사이에 「암암리에 도의 미묘함에 합치(暗合道妙)」한다. 당신이 누구든, 노파든 상관없이, 당신은 다만 이렇게 염해 가기만 하면 된다. **아미타불 아미타불하면서 당신은 이 여러 가지 것들을 모두 내려놓아야 하는데, 이 한 구절 「깨끗한 생각이 계속 이어지는 것(淨念相繼)」[203]은 항상, 「머무는 바가 없이 마음을 내는 것」에 암암리에 합치한다!** 그래서 어떤 때는 「명백하게 도의 미묘함에 합치(明合道妙)」하는 것이라고 하는데, 이것은 「암암리에 도의 미묘함에 합치」하는 것으로, 그는 알지 못하고 느끼지 못하면서 「도의 미묘함(道妙)」에 합치한다. 명백하게 합치함(明合)과 암암리에 합치함(暗合)은 모두 합치(合)이다. 그래서 불가사의하다! 또 우리는 어째서 「원만하게 오종을 거둔다(圓攝五宗)」라고 말하는가? 그것은 (위에서 말한 것과 같다.) 물론 이것을 진정으로 말한다면, 부처와 부처는 바로 구경(究竟)할 수 있는데, 나[204]는 이곳[즉 부처의 경지]에 이르러야만 체회(體會)할 수 있다.

그래서 「팔교(八教), 오종(五宗)」은 모두 부처님 명호(佛號) 안에 있다! 이것이 「가로로 삼계를 벗어나는 것이다(橫超三界).」 우리가 방금 말하길, 그 벌레가 가로로 깨물고 나가는데, 다른 방법은 당신이 세로로 깨무는 것으로, [정토법문은]이 가로로 깨무는 것이다. 「곧장 사토에 오른다(逕登四土).

203) 《능엄경》 대세지보살 염불원통장에 나오는 말로, '깨끗한 생각(즉 염불)이 계속 이어짐'을 말함

204) 우리들

극락세계는 사토(四土) 아닌가? 상적광토·실보장엄토·방편유여토·범성동거토이다. 한번 오르면 바로 사토에 오르는 것으로, 직접 (지름길로) 사토에 오르는 것이다! **당신이 범성동거토에 오르면, 그 범성동거토와 상적광토는 분리되어 있지 않는다.** 그래서 범성(동거토)에 왕생하는, 바로 이 시간, 당신은 현재 여전히 미혹을 끊지 않았으나, 시간이 도래하면 반드시 상적광토에 오를 것이다. **시간은 인류의 착각이니, 그러니 시간상에서 죽음을 보는 것을 말아야 한다.** (이 말을 하고 나서, 염공은 초연히 웃었다.)

「일생에 성취해 마친다(一生成辦).」 그래서 아직도 이곳에서는 잘 모르는 사람이 많은데, 어떤 이는 밀종이 일생에 성취하는 것이라고 말하는데, 정토가 바로 일생에 성취하는 것이다. 내가 일찍이 공갈상사(貢噶上師)에게 여쭤본 적이 있다. 지금 밀학(學密)을 하는 사람들이 일부러 자신을 표방하고, 정토종을 깔아뭉갠다. 내가 말했다 : 「**왕생정토는 밀종의 즉생성취라 할 수 있습니까?**」 공갈상사는 매우 책임감이 강하다 : 「네가 말하는 것은 어느 정토인가?」 후에 공갈상사는 중국말을 아주 잘 하였다. 우리의 이 대화는 아주 매끄러웠고, 말을 약간 천천히 하였는데, 그가 직접 중국말로 하니, 다른 사람의 번역에 비해 훨씬 뛰어났다. [오히려] 번역을 거치면, 정확성이 많이 떨어졌다. 그가 말하길 : 「네가 [말하는 것은] 어느 정토인가?」 내가 말하길 : 「저는 서방극락세계 정토입니다.」 (공갈상사가 말씀하시길 :) 「**거기는 즉생성불(即生成佛)이다.**」 **극락세계에 이르면 「일생보처(一生補處)」이다. 다른 생을 요하지 않으며, 최후에는 모두 부처가 된다. 이 일생에 마친다.** 저 일생이 [제23배에서 말하는] 이 일생이다.

「구품에 나아가게 한다(九品可階).」 당신은 구품에 태어날 수 있다. 그런데 상품상생은 어떤 것인가? 상품상생, 당신이 [왕생] 당시에 부처님을 따라 극락세계에 이르면, **분신으로 시방세계에 이르러 법을 들을 수 있고, 각종 다라니들을 얻고, 시방의 세계로 가서, 각종의 모습으로 변화하여 중생을 구도(救度)할 수 있다. 상품상생은 대보살이다!** 당연히 쉽지 않겠지만, 이런 **상품상생은 뿔 달린 호랑이의 일로, 선(禪)도 있고 정토(淨)도 있는 사람의 재능이다.** 「시방제불이 함께 찬탄한다(十方諸佛同讚).」 방금 우리가 시방의 부처님께 절을 했는데 시방의 부처들이 모두 이 법문을 찬탄하고 있다. 이는 「행하기는 쉬우나 믿기는 어려운 법(易行難信之法)」으로, 여러분에게 믿고 받들기를 권하신다. 그래서 시방제불은 이구동성으로, 모두 광장설상(廣長舌相)을 내시어, 삼천세계를 두루 덮으시면서, 정성되고 진실한 말씀으로, 거기에서 여러분에게 권하고, 이 법문을 찬탄하는 것이다. 「천 가지 경전과 만 가지 논서(千經萬論)」는 어느 정도 부(部)인가? 1,000부의 경이고, 10,000부의 논서로, 모두 여러분에게 방향을 분명히 가리키고, 함께 가리킨다.

그래서 법상종(法相宗), 이는 중국에서 제1대 조사가 현장(玄奘)이고 2대 (조사가) 규기(窺基)이다. 현장은 《아미타경》을 [새로] 번역하였고, 규기는 제2대로, 그는 《아미타경》을 주해한 적이 있어, 《아미타경통찬소(阿彌陀經通贊疏)》라고 하였다. 이번에 정공법사도 인쇄하였다. 세 종류로 《미타소초(彌陀疏鈔)》 《미타요해(彌陀要解)》와 《통찬소(通贊疏)》(를 인쇄하였다). 그의 의도를 나는 아는데, 당신이 보는 것처럼, 유식한 사람인 그도 정토종의 주해를 짓지 않는다! 참운법사(懺雲法

師)가 와서《통찬(通贊)》을 보고, 그는 그다지 두드러지지 않다고 느꼈으며, 그는 당나라 사람인 규기법사가 연지(대사)와 우익(대사보)다 못하다는 생각이 들었는데, 그의 의도는 좋다. 만약 내가 본다면, (정공법사) 그에게 그것을 언급하여, 이 네 가지를 함께 인쇄하도록 하고, 그《원중초》를 인쇄하여,《미타소초(彌陀疏鈔)》《미타요해(彌陀要解)》《미타원충초(彌陀圓中鈔)》그리고 그 밑에 규기(窺基)의《통찬소(通贊疏)》를 찍도록 하겠다. 규기의《통찬소(通贊疏)》는 그와 같은 작용으로, 그는 법상종(法相宗)의 조사이고, 그는 정토를 찬탄하고 있다. 그래서 **지금 법상종의 많은 사람들은 정토를 경시하는데, 이것은 근본을 잊은 것이다!**

「보왕삼매(寶王三昧)」, **염불삼매를「보왕삼매」라 칭하는데, 이것은「왕삼매(王三昧)」이다.** (염공이 손에 있는《정수첩요純修本要》인쇄본을 들고, 앞에 있는 거사들에게 말했다.)「그래서 당신이 이 인쇄본을 뒤집으면《보왕삼매참(寶王三昧懺)》이다.」이 참회를 바로《장수참(長壽懺)》라고 하며, 또《보왕삼매참》라 칭한다. 바로 이 염불삼매를「보왕삼매」라 칭하는데, 그것은 보배로, 보배중의 왕이며, 그래서 왕 중의 보배라 한다.「보왕(寶王),」보배이자 왕인데, 당신이 어떻게 말해도 모두 괜찮다. 요컨대,「보(寶)」와「왕(王)」이라는 두 글자 자체가 문제를 설명하고 있다.「왕(王)」은 일체보다 높고,「보(寶)」는 가장 귀하다. 가장 보물처럼 중요하다! 이와 같은 삼매가,「보왕삼매」이다. 여전히 많은 삼매에 대해 이야기하는데, 어떤 삼매는 분노를 없앨 수 있고, 어떤 삼매는 욕심을 없앨 수 있으며, 어떤 삼매는 어리석음을 없앨 수 있고, 어떤 삼매는 과거의 업을 없앨 수 있으며, 어떤 삼매는 현재의 업을 없앨 수 있고, 어떤 삼매는 미래의 업을 없앨 수 있다.

단 **염불삼매는 일체를 없앨 수 있다. 그래서 보왕삼매이다.** 그래서 때로 당신은 경론을 널리 읽지 않고, 이렇게 혼자서 마음대로 길거리에서 뜬소문들을 듣는데, 아주 많은 것이 해로운 것이다. 스스로 풍문을 전전하면서, 사람들을 오해하게 하고, 자기도 오해한다. 그래서 우리는 그것을 분명히 해야 한다.

「보왕삼매(寶王三昧)이자, 불가사의(不可思議)하고, 미묘한 법문(微妙法門)」이다. 「보왕삼매」는 불가사의하고 「미묘한 법문」이고, 이 미묘한 점은 생각과 말이 미치지 못하는 것인데, 그래서 「불가사의」라 칭한다. 그래서 《화엄》을 불가사의라고 칭한다 ; 《아미타경》 속에도 불가사의가 있는데, 제불이 칭찬하는 불가사의한 법문이다. 그래서 《화엄경》《아미타경》《무량수경》은, 대본(大本)·중본(中本)·소본(小本)의 구별이 있다 ; **《화엄》은 대본, 《무량수경》은 중본, 《아미타경》은 소본이다. 《화엄》은 여러분 모두가 경전 중 왕이고, 경전 중에서 가장 존귀하다고 말하는데, 《아미타경》도 이와 같다.**

【주역】

121. 화료(化了) : 왕생을 지칭한다. 염공이 「연공께서 염불에 관하여 한 단락을 개시하다(蓮公關於念佛的一段開示)」를 한 차례 강해(講解)할 때, 대중을 위해 황타철 염불왕생[205]의 공안(公案)을 인용하였다. 그중에서 「화료(化了)」라는 단어를 사용하였다. 구체적으로 아래와 같이 발췌한다. 염공이 말하길 : 옛날에 황타철이라는 사람이 있었는데, 쇠만 두드릴 줄 알뿐, 일자무식이었다. 풀무질할 때, 나무아미타불, ……, 쇠를

205) 운서주굉 엮음, 연관 옮김, 왕생집, 2012, 호미, 258~259쪽 참조

두드릴 때, 또 나무아미타불 ……. 3년 후, 서서 사구게를 말하였다 :『정정당당(叮叮噹噹), 오래 단련하여 강철을 이루네(久煉成鋼). 태평이 장차 도래하니(太平將至), 나는 서방에 왕생하네(我往西方)』. 말을 마친 후에 서서 왕생하였다(說完後站著『立化了』).」

122. 석가모니불의 「의발(衣鉢)」에 대하여, 염공이 일찍이《결택견(抉擇見)》중에서, 여러분을 위하여, 그의 친구인 임문쟁(林文錚) 선생이 그 당시 「석가모니불의 『발우(鉢)』와 육조의 육신(六祖的肉身)」을 친견한 진실한 고사(故事)를 소개하였다. 아래에서 발췌한다. 염공이 말하길 :「부처님의 옷은 현재 되찾았으나, 발우는 아직 찾지 못하였다. (1916년부터 1927년까지 북경대학교의 교장에 부임한) 채원배(蔡元培)의 사위(임문쟁 선생)는 그해 이 발우를 만났다. **부처님의 발우는 매우 수승한데, 부처님이 성불시에, 사천왕천에서 각자 1인의 천왕이 하나의 발우를 부처님께 드렸으며, 천왕은 분별심이 있어, 모두 부처님께서 그들의 발우를 사용하시기를 희망하였다.** 사천왕이 모두 석가모니불에게 발우를 드렸으니, 부처님은 도대체 어떤 발우를 사용하면 좋을까? 하나를 사용하면, 기타 3개에 대하여는 불만을 가질 것이다. 그래서 **석가모니불은 네 가지 발우를 한꺼번에 눌러서, 하나의 발우로 만들었다. 네 개의 발우를 합성한 흔적을 아직도 볼 수 있는데, 이것은 (임문쟁 선생) 그가 직접 본 것이다.** 이 사람은 유학한 박사로, 바로 국외로부터 돌아왔는데, 그는 장난이 심하였고, 육조의 육신을 바라볼 때, 바로 달려가서 육조에게 『6조(六祖)님, 안녕하십니까!』 하였다. 그는 육조를 만지고는 깜짝 놀랐는데, 육조는 육신에 탄력이 있어 살아있는 사람 같았다. 이 두 사건은 그가 친히 나에게 말해 준 것이다. 당시 이 발우는 남

화사(南華寺)에 있었는데, 문화대혁명이후 없어졌을 것이다. 육조에 이르러, 의발은 다시 전해지지 않았고 ……」(임문쟁 노선생은, 우리나라의 근대 저명한 미술이론가이자 평론가이다. 1978년에 노신(魯迅) 선생이 지은《중국소설사략(中國小說史略)》의 프랑스어 번역 작업을 완성하였다. 양추실(梁秋實) 노선생에게 한편의 문장인《영향아적팔본서(影響我的八本書)》가 있고, 그 중 한 단락에 추억이 [쓰여]있는데, 임문쟁 선생이 육조의 의발을 친견하였다는 증거(佐證)의 하나로 삼을 수 있다. 양노선생이 쓰기를 :「38년 나는 광주(廣州)에 있었는데, 중산대학(中山大學) 외문계(外文系) 주임인 임문쟁 선생은 열렬한 밀종의 신도였다. 나는 그에게서《육조단경》을 빌렸고, 선종에 대한 초보적인 접촉인 셈이었다. 이해를 할 수도 없고, 더욱이 개오(開悟)는 말할 수도 없었다. 상란(喪亂) 속에서 나는 생사일대사인연(生死這一大事因緣)에 대하여 생각하기 시작했다. 육용사(六榕寺)에서 육조의 소상(塑像)을 참배하였는데, 글자를 몰라도 불리(佛理)를 돈오(頓悟)할 수 있는 고승에 대하여 무한한 경앙(敬仰)을 가졌다.

제24배 관음보살께 예배 찬탄하다

한마음으로 관하여 예배하옵니다. [관세음보살님께서는] 아미타부처님의 화신이시옵니다. 들어 생각하고 수행하여 삼마지에 들어가서, 자성을 돌이켜 들어 위없는 도를 이루시고, 보살행을 닦아 [극락]정토에 왕생하셨습니다. 원력이 크고 깊어 모든 곳에 두루 나타내 보이십니다. [중생의] 소리를 좇아 고난으로부터 구제하시며, 그 근기에 따라 감응하시옵니다. 만약 급박한 위난과 공포가 닥칠지라도, 스스로 [관세음보살님께] 귀명하기만 한다면, 해탈하지 못함이 없습니다. 만억 자금색 몸을 갖추신 관세음보살님이시여!

나무아미타불

(1번 절하면서 3번 부른다)

오늘 시작을 하자마자, 첫 번째 단락은 관음보살에게 절하는 것이다. 이것은 다섯 분의 대보살, 관음·대세지·보현·문수·미륵을 연속해서 함께 나타낸 것이다. 그래서 이 속에서 우리는 다섯 분의 보살에 대한 예배와 찬탄에 관계하고, 또 이 보살이 어떻게 이와 같은 수승한 공덕이 있는지 이해하게 된다. 그의 공덕은 주로 어느 방면에 있는가? 그리고 이 다섯 단 [즉 제24배~제28배] 앞에 있는 본사인 석가모니불과 극락세계의 아미타불을 더해서, 이 일곱 분은 모두 성공한 과인(果人)[206]이다. 그래서 우리들은 어떤 때, 불보살기념일에, 나는 이렇게 한다. 불보살기념일에, 오늘이 관음기념일이라면, 부처님에게 절한 후, 오늘 이 단락[즉 제24배]을 따로

206) 수행하여 과위를 성취한 분이라는 뜻

한번 예배한다. 물론 당신은 《정수첩요》를 (수행하는데), (이미) 예배를 마쳐서, [별도로] 이 방법[즉 제24배를 따로 읽음]을 이용하는 식으로 이것[즉 정수첩요]를 수행하지는 않는다. 만약 [당신이] 이것[즉 정수첩요 전체]를 수행하지 않는다면, 이런 것[즉 제24배를 따로 읽는 것]을 기념이 되게 이용할 수 있다. 이를 이용하여 어떤 보살을 기릴 때 예배를 드린 후에 이 대목을 따로 세 번 읽고, 세 번 절을 할 수 있다. 이러한 기념의 형식은 아주 좋아서, 당신의 원래 공부를 방해하지 않고, 또 많은 부담을 주지도 않을 것이다. 동시에 이런 기념은 우리에게 매우 좋은데, 우리들은 또 예배도 하고, 또 찬탄하면서 우리들의 보살에 대한 공경과 이해를 증가시킨다. 여러분 매우 많은 사람들이 따라 하는데, 또한 아주 좋으며, 편리하다고 생각한다. 물론 당신은 《정수첩요》를 공과본(功課本)으로 삼았으면, 그것은 자연스러울 것인데, 매일 이미 그 안에 [불보살의 기념이] (포함되어) 있다.

첫 번째는 관음으로, 관음은 극락세계의 첫 번째 보살이기 때문이다. 어떤 전설에 의하면, 관음은 아미타불의 제자라느니 아들이라느니 뭐니 하는 설이 있다. 이 밀종의 설법은 관음이 미타의 화신이고, 그 관음이 미타라는 것이다. 그래서 연화정사(蓮花精舍)에는 삼신법(三身法)이 있는데, **화신(化身)은 연화생조사(蓮花生祖師), 보신(報身)은 사비(四臂)관음, 법신(法身)은 무량수(불)이다.** 그렇다면 [밀종의 설법에 의하면] 관음은 무량수불의 보신인데, 그 **관음은 아미타불의 화현이 아니고, [아미타]불의 보신이다. 법신에서 변화하여 보신이 나타나고, 보신에서 다시 화신이 흘러나온다. 그래서 연화생대사는 아미타불의 화신**인데, 이것은 홍교(紅教)[207]의 하나의

207) 밀교 4대 종파 중의 하나

특수한 면으로, 이것은 미타와의 관계인데, 특별히 깊기도 하고, 찬탄 같은 것도 특별히 많다. 그래서 연화정사(蓮花精舍)에는 하나의 공통된 발원이 있는데, 사람마다 모두 왕생해야 하고 극락세계에 왕생을 구해야 하는데, 이것은 다른 밀종단체와 매우 큰 차이이다. [정수첩요에 나와 있는 것처럼] 관음이 바로 미타의 화신이기 때문에, 우리가 관음을 염하는 것이 미타를 염하는 것이다. **흔히들 묻는데, 제가 관음주문을 외우는데, 관음을 염(念)하면 제가 왕생할 수 있겠습니까? 이것은 문제가 없으며, 똑같이 왕생할 수 있다.**

그럼 관세음보살은 어떻게 [수행에] 성공하였는가? 우리들의 이러한 전설은 한 공주가 어떻고 어떻고인데, 그것은 민간의 전설이다. 그러나 관세음보살은 무량한 화신을 가질 수 있어, 일찍이 한번은 이러한 모양의 화신을 하지 않는다는 것은 불가능하다. 그래서 우리들은 당신[이 말하는] 그 [전설]이 증명이 안 되었다라고 굳이 말할 필요는 없다. [관세음보살은] 무량한 변화신(變化身)으로 일찍이 그런 일이 있을 수도 있다. 그러나 **진정한 관세음보살의 성취, 그것은 《능엄경》속에 기재되어 있는 바이다.**[208] 《능엄경》, 그때인데, 아난 그는 이미 이 도리를 명백하게 알고, 근본을 이해하였으며, 이후에는 닦음(修)이 필요하고, 도를 본 후에는 수도해야(見了道之後就要修道) 하는데, 수도는 어떻게 수도해야 하는지를 물어야 한다. 부처님께서 당시에 말씀하시길 : 「앉아 있던 여러 대덕(諸位大德)들, 너희들이 [수행에] 성공한 경과를 말해보아라.」 그래서 25분의 대성(大聖)이 매 한분씩 모두 일어나 말씀하여, 자기의 「삼마지(三摩地)에 들어감」이 어찌하여 제일인지, 나는 어떻게 성공하였는지 보고하였다. 제23번

208) 《능엄경》 관세음보살 이근원통장

째 분이 미륵이고, 제24번째 분이 대세지보살, 제25번째 분이 관세음보살이다. 당시 저 법회가 매우 수승하였음을 여러분은 안다. 비단 석가모니불께서 계시었을 뿐만 아니라, 시방세계의 여러 대보살도 모두 와서 함께 하였다. 바로 이 **무량수회상만 해도, 문수·보현인데, 보현이 첫 번째이다. 그 뒤에 여전히 미륵이 있고, 다시 현호 등 16정사(正士)가 있다. 정사(正士)는 재가보살이다. 그래서 정토종은 재가인과 특별한 인연이 있고, 특히 적합하다.** 특별히 16분의 재가보살을 표시하여 상수(上首)에 열거하였고, 이분들이 16정사로 재가인이다. 그래서 사중제자(四衆弟子)는 양중(兩衆)은 출가자이고, 양중은 재가자인데, 이 지위는 동등하게 중요하고, 동등하게 여래의 대법(大法)을 어깨에 진다. 나는 늘 말하기를 **재가인의 수준이 높지 않으면, 출가한 사람도 좋을 것이 없다.** 재가인의 수준이 매우 낮으면, 파계한 사람을 옹호하고, 파계한 사람을 공양하니, 정말로 깨끗한 사람에게는 군중(群衆)이 없고, 정말 덕이 있는 사람에게는 군중이 없는데, 그렇지 않은가? 그럼 우선 거사가 바른 것이 필요한데, [그럼] 당신이 누구를 옹호하는지, 매우 분간을 잘 할 수 있다 ; 누구에게나, 그의 나쁜 것에 대해, 불법은 바로 「침묵(默擯)」한다. 당신도 그의 어떤 것을 어떻게 처리할 필요가 없이, 말없이 그와 멀어지는 것이다. 만일 이 거사들이 여법하지 않은 이들에 대해 모두 「침묵」한다면, 그의 「문전은 싸늘하고 왕래가 드물어진다.」 어쩔 수 없게 되어 그도 당연히 허물을 고쳐야 함을 알 것이다. 아, 그래서 거사는 모두 매우 중요한 사중제자(四衆弟子)이다.

이 대회[즉 능엄회상]에서 [여러 대덕들의] 분분한 말이 다 끝나고 나자, [부처님께서는] 최후에 문수보살에게 판단하게 하였는데, 누가 제일인가? 문수보살은 관세음보살을 뽑았다. 이렇게 「삼마지에 들어가는 것은」 관세음뿐만 아니라 나도 이렇게 들어간 문이라고 말했다. 이러한 것은 관세음보살이 스스로 어떻게 성공했는지를 보고하는 것으로, 그것은 물론 가장 의지할만한 것인데, 그렇다. 관세음보살이 그때, 그는 저 고관세음불(古觀世音佛), 관세음여래를 따라, 관세음여래로부터 거기서 법을 배웠다. 「저 부처님께서 나에게 주신 것」은 저 금강삼매(金剛三昧)로, 듣는 것을 따라(從聞), 듣는 것을 따라 들어서 수행하는 것을 훈습함(從聞薰聞修)이다. **듣는 것을 따라 훈습하여(從聞來薰), 듣는 것으로부터 수행하는 것이다(從聞上來修啊). 듣는 것(聞)은 귀로 듣고(耳聽) 아는 것이다. 그래서 「자성을 돌이켜 들어(反聞自性), 무상도를 이룸(成無上道)」이다.**

우리 모두는 「티끌의 연이 끝나지 않았다(塵緣未了)」라고 말한다. 「티끌(塵)」, 세상의 사정이 티끌로, 이 티끌을 탐하는 것이다. 안색(顔色)은 바로 눈의 티끌로, 소위 「색진(色塵)」이다. 이 오안육색(五顔六色)의 갖가지가 보기 좋은 것, 오광십색(五光十色), 갖가지 가무(歌舞), 갖가지 미려한 여러 경치, 이것이 「색진(色塵)」이다 ; 즐겁게 듣는 매우 좋은 음악, 듣기 좋은 말, 갖가지 이러한 것은 「성진(聲塵)」으로, 소리의 티끌이다 ; 매우 좋은 향기의 기미(氣味)를 맡기 좋아하는 것, 이것은 「향진(香塵)」이다 ; 당신은 먹는 것의 맛을 매우 탐하는데 이것이 바로 「미진(味塵)」이다. 소위 색·성·향·미·촉·신체는 매우 세밀하고 매끄러운 것을 접하는 것을 좋아하기 때문에 어떤 사람은 마사지를 찾고, 기타 등등의 무엇을 하는 사람을 찾는데, 바로 이 촉진(觸塵)을 좋아한다. 이것이 「오진(五塵)」으로, 이 뜻이다. 의근(意根)의 티끌은 바로 「법진(法塵)」이다. 「법진」은 일체가 추상적인 것이다. 이 앞의 「오진」이 가진 것은 물질적인 것이고, 뒤의 것[즉 법진]이 가진 것은 추상적인 것인데, 뜻(意)을 이루고, 법(法)을 이룬다. 일부 청규(清規)와 계율, 일부 조항, 일부 규정, 일부 도덕, 일부 윤리관념은 모두 소위 「법(法)」이다. 흑사회도 그들의 방규(幫規)가 있어서, 당신이 그 방규를 어기면 죽음에 처해지는데, 그들은 모두 그들의 법이 있으며, 이것은 모두 다 「법진」이다. 바로 그 실질적인 것이 이미 제거되고 그것의 그림자가 남는데, 이것이 바로 의근의 대상으로, 바로 「법진」이다. 색·성·향·미·촉·법, 이것이 「육진(六塵)」이다.

중생은 이 육진(六塵)을 쫓을 줄만 안다. 아! 이 일체가 좋구나, 좋은 향수를 사고, 이 집은 배치가 매우 아름다운 모양이고, 이 모든 것들, 입는 매우 좋은 옷은 몸에 접촉이 매우 편안하고, 이와 같이, 좋은 것을 먹는 것, 바로 이 여섯 가지를 추구할 줄 아는 것이다. 그럼 현재 우리는 우리들의 본원(本源)으로 되돌아가길 원하며, 다시는 계속 떠돌아다니고 싶지 않다. 그래서 육진을 쫓으면 떠돌아다니고, 유랑자가 되어 돌아올 줄 모른다. 「육진」을 쫓는 것은 「티끌에 합치(合塵)」하게 되는 것이다. 우리는 이것에 합해져, 티끌을 따르고, 티끌과 서로 결합한다. 티끌과 서로 합하면, 당신은 깨달음에 위배하게 되고, 이 「본각(本覺)」과는 서로 어긋나게 된다. 그러므로 우리 사람들의 이러한 정황, **중생의 정황은 바로 「깨달음을 등지고 티끌에 합치하는 것(背覺合塵)」이다**. 깨달음을 어기고 그 티끌을 쫓는 것, 하루 종일 구하려 하는 바, 얻으려 하는 바는 모두 티끌 방면의 사정으로, 이것이 바로 중생이다. 그래서 **우리 「시각(始覺)」은 처음에는 염불을 요한다. 넓은 의미로 말하건대, 염불 그것은 바로 진정한**

「시각」이다. 염불은 곧 「시각」이라고 칭한다. 그럼 좀 넓은 의미에서, 당신이 **「티끌을 등지고 깨달음에 합치하는 것(背塵合覺)」이 바로 「시각」이다.** 중생은 티끌에 미련을 둘 줄만 안다 ; 현재 나는 아는데, 나는 티끌에 연연하지 않고, 나는 깨달음(覺悟)을 구하러 간다. 나는 티끌과 서로 어긋나고, 나는 깨달음과 합치할 것이니, 그 길[즉 티끌을 좇는 길]과 반대로 가는 것이다. 중생은 미혹한데, 당신은 미혹과 반대로 하니, 이것이 바로 하나의 커다란 결렬(決裂)이다. 그래서 우리는 하나의 커다란 결렬하는 마음을 가져야만 하고, 이 티끌과 결렬하는데, 다시는 이러한 티끌을 탐하면서 연연하지 말아야 한다!

당연히 이것은 한꺼번에 (하는 것을) 말하는 게 아니다. 내가 좋은 걸 안 먹고, 나쁜 걸 먹는다면, 또 무슨 고생인가? 당신은 연(緣)을 따르는데, 그렇지 않은가? 나의 방(我屋子)[209]은 본래 좋은 것인데, 내가 엉망진창으로 만들려 한다. 이것은 모두 옳지 않으며, 착오로, 오히려 또 착오이니, 여전히 티끌 위에서 공부에 힘쓴다. 그래서 가장 좋은 예는 관세음이다! 이 「육근(六根)」, 「육진(六塵)」, 25분의 대성인은 도처에 모두 공부에 힘쓴다. 어떤 이는 색(色)에서 공부에 힘쓰고, 소리(聲)에서 공부에 힘쓰며, 어느 어느 것에서 공부에 힘쓴다 ; 어떤 사람은 귀(耳朵)에서 공부에 힘쓰고, 눈(眼睛)에서 공부에 힘쓰고, 코(鼻子)에서 공부에 힘쓰는데, 곳곳에서 공부에 힘써, 모두 다 성취하였다. 25분 성인은 아라한도 있고 보살도 있다. 당신이 본 이 최후의 세 분이 미륵·대세지·관세음이다. 그렇다. 모두 각자 분명히 말씀하셨다.

---

209) 자기 자신을 비유한 말로 보임

우리들 중생은 이근(耳根)이 가장 날카롭다. 「이근이 가장 날카로운데,」 그래서 나의 증외조부는, 나의 외삼촌의 외삼촌(舅舅的舅舅), 친외삼촌의 외삼촌으로, 이름은 문정식이다. 그 분은 과거시험 갑과(甲科)에 2등으로 합격한 사람(榜眼)인데, 무술정변(戊戌政變)은 바로 [이 외삼촌의] 외삼촌의 공로이다. 그는 진비(珍妃)의 노사(老師)였다. 광서제(光緒)에게 진비가 있지 않았는가? 진비는 나중에 서태후에 의해 우물 속에 던져 넣어졌다. 이 [외삼촌의] 외삼촌은 진비의 선생님이셨다. 그들 강유위는 어떤 인물인가, 이러한 정치적 주장, 이 물건들은 삼촌을 통해 진비가 있는 곳에 전달되었다. 진비로부터 광서제에게 전달하지 않으면 그의 손에 들어갈 방법이 없었다. 하지만 내 [외삼촌의] 외삼촌은 배후 인물이어서, 후에 난을 당하지 않았다. 그는 내부에서 하나의 다리 역할을 하였다. 그가 책을 읽을 때 나는 그의 동생이 불평하는 것을 들은 적이 있는데, 모두 다 내가 직접 보고 들은 것이다. [외삼촌의] 작은 외삼촌(나의 아홉째 [외삼촌의] 외삼촌)인데, (문정식) 그는 세 번째 [외삼촌의] 외삼촌이다. 아홉 번째 [외삼촌의] 외삼촌, 열 번째 [외삼촌의] 외삼촌, 그들이 말하길 : 「셋째 형한테, 어렸을 때부터 속아 넘어갔다. 그[즉 문정식]가 말하길, 『너희들은 모두 책을 읽어라』하면서 우리에게 책을 읽으라고 하니, 우리는 모두 피곤해서 죽을 지경이며, 책을 잡고 또 읽는다. 그는 침대에 누워 잠을 자고 있다. 사실 그는 들었는데, 모든 것을 다 들었다. 우리는 피곤해 죽을 지경인데 그는 효과를 봤다.」 이것이 바로 이근(耳根)의 예리함을 증명한다. 그래서 가끔 내가 당신들이 **경문을 읽음에 있어, 반드시 읽어야 하고, 큰소리로 읽어야 한다**고 말한다. 이 마음속에 기억할 뿐만 아니라, (여전히) 입으로 읽어야 한다. **읽는 것(念)이 자기가 능히 들을 수 있는 것(聽)에 이르**

면, 소리가 들리고, 이 귀는 계속 듣는데, 이근이 가장 예리하다. 게다가 이근은 안근 기타 등등의 것을 훨씬 초월하는데, 이 문제이다. 그래서 「원통상(圓通常)」으로, 이 「상(常)」은 당연히 모든 근성(根性)이 끊어지지 않고, 단지 그것이 「원만(圓)」할 뿐이다.

그래서 문수는 총결론을 지었는데, 「시방(十方)이 모두 북을 치고, 시처(十處)에서 일시에 듣는다.」 시방이 모두 북을 쳐서, 동서남북 사면에서 북을 쳤다. 시처에서 북을 치니 당신은 일시에 동시에 듣는다. 여러분이 해외 극장 안에 있다면 매우 청정할 수 있고, 이런 종류의 감각은 없다. 국내[210]에는 때로 공공질서가 그다지 좋지 않은데, 어떤 곳에서는 누군가가 이야기하고, 어떤 곳에서는 아이들이 울고, 어떤 곳에서는 아이들이 떠든다. 당신이 한가운데 앉아 있는 동안, 당신은 이곳에서 움직이지 않아도, 어느 곳에서 무슨 소리가 났는지, 어떤 사람이었는지, 어느 곳이 어떤지, 뒤가 어떤지, 이 소리가 한번 나오면 당신은 모두 분간할 수 있을 것이다. 그것은 「원(圓)」 때문이며, 게다가 그것은 「통(通)」한다. 당신의 이 창문은 바깥을 볼 수 있는데, 저쪽은 내가 볼 수 없으니, 담으로 막혀있다. 귀에는 문제가 없어서, 저쪽에서 소리가 나고, 이쪽에서 소리가 나는데, 당신은 똑같이 들을 수 있다. 그것은 차단할 수 없고, 상당히 많은 소리가 약해져도, 그래도 통할 수 있을 것이다. 그래서 귀에는 또 「항상함(常)」이 있는데, 이 「항상함(常)」은 공동적인 것으로, 그래서 이근이 가장 예리하다. 관음보살은 이근을 이용하여 하나의 전범(典範)을 이루었다.

---

210) 중국

게다가 「돌이켜 듣는 것(反聞)」이다. 그래서 한 분이 강설하시길, 그가 말하길 **「듣는 중에 대상을 잊는 것에 흘러 들어간다(在聞中入流亡所).」** 어디로 들어가 흐른단 말인가? 이 소리의 흐름에 들어가는가? 저 소리에 들어가서 흐를 필요가 없는데, 소리는 잊어야 할 것이다. 소리는 「듣는 대상(所聞)」이다. **당신은 「듣는 대상」을 잊어야 한다. 관음은 이렇게 착수한 것인데, 먼저 「듣는 주체(能聞)」의 이 본성을 인식하는 것이다.** 소리가 문제인데, 소리는 나와 무슨 관계인가? 나는 충분히 들을 수 있는 이 성능을 가지고 있기 때문에, 이것은 도구이다. 귀는 도구이다. 단지 하나의 도구로, 나와는 무관하다. 나는 또 「이식(耳識)」이 있는데, 「이근(耳根)」뿐만이 아니다. 「육식(六識)」이 있어야 한다. 「육근(六根)」, 「육식(六識)」인데, 「식(識)」은 식별할 수 있는 것이다. 이근을 이용하는데 관세음보살 그분이 바로 이러하다. 나는 먼저 내가 「듣는 주체」의 본성이 있다는 것을 아는데, 어떤 일(事情)에는 모두 능(能)[211]이 있고 소(所)[212]가 있다. 근(根)과 진(塵)이데, 진(塵)은 바로 우리의 「소(所)」이다. 매 근(根)의 소(所)이다. 색(色)은 바로 눈의 「소(所)」, 「보는 대상(所見)」이다 ; 소리(聲音)는 바로 귀의 「소(所)」이고, 소리는 나의 「듣는 대상(所聞)」이다. 그래서 **관세음보살은 「듣는 성품(聞性)」 속에 있는데, 마음은 「듣는 성품」에 머무르고, 듣는 성품 속에 들어가서 흐른다. 「듣는 성품(聞性)」은 「법성(法性)」이다. 이것이 들어가 흐르면, 이 「소(所)」를 잊어버린다.** 소리는 좋으나 조악(粗)하다 ; 소리가 있음(有聲), 소리가 없음(無聲) ; 움직임(動), 조용함(靜) ; 이 일체를 다 잊는다. 그래서 여기서부터 시작하는데, 「듣는 것을 돌이켜 자성을 듣는 것(反聞聞自性)」

211) 주체
212) 대상

은 내가 밖에서 나는 그 소리, 그「성진(聲塵)」, [즉] 어떤 음악이고, 이것은 어떤 유명인의 것이며, 이런 어떤 감정을 듣는 것이 아니다라는 것을 말하는 것이다. 이것들을 감상하고 있어서 당신은 아직도 이 소리 속에 있는 것이다. 당신은 거기에서 단지 연주만 할 뿐이고, 나는 이 모두에 무심하며,「능(能)」에 들어가,「능(能)」의 이 방면에 있는데,「능문(能聞)」일면이다.

어쨌든「듣는 성품(聞性)」은 당신의 육근[의 하나]이다. **듣는 것에는 듣는 성품이고, 보는 것에는 보는 성품이며, 혀끝은 맛을 아는데 맛을 아는 성품이다. 단 이것은 6가지로, 당신의 이러한「아는 주체(能知)」를 6가지로 분류한 것으로, 실제「원류(源流)」는 하나로 어쨌든 모두 당신 자신이다.** 이건 여섯 개로 나뉘는 것이 아니고, 여섯 명이 회의를 하는 것이 아닌데, 그렇지 않은가, 자연스럽다. 그 방면의 일(工作)이 바로 이 방면으로, 귀가 작용을 일으켜서 귀는 거기에 있다 ; 코를 돌려 냄새를 맡고 코도 냄새를 맡는데, 당신도 동시에 일(工作)을 할 수 있고, 제각기 맡은 바가 있다. 그런데 각자 할 일이 있으니, 여섯 명이서 회의를 하지는 말아야 한다. 그것[즉 할 일을 하는 것]은 자연스럽게 모두 당신 자신으로, 그것은 자연적인 것이고, 자동으로 이루어지는 것이며, 모두 자기이다. 그래서 본래는 하나인데, 6개의「화합(和合)」으로 나뉘었다. **「일근이 환원되어(一根還源), 육근이 해탈한다(六根解脫).」하나의 근(根)을 따라 문제를 해탈하여 육근을 동시에 해탈한다. 관세음보살은 바로「돌이켜 자성을 듣는 것(反聞自性)」으로, 성진(聲塵)을 좇는 것이 아니다. 그러나 이근(耳根)을 이용함으로써 자기를 관조하여(自己觀照) 능히 저「본성(本性)」을 들을 수 있는데,「성품을 듣는 것(聞性)이다.」**

그러면 이 「성품을 듣는 것」도 자기 이근(耳根)에 있는 자성(自性)이 표현된 것 이렇게 말할 수 있다. 「자성(自性)」이다. 자심(自心), 자성심의 성질(自性心的性質)을 「자성」이라 부른다. 「자성」은 단지 하나이지만, 그러나 이근에서는 「듣는 것(聞)」으로 표현하고, 눈에서는 「보는 것(見)」으로 표현하며, 그것은 바로 「듣는 성품(聞性),」 「보는 성품(見性)」으로 갖가지인데, 항상 「자성」이 거기서 작용하고 있다. 그래서 소리가 좋든 나쁘든, 아름답든 아니든, 이 소리가 나를 칭찬하든 저주하고 매도하든, 저 소리를 듣지 말아야 한다. 우리가 만약 이 관음보살의 (돌이켜 자성을 듣는 방법을) 사용한다면, 이것은 바로 그것을 거들떠도 안 볼 것인데, 이 모두는 「성진(聲塵)」으로 나와는 무관하다. 나는 나의 어떤 것을 「관조(觀照)」하고 있는가? 내가 능히 들을 수 있는 이 본성을 관조한다. 내가 들을 수 있는 것, 이것은 자신의 자성이다. **돌이켜 마음을 관주하며(返來觀注心) 자신의 본성에 비추면 이것은 「무상도(無上道)」가 되는데, 이것이 관세음의 성공에 대한 과정이다.** 《능엄경》에서 매우 자세하게 이야기하였는데, 문수대사(文殊大士)는 그것을 총결산하였다. 바로 두 문장으로 총결산하였다. 원래는 다섯 글자의 한 구절이었고, 이는 「**반문문자성(反聞聞自性), 성성무상도(性成無上道)**」로 문수보살대사의 원래의 말씀이다. 《정수첩요》 이 속에는 문자의 정제(整齊)를 위하여 「**종문사수(從聞思修), 입삼마지(入三摩地)**」 네 글자 한 구절로 되어 있다. 《능엄경》의 다섯 글자로 된 한 구절을 바꾼 것인데, (이것이) 이 [정수첩요] 문장(의 수사방식이다.)

그래서 이 문자는 여전히 더욱 강구(講究)할 것이 있다. 현장스님이 번역한 것은 구마라십보다 더 엄격하고, 더 신뢰할 수 있고, 더 넓게 구비하고, 온전하지만, 아무도 읽지 않는다. 여러분이 읽는 《아미타경》은 바로 구마라십의 것이다. 그의 글은 훌륭하고, 그가 이것을 읽기 시작한 이래, 여러분이 기꺼이 그것을 읽기를 원한다. 그들 중 대부분은 구마라십이 번역한 것으로 《금강경》《법화경》을 여러분이 읽고 싶어 한다. 그래서 한 외국인 [구마라십]이 그런 수준을 가지고 있었는데, [그는] 일곱 부처님의 번역[자]였다. 어쨌든 번역해야 하는데, 지금 누가 대역사(大譯師)를 내어, 우리들의 이것(정토경론 저작 등을 번역해 낼 수 있는지 보자). 현재 모두 번역 중인데, 어떤 분은 나에게 번역하라고 하고, 나는 그럴 능력이 없다고 말하는데, 영문으로 번역하는 것, 이것은 극히 고도의 지혜가 있어야 한다. 그렇게 쉽지 않은데, 보통 문자처럼 그렇게 쉽게 번역할 수 있는 것이 아니다. 소설을 번역하고, 과학책을 번역하면 그것은 번역하기 좋다. 이것[즉 정토경론을 영문으로 번역하는 일]은 대단한 일이다 어떤 불보살님이 이 임무를 맡으실지 모르겠다! **구마라십은 일곱 부처님의 말씀에 대한 번역[자]로 옛 부처인데, 그는 이미 이 임무를 맡은 적이 있고 [구마라십이 부처님의 경전을 번역한 것은] 일곱 번째이다.**

그래서 관음은 바로 「자성을 돌이켜 들어(反聞自性), 무상도를 이룸(成無上道)」이다. 관세음보살의 전체적 수지(修持)를 이 두 문장으로 개괄한 것이다. 당시에 관음은 매우 치밀하였는데, 먼저 **성진(聲塵)의 소란을 받지 않아서, 「깨끗한 상(淨相),」「청정(清淨)」이 생겼다. 이 「청정」은 당신이 여전히 분별하지만, 청(清)과 정(淨), 고요함(靜)과 움직임(動)은 한 쌍인데, 여전히 분별 속에 있다.** 그 후로는 바로 「움직임과 고요함이 두 가지 상(動靜二相)」이란 말이 전혀 생기지 않아,

또 한 걸음 더 나아갔다. 한 걸음 한 걸음, 오직 이것만 있으면 모두 전혀 생겨나지 않는다. 단 당신은 여전히 「지각(知覺)」이 있어 당신은 이 일을 알고 있다. 당신이 이 일을 아는 것, 이 **「움직임과 고요함(動靜)」 두 가지의 상(相)이 생기지 않는다는 것을 아는 것, 이것이 바로 당신의 「소각(所覺)」이다.** 「소각(所覺)」에는 「능각(能覺)」이 있는데, 「능각」과 「소각」이다. 그는 한 걸음 **더 나아가, 「능각(能覺)」과 「소각(所覺)」도 공(空)이 되어, 한층 한층 나아갔다.** 그래서 불법은 무진장하다. 당신의 「공(空),」 당신은 여전히 하나의 「공」에 존재한다. 우리는 그것을 공하게 하여 공하게 한 후에, 「공」이 바로 당신의 이 「소(所)」이다. 당신이 충분히 도달할 수 있는 것은 「능(能)」을 가지는 것이고, 「능공(能空)」과 「소공(所空)」이 있다. 그러나 **「능공」과 「소공」을 모두 멸한다. 단지 이 멸하는 것은 다시 「멸(滅)」함이 있는데, 「멸(滅)」도 멸한다.** 그래서 우리는 앞에서 매우 잘 이해하였고, 이곳에 와서 **멸도 멸하여, 「생멸이 멸하면(生滅滅已), 적멸이 드러난다(寂滅現前).」** 그래서 **「열반」은 「적멸이 즐거움을 이루는 것(寂滅爲樂)」이고, 「적멸」은 아무것도 없는 것이 아니다.** 하나의 나무토막인가, 그렇지 않다. 「적멸,」 「적멸」은 낙(樂)이고, 「적멸이 즐거움을 이룬다(寂滅爲樂).」

그래서 부처님은 몸을 버리고, 두 마디의 게(偈)를 구하셨는데, 바로 뒤의 이 두 마디 말이다 : **「생멸이 멸하면(生滅滅已), 적멸이 즐거움을 이룬다(寂滅為樂).」** 「제행이 무상하니(諸行無常), 이것이 나고 죽는 법이다(是生滅法).」 석가모니부처님은 과거 수행의 원인자리에 계실 때, 부처님에게 이런 구절이 있었다는 것을 알았다. (게다가) 뒤에 여전히 두 구가 있는 것을 알고, 도처에서 구하였는데, 알고 있는 사람이 없었다. 어느 야차가 말하길 :「나는 알아, 다만 네가 나한테 말하라고 해도 되는데, 나는 너를 먹어야해. 나는 배고파 죽겠어. 나는 오랫동안 사람을 먹지 않았어.」석가모니가 말하길 :「좋아, 좋아! 당신이 단지 나에게 알려주면, 내가 당신에게 먹힐 것이다.」그가 말하길 :「그럼 내가 너를 먹을게.」(부처님) 그가 말하길 :「너는 지금 나를 먹으면 안 된다. 나는 몰라. 나는 못 들었다. 너는 내가 다 듣기를 기다려라.」다 듣고 난 후에, 내가 거기에서 절 한 번을 하고, 뛰어내려 죽으면, 네가 먹어라. 그러나 [부처님께서 벼랑에서 떨어지는] 이때 하늘에서 어떤 천인이 그를 잡았다. [부처님께서] 내 몸을 바쳐 야차에게 먹게 하여, 두 마디를 구하니,「생멸이 멸하면(生滅滅已), 적멸이 즐거움을 이룬다(寂滅為樂)」를 구한 것이다. 나는 말하는데, 이 두 구는 목숨을 버려 얻을 가치가 있는 것이니, 극히 수승하다!

관세음보살도 이러한 점을 증명하시는 것인데, 그래서 이「멸(滅)」도 또한 멸하였다.「나고 죽음이 멸하여(生滅滅已),」「적멸(寂滅)」이 현전하면, 홀연히 일체를 초월하여, 세간과 출세간을 초월하여, 두 가지 수승함을 얻는다.「**위로는 시방제불과 같은 자력(慈力)**」이다. 모든 부처의 역량과 서로 같고, 부처님이 가진 자력은 나에게도 모두 다 있는데, 동일하게 있다 ;「**아래는 육도중생과 같은 비앙(悲仰)**」이다. 그래서 그는 평등하다! 나는 아래에 있는데, 나는 모든 중생들과 쇠파리, 개미, 지옥의 중생들과 한 가지로, 함께 비앙(悲仰)하여 제도를 구하고 있다. 그래서 부처는 가장 평등한 법문으로 그는「무신론(無神論)」이다. 그는 지고무상한 신이 일체를 주재하고, 일체를 통치하고, 일체를 만들고, 일체를 관리하고, 일체보다 높다는 것을 인정하지 않는다. 그는 모두 평등하지만, 당신은 아직 명백히 알지 못하는데, 내[213]가 한 걸음 먼저 명백히 이해한 것이다. 게다가 내가 한 걸음 먼저 명백히 알았으니, 나는 바로 당신이 나와 마찬가지로 명백히 알기를 바라고, 당신이 명백히 알고 난 후에, 당신은 나와 마찬가지이다. 그래서 이것이 [부처의] 위대한 면이다.

그래서 「돌이켜 자성을 들어(反聞自性), 무상도를 이룬다(成無上道)」이다. 연후에 「보살행(菩薩行)을 닦는데,」 보살도(菩薩道)를 행하는 것이다. 보살도를 행하는 것은 다른 이를 이롭게 해야 하는데, 이러한 보살은 「정토에 왕생」한다. 그래서 이것은 이런 말인데, 어떤 사람은 무시하지만, 단 **관세음보살은 당신이 보는 바와 같이 무상도를 이루고, 보살행을 닦아 그리고 정토에 왕생하였다. 계속하여 대지혜의 문수도 모두 정토왕생을 구하였다.** 「원력이 크고 깊은데(願力宏深),」 관세음보살은 대원력이 있다. 「굉(宏)」은 크고 넓음이고, 「깊음(深)」은 큰 바다와 같으며 깊음은 끝이 없다. 「보문시현(普門示現)이다.」 그래서 《보문품(普門品)》으로, 당신이 어떤 몸에 의해 도를 얻든지, 내[214]가 바로 어떤 몸으로 당신에게 설법을 한다. 그래서 관세음보살이 그때에 부처님의 모습을 드러내서 여러분께 설법할 수 있다. 마땅히 부처의 몸에 의해 제도받아야 하는 사람들에게 즉시 부처의 몸으로 즉시 나타나서 설법을 한다. 마땅히 아수라의 몸으로 제도해야 하는 사람들에게 즉시 아수라의 몸으로 나타나서 설법을 한다. 그래서 그는 두루 구도하는데(普門救度), 32가지로 응하신다(三十二應)! 「보문시현(普門示現)」은 설법을 하는 것이다. 응당 어떤 인연이 갖춰져, 어떤 사람이 말하는 것을 들으면, 관세

213) 부처님
214) 관세음보살

음보살은 그 종류에 따라 나타내 보인다.

다시 한 방면이 있는데, 바로 관세음은「소리를 좇아 고통을 구제한다(循聲救苦).」한편 당신에게 설법하고, 한편 고통을 구원하는 것이다. 당신의 재앙을 구하고, 당신의 어려움을 구한다. 그래서 구고(救苦)인데,「나무대자대비구고구난 관세음보살」로, 어떤 사람은 이렇게 읽는다. 관세음보살은 다시 한 가지 대원이 있는데「구고구난(救苦救難)」이다.「보문시현(普門示現),」「보문설법(普門說法)」은 하나의 큰 대원이다. 이것은 철저한 도탈(度脫)이다 ; 그러나 당신은 임시적으로 이렇게 도탈하였는데, 세상에, 오늘은 불이 나서 집에서 못 나가게 되었다. 이때 당신은 어떻게 해야 하는가? 당신은 염(念)하라. **단지 염하기만 하면 불이 꺼진다.** 이것은 진짜인데, 옛날부터 지금까지 이런 일은 참으로 많다. 관음의 신령한 감응(靈感)은 이루 다 말할 수 없다.

최근 내가 해외 잡지에 실린 글을 하나 (보았다.) 어느 부잣집에 젊은 아가씨 한 명이 있었고, 그녀에게는 가정부 한 명이 있었다. 젊은 아가씨가 불교를 믿고, 매일 염불하니 가정부도 매우 부러워했다. **젊은 아가씨가 이렇게 (좋은 팔자로) 사는 걸 보면, 그 사람은 이미 복이 있는데, 여전히 복을 닦고, 여전히 염불하고 있다.** 그녀는 내가 어떻게 염해야 할지 모른다고 말했고, 젊은 아가씨에게 부탁하여 말하길 :「당신이 나에게 말해주세요, 가르쳐 주세요. 무엇을 염할지 알려주세요.」젊은 아가씨가 여지(荔枝)를 먹고 있다가, 젊은 아가씨는 그녀를 무시하면서, 젊은 아가씨가 (마음속으로) 말하길 당신이 염불할 자격이 있다고? 당신이 뭘 한다고? [젊은 아가씨가] 말하길 :「여지(荔枝)씨!」(가정부인) 그녀는 진짜라고 생각하고, **그녀는 여지(荔枝)씨를 염했다. 하루 종일 여지씨만 염했다.** 나중에 [가정부의] 아들이 [조난을 당하여] 바다에서 표류(漂海)하였는데, 표류하다 돌아와서 어머니께 말씀드렸다 :「정말 아슬아슬했어! 배가 뒤집어져서, 모두 바닷물 속에 있었지만, 한 가지 물건이 나를 떠다니게 했어. 둥, 둥, 둥, 둥, 둥, 나를 바다 위에서 떠다니게 했어. 내가 기슭에 오른 후에 한번 보았는데, 매우 두꺼운 층이 모두『여지씨』였어.」 이런 일들이 바로 이런 것인데, **관세음보살은 결코 관세음보살 자신의 몸을 나타낼 필요가 없으나, 그분이 당신을 건진다.** 이것도 그의 어머니 신심을 증가시켰다. 이것은 당신 마음의 오롯한 주목(專注)이다! 그래서 어떤 사람은 매우 집착하는데, 정말 그렇다. 당신의 이 간절함으로 인해, **이 젊은 아가씨가 농담으로 한 마디 한 말이지만, 단 그녀[즉 가정부]는 진심으로 이렇게 염(念)하였고, 이것은 매우 진실한 감응에 도달하였다.**「소리를 좇아 고난에서 구제」하는 것은 당신에게 고난이 있는 한, 관세음보살을 염하는 것 뿐만 아니라「여지씨」를 염해도, 이「소리」를 그분이 모두 좇아가기 때문이다. 당신이 생각해 보면, 그렇지 않은가? **당신이 여지씨를 염하자 그분이 다 좇아왔는데, 하물며 당신이 관세음보살을 염하는 것이랴! 그렇지 않은가? 하물며 당신이 관세음보살의 주문을 읽는 것이랴? (모두)「소리를 좇아 구제한다.**」그래서 보살은 (일정한 문자가) 필요 없는데, 어떤 사람들은 필수적으로 의규(儀規)를 읽고, 모두 티베트 경전을 읽기를 원한다. 이러한 것이 바로 공덕이 있다고 여긴다. **불보살은 번역이 필요하지 않아서, 당신은 어떤 문자라도 사용할 수 있다. 게다가 이미 번역의 범위를 넘어서서, 관세음보살을 여지씨로 번역하였으나, 관세음보살께서는 마찬가지로 아시고,「중생의 심상(心想)에 두루 들어가신다.」**

「중생의 근기에 따라 감응하여 이르고(隨機感赴), 소리를 좇아 고난에서 구제하신다(循聲救苦).」 이 근기에 따라 감응하여 이른다. (어떤 사람이) 말하길, 관세음은 바빠 죽겠어! 북경에서 어떤 사람이 염하니 관세음보살이 북경으로 달려왔다 ; 동시에 상하이에 어떤 사람이 염하니 관세음보살이 상하이로 달려왔다 ; 로스엔젤레스에서 어떤 사람이 염하니 로스엔젤레스에 달려왔다. …… 그는 관세음보살 그분이 일체처에 두루 하다는 것을 모른다! 마치 달을 예로 들면, **하나의 달이지만 천강(千江)의 물이 모두 달을 드러내는데, 당신의 달이 올 필요도 없고, 물도 달을 맞이할 필요가 없다. 자연스럽게, 이 달그림자가 당신의 강물 속에 있다.** 그래서 「천강(千江)」은 어떤 중생을 비유하여 말하는 것인데, 당신은 단지 이때 관세음보살을 염하기만 하면, 당신이 관세음보살을 구하면, 관세음보살이 오신다. 이 달이 나타난다! 그래서 시간이 필요하지 않은데, 통보도 해야 하고, 준비도 해야 하고, 교통수단도 마련해야 하고, 여권까지 발급받아야 한다고 하면, 그 일은 다 끝난 일이다. (설법이 이곳에 이르자, 염공은 활기차게 웃었다.) 그래서 「근기에 따라 감응한다」라고 말한다.

「만약 급박한 위난과 공포가 있을지라도, **단지 [관세음보살님께] 귀명(皈命)하기만 한다면, 해탈하지 못함이 없다.**」 이는 《무량수경》의 말씀으로, 관세음보살을 찬탄한다. 만약 당신에게 급박한 위난과 공포가 있다면, 「단지 스스로 귀명하라.」 당신의 「귀명」은 흔히 말하듯이 목숨이 모두 돌아가게 하는 것이다. 당신의 생명 모두를 바칠 수 있고, 당신의 이 생명도 목숨도 버릴 수 있는데, 이때 당신은 그러한 운명도 모두 잊을 수 있고, 당신이 일심으로 관세음보살을 염하면, 「해탈하지 아니함이 없어서」, 해탈을 얻지 못함이 없다. 이것이 바로 석가모니불의 말씀으로, 관세음보살의 공덕을 인증(印證)하는 것이고, 또 여러분에게 이 일을 보증한 것이다. 당신이 진실로 구하기만 하면, 일체 흉하고 험한 것을, 풀지 못할 것이 없다. 재물을 구하면 재물을 얻을 수 있고, 자식을 구하면 자식을 얻고, 아내를 구하면 아내를 얻고, 장수를 구하면 장수를 얻는다. 이 모두는 세간적인 것으로, 단지 중생이 필요로 하는 것이다! 그래서 관세음보살 대자대비도 모두 만족이다! 그래서 「아들을 보내 주신 관음」인데, 그 용거사는 아들을 얻고 매우 기뻐서, 십여 달러를 써서 우표를 붙여 [내게] 편지를 보냈다. 나는 무슨 그림엽서를 부친 것으로 알았는데, 내가 열어 (한번 보니), 작은 한편의 편지가 있었다. 내가 이렇게 바빠서 아직 그에게 회신할 틈이 없다. 「해탈하지 아니함이 없고 원을 만족하지 못함이 없다.」 중생이 필요로 하니 그래서 (관세음보살은) 대자대비이다. 「**먼저 욕망을 가지고 결탁하여, 정도(正道)로 나아가라.**」 먼저 당신의 이런 욕망을 만족시킨다. 그럼 당신은 관음보살에게 감사드리고, 당신은 천천히 염하면서 조금씩 정도(正道)에 들어간다. 그러므로 「섭수(攝受)」로 **불보살의 「사섭(四攝)」은 중생을 섭수한다 ; 보시(布施) ; 애어(愛語), 상냥한 표정 ; 이로운 행동(利行) ; 동사(同事)로 당신과 같은 처지로 와서 갖가지로 중생을 섭수한다.**

「만억 자금색 몸(萬億紫金身)」이다. 안색(顏色)은 자금의 안색인데, 금색(金色)에 적금(赤金)이 조금 들어 있다. 좋은 금은 적금이라고 하지 않는가? 적금, 곧 자색(紫)이 아니겠는가! **자금(紫金)은 그 금이 노란 가운데 약간 붉은색을 띠는 것으**

로, 성분이 충분하다는 것을 의미한다. 「만억 자금색 몸,」 한쪽은 금 품질(質)의 높은 정도이고, 다른 한쪽은 도량(度量)의 높은 정도이다. 「만억」은 높고 큰 것이다. 「관세음보살」, 그래서 이 1배는 관세음보살에 대한 예배이다.

「삼마지에 들어감다(入三摩地).」 「삼마지」는 인도어로 우리의 언어로 번역하면 삼매(三昧), 정정(正定) 등등이다. 과거에 「삼매」로 번역하였고, 당신은 무슨 무슨 「삼매」에 들어가는데, 「삼매야(三昧耶)」이다. 「삼매야」, 「삼마지」는 사실 하나의 (의미이다.) 모두 번역된 음으로, 사용하는 글자가 조금 다르다. 중국은 지역이 이렇게 커서, 방언이 같지 않다. 그래서 글자 그대로 주해를 한다. 「삼매야」, 「삼마지」는 비슷하지 않은가? 정정(正定), 정수(正受)와 같은데, 이는 번역한 의미이다. 비단 입정(入定)이 아니고, (게다가) 이것은 「정정(正定)」이다 ; 당신은 비단 **수용(受用)을 얻을 뿐만 아니라, (게다가) 「정수용(正受用)」이다.** 외도 수행의 많고 많은 방법으로 인하여, 그들도 그들의 「사정(邪定)」에 들어가게 된다. 그들도 (약)간의 그들의 삿된 수용(邪的受用)을 얻는데, 귀하게 될 수 없고, 사도(邪道)에 들어서게 될 뿐만 아니라, 게다가 나중에는 바로 잡을 수 없게 되므로 그는 벗어날 수 없다! 그러나 《능엄》의 이 삼마지는 다른 삼마지를 능가하는 것으로 다른 삼마지와는 다르다. 《능엄》의 삼마지는 소위 「능엄대정(楞嚴大定)」이라 하고, 그래서 「수능엄삼마지(首楞嚴三摩地)」라고 칭한다. 「능엄」 이 두 글자는 만약 「수(首)」와 계속하여 하나로 읽으면, 「수능엄(首楞嚴)」이다. 수능엄은 하나의 인도어로, 여러분은 줄여서 「능엄」이라 부르고 한 글자를 버렸다. 어떤 사람은 이 첫 글자를 위문장에 이어서, 「제보살만행수(諸菩薩萬行首)」로 하는데, 아니다! 「보살만행」은 끊어진 구절이고,

「수능엄(首楞嚴)」이 하나의 명사이다.215) **「수능엄」의 의미는 일체사구경견고(一切事究竟堅固)이다.** 그래서 이 모두는 극히 수승한 개시(開示)이다. 이것은 **일체 모두가 성불이고, 일체가 법신이며, 일체사가 구경견고**로 이 모두는 일미적(一味的)인 것이다.

우리는 이러한 모든 것이 모두 나빠지게 될 것이라고 말하지 않았는가? 지구는 앞으로도 큰 재난(大劫)을 겪어야 하고, 대폭발이 일어나야 한다. 극락세계는 바로 「쇠하지 않고 변하지 않는다(無衰無變).」 이것은 보통의 설법으로, 역시 여러분의 근기(根器)에 따른 일종의 설법이다. 구경(究竟)을 말하는 것에 이르면, 그것은 「일체사구경견고」로, 진정으로 분별이 없고, 취사가 없으며, 간택(揀擇)이 없어, 일체사가 모두 이와 같다. 「**일체사가 모두 법신이다.**」 법신은 여전히 어떤 것이 견고하지 않은 것이 있는가? 비단 견고할 뿐만 아니라, 게다가 철저하게 견고하다. **「무생무멸(無生無滅)」로 나쁜 것이 없다.** 그래서 저 일체 분별도 「제6식」에서 유래한 것으로, 분별식(分別識)이다 ; 그래서 당신은 어떤 것은 견고하고, 어떤 것은 견고하지 않은 것을 내게 되는 것이다. 그래서 《능엄》 이 정(定)은 「정에서 나오고 정에 들어감(出定入定)」이라 부를 만한 어떤 것이 없어 **「능엄대정은 무출입(無出入)」이다.** 그가 정에서 나오고 정에 들어감(出定入定)이 모두 구경견고이다. 당신은 어디로 나가고, 어디로 들어가는가? 그렇다. 당신은 이 견고한 것에서 저 견고한 것으로 들어간다고 할 수 없는데, 그것은 곧 견고하고, 전체가 견고하여, 출입이 없다. 그래서 이 「삼마지」는 일체사 구경적인 이러한 하나의 「정정(正定)」이다. 이는 매우 수승한 「정정(正定)」이며, 일반적으로

215) 능엄경의 정식 경명은 《대불정여래밀인수증요의제보살만행수능엄경》이다.

선정에서 말하는 삼마지가 아니다. 관세음보살은 이근원통으로 삼마지에 들어갔는데, 게다가 그는 이것이 제일이라고 인정한다. 25성자는 각자 모두 말했고, 25성자 각자가 [말씀한 것은] 모두 좋다. 석가모니부처님이 문수에게, 보아라, 너는 이 속에서 누가 우리의 이러한 근기(根機)에 가장 적합한지 말하라. 이 다음에 문수는 대단한 의론(議論)을 하였는데, 이 의론은 매우 길고, 이근(耳根)의 수승함을 말했다. **이근 그것은 「원(圓),」 「통(通),」 「상(常)」으로, 관세음뿐만 아니라, 「나[216] 역시 그것을 따라 들어간다(我亦從中入)!」** 그래서《능엄》이 한 단(段)은 이것이 그[즉 정수첩요의] 제25단이다.

여기서의 설법은 그가 자성을 듣는 것(聞自性)이기 때문에, 그래서 선종에서 말하기를, 보아라, 역시 우리가 수승하고, 우리가 정확하다. 문수보살이 우리를 택했다. 우리가 제일이다. 대세지보살은 염불이야, 대세지보살은 뽑히지 않았다! (공이 강의가 이곳에 이르자 활연하게 웃는다.) 먼저 대세지보살을 보고 나서 이 논쟁을 해결하기로 한다. 그래서 많은 대덕이 이곳에서 문장을 번안(翻案)하여, 그들은 이것이 문수의 평론이라고 말하는데, 그들은 다른 일종의 견해(看法)를 가지고 있다. 사실 이것도 아주 자연스럽고, 이번에 그가《능엄》의「삼마지」에 들어가는 이 표준으로 어떤 것을 첫 번째로 선택해야 하기 때문인데, 그것은 당연히 관세음보살이다. 그래서 (누군가가) 낙나조사(諾那祖師)에게 물었다 : **「무엇이 가장 빠르고 가장 좋은 성불 방법입니까?」** 낙나조사가 말하길: **「자심(自心)과 미타의 대법(大法)을 명백하게 하는 것이다.」** 자심을 명백하게 해야 한다! 그것이 무엇이든 간에, 당신은 다른 것을 수행하여, 당신은 최후에 이 삼마지에 들

216) 문수보살

어가는데, 「자심을 명백하게 하는 것,」이 최고 직접적인 것 이상의 것은 없다. **다른 문(門)에 들어간 후에, 그는 여전히 자심을 명백히 해야만 한다.** 그렇지 않은가? 그래서 현생현세에서 당신은 매우 빨리 「삼마지에 들어가기」를 원하는데, 저 관세음의 「이근원통(耳根圓通)」이 확실히 제일이다. 만약 현재 이 육도중생이 어떻게 가장 빨리 생사를 벗어나, 육도윤회를 벗어나, '매우 빠르게 성불할 수 있는가?'를 물어야 한다면 그럼 문수는, 내가 보기엔, 대세지보살밖에 없[다고 할 것인]데, 그렇다. 비교하는 것이 다르고, 당신이 비교할 것이 다르니, 이것은 (논쟁할) 것이 없다. 이것은 (논쟁할 만한) 어떤 것이 없다. 동시에 이 순서의 안배를 보면, 또한 매우 분명히 드러나는데, [능엄경 25성자의 배치순서 중 대세지보살에서] 다시 앞으로 한 번 더 가면 미륵이고, 유식관(唯識觀)이다.217)

【주역】

123. 「문전이 썰렁하고 차마가 드물다(門前冷落車馬稀)」는, 당나라 시인 백거이(白居易)의 장편 악부시(樂府詩)의 하나인 《비파행(琵琶行)》에서 나왔는데, 원화(元和) 11년(816년)에 지었다.

124. 《심성록(心聲錄)》(황념조노거사선집) 중에 염공이 강설하시길 : 《수능엄경관음원통장(首楞嚴經觀音圓通章)》은 관음의 「돌이켜 자성을 듣는 것(反聞自性)」으로, 「생멸이 멸함(生滅滅已)」 이후에 「적멸이 현전하여(寂滅現前)」, 갑자기 세간을 초월하여 세간을 벗어나는데(忽然超越世出世間), 두 종류의

217) 능엄경 25원통 중 23번째 미륵보살의 식대원통(識大圓通)

수승함을 얻는다. 바로 《열반》의 《적멸로 즐거움을 이룸(寂滅為樂)》과 같은 취지이다. 「적멸로 즐거움을 이룸(寂滅為樂),」 이것은 진실구경의 「대안락(大安樂)」이다. 선종(禪宗)에서 항상 말하기를, 불이 꺼지고 재가 식더니, 갑자기 찬 재에서 하나의 뜨거운 콩이 나왔다. 그래서 선종은 크게 죽어야 크게 살 수 있고, 숨이 끊어진 후에 다시 소생해야 진짜 사는 것이다라고 한다. 이것은 《열반》《능엄》과 같은 분위기로, **차가운 재에서 뜨거운 콩이 튀어나와야 비로소 깨달음의 경지(悟境)가 된다.** 만 리에 아버지를 찾았는데, 갑자기 사거리에서 한눈에 아버지를 본 것과 같다. 이때 「환희(歡喜)」는 형용할 수 없는데, 이것이 바로 「대안락(大安樂)」이다. 위에서 볼 수 있듯이, **불교의 교화(教化)는 제불이 본래 가지고 있는 대광명·대안락의 본체에서 흘러나와, 모든 중생이 같이 대안락을 얻게 하는 묘한 작용(妙用)이며, 널리 모든 중생으로 하여금 그가 본래 가지고 있는 대광명(大光明)의 본체를 회복하게 하는 것이다.** 「영원히 모든 고통을 여의고(永離諸苦), 단지 뭇 즐거움을 받는다(但受衆樂).」 바로 자기와 다른 이가 영원히 「적멸의 즐거움(寂滅的樂)」의 대안락을 받는 것에 도달한다. 이러한 「수승하고 희유한(殊勝希有)」 묘법(妙法)은 진실로 불가사의하다.

125. 표해(漂海) : 항해, 바다를 표류하여 바다를 건너는 것을 가리킨다.

제25배 대세지보살께 예배 찬탄하다

한마음으로 관하여 예배하옵니다. [대세지보살님께서는] 정토종의 초조이시옵니다. 염불심으로 무생법인에 들어가셨습니다. 육근을 모두 거두어, 깨끗한 생각이 계속 이어지게 하여, [다른] 방편을 빌리지 않고도, 스스로 마음이 열려서, 삼마지에 들어가는 것을 제일[의 수행으로 삼으시옵니다]. 관세음보살님과 함께 이 세계에 머무시면서, 큰 이익과 즐거움을 지어, 염불중생을 거두고 취하여 버리지 않으시며, 삼악도를 여의게 하시고, 위없는 힘을 얻도록 하시옵니다. 가없는 광명과 지혜의 몸을 갖추신 대세지보살님이시여!

나무아미타불

(1번 절하면서 3번 부른다)

「한마음으로 관하여 예배하옵니다. 정종의 초조(初祖)이시고」이다. 대세지보살은 정토종 제1대 조사이시다. [정종의 초조는] 관세음보살이 아닌데, 선종은 관세음보살의 「돌이켜 들어 자성을 들음(反聞聞自性)」을 대표로 삼는다. 대세지보살은 염불법문을 전문(專門)으로 사용하는데, 게다가 전일적(專一的)이다. 경[218]에서 말씀하시길 : 「부처님께서 세상에 출현하여 무량광이라 이름하셨습니다. 12여래가 1겁씩 서로 이어오셨고」인데, 그것이 바로 우리들의 「십이광불(十二光佛)」이 아니겠는가. 「무량광,」 「무애광,」 「무등광」 …… 그 역시 **12여래가 1겁씩 이어서 오는 것인데, 「그 부처님께서 저에게 염불삼매를 가르쳐 주셨습니다」이다. 염불은 바로 「염불심으로(以**

---

218) 《능엄경》 대세지보살 염불원통장

念佛心), 무생법인에 들어가는 것(入無生忍)」이다. 나는 바로 염불로서, 나는 「무생법인(無生法忍)」에 들어가서, 「무생법인」을 증득한다. 「무생법인」의 최저는 초지보살(初地菩薩)이다. 「무생법인」의 철저한 증득은 팔지보살(八地菩薩)이어야 한다. 그럼 어떻게 이 팔지보살에 도달할 수 있는가? 이것이 염불이다. 일개 범부는 완전히 염불로 「무생법인」을 증득한다.

이 염불의 작용은 어디에 있는가? 「육근을 모두 거둠(都攝六根),」 이것은 모두 《능엄경》의 말씀이다. 그래서 우리는 이 (《정수첩요》의) 경문을 매우 공경해야 한다. 이것은 우리 [하]노사께서 독자적으로 쓴 것이 아니라, 모두 경문의 원래 구절(原句)이다. 그의 이 재주(本領)는 대단해서, 많은 것을 하나로 모으는 것이 매우 자연스럽다. 저 《무량수경》 (회집본會集本)은 매우 자연스럽다! 사실 매우 많고 많은데, 다섯 가지 번역본 중에서 골라낸 것으로, 여기에서 한 구절을 골라내고, 저기에서 한 구절을 골라낸다. 큰 지혜와 특별한 지혜가 없는 사람은 이 일을 해낼 수 없다. 나는 이전에 여전히 몰랐으며, 한번 씩 겪을 때마다 점점 체회(體會)가 더 깊어지는데, 이것의 수승함은 굉장하다! 여기 이 말들은 모두 《수능엄》의 말로, 「육근을 모두 거두어(都攝六根), 깨끗한 생각이 계속 이어지게 한다(淨念相繼)」이다. **내[219]가 염불하면, 이 「육근」을 모두 거두어 머무르게 한다.** 우리는 이 「육근(六根)」이 바로 「육진(六塵)」 때문에 끌리게 된다. 그래서 잠시도 마음을 놓을 수 없다. 색을 보고 소리를 듣고, 또 먹을 것이나, 어떤 온갖 것을 생각한다. 시원한 바람을 쐬면 이 촉감이 편안해질 것이다 ; 이 등은 불을 쪼여주고, 이것도

219) 여기서는 황념조 거사 본인을 가리킨다기 보다는 염불하는 사람 일반을 가리키는 것으로 보임

촉감인데, 그렇지? 이 갖가지 모두는 이렇게 끌리게 되는 바, 마음속의 갖가지 분별이다. 염불은 「육근(六根)」을 전부 거두어 머무르게(攝住) 하는 것이다. 내가 염할 때 스스로 염하고 스스로 듣는데, 이로 인하여 당신이 염할 때 「설근(舌根)」을 거두어 머물게 하고, 혀는 염(念) 속에 있다 ; 「이근(耳根)」도 다 거둬져 머무는데, 자기가 무엇을 염하고 있는지 듣는다 ; 당신이 거기서 향 1개비를 피우고, 마음속으로 다른 생각을 하지 않으면, 맡는 것도 바로 당신이 염불하는 이 향기다 ; 염할 때는 자기가 매우 단정하고, 일반적으로 눈으로는 코를 관하고, 코로는 마음을 관한다. 그리고 또 앞에 있는 것은 불상이라, 결코 마음속으로 한편으로는 염불하면서, 한편으로는 브레이크 댄스(霹靂舞)를 생각할 리가 없다. 불가능하다. 그렇지 않은가, [그럴] 이유가 없다. 그리고 텔레비전을 보는데, 염불할 때는 텔레비전을 켜지 말고, 한 곳에 전심(專心)해서, 이 육근을 바로 거두어 머물게 하라. 그렇지 않으면, 「육근」은 여전히 달릴 것이다.

「육근을 모두 거두는데(都攝六根),」「의근(意根)」은 당연히 거기에 머물러 있다. 당신이 모두 염하고, 모두 듣고, 이러한 마음, 일념 일념, 마음도 이 위에 있다. 그래서 당신의 몸은 당연히, 더더욱, 다른 일을 하지 않는다. 나는 이 눈·귀·코·혀 어떤 것이 모두 이 방면에 있다. 몸도 불당(佛堂) 안에 있으니, 내가 여기에 앉아서 매우 잘 염하면, 몸도 단정하게 되므로, 이 「육근(六根)」이 모두 거둬져 머물게 된다. 「육근을 모두 거두는데(都攝六根),」 나의 일념 일념, 염두(念頭)는 모든 중생이 가지고 있다. 단 현재 [염불하는] 나는 망념(妄念)이 아니고 나는 「정념(淨念)」이다. 우리는 지금 망념이 계속 이어진다. 앞서 하나의 망념은 뒤에 또 하나의 망념이 뒤

따르고, 그 뒤에 곧 또 하나의 망념이 뒤따르기 때문에, 그래서 「시간(時間)」이 있다. **시간은 이 망념에서 생겨 나온 것이다.** 방금 그 망념은 지나갔는데 이것이 바로 과거의 시(時)이다 ; 당신이 현재 바로 이 망념 (중에) 빠져 있는데 바로 지금이다 ; 다음에는 바로 망념이 또 오려하니 바로 미래이다. 과거·현재·미래 이 삼제(三際)는 모두 망념에서 말미암은 것이다. **망념이 없으면 무엇을 삼제(三際)라 부르는가?** 그래서 이와 같은 하나의 도리를 과학자들은 이해하였는데, 아인슈타인이 말하길 : 「**시간은 사람의 착각이다.**」 당신에게 망념이 있으면 시간이 있는데, 여전히 망념에서 말미암아 생긴 것이 아닌가? 이 「망념」과 「착각」에 대하여 당신은 차이를 말할 수 있는가? 「망(妄)」과 「착(錯)」은 모두 착(錯)이고 망(妄)인데, 사용하는 글자가 다르다. 게다가 그 글자를 우리는 영문 속에서 [그렇게] 번(역)해 왔는데, 그때 그것을 「착각(錯覺)」이라고 번역하였고, 만약 번역한 사람이 불법에 통달했다면, 그것에 대해 「**망각(妄覺)**」으로 번역했을 것이다. 내가 보기에 아인슈타인은 반대하지 않았을 것 같다. 그래서 글자는 비록 동일한 자로 쓰이지 않지만, 의미는 같은 의미이기 때문에, 그래서 시간을 생기게 한다. **당신이 (염불하여, 육근을 모두 거두어, 깨끗한 생각이 계속 이어지게 하면) 이것은 시간을 초과하는데, 시간·공간·물질은 모두 착각으로 모두 망념에서 유래된다.**

지금 당신의 이 염불은 「깨끗한 생각이 계속 이어지는 것(淨念相繼)」이다. 그래서 우리는 현재 기꺼이 염하는데, 지금 우리가 이루기 어려운 것은 「깨끗한 생각이 계속 이어지게 하는 것」을 할 수 없다는 것이다. 염하고 염하다 보니, 망령된 생각이 하나 생긴다 ; 염하고 염하다 보니 또 망령된 생각이 하나 생긴다. 이것은 두려워할 필요가 없는데, 이것은 멀찍이 두려워하지 마라. 《능엄》의 정신은 「일체사 구경견고(一切事究竟堅固)」이다. 저 망념, 또 이것은 「진여(真如)」로, 진여와 망념은 평등하다. 그래서 두려워할 필요가 없다. **물 위의 그림에다 그림을 그리는 것, 그림을 그리는 것은 망(妄)인데, 그것은 즉시 물속으로 돌아가고, 즉시 진여(眞)속으로 돌아간다. 그래서 「전체 망념이 진여로 돌아가는 것(全妄歸真)」**이고, 진여(眞)로 돌아갈 수 있는 것이다. 그래서 우리가 비록 계속 이어갈 수는 없지만, 단지 두려워하지 말고, 진정으로 생각 생각이 「정(淨)」에 도달하는 때에, 「[다른] 방편을 빌리지 않고(不假方便), 스스로 마음이 열리게 된다(自得心開).」 그래서 우리는 단지 염하기만 하면 되고, 당신은 항상 일단의 시간이 있어, 염하고 염하여 일단(一段)의 시간이 한 차례 지나가면 덩어리를 이룰 수 있다. 바로 이 **열 구, 삼십 구, 오십 구를 염하는 중간에 망념이 없는 것으로, 이것을 「염불성편(念佛成片)」이라 부른다.**

「염불성편(念佛成片)」은 쉽지 않다. 어떤 수행자, 그가 여전히 나에게 말하기를, 현재 여전히 덩어리를 이룰(成片) 수가 없다고 한다. 나는 모두 상관없다고 말하였다. 여러분은 알아야 하는데, **「왕생 여부는(往生與否), 전적으로 믿음과 발원의 유무에 의지한다(全憑信願之有無).**」 진정으로 이 정토종의 도리, 미타의 이런 종류의 대원(大願), 이런 도리들을 믿어야 한다 ; 「신자(信自), 신타(信他) …… 신사(信事), 신리(信理),」 우리의 염불은 바로 이것을 인(因)으로 삼아서, 염불의 과(果), 왕생의 과(果), 성불의 과(果)를 능히 얻을 수 있다는 것을 믿는다. 이것이 「신자(信自), 신타(信他), 신인(信因), 신과(信果), 신사(信事), 신리(信理)」[220]로, 이 「**여섯 가지 믿음**

(六信)」을 모두 구족하였다. 게다가 우리는 사바세계에 미련을 남기지 않고, 극락세계에 왕생하기를 원한다. 매우 간절하며, 당신은 믿음이 있고, 발원이 있으며, 믿음과 발원을 깊게 갖추었다. 믿음과 발원을 깊게 갖추면 결정코 왕생한다. 깊은 믿음과 발원을 갖추었기 때문에 반드시 염(念)을 할 수 있다. 염에 망상이 있고 망상이 없는 것은 부차적 문제이고, 그것은 이차적 문제이다. 당신이 왕생할 수 있는지 여부는 전적으로 첫 문장(頭一句)[221]에 달려 있다. 「왕생 여부는 전적으로 믿음과 발원의 유무에 의지한다.」 이것은 바로 우리가 단지 주관적인 노력만 하면 되는 것이다 ; 당신이 내가 반드시 조금의 망상도 가지지 않는 것에 이르러야 한다고 말한다면, 이 일은 이번 생에 해낼 수 있을 것 같아 보이지 않는다. 그 「사일심(事一心), 이일심(理一心)」에 도달하는 것, 이것은 쉽지 않은 일이다. 단 못해도 상관없다. **당신은 항상 「일향전념(一向專念)」만 하면 되고, 기꺼이 염하면 된다! 단지 당신이 믿음이 있고, 발원이 있으면 결정코 왕생한다!** 거꾸로, 당신은 바람이 불어도 움직이지 않고, 비가 와도 들이칠 수 없더라도, 당신은 도교(道敎)의 어떤 구결(口訣)처럼 이렇게 염한다. 외도는 현재 뭔가를 염할 수 있고, 그들은 날고자 하여, 그들도 외도적인 주문을 가지고 있다. 그들도 늘 염한다. 회교도 어떤 것을 염하려 하고, 기독교도 어떤 때는 염하려 한다. 그러면 그럼 그[즉 외도들이] 염하는 것과 같은

---

220) 자신을 믿고(信自), 아미타불을 믿고(信他), 원인을 믿고(信因), 결과를 믿고(信果), 사상을 믿고(信事), 이체를 믿는 것(信理). 자세한 것은 우익대사님의 〈불설아미타경요해〉 참조

221) 여기서 첫 문장이란, 본문의 '왕생 여부는(往生與否), 전적으로 믿음과 발원의 유무에 의지한다(全憑身願之有無)'를 말하는 듯하다. 원래 우익대사의 〈불설아미타경요해〉에는 「왕생여부는 전적으로 믿음과 발원의 유무에 달려 있고(得生與否 全由信願之有無), **품위의 높고 낮음은 전적으로 지명의 깊고 얕음에 달려 있다(品位高下 全由持名之深淺)**」로 되어 있다.

이런 태도로 부처님 명호(佛號)를 한 구절 바꿔 부르는 것인데, 그 사상, 여전히 이 다른 종교의 그 사상, (그것은 여전히 왕생이 불가능하다.) 그래서 이 점은 매우 (중요하다.) 그는 불교를 완전히 믿는 마음으로, 여지씨를 염하였고, 여지씨는 부처의 작용을 일으켰다 ; 당신은 완전히 외도적 마음이니, 당신은 부처님 명호를 염하여도, 당신은 여전히 외도의 길이어서, 여전히 여지씨를 염하는 것만 못하다. 당신의 이 도구(器具)는 본래 어떤 [작용을 일으키는] 것이다.

그래서 당신이 만약 진정으로「깨끗한 생각이 계속 이어진다(淨念相繼)」고 말하기는 어려운데, 이때에 도달하게 되면 곧 **「[다른] 방편을 빌리지 않고(不假方便) 스스로 마음이 열리게 된다(自得心開).」** 그래서 당신의 개오(開悟)는, 이것이 개오 아닌가? 비단 개오뿐만 아니라, 다시「삼마지에 들어감(入三摩地)」이다. 그는 달리 어떤 방법도 없다. 그래서 대세지보살은 정토종의 초조(初祖)이신데, 이 한 구절이다! 단지 당신이 이 한 구절, 당신이 **「육근을 모두 거두어(都攝六根) 깨끗한 생각이 계속 이어지게 한다(淨念相繼).」 그럼 당신은「시각이 본각에 합치」하는 것이고, 게다가 항상 본각에 합치한다.** 그럼 당연히 직접 깨달음의 길로 곧장 나아가서 구경각(究竟覺)이다. 구경각은 부처인데,「어찌 개오(開悟)」만이겠는가! 그래서「깨끗한 생각이 계속 이어지면(淨念相繼),」 필연적으로「스스로 마음이 열린다(自得心開).」「다른 방편을 빌리지 않는다(不假方便).」 다시 어떤 방편(方便), 여전히 어떤 비결(祕訣), 여전히 어떤 수인(手印), 여전히 어떤 주문(咒), 여전히 내가 모르는 어떤 비밀의 법(祕密的法)은 전부 불필요하고, 이 한 구절만 취한다. 그래서 대세지보살이 초조가 되는 것은 바로 여기에 있는 것이고, 대세지의 공덕은 불가사의하다!

서방의 극락세계에서, **아미타는 다시 「반열반(般涅槃)」을 해야 한다. 반열반 다음에는 관음이 지위를 잇고, 관음은 다시 반열반을 해야 하는데, 대세지보살이 지위를 잇는다. 대세지보살은 영원히 반열반을 하지 않는데, 그는 염불에 성공한 것이다.** 여러분이 말하길 : 「어째서 아미타불은 반열반을 하시는가?」 이것 모두는 나타내 보임(示現)이다. 당신이 관음법을 수행하는 사람인데, 왕생 후에, 당신은 얼마의 시간 뒤에, 당신은 아미타불이 반열반 하는 것, 관세음보살이 부처가 되는 것을 본다 ; 당신이 만약 염불왕생한 사람이라면, 당신의 거기 부처님은 여전히 아미타불이고, 그래서 각양각색이다. 어제 저 「식(識)」을 토론하였는데, 어떠한 것들은 각자가 같지 않았다. 극락세계에 함께 있으면, 어떤 때 뵙는 부처님이 아미타불이고, 어떤 때는 관세음보살이다. 관세음보살에 이르면, 관세음보살을 염하여 왕생한 이런 연(緣)이 모두 만족된 후에, 관세음보살은 반열반한다. 대세지보살은 영원히 열반하지 않는다. 실제 이 세 가지는 한 가지인데, 그렇지 않은가!

대세지보살은 바로 이러하다. 바로 「육근을 모두 거두어, 깨끗한 생각이 계속 이어지게 하여, [다른] 방편을 빌리지 않고도, 스스로 마음이 열리는 것(都攝六根 淨念相繼 不假方便 自得心開)」이다. 이 「자(自)」자는 두 가지 방면에서 우리가 체회(體會)할 수 있다. 하나는 당신 자신으로, 이 일은 남의 일이 아니라, 당신 자신의 일이다. 그래서 누가 육조(六祖)의 법을 물었더니, 육조가 말하기를 「**비밀한 것은 너 가까이에 있다네(密在汝邊)**」라고 하였다. 비밀은 당신의 한쪽에 있다. 그래서 「문으로 들어오는 자는, 집안의 보물이 아니다(從門入

者 不是家珍).」 모두 당신 자신의 일이고, 당신 자기의 문제로, 당신 자신의 마음을 여는 것이, 이 하나의 「자(自)」자이다. 모두 당신 각자이고, 당신 매 개인이며, 당신의 자성(自性)이다. 당신이 자신의 마음을 여는 것이, 「스스로 마음을 여는 것(自得心開)」이다. 또 한 개의 「자(自)」가 있는데, 「자(自)」는 '자연히'의 뜻으로, 당신은 바로 이런 **「깨끗한 생각이 계속 이어지게(淨念相繼)」하면, 당신은 매우 자연스럽게 마음이 열린다.** 그래서 두 가지 뜻을 동시에 모두 가지고 있다.

《능엄》의 삼마지에 들어가는 것에 대하여, 대세지보살은 이것을 제일로 친다. 그래서 25성인은 모두 그들의 방법이 제일이라고 여겼다. 대세지, 그는 이런 식으로 해왔다. 그래서 그가 「제일」이고, 그렇다. 실제로는 모두 다 제일이다. 그래서 《금강경》의 말씀은 : 「이 법은 평등하다. 높고 낮음이 없다.」 당신의 이것이 그의 저 자질(機)에 들어맞으면, 그에겐 그것이 제일이다. 우리 중생은, 이 법이 만약 내 자질에 맞는다면, 그럼 대세지보살의 법은 나에게 제일이다 ; 만약 관음이 내 자질에 가장 부합한다면, 관음의 법이 나에게 제일이다. 그래서 이 방법은 이렇게 모두 순위를 매길 수 없다.

「관세음보살과 함께 현재 이 세계에 머무신다.」 여러분은 볼 수 없다! 이 세계는 어떤 세계인가? 우리는 관세음보살과 대세지보살이 극락세계의 대보살이라는 것을 알고 있다. 여기 지금 이 지역에 있다니, 그것은 우리의 여기, 사바세계이다! 무엇을 위해서인가? 이 두 보살은 모두 이 땅의 중생과 특별한 인연이 있다! 다 우리 세상 -- 사바세계에 있으면서 「큰 이익과 즐거움을 지어,」 중생에게 가장 큰 「진실한 이익(眞實之利)」을 도모하고, 중생들에게 구경의 안락을 얻도록 한다.

그래서 「큰 이익과 즐거움을 짓는 것」이다.

「염불중생을 거두고 취하여 버리지 않으신다.」 당신들 염불을 하고자 하는 일체중생에 대하여, 모두가 당신을 「거두어들이고,」 당신을 「취한다.」 이 의미는 곧 당신을 바라고 거두어들인다는 말이다. 비단 당신만이 아니다. 자기(磁)처럼 자석은 쇠를 끌어당긴다. 이것이 바로 바늘(針)인데, 쇠를 끌어당기는 것이 바로 바늘을 끌어당기는 것이다. 이게 바로 쇠를 끌어당기는 것이 바늘을 거둬들이는 것인데, 그것은 하나의 힘을 생기게 한다. 그런데 바늘도 쇠를 끌어당기고 있다. 바늘도 자화(磁化)가 되어서, 그것도 남북극을 띠게 되어, 서로 거두어들이고 있다. 그러나 이 양자 사이에 서로가 하나의 공통된 자기장을 형성하고, 이 서로가 끌어당기는 힘을 형성하는 것은 자극(磁極)의 상승(相乘)이다. 부처의 자기(磁)는 매우 큰데, 당신의 이 바늘은 자기가 많아서, 이 두 가지의 낱낱의 수치(數目)는 상승(相乘)하여, 피차 작용한다. 그러나 그 낱낱의 수치는 우리의 낱낱의 수치와 비교하여 훨씬 크다. 그래서 **이 힘은 「의지(靠)」인데, 불보살의 거둬들이는 힘(攝受力)에 「의지(靠)」하는 것이다!** 당신 자신의 자석은 자성(磁性)이 있어 곧 작용한다. 사람마다 모두 자성(磁性)이 있지만 당신은 지금 어지러워졌다. 당신은 비록 자석 한 덩어리지만, 당신이 (비록) 온종일 불태우고, 당신은 그것을 내던져, 그 분자(分子)는 완전히 어지러워졌다. 그것의 전자(電子)가 따라가는 궤도에는 중심이 있는데, 이 중심을 둘러싼 축은 모두 어지러워졌다. 이 축은 이 방향을 가리키는 것인데, 이 축은 이런 모양으로, 각 방면에서 서로 상쇄(抵消)한다. 서로 상쇄하면 자성(磁性)이 (나타나지 않는다.)

그래서 이것도 하나의 좋은 비유이다. 사람마다 모두 불성이 있는데, 마치 쇠의 자성(磁性)과 같다. 현재 무엇 때문에 [자성이] 나타나지 않는가? 당신이 이렇게 어지럽고, 당신은 내던지고, 불태워, 당신의 이 모든 것이 어지럽고, 각자 제멋대로 한다. 이 전자가 이렇게 회전하면 그것의 축이 이쪽으로 향한다 ; 그 전자가 저렇게 회전하면 저쪽으로 향하고 있다 ; 서로 바뀌어 서로 상쇄하니 결국에는 모든 자성(磁性)이 없어진다. (다만) 그것을 자기장 안으로 한번 벌여 놓기만 하면, 그 큰 자기장 그 안에 진열되어 있으면, 전자는 천천히 하나하나 각자 궤도(道)가 있다. 이 방향은 또 모두 정확하여, 한쪽은 남극, 한쪽은 북극으로, 자성이 나타난다. 자성이 나타나면 이 두 개의 자석은 서로 빨아들인다. 그래서 이것으로 쉽게 「자타가 둘이 아님(自他不二), 자타가 완연함(自他宛然)」의 이치를 설명할 수 있다. 부처님의 그 자석은 「타(他)」이고, 우리 이 자석은 「자(自)」인데, 「자타가 둘이 아니다.」 자타가 두 모양이 없다. 무슨 일인가? 그도 자석철(磁鐵)이고 나도 자석철인데, 이것이 무슨 두 모양인가? 이것은 「둘이 아니다(不二).」 게다가 우리는 철가루를 가지고 자기장의 선을 그렸고, 이 자기장은 두 개에 공동적인 것으로, 당신은 누구누구의 것이라고 말할 수 없다. 하나의 물건이다. 그래서 「둘이 아님(不二)」으로 두 개가 아니다. 둘이 없지만 「자타가 완연」하여, 그 큰 자석은 큰 자석이고, 이 작은 자석은 작은 자석으로 이 「자(自)」와 「타(他)」는 아주 명백하고 아주 또렷하게 이곳에 있다. 그래서 「또 완연하고 또 자타(自他)인데,」 「자타는 또 둘이 아님(不二)이다.」 주로 이 도리를 설명하는데, 이것은 아주 좋은 비유이다.

「염불중생을 거두어 취하여 버리지 않으신다.」 이 큰 자석이 일체를 흡수하고 있으니, 당신, 염불하는 중생, 당신은 약간의 자성(磁性)을 나타내 보이기 시작할 것이다. 다른 중생들에게 불평등한가? 그는 그것이 모두 어지러워져서, 그에게 아무런 작용도 일으키지 않는다. 반드시 자기장 속에 들어가야만, 당신 자신은 (자성磁性을) 갖추기 시작하고, 서로 끌어당기는 작용을 다시 발현한다. 그래서 「서로 흡수」한다. 하지만 여기 이것은 너무 작고 저것은 너무 커서, 주로 여전히 저쪽의 거둬들이는 힘에 의지한다.

「영원히 삼악도를 여의게 하신다(令離三途).」 여러분들을 삼악도로부터 떠나게 하는데, 「삼도(三途)」는 삼악도(三惡道)이다. 축생·귀신·지옥의 이 세 가지 (도道)는 모두 너무 고통스러워, 삼악도라 칭한다. 또 삼도(三途)라고도 부른다. **「삼도일보오천겁(三途一報五千劫)」이다. 삼도에 떨어져 과보를 받는데, 한번 과보를 받는 시간이 오천 겁이다.** 너무 멀어서 말할 방법이 없기 때문에, [삼도에] 떨어진다는 것은 기막힌 일이다! 석가모니 부처님이 인도에서 정사(精舍)를 지을 때, 많은 나한이 거기서 보고 있었다. 나한이 그곳의 개미를 보자마자, 나한이 눈물을 흘렸는데, 전에 어떤 부처님이 성불하여 이곳에서 정사를 지을 때, 이 개미가 바로 당시의 개미였다. 그 부처님 모두 열반한 뒤 아주 길고 아주 긴 세월이 흘러, 이 부처님께서 출현하셨다. 이 부처님께서 현재 또 이곳에서 정사를 짓고 있는데, 중간에 몇 천만 년이 지났는지 모른다. 그들은 여전히 개미로 있었고, 지금도 이곳에서 개미가 되어 있다. 아라한은 불쌍히 여겨 눈물을 흘린 것이다. 그래서 「삼도일보오천겁」이다. 우리는 돼지로 변할 필요가 없는데, 돼지로 한번 바뀐다면, 어디 그렇게 좋은 일이 있겠는가! 항상 돼지로 변하는 것은, 그 생각이 전부 돼지이기 때문이다. 그 개미는 머릿속, 팔식(八識)[222] 속에 온통 개미, 개미나라 왕, 무엇이든지 공격함 ; 누가 나를 때리고 내가 누구를 때렸는가 ; 누가 나를 물어 죽였으면, 내가 어떤 모양이다 ; 원수와 빚쟁이들이 모두 개미이고, 원수를 서로 갚는 것도 모두 개미이기 때문에, 그래서 그들은 개미의 테두리를 벗어날 수 없다. 그래서 「거두어 버리지 않는다」로 그들에게 삼도를 떠나도록 한다. 게다가 「무상력(無上力)을 얻음」인데, 섭수하는 이 작용으로 여러분이 삼악도를 여의게 하고, 게다가 무상력을 얻는데 이르게 한다. 무상력을 얻는데 이르면 곧바로 거둬져 극락세계에 이른다. 조금씩 조금씩 깨닫게(覺悟) 되는데, 여러분 모두 염불하라. 왕생을 구하라.
그래서 이 단락은 완전히 전부 정토법문이다. 다른 것이 없고, 바로 염불이다. 「염불심으로(以念佛心), 무생인에 들어감(入無生忍)」으로 「무생법인」을 얻는다. 게다가 이 염불은 바로 「육근을 거둔다.」 당신은 「깨끗한 생각이 계속 이어지는 것」에 도달할 수 있을 때, 어떤 기타의 도움이나 도와주는 인연을 필요로 하지 않고, 자연히 마음이 열리는데, 바로 명심견성(明心見性)이다. 이것이 바로 선종(禪宗)의 「미혹하면 즉 중생이요(迷即眾生), 깨달으면 즉 부처이다(悟即佛)」이다. 당신은 단지 **본심을 명백하게 보고(明見本心), 자기의 본심을 인식하고(識自本心), 본성을 명백하게 하는 것(明白本性)이 필요하다.** 오조(五祖)가 말하길: 「즉 장부(丈夫)·천인사(天人師)·불(佛)이라 이름한다.」 이것은 인천(人天)의 도사(導師)이고, 당신은 부처이다.

그래서 육조(六祖)는 그때, 화상이 되기 전에 의발(衣鉢)을 얻었다. 육조가 의발을 얻은 것은 특수하고 특수한 것이다. 그

222) 아뢰야식

는 절에서 힘든 노동, 절에서 부엌일을 하였는데, 그는 결코 화상이 아니었다. 이렇게 [육조가] 의발을 가지고 가니, 절 전체의 화상들이 쫓아갔다. 그(들)은 이 (의발을) 다투는 게 아니다. 물론 그 정도의 (사람도) 있지만, 단 신수(神秀)는 절대 아니고, 대다수 모두가 아니다. 단지 [그들은] 이해할 수 없었던 것이다. 네가 이렇게 하는 건 불가능해, 어떻게 우리들의 화상은 얻지 못하고, 신수가 얻지 못하고, 이 절에서 막노동을 하는 사람, 잡역부, 속인, 그가 의발을 가져갔는가? 훔친 것이야, 틀림없이 훔친 것이다! (염공의 강의가 여기에 이르러 익살스럽게 웃으셨다.) 그래서 이 「스스로 마음이 열리는 것」은 당신이 누구냐와는 상관이 없다.

신수는 12부 경론을 기억할 수 있고, 이 500명의 선지식, 500명의 사람들은 그(의) 위신을 극도로 숭배하였다! 사람들은 모두 신수가 있고, 신수를 우리보다 훨씬 높다고 여겼다. 그래서 [5조가 요구한 게송에 대하여] 다들 뭔가를 쓰려고 하는데, 신수가 있어, 당연히 그야, 우리가 뭘 쓰겠는가? 이런 신망은 지금은 매우 적어서, 일반적으로 내가 너보다 낫다고 한다. [그때 500명의 선지식은] (신수에 대하여) 다들 심복했다. 그러나 육조는 《금강경》 반편 밖에 듣지 않았는데, 그는 신수를 능가하였다 ; 다시 반편을 듣고서 바로 의발을 얻게 되는데, 이것이 바로 천인(天人)의 스승이다. 그래서 바로 「마음이 열리는 것(心開)」의 중요함이다.

하나는 단지 좌선하는 것으로, 그들의 선정(禪定)은 아주 좋은데, 다함이 없음(單)에 이르지 않았다. 선정(禪定)은 선(禪)이 아니고, **선정(禪定)**은 제5도(第五度)이며, 선종(禪宗)의 **선(禪)**은 제6도이고, 이는 「반야(般若)」이다. 이 두 가지는 매우 큰 분별이 있다. 선정(禪定)의 선(禪)은 여전히 장님으로, 제6도에서 비로소 눈을 뜬다 ; 앞의 5도는 맹인과 같고, 제6도에서 비로소 눈을 갖추었다. 그래서 지혜의 중요함인데, 6도 중 어느 1도라도 만약 「반야(般若)」가 없다면 모두 「바라밀(波羅蜜)」이라 불릴 수 없고, 피안(彼岸)에 도달 할 수 없는, 단지 인천(人天)의 복보일 뿐이다. 당신은 무슨 선정(禪定)에 들어가 있는가? 당신은 선천(禪天)에 태어나는데, 그래서 선천(禪天)이라 부른다. 색계(色界), 무색계(無色界) 이런 걸 선천(禪天)이라 칭하는데, 당신이 타좌(打坐)를 하면 생겨나는 하늘(天)이다. **하늘에 태어나도 여전히 육도 안에 있다. 당신은 「반야(般若)」가 없다. 광흠(廣欽) 노화상 그가 바로 선정(禪定)이 있었는데, 단 그의 선정(禪定)은 염불의 좋은 점을 더하였고, 또 일반적인 선정(一般的禪定)을 초월하였다.** 그래서 그는 여기에서 매우 선종의 분위기가 있었는데, 사실 그 선종의 사람들보다 더욱 고명(高明)하였다. 그래서 그는 두 사람이 대화를 하면, [다른 사람] 보다 더 청초(清楚)하였다. 그래서 이 「스스로 마음이 열리는 것」은 매우 수승하다! 염불은 「스스로 마음이 열리는 것」과 한 가지이다.

원영(圓瑛) 노법사를 「능엄독보(楞嚴獨步)」라고 칭하는데, 방장(方丈)이 되었다. 그는 스스로 칭하길 두 번 개오(開悟)할 기회가 있었는데, 단 후에 법사를 맡고, 방장을 맡고, 일이 매우 많아, 여기서 다시 진전이 없었다. 비록 진전을 이루지 못하였으나, 두 번 개오(開悟)하려고 해서, 그래서 그의 《능엄》은 여전히 세상에서 독보적이다. 이런 면에서 보면, 선(禪)이 있고 정토(淨土)가 있으면, 마치 뿔 달린 호랑이와 같다. 선(禪)은 정(淨)이고, 정(淨)은 선(禪)이다. 그럼, 대세지보살은 완전히 정토를 좇아, 마찬가지로 참선(參禪)에서 가장 바라는 과실에 도달한 것이다. 그는 「스스로 마음이 열려, 삼마지에 들어간 것」으로, 게다가 저 「삼마지」는 《능엄》의 「삼마지」이다. 그럼 현재 관세음보살과 함께, 우리들의 이 세계에 머무시면서 「염불중생을 거두어들인다.」 이것들은 그러한 관계이다. 그래서 **염불하는 사람은 시방불(十方佛)의 호지(護持)를 받고, 관세음보살, 대세지보살(大勢至佛)의 거두어들임을 받는다.**

동시에 **당신이 진실하게 염불하니, 극락세계에 계신 아미타불께서 25분의 보살을 보내 당신을 보호한다.** 그래서 당신은 정말로 염불을 할 때 진실한 마음이면, 당신 자신의 마음속에서 갑자기 업력이 발현되지 않는 한, 마(魔)의 방해를 받지 않는다. 그래서 여전히 업력이 발동하는 것에 대한 두려움이 있어서, 일관된 것은 아주 좋은 것인데, 그의 업력은 발동하지 않는다. 그는 「팍(啪)」, 오늘 이 업력이 이때 갑자기 발동한다. 그래서 늘 이런 말이 있는데, 「**업력의 발동을 조심하라.**」 별안간 믿었던 사람, 그가 변할 수 있고, 믿지 못하게 변한다. 당신의 이러한 마음 밭(心田) 속에서, 그것은 암암리에 안에서 일(工作)을 하고 있기 때문에, 당신은 모른다. 그것은 당신에게 알리지 않고, 그것은 즉시 발동하여 나오는데, 당신의 이 업력이 발동한다. 선근(善根)이 발동되면 좋은데, 현재 여러분들은 선근이 발동되었지 않은가? 그렇지 않은가? 당신은 당신들의 선근이 구체적으로 발동된 모양을 보라 : 온 가족이 불상을 모시고, 불당을 짓고, 법문을 들으러 오는 것, 그것이 선근의 발동이다. 그래서 단김에 쇠를 때리는 것이 선근의 발동이다. 업력은 분명 있는데, 누군가가 업력이 없다고 말한다면, 그것은 바로 소업왕생(消業往生)[223]인

223) 업을 다 없앤 후에 왕생함

데, 불가능하다! 업력은 무궁무진하다! (그래서) **대업왕생(帶業往生)**[224]이다! 당신은 업력의 발동을 기다릴 필요가 없고, 이때를 인연이 성숙되었다고 부르는데, **왕생한 후에 업을 없앤다.** 이 세상에서 업을 (없애는 것이) 아니고, 그것은 불가능하며, 난행도(難行道)[225]이다. 그래서 이 업력은 무궁무진하다는 것을 인정해야 하는데, 여러 가지 것이 모두 있으니, 그것의 발동을 조심하는 것이다. 지금의 선근(善根)을 우리들이 발동하고 발동하여, 오래 오래하면, 곧바로 성공에 도달한다.

【주역】

126. 「완연(宛然)」: 본문 중의 이것은 진절(真切), 청초(清楚)를 가리킨다. 《한서(漢書)·이광소건전(李廣蘇建傳)》 중의 말과 같이 : 「봉식완연(封識宛然)」, 그 중에, 「완연(宛然)」 역시 진절(真切), 청초(清楚)를 가리킨다 ; 「봉식완연(封識宛然)」의 뜻은 봉인된 표식이 여전히 매우 뚜렷하다는 것이다.

127. 《육조단경(六祖壇經)》에서 이르길, 「조사가 본성을 깨달았다는 것을 아시고, 혜능(惠能)이 말한 것을 일러 : 『본심을 알지 못하면(不識本心), 법을 공부하는 것은 무익하다(學法無益) ; 만약 자신의 본심을 알면(若識自本心), 자신의 본성을 볼 수 있는데(見自本性), 즉 장부(丈夫), 천인사(天人師), 불(佛)이라 이름한다.』」 《심경록(心聲錄)》 (황념조노거사선집) 중에 수록된 《불교적대광명여대안락(佛教的大光明與大安樂)》 하나의 문장, 그 중 염공의 강해에서 : 「(본심)을 모르면 즉

224) 업을 가지고 극락세계에 왕생함
225) 어려운 수행방법

무익한데, 알면 즉 성불이다. 단도직입적이고, 매우 밝고 명백하다. (본심을) 모르는 것은 망상과 집착으로 인한 것이고, 안다면 본래 성불한지 오래다.」

128. 위 문장 중에, 염공이 언급한 대화는 민국 63년 정월 14일을 가리키는데, 대만의 승천선사(承天禪寺)의 일단의 대화로, 《광공상인사적초편(廣公上人事跡初編)》 책에 기재되어 있다.

129. 위 문장 중 염공의 강의가 원영법사(圓瑛法師)를 거의 두 번 깨달은 「능엄독보(楞嚴獨步)」로 칭하는데, 그 유래는 원영법사의 《〈대불정여래밀인수증요의제보살만행수능엄경(大佛頂如來密因修證了義諸菩薩萬行首楞嚴經)〉강의》를 참조할 수 있고, 관련 단락은 곧 원영법사가 스스로 말씀하신 것으로, 지금 이하에서 발췌하면 : 내가 21세에, 민(閩)으로부터 바닷길로 소(蘇)에 와서, 상주(常州) 천녕개(天甯開) 화상의 학습선공(學習禪功)을 참구(參究)하여, 「여하시아본래면목(如何是我本來面目)」 한 마디 화두를 참구하였는데, 일체 사상(思想)을 내려놓고, 일단의 의정(疑情)을 일으켜, 계속하여 3년을 참구하였으며, 자기의 본래면목을 보고, 생사대사를 밝히리라 서원하였다. 24세 겨울에 이르러, 선칠(禪七) 중에, 전일하고 간절하게 참구하여(專切參究), 음식도 그 맛을 모르고, 일체 시처(一切時處)에, 심광(心光)이 모두 한 마디 화두를 비추는데, 제10일 하오에 이르러, 두 판향(板香) [타는 것이] 조용히 멈춘 후, 참구가 득력(參究得力)하여, **심신이 홀연히 공해지고(身心忽空), 내외가 허융해지며(內外虛融), 선정경계의 법락이고(定境法樂), 언어로 형용할 바가 아니며, 기쁨이 일어나자, 선정의 경계가 즉시 사라졌다.** 후에 별도의 지향(枝香)

이 타는데, 선정의 경계가 다시 나타나기를 바랐으나, 모두 얻을 수 없었다. 선칠의 공(功)을 고찰할 때, 장차 백야공(白冶公)화상에게 이 일을 진술하였다. 즉 말하길:「너는 이후로 선정의 경계가 다시 나타나는 것을 구함이 있는가?」답하길:「있습니다.」곧 경고하여 말하길 :「간절은 구할 수 없고, 만약 구하면 즉 마(魔)가 편의를 얻는데, 너는 장차 마의 권속이야!」다시 묻기를 :「그와 같은 경계가 좋습니까 그렇지 않습니까? 공이 말하길 :「성증지심(聖證之心)을 짓지 않으면, 선경계라 이르고(名善境界), 만약 성해를 지으면(若作聖解), 즉시 뭇 사를 받게 되는데(即受群邪), 이것은 용심득력에 불과하여(此不過用心得力), 잠시 경안을 얻은 것으로(暫得輕安), 이것을 따라 수행을 해나가면서(從此進修), **집착하지 않고 구하지도 않으면(不著不求), 깨달음에 대한 희망이 있다(悟證有望).**」나중에 본 경전을 열람하니, 50가지 음마(陰魔)에 대하여 서술하였는바, 선지식으로 알고, 친밀하지 않을 수 없었다. 28세에 이르러, 절강(浙江) 영파(甯波)에 있는 천동사(天童寺)의 기선화상(寄禪和尚)에게 참예하여, 역시 **겨울에 선칠 중에, 용맹정진을 하였는데, 생사심이 끊어지고(生死心切), 8일이 차자, 선정의 경계가 다시 나타났는데, 전보다 더욱 수승하였고, 그 즐거움도 역시 수승하였다.** 이로부터 종문(宗門)에는 자연히 기특한 일이 있다고 믿었는데, 나중에 능엄경을 읽어보니, 통달하지 못한 바에 대하여, 불명하지 않은 것이 없었다. 또 본경이 선문의 중요한 열쇠(禪門關鑰)임을 믿고, 다시 온마음으로 연구하면, 반드시 능히 지혜를 발할 수 있고, 그 말도 역시 조짐(徵)이 있다! 나는 애석하게도 후에 총림에 봉직하여, 도량을 중흥시키고, 자선을 베풀며, 불교회 업무를 주관함으로써, 선공부(禪功)를 잘못하여, 본분상의 일(本分上事)을 밝히지 못했는데, 비록 스님과 속인들 무리가

능엄독보(楞嚴獨步)라 추대를 하였으나, 어찌 음식을 먹어도 배부르지 않고, 보물을 세면서도 늘 빈궁하다고 말하는 것과 무엇이 다른가?

130. 「팍(啪)」, 《정수첩요보은담》 강좌 영상 속에서, 염공이 생생하게 기계의 발동을 걸고, 스위치를 돌리는 손짓과 동시에 팍(啪)이라는 상성사(象聲詞)를 말했다. 「팍(啪)」이라는 상성사로, 업력이 갑자기 발동하는 것을 형상(形象)으로 표현했다.

제26배 보현보살께 예배 찬탄하다

한마음으로 관하여 예배하옵니다. [보현보살님께서는] 무량수여래회상에서, 상수에 자리하시고, 그 덕은 모두에게 존경받사옵니다. 화엄경의 주인으로 만행을 장엄하시고, 금강살타로 화신하여 영원히 밀교의 초조가 되시옵니다. 수행의 원인자리를 버리지 않으시면서 두루 현묘함을 거두십니다. 십대원왕으로 [중생들을] 극락세계로 이끌어 가시는 대원대행 보현보살님이시여!

나무아미타불

(1번 절하면서 3번 부른다)

다음「한마음으로 관하여 예배합니다」, 이는 보현보살이다. 보현보살은 오늘날에도 특수한 의의가 있다. **그가 바로「금강살타(金剛薩埵)」로 밀교의 초조(初祖)**인데, 우리 이 세계에 있다 ; 비로자나불이 계신 그곳에서는 관세음보살과 동등하다 ; 석가모니불이 계신 (그곳에서)도 마찬가지인데, 이분이 바로 최「상수(上首)」의 보살이다. 그래서 우리들은《무량수경》속에서 모두「덕은 보현을 본받는다(德遵普賢).」[법회에] 온 모든 이러한 보살들이 모두「함께 보현대사의 덕을 본받아 수행한다.」이러한 보살들은 모두 존중하고, 모두 수지(修持)하고 있다. 무엇을 수지하는가? 보현대사의 덕행을 수지한다. **보현대사의 가장 두드러진 것은** 바로 뒤에 나오는 이 두 마디로, **「십대원왕으로(十大願王), 극락으로 이끌어 가는 것(導歸極樂)」이다.** 정공법사는 이 때문에 정토종으로 향하였다. 그는 본래 유식(唯識)을 강의하였고, 어떤 어떤 것을 강의하였으며,《화엄경》을 강의하여 강의가 최후에《보현행원품(普賢行願品)》에 도달하였다. 보현보살은 십대원왕을 발하였고,

십대원왕이 인도하는 이 귀착지가 최후에는 극락세계이다. 「원하옵건대 제가 장차 목숨을 마치려할 때, 일체 장애를 다 없애고, 저 아미타불을 뵙고 즉시 안락찰에 왕생하여지이다.」 이것은 《보현행원품》으로, 또 보현보살의 원이다. 내가 장차 목숨을 마침에 이르러, 이 장애가 사라지기를 원한다. **장애는 바로 왕생의 장애가 제거된 것이지, 「업력」이 모두 제거된 것이 아니다.** 그러므로 이 점에 여러분은 주의해야 한다. 한 글자는 모두 한 글자의 쓰임새가 있다. 「경(經)의 한 자를 여의면 곧 마설(魔說)과 같다!」 현재 많은 (사람) 그들은 크게 조심하는 마음이 없다. 당신은 [경의 말씀을] 떠날 수 없고, 배반하는 것은 더욱 불가하다. 한 글자 차이도 안 되고, 사이비도 안 된다! 그래서 차라리 말을 아끼는 게 낫겠다. 말하는 것을 너무 좋아하는 것은 (좋지 않다) ; 말하지 않는 것도 좋지 않은데, 우리가 알 수 있는 것, 파악한 것은 여전히 최대한 (말해야 한다).

이 보현보살은 「무량수여래회상에서 상수(上首)에 자리하시고, 덕은 모두에게 존경받는다」. **부처님께서 《무량수경》을 설하실 때, 보현보살이 상수(上首)였고, 《화엄경》과 마찬가지로 제1위이시다. 자리는 최상이고, 덕은 모두에게 존경받는다.** 참여한 모든 사람은 보현대사(普賢大士)[226]의 덕을 본받아 수행하는데, 그래서 덕도 무리 중에서 존경받는다고 칭한다. 동시에 《화엄경》「경의 주인」이다. 그래서 **《화엄경》과 《무량수경》은 동등한 경전이다.** 「만행으로 장엄함(萬行莊嚴)」은 만가지 공덕이다. 그래서 보현은 대행보살이다. **관세음은 대비(大悲), 미륵은 대자(大慈), 보현은 대행(大行), 문수는 대지(大**

---

226) 대사(大士)는 보살과 같은 의미 (정공법사 강술, 무량수여래회 편역, 불설대승무량수장엄청정평등각경친문기, 171쪽 참조)

智), 지장은 대원(大願)인데, 이 모두가 다른 점이다. 그는 「만행으로 장엄함(萬行莊嚴)」이다. **그의 화신은 무엇인가? 밀교 최초의 조사인 「금강살타(金剛薩埵)」이다.** 「영원히 밀교의 초조가 되신다.」 장래 이 세계, 각종 세계, 각종 겁에, 영원히 밀교의 초조이시다. 우리 세계에서 「연화생대사(蓮花生大士)」는 불학사전에서도 이런 이름을 찾을 수 없으니, 정말 듣기가 어렵다! 여러분이 아는 것은 용수(龍樹)이다. 그래서 「동밀(東密)」과 어떤 중국의 기록은 모두 밀종 제1대를 「용수」라고 칭한다.

용수보살은 매우 특수한 보살이다. 불교는 10종(十宗)으로 나뉘는데, 그는 **8종(八宗) [모두]의 조사**로서, 이것은 가장 기특(奇特)한 한 분의 대보살이다. 소년이었을 때 그야말로 건달이었다고 할 수 있었다. 황궁으로 달려가 그는 몸을 숨길 수 있었고, 그와 몇몇 나쁜 친구들은 황궁으로 달려가, 결국 많은 궁녀들의 배를 불리게 되었다. 이게 웬일인가? 그들[궁녀들은] 꿈결과 같다고 말하였다. 어떤 사람은 그래도 진짜 사람이 온다고 말하는데, 이것은 사술(邪術)이 있었을 것이다. [황궁에서는] 밤이 되자 궁문을 굳게 닫고, 역사(力士)를 아주 많이 보내어 [침입자들을] 칼로 베었는지, 결국 모두 죽임을 당하였다. 바로 용수, 그는 바로 국왕 바로 등 뒤에 숨었다. 그 [역사들의] 칼이 어느 정도 국왕에게서 멀어져야 하기 때문에, 국왕이 가는 곳마다 그는 바싹 따라붙어, 그는 (자기의) 숨을 내쉬지 못하게 하였다. 마지막으로 보고 보니, 또 꽤 많은 사람이 모두 죽고, 더 이상 사람을 베지 못할 만큼 거의 다 죽여서, 궁문이 열리고 나서야 그가 몰래 몰래 뛰어나왔다. 몰래 뛰쳐나와, 아차, 「**욕망은 고통의 근본**」이로구나! 이번에 알았는데, 이 고통은 매우 고통스럽고, 매우 위험하며, 하마터면 죽을 뻔했다! 친한 친구들은 다 죽었어, 그렇지. 이것은 어디에서 말미암은 것인가? 욕망에서 말미암은 것으로, 욕망이 고통의 근본이로구나. 그는 출가하여, 후에 팔종의 조사가 되었다. **《화엄》은 바로 그가 용궁에서 가져온 것이고, 《능엄》도 그가 용궁에서 가져온 것이다.** 정토종의 조사와 선종 조사는 중간에서 의발을 이어 받았는데, 8종 모두의 조사, 율종의 조사, 이것은 극히 특수한 한 분의 대보살이다. 부처님이 열반하신 후, 600년쯤 되었을 때, 이러한 대보살이 있었다.

그는 남인도에서 있으면서, 겨자 몇 개를 가지고 철탑을 열고 철탑에 들어가서 「금강살타」를 직접 친견하였다. 그래서 이 책에 기재된 바에 의하면, **밀종이 내려온 근원은 바로 이렇게 왔는데, 금강살타가 이 법을 용수에게 주었다**고 한다. 일본인은 모두 용수를 공경하지만, 단 (연화생대사蓮花生大士는) 알지 못한다. **동밀(東密), 당밀(唐密)은 모두 용수이다.** 용수와 연화생대사는 상호 시조가 되었는데, **연화생대사는** 아난 거기로부터 얻은 법이다. 그가 먼저, 용수보다 먼저, 그는 **아난으로부터 [밀종의 법을] 얻었다.** 석가모니 부처님은 미리 아난에게 가르침을 주었고 그는 연화생대사에게 주었다. 이 두 사람[227]은 교류가 있었기 때문에, 이것이 바로 (그들은) 모두 대덕이어서 질투의 장애가 없다는 것이다. 이 법들은 내[228]가 금강살타에게서 얻은 것으로 그[229]는 연화생에게 줄 수 있다 ; 연화생은 아난에게서 얻은 것이니 용수에게 줄 수 있다. 그래서 **여기에서 그[즉 보현보살]가 밀교의 초조라는 것을 증명하였는데, 금강살타이다.** 게다가 현재 소위 「금

227) 용수보살과 연화생대사
228) 용수보살
229) 용수보살

강아사려(金剛阿闍黎)」라는 것은 바로 금강살타를 대표한다. 이것은 보현의 특수한 점 중 하나로, 금강살타가 바로 그의 화신이다. 그는 현교에서 「덕은 모두에게 존경받을」 뿐만 아니라, 밀교에서도 「영원히 교주」이시다.

그는 「수행의 원인자리(因地)를 버리지 않는다.」 그는 비록 이미 이처럼 수승한 성취에도 불구하고, 여전히 자신의 수행의 원인자리를 버리지 아니하고 여전히 자신을 보살로 나타내 보인다. 그는 비록 여전히 수행의 원인자리에서 몸을 나타내지만, 그는 일체가 「현묘(玄妙)」하다. 「현묘」는 《화엄경》의 십현(十玄)으로 가장 심오하고 비밀한 것이다 ; 가장 묘한 법은 《묘법연화경》이다. 《화엄경》은 십현문(十玄門), 《묘법연화경》은 묘법(妙法)이라고 칭하는데, 모두 현묘하며, 그가 모두 수집하여 다 융합했다. 융합하여 최후 《화엄경》 후반에서, 보현보살은 「십대원왕(十大願王) 도귀극락(導歸極樂)」이다. 이 1품[230]이 **81권 《화엄경》의 최후 1권**이다. 어떻게 81권이 나왔는가? 처음 번역한 《화엄경》은 진나라 때(晉朝) 이미 번역한 적이 있고, 이것은 60권으로 《육십화엄》이라고 칭한다. 당나라에서 또 번역 부서를 만들어, 많은 대덕(大德)·청량국사(清涼國師) 등이 모두 참가하였는데, 이번에 번역된 것은 80권으로 《팔십화엄》이라 칭한다. 이것은 방금 번역해서 좋은데, 또 하나의 《화엄》, 《사십화엄》이 들어왔다. 다시 번역한 것으로, 이것은 세 번째 번역인데 《사십화엄》이다. 《사십화엄》은 단행본이 없고, 《대장경》에 《사십화엄》이 있을 뿐인데, 지금은 아마도 홍콩과 대만에서 인쇄할 수 있을 것이다. 과거에는 없었다. 이 중에 최후 1품을 말하자면, 3차례 모두 번역된 《육십》, 《팔십》, 《사십》은 기본적으로 광약약(廣略略)

---

230) 보현행원품

으로 다르고, 1품, **최후의 1품은 《팔십화엄》에는 없었는데, 《보현행원품》이다.** 이 번역이 좋은데, 《팔십화엄》을 어떻게 해야 하나? 《사십화엄》의 마지막 1품을 들여와 《팔십화엄》의 마지막 권으로 하였으므로, 81권이 되었다. 이것이 중국에 들어왔는데, 세 가지 화엄경 중에서 그것이 최후에 온 것으로 《사십화엄경》이 최후이다. [보현행원품이] 앞에서 [번역된 경전] 모두에 없으니까, 이건 그냥 채워 넣었다. 그래서 이 **《보현행원품》은 현재 《정토오경(淨土五經)》 중의 하나**인데, 바로 「십대원왕 도귀극락(十大願王導歸極樂)」으로, 이 게(偈子)는 거기에 있다.

당신이 임종에 이르면, 제 근(諸根)이 모두 파괴되어, 당신의 일체가 모두 따라가지 못하며, 일체가 작용하지 못한다. 이 때가 되면, 당신의 「[십대]원왕」은 당신을 떠나지 않는다. 그래서 대원을 발하는 것이 매우 중요한데, 그럼 왕생을 얻는다. 당신이 단지 염하기만 하면, 임종에 이르러 능히 극락세계에 왕생하여, 저 부처님 무(량수를) 뵙고, 안락찰(安樂剎)에 왕생한다. 그럼 일체 모두 불퇴(不退)가 되고, 영원히 불퇴(不退)하여, 결정코 성공할 때까지 기다린다.
「대원대행(大願大行) 보현보살」, 그래서 「십대원왕」은 대원인데, 그는 「만행으로 장엄(萬行莊嚴)」하여, 그래서 「대행」이다. 그는 「실제로」 중생을 구제하고, 정법(正法)을 홍양하고, 이런 종류의 보살의 몸을 나타내는데, 행(行)을 위주로 한다. 그래서 「대행 보현보살」이라 칭한다. 다음은 문수이다.

【주역】

131. 「바로 등 뒤에(緊背後)」: 등 뒤에 바짝 붙어 있는 것을

가리킨다 ; 북방의 방언이다. 염공의 강설이 이곳에 이르러, 그는 또한 몸을 움직여, 고개를 돌려 뒤를 보았는데, 이는 당시 용수의 서 있는 위치가 바로 국왕의 등 뒤에 바짝 붙어 있음을 나타낸다.

132. 「연화생대사(蓮花生大士)[231]」 : 《대아사려연화생전기(大阿闍黎蓮華生傳記) —— 생세법원(生世法源)·마니보만(摩尼寶鬘)》 중에서 이르길 : 모든 것에 비해, 국토가 특히 뛰어난 서방의 극락정토에서 부처는 무량광이라고 이름한다. 저 부처 세존은 화신(化身) 석가모니불의 국토 중에, 즉 사바세계 남섬부주의 오금국(鄔金國)과 인도국, 더욱이 설역(雪域) 토번(吐蕃)의 제국토에서, 즉 성관세음(聖觀世音)의 조화로 인해, 유정중생들의 요익(饒益)을 위하여, 화신(化身) 연화생으로 화현(化現)하였다. 티베트 불교의 시조인 연화생대사(또 연사蓮師라 칭한다)는 닝마파(寧馬派)의 교파를 창설하신 조사(創教祖師)이다. 대사의 본신은 화신으로, 아미타불을 법신으로 삼고, 관세음보살은 보신으로 삼는다. 아미타불, 관세음보살, 석가모니불은 신구의(身口意) 삼밀(三密)의 응화신(應化身)이다. **아미타불이 서인도 달나곽소(達那郭嘯) 호수 가운데 연꽃 위에 화생함으로 말미암아 8세 동자로 나타났다.** 연사(蓮師)의 출세는 석가모니불이 일찍이 수기(授記)를 하였다. 현지의 국왕인 인사보리(因渣菩提)가 왕궁으로 데려와 왕자로 삼았다. 후에 금강살타가 현신하여 말하길 : 「너는 교주(教主)이지, 실로 다스리는 왕이 아니다.」 [그래서] 양위하고 수행을 하였다. 선사(先師)[즉 연화생대사]는 아난존자로부터 석가모니불로부터 미리 부촉 받은 법을 전수받아, 현밀의 경궤(顯密經軌), 법의를 구경하였다(究竟法義). 후에 허심(虛心)으로 수행

231) 파드마삼바바

하여, 여러 스승들을 섬겼는데, 얻은 법은 모두 다 본존(本尊)의 나타남으로 성취한 것이다.

제27배 문수사리보살께 예배 찬탄하다

한마음으로 관하여 예배하옵니다. [문수사리보살님께서는] 법왕의 장자이고, 일곱 부처님의 스승이며, 승묘길상이고, [마음에] 때가 없이 [깨끗한] 대성인이십니다. 모든 중생들이 같이 극락에 왕생하기를 발원하시어, [중생으로 하여금] 한 부처님께 마음을 매어두고 전일하게 명호를 불러서, 생각 가운데서 바로 아미타부처님을 뵙도록 하시옵니다. 일행삼매의 대지혜가 크고 깊으신 문수사리보살님이시여!

나무아미타불

(1번 절하면서 3번 부른다)

「한마음으로 관하여 예배하옵니다. 법왕의 장자이고」. 과거의 관습은 국왕이 장자를 세운다. 「법왕의 장자(法王長子)」는 법왕의 지위를 계승해야 함을 말한다. 그리고 「칠불의 스승(七佛之師)」으로, 문수는 비록 현재 보살이나, 문수는 석가모니불의 노사(老師)이다 ; **비단 석가모니불의 노사일 뿐만 아니라, 일곱 분의 부처도 모두 문수를 스승으로 삼으니, 모두 문수의 제자이다.** 문수보살 명호 중에서, 「승묘길상(勝妙吉祥),」「때 없는 대성(無垢大聖)」이 있는데, 이 이름이 바로 그의 덕을 대표한다. 어떤 이는 (그것을) 「묘길상(妙吉祥)」이라고만 번역하는데, 「승묘(勝妙)」는 더 나은 묘(妙)이다. 이 이름은 더욱 완전하다. 이렇게 큰 지혜, 이것은 가장 길상하고, 가장 묘하며, 특히 수승한 묘이다. 그래서 「승묘길상」이다. 그것은 이 「본심을 열어 밝히는 것(開明本心)」인데, 이 본심은 무엇인가? 본심은 「때 없는 대성(無垢大聖)」으로 지금까지 오염된 적이 없다. 지금까지 오염이 없어서, 그것은 「무구(無

垢)」이고, 그는 「대성(大聖)」이다. 지금까지 「줄어들지 않고(不滅),」「늘어나거나 줄어들지 않아(不增不滅),」「무구대성(無垢大聖)」이다.

「중생들이 함께 극락세계에 왕생하기를 발원한다.」 그래서 이러한 (한분의 대보살,) 보라, 이 부처님의 노사(老師), 게다가 또 그는 본사 석가모니의 노사이다. 문수는 무엇을 대표하는가? 「근본지(根本智)」를 대표한다. 그래서 **선종의 깨달음(禪宗開悟)은 먼저 이 「근본지」에 이르는 것이다. 문수는 「근본지」를 나타내고, 보현은 바로 「차별지(差別智)」를 대표한다.** 당신이 「근본지」를 얻으면, 당신은 여전히 중생을 제도해야 하는데, 각종 행동, 각종 구도(救度)를 알아야만 한다 ; 중생에 갖가지 근기(根器)가 있다면, 당신은 갖가지 약이 있다. 갖가지 병에 당신은 갖가지 (약)을 가지고 있는데, 응당 병에 맞게 약을 주어야 한다. 이는 모두 지혜가 필요하다. 당신이 이 약을 잘못 투여하면, 당신은 비단 병을 치료하지 못할 뿐만 아니라, 당신은 사람을 죽이는데, 돌팔이가 사람을 죽이는 것이다. 그래서 현재 「설법」은 매우 어렵다! 관계된 사람들의 혜명(慧命), 이것은 죽는 것이 아니다! 당신이 비유하여(말하면), 어떤 사람이 감기에 걸려 한기가 들었는데, 당신은 그에게 따뜻한 약(熱藥)을 좀 먹이고, 생강탕(薑湯)을 좀 먹인다 ; 그가 이미 열이 나는데, 그가 보약을 먹는다. 비(費)거사 그는 이미 열이 나는데, 그는 그 생맥음(生脈飲)을 먹고, 피를 토했다. 인삼이라고 해서 누구나 먹어도 좋은 것이 아니다. 의사가 보자마자, 당신은 나빠졌어, 생맥음을 잘못 먹었다[라고 한다]. 그래서 이를 「차별지」라 부른다. 문수는 「근본지」를 대표한다. 당신은 근본지에서 다시 「차별지」를 만들어낸다.

이러한 지혜가 있어서, 「중생들이 함께 극락세계 왕생하기를 발원한다.」 방금 내가 읽은 저 보현보살의 왕생을 구하는(求生)의 게(偈子)는 한 구가 일곱 글자인데 네 구이다. 문수가 여기에 도달하여, 이 「원아명종시(願我命終時)」인데, 그는 일곱 글자를 다섯 글자로 바꾸어, 「원하옵건데 제가 목숨을 마칠 때(願我命終時), 모든 장애가 사라지고(滅除諸障礙), 아미타불을 친히 뵈어(面見阿彌陀) , 안락찰에 왕생하여지이다(往生安樂剎)」이다. 네 구의 내용은 완전히 동일하지만, 글자는 약간 변화가 있어, 칠언(七言)이 오언(五言)으로 변했다. 게다가 **《문수반야경(文殊般若經)》에서 「일행삼매(一行三昧)」를 언급하였는데, 이것은 문수가 특별히 제안한 「일행삼매」이다.** 단지 이 한 가지 일만 하면, 「삼매」에 들어갈 수 있다. **이 「일행삼매」는 「한 부처님께 마음을 매어두고(繫心一佛), 오로지 명호를 칭한다(專稱名號)」이다.** 당신은 한 부처님의 몸에만 마음을 집중시켜, **저 부처님의 명호를 오로지 칭하여, 「생각 가운데서 바로(即於念中), 아미타불을 뵙는 것이다(得見彌陀).」** 그것은 원래 「저 부처님을 뵙는 것」으로, 우리가 이곳에서 기왕 이 염(念)을 하면서, 모두 「미타」를 염하는데, 이는 당연히 「미타를 뵙는 것」이고, 이것을 그가 「일행삼매」 속에 있다고 말하는 것이다. 이것이 문수 그의 「일행삼매」로, 완전히 모두 그러하고, 바로 우리의 칭명염불왕생과 같은 주장이다. 게다가 한 분의 부처님께 마음을 매어두고 있어서, [마음이] 아미타불에 있으니, 당신은 계속하여 본사 석가모니불도 염할 필요가 없다. 당신은 무엇을 염불하는가? **당신은 관상(觀想)할 필요 없이, 어떤 것을 할 필요 없이, 단지 명호를 부르면 그만이고, 이렇게 하는 것으로 충분하다.** 당신이 염하고 있으니, 당신은 염하고 염하는 중에, 자연히 저 부처님을 만나게 될 것이다. 이것은 「일행삼매」로 그것은 대단한 삼매이다.

「대지혜가 넓고 깊다(大智宏心).」 이 「일행삼매,」 이것은 수승한 지혜이다. 그래서 수승한 지혜가 없으면, 당신은 이런 일을 믿을 수 없다. 이렇게 수승한 과실은 이렇게 간단하여, 당신이 한 분의 [부처님] 이름을 염하여 능히 성공할 수 있다! 소위 [이런 일을 믿을 수 없는] 이러한 종류의 의심이란, 정견(情見)에 속하는데 정견(情見) 가운데 있다. 정견(情見) 속에 세상의 상식 중에는 이런 종류의 일이 없다. 그래서 현재, 우리 모두는 상식을 파괴하는 것이다! (이 1배는) 「문수사리보살」께 하는 것이다.

【주역】

133. 생맥음(生脈飮) : 흔히 볼 수 있는 한방으로 된 약(中成藥)이다. 성분은 인삼, 맥문동(麥冬), 오미자이다.

第28배 미륵보살께 예배 찬탄하다

한마음으로 관하여 예배하옵니다. [미륵보살님께서는] 영산회상에서 석가모니부처님의 가르침을 친히 계승하셨고, [석가모니부처님께서] 대승무량수경을 수여하여, 정토법문을 널리 펼칠 것을 부촉하셨습니다. 현재 도솔천 내원에 계시오며, 장차 용화세계의 보리수 아래에서, 무상정등정각을 성취하시고 3회의 설법을 하시옵니다. 복덕이 가없으신 미륵보살님이시여!

나무아미타불

(1번 절하면서 3번 부른다)

[정수첩요에 나오는] 이 몇 분의 대보살 중에서 최후 한 분이 미륵보살인데, 미래의 부처로, 현재 바로 도솔천 내원궁에 계신다. 선사(先師) 허운 노화상(虛老)께서 광동(廣東)에서 난을 당했을 때[232], 갈빗대가 몇 개나 부러졌는데, 여럿이 걷어찼다. 그래서 우리는 이러한 고통을 겪었는데, 우리는

232) 1951년 112세 무렵, [허운 노화상]께서 광동성 운문산 대각사(大覺寺)에 머물 때이다. 2월은 아직 추운 겨울에 도량(절)으로 공산당 병사들이 난입했다. 병사들은 허운이 불사금으로 받아 놓은 금덩이나 돈이 있을 터이니 '숨겨 놓은 돈이나 금괴를 내놓으라'며 스님을 발로 밟고 몽둥이로 얼굴을 쳤다. 허운은 귀가 먹고 피를 흘리며 정신을 잃고 쓰러졌다. 이 어른이 구타로 인해 갈비뼈가 부러졌을 정도였다. '반혁명분자'라고 하면서 방장실에 감금한 채 음식도 주지 않고 대소변 보는 일도 금하였다. 2~3일에 한 번씩 '아직 죽지 않았군!'하며 구타에 구타를 하고, 허운이 저술한 법문집을 불태웠다. 그것도 모자라 [허운]스승이 보는 앞에서 [제자]승려들을 한 사람씩 고문했는데, 그 고문에 견디지 못한 묘운은 입적했고, 몇 제자들은 뼈가 부러졌으며, 몇 승려는 실종되었다. 이를 중국불교사에서 운문사변(雲門事變)이라고 한다. (출전: 「중국 근현대 불교의 선지식 허운」, 정운 글, 2011, 클리어마인드 간, 17쪽)

이 사람들을 생각해 냈다. 달라이라마[233]가 6년 동안 지하 감옥에 가두고, 독약을 먹게 한 낙나조사를 생각했다. 허운 노화상을 생각하면, 그들 농민은 허운 노화상을 자루 속에 넣고 발로 차고, 갈빗대를 몇 대 부러뜨렸다. 그런 누명을 씌워 그를 지주라고 했다. 절에도 논이 좀 있다. 그래서 그 지주로 대우를 하고, 투쟁한 것이다. 나의 장인은 그분의 병을 치료해주셨고, 그분의 감기가 곧 나을 것 같았는데, 나중에야 갈빗대가 부러진 것을 알게 되었다. 마침내 치료도 다 하고, 또 수술도 하지 않고, 약을 먹었는데 잘 먹었다. **그들[즉 염공의 장인과 허운 노화상]은 매우 좋은 친구가 되었는데, 이분이 허운 노화상이다. 그가 이 병이 가장 위중할 때에, 모두들 그가 죽었다고 여겼는데, 그는 미륵(정토)에 이르렀다.** 현재 이 단락은 매우 자세하게 기록되어 있는데, 그는 미륵보살이 말씀하신 (게송도) 기억하였다. 그는 친히 도솔천 내원에 갔으며 게다가 아는 이를 보았다. 아는 사람이 몇 명 있었고, 그를 안내하여 자리를 주었는데, 앉아서 미륵보살의 설법을 듣게 하였다. 법을 다 말하고 나서, 미륵보살은 허운 노화상에게 말씀하시길 :「너는 돌아가야 한다.」그는 말하길「저는 돌아가지 않겠습니다. 매우 고통스럽습니다.」(미륵이) 말씀하시길 :「안 된다, 다시 돌아가야 한다.」

그가 돌아온 후, 과연 중요한 임무가 있었다. 당시 모두가 그를 때렸고, [때리던] 누군가가 어떤 화상에게 물었다.「어째서 이 노화상은 때려도 죽지 않는가?」때려죽이려고 하는데, 그는 왜 죽지 않느냐고 물었다. 그들이 대답하였다. **「노스님이 너희를 위하여, 중생을 위하여 고통을 받으시고, 너희를 위하여 재앙을 없애니, 죽이지 못할 것이다.」** 그들은

233) 제13대 달라이라마

듣고서 무서워했다. [도솔천에서] 그[234]에게 동쪽 끝에서 세 번째 빈자리에 앉게 하였고, **아난이 유나(維那)로, 도솔 내원에 있었다.** 아는 사람 몇 명을 보았다. 그 안에 화상 몇 명이 있고, 또 자백(紫柏)대사가 있는데, 명나라 자백대사를 그는 모두 보았다. **유심식정(唯心識定)** 강의를 아직 다 강의하지 못했는데, 미륵보살은 허운 노화상을 가리키며 말씀하셨다.「너는 돌아가거라,」그가 말하길 :「제자의 업장이 깊고 중하여, 돌아가길 원하지 않나이다.」미륵보살이 말씀하길 : 「**너의 업장(業障)은 다시 없느니라. 업연(業緣)이 다시 없느니라. 반드시 돌아가라. 이후에 다시 오너라.**」뒤에 아직 정확히 기억나지 않는 문장이 많이 있다. 다른 개시(開示)가 있었는데 그는 말하지 않았고, 비밀로 유지되었다. 대체적으로 말씀하신 것은 장래와 여러 가지 것이다. 허운 노화상이 돌아와서 첫 번째 임무가 광제사(廣濟寺)에서 법회를 여는 것이었다. 이 다시 돌아온 일은 (다시 말하는데,) 오늘은 말하지 않고, 나중에 다시 말한다.

우리 미륵보살께서「영산회상(靈山會上)」에 있을 때, [석가모니] 부처님은 영취산(靈鷲山)에서 설법을 하셨는데, 우리는 영산(靈山)이라고 약칭한다.「부처님의 가르침을 친히 계승하셨다.」부처님의 가르침을 직접 받고, 부처님의 부촉을 받았다. **[석가모니 부처님께서] 《대승무량수경》을 미륵에게 건네주어, 계속 홍양(弘揚)하게 하고,「정토법문을 홍양할 것」을 부촉하셨다.** 미륵은 법에 있어 이러한 대사인연(大事因緣)을 담당하였다.「현재 도솔 내원에 계시는데,」도솔은 도솔천(兜率天)이고, 도솔천은 욕계천(欲界天)이다. 그래서 **많은 사람들이 미륵보살을 만나러 상도솔(上兜率)의 내원(內院)에 가다가,**

234) 허운 노화상

외원(外院)에 이르면 곧 미혹된다. 외원에 도착하여 그 욕계천을 보는데, 이 남녀들, 이런 상황들이 있어, 그들의 욕심이 (일어나는 것을) 본다. 그것이 우리들을 더욱 흔들고, 그것은 더욱 아름답기 때문에, 그래서 내원(內院)에 들어갈 수 없다. 하지만 미륵보살 그분은 내원에 계시고, 도솔천에 내원이 있는데, 내원에 가면 도량이다. 현재 미륵보살이 거기서 설법하고 있고, 많은 사람들이 거기에 있다. 그곳은 하나의 도량으로, 천계(天界)의 한 정토와 같다.

그러니 [미륵을 신앙하는] 당신은 미륵의 정토인 도솔 내원에 왕생하여 불퇴전하기를 원하는데, 장차 미륵을 따라 함께 온다. 「삼회용화(三會龍華)」로, 그[235]는 삼회용화를 이룬다. 미륵 그분의 복보는 매우 커서, **[그분이] 올 때는 사람들의 키가 모두 80,000자가 넘고, 80,000세 남짓 산다. 물건은 모두 자연적으로 생장하여, 노동이 조금도 필요 없으니 복보가 매우 크다. 미륵은 「대자(大慈)」이기 때문이다.** 「자(慈)」는 복을 받아들이고, 「자(慈)」는 사람들을 환희하게 한다. 그래서 얻은 과보이고, 복은 최대여서, 대복(大福) 미륵이다. 현재 많은 사람들이 부처와 인연을 맺었으나, 시종 도탈(度脫)하지 못하였는데, 결국에는 모두 미륵보살이 품는 추종자들(乾兒)이고, 모두 미륵보살이 성불할 때 제도를 받는다. 3차회 용화(三次會 龍華)는 3차례의 도량(道場)이다. 그래서 미륵은 석가모니불이 사바세계에서 [한평생] 계속하여 설법한 것과는 같지 않다. **3회의 도량은 구제할 수 있는 것은 모두 구제를 다하여, 그는 임무를 완성한다. 그래서 「삼회용화(三會龍華)」이다.** 그래서 여러분이 말하기를 「우리는 모두 용화회 사람들이다」라고 하는데, 바로 이 일을 말한다. 그것은 [아직] 성

235) 미륵보살

공하지 못하였다. 지금 이때에, 미륵이 와서 제도하기를 기다리고 있다. 이건 정말 알아야 할 일인데, 내가 계산해 본 바로는, 이 시간[즉 미륵이 출현할 때까지의 시간]은 매우 크고, 또 매우 길고, 매우 길어서, 기다리기 힘들다! 앞으로 어떻게 3회를 할 것인가? 당신도 장차 미륵보살의 홍화(弘化)를 도우러 올 것이다.

그래서 석가모니 부처님 당시에, 이 16명의 제자들은 모두 부처의 나타내 보임(示現)으로, 과거에 모두 성불하였었다. 수보리와 같이 그들은 모두 부처이고, 나타내 보임인데, 와서 부처의 홍화(弘化)를 도왔다. 그래서 그는 문제를 제기할 수 있었고, 문제를 물을 수 있었다. 많은 사람들이 그 근기(根器)를 가지고 있었는데도, 그들은 그런 면을 생각하지 않았다. 《금강경》은 수보리가 질문한 문제이다 : 「마땅히 어떻게 머물고(云何應住)? 어떻게 그 마음을 항복받습니까(云何降伏其心)?」 이것은 매우 묘하고 매우 좋은 문제이다. 그래서 '누가 부처님의 은혜를 갚을 수 있는가?'를 말하는 것이다. 두 종류의 사람이 있다 : 하나는 좋은 질문으로, 질문이 좋고 물을 수 있는 것이다 ; 하나는 좋은 답이다. 그러나 좋은 답은 두 번째이고, 좋은 질문이 첫 번째이다. 어떤 사람이 부처님의 은혜를 갚는가? 첫 번째는 좋은 질문이다. 「삼회용화(三會龍華)」는 일체중생을 다 제도한다. 「보리수 아래에서 무상정등정각을 성취하시고,」 이는 석가모니부처님과 같다. 「복덕무변(福德無邊)」은 미륵의 특징이며 복덕은 무량한 복덕이다. 미륵보살은 현재까지도 보살이라 칭할 수 있을 뿐인데, 현재 미륵불이라 칭하는 것은 잘못이다 ; 미래의 부처이니 지금은 보살이라고 칭할 수밖에 없다. 다음은 이 대회(大會)[236], 친히 대회에 직접 임하는데, 이 대회에 참석하는 대보살, 25분을 가리킨다.

【주역】

134. **청년시절의 염공은 일찍이 허운 노법사를 따라 불법을 학습하였다.** 이하에서 염공의 일단의 자술(自述)을 발췌한다. 그와 허운 노법사의 고사(故事)를 강술하였다 : 내가 서른 살에 가까웠을 때, 그때가 바로 항전기간으로, 당시에 허운 노법사를 후방 중경(重慶)으로 청하여 이때 기도를 드렸다. 그때, 또한 매우 힘들었으며, 산길을 달려가 노법사에게 귀의했다. 노법사는 범속(凡俗)을 초월하였다. 내가 매형(內兄)에게 우편으로 사진을 보냈는데, 그는 당시 대학교수라 결코 불교를 믿지 않았다. 그는 이 사진 1장을 보고, 그도 [귀의를] 원한다고 말했고, 그가 사진을 보자 당시 마음이 깨끗해졌다라고 말했다. **노법사는 확실히 이와 같은데, 만약 당신이 그를 본다면 당신은 자신의 이 때 묻은 마음이 마치 더러운 물처럼 느껴질 때, 바로 맑아질 것이다.**

135. 염공의 장인 소(蕭)노선생은 이름이 용우(龍友), 자는 방준(方駿), 호는 식옹(息翁)으로 후에 불식옹(不息翁)으로 바꾸었다. 1870년 생으로, 1960년에 세상을 떠났다. 우리나라의 근대 저명한 중의학(中醫)의 임상가, 교육가, 국학가(國學家)이다. 1892년, 천중(川中)에 콜레라가 유행하여, 성회(省會)[237]인 성도(成都)에서 하루 8,000명이 사망하고, 거리가 처량하여, 관이 다 팔렸다. 많은 의사들이 전염을 두려워하여

236) 무량수여래회상. 황념조 거사께서 다음 정수첩요 제29배의 내용을 말씀하시려는 것임
237) 성회(省會) = 성도(省都)

감히 치료하지 못하였다. 이때 존경서원(尊經書院)에서 학문을 구하던 소공(蕭公)이 앞장서서, 나이가 겨우 22세이던 그는, 현지 의원 진온생(陳蘊生)과 함께 거리를 순회하며 치료하였다. 약초(中草藥)로 치료하여, 많은 환자들을 위험한 증상에서 안정시켜, 사람들이 「만가생불(萬家生佛)」이라 불렀다. 이 일로, 소공의 명성과 영예가 일시에 높아졌다. 일찍이 1934년에 공백화(孔伯華)와 함께 북평(北平)에서 북경국의학원(北京國醫學院)을 설립하여, 중의(中醫)를 홍양하여, 중의(中醫)인재를 양성하였다. 시금묵(施今墨)·공백화(孔伯華)·왕봉춘(汪逢春)과 함께 유명하여, 사람들은 북경의 4대 명의라고 불렀다. 위생부 중의연구원 학술위원, 중앙문사연구관(中央文史研究館) 관원 및 전국 제1·2기 인민대회 대표 등의 직책을 지냈다. 연공(蓮公)의 《불설대승무량수장엄청정평등각경(佛說大乘無量壽莊嚴清淨平等覺經)》의 원발문인 《경발중인대경회집본후(敬跋重印大經會集本後)》는 소공(蕭公)이 지은 것으로, 현재《대경과주(大經科註)》말미에 인쇄되어 있다.

136. 허운 노법사가 일생 동안 겪은 각종 고난(磨難)에 대해 염공이 일찍이 말한 적이 있다 :「현재 허운 노법사는 중생을 대신하여 고통을 받고, 매우 많고 많은 고난을 겪었는데, 현재 (여러분이) 존경한다 ; 또 **무릇 모든 진실은 결국은 빛을 발해야 한다.** 구름이 태양을 영원히 가릴 수 없는 것이 바로 이런 일이다.」

137. 위 문장 중에 염공이 강설하길,「허운 노화상이 돌아와서 첫 번째 임무가 광제사(廣濟寺)에서 법회를 여는 것이었다」인데, 지금《허운노화상자술연보(虛雲老和尚自述年譜)》중의 관련 문자를 발췌하여, 간략하게 해당 역사과정과 의의를 서술

한다. 「(1952년) 임진년 (허운 노화상은) 113세였다. 그해 봄이다. 스승의 병이 조금 나았다. 매일 뭇 사람을 이끌고 안선행도(安禪行道)를 했다. 이후 나머지 국면(殘局)을 수습하였다. 음력 정월부터 삼월까지였다. 북경에서 4차례 광동으로 전보를 보냈으며, 스승의 북행(北行)을 청함과 함께 남쪽에 사람을 파견하여 호송하였다. 스승이 대중에게 알려, 고르게 주로 천천히 갔다(均主緩行). 스승이 말하길, 『시기가 이르러, 오늘 전국 승가[대회]에, 각자 조심하고 스스로 지켜야 하는데(各兢兢自守), 이끌 사람이 없어(乏人提領), 한 무더기의 흩어진 모래와 같아, 오히려 단결하지 못한다. 하나의 역량 있는 기구를 설립하면(成立一有力量機構), 그 일은 하나의 운문에 그치지 않을 것이다(其事變恐不止一雲門也). 나는 불법을 위하는 고로, 마땅히 북행(北行)을 한다.』 사찰의 노령자를 골라 사원을 보호하게 하고, 사람들을 안정시켰으며, 일정이 정해졌다. 곧 스스로 일련(一聯)을 써서 일렀다. 『앉아서 오제사조를 바라보니 상전벽해가 몇 번 바뀌었는지 알지 못한다(坐閱五帝四朝不覺滄桑幾度). 갖은 고초를 다 겪어야 세상이 무상함을 안다(受盡九磨十難了知世事無常).』 7월 28일 호송인원들이 함께 하였다. 스승과 시자 등이었다. 경한차에 올라 북행을 하였다(附京漢車北行). 북경에 이르렀을 때에, 여러 산의 장로(諸山長老)와 거사림 등 각 단체가, 역에 도착하여 영접하였다. 이임조(李任潮), 엽하암(葉遐庵), 진진여(陳真如) 여러 거사가 광화사(廣化寺)에 주석(駐錫)하도록 안내하였다. 후에 많은 사람들이 예참배알(參謁)하였다. 서성(西城)의 광제사(廣濟寺) 큰 절로 옮겨, 스승이 북경에 이른 후, 당도(當道)들과 왕래하였는데, 호남성(湘省) 동향사람이었고, 진남(滇南)의 오래된 친구로, 오래전부터 인연이 있었다. 그래서 호법의 일(護法事)에 대하여, 편리하다고 할 만하였다. 초에,

스승께서 북경에 이르기 전에, 이미 편지와 전보로 왕복하여 협의하였다. 먼저 원영(圓瑛), 조박초(趙樸初) 등이 있다. 광제사(廣濟寺)에서 **중국불교협회 주비처(籌備處)**가 성립되었다. 전국불교대표 100여 인이 출석하였다. 스승을 회장으로 계획하였다. 스승은 병으로 고사하였다. 그리하여 원영을 정회장(正會長)으로 천거하였다. 희요가조(喜饒嘉措), 조박초 등이 부회장을 맡았다. 8월 13일과 10월 1일 스승은 전국불교도를 대표했다. 실론이 중국에 보낸 세 가지 보물에 대한 전례(典禮)를 받았다. 실론대표단 단장, 달마랍탑랍(達馬拉塔納) 법사 등이 중국에 왔다. 부처님사리, 패엽경, 보리수 삼보를 중국불교단체에 증송(贈送)하였다. 10월 1일에 전례를 거행하기로 정했다. 장소는 광제사였다. 그날 먼저 석거찬(釋巨贊), 성천(聖泉), 조박초 거사 등이 예차(禮車)에 자리하고, 향화를 구비하고, 실론대표를 맞이하러 갔다. 절에 사부대중 2,000여 명이 있었다. 전(殿) 앞에 서 있는데, 공손하게 실론대표를 영접하였다. 종과 북이 일제히 울리자, 달마랍탑랍 법사가 법보를 탁상 위에 올려놓았다. 스승이 나와, 대표단을 접수하면서 함께 감사를 표시하는 말을 하였다. 대강의 뜻을 이르면,『귀국과 우리 양국 불교도는 친밀하여, 역사가 유구하다. 원하노니 삼보의 자비지혜 속에서 단결하여 세계의 영구화평을 위해, 우리들의 일체를 공헌(貢獻)한다.』이날 전례는 매우 융중(隆重)하였는데, 호주, 미얀마, 캐나다, 인도네시아, 일본, 터키 각지의 불교대표가 있었다.」

제29배 법회 성중께 예배 찬탄하다

한마음으로 관하여 예배하옵니다. 무량수여래회상의 사리불 등 여러 대존자와 현호 등 16정사께서는 다 함께 보현대사님의 덕을 본받아 수행하십니다. 무량한 행원을 구족하시고, 일체 공덕법 가운데 안은히 머물러 계시는 여러 대보살님이시여!

나무아미타불

(1번 절하면서 3번 부른다)

다시 다음은, 「무량수여회상(無量壽如來會上)」이다. 이러한 사리불 등등의 대존자이고, 다시 현호(賢護)라는 이 재가(在家)보살이 있는데 「16정사(十六正士)」이다. 이 모두가 「보현대사의 덕을 본받아 수행하는 것」이다. 그래서 모두 「덕은 보현을 본받음(德遵普賢)」이다. 「무량한 행원(行願)을 구족하시고」인데, 「덕은 보현을 본받기」 때문으로, 보현은 「무량한 행원」, 무량한 행(行), 무량한 원(願)이다. 「일체공덕법 중에 안은히 머물러 계시는」 「여러 대보살(諸大菩薩)」로, 이를 모두 보살이라 칭한다. 그래서 **사리불은 본래 불보살의 나타내 보임(示現)으로, 이는 제대보살(諸大菩薩)이라고 칭할 수 있는데,** 이것이 [이렇게 칭할 수 있는] 하나의 이유이다 ; 다시 하나의 이유는 이 아라한들은 모두 「작은 것을 돌이켜 큰 것으로 향한다(迴小向大).」 그래서 대아라한이라 칭하는 것으로, 작은 것을 돌이켜 큰 것으로 향하는 아라한이다. 그것은 이미 소승의 마음이 아니고, **소승의 마음을 대승으로 전향시켜, 모두 보살이라 칭한다.** 이제 아래의 1조는 제30조로, (염공은 눈앞의 거사를 바라보며, 웃으며 말했다 :) 여전히 많은 문제가 당신에게 남아 있는데, 그 문제는 아직 끝나지 않았다.

제30배 연종 조사와 모든 대사님께 예배 찬탄하다

한마음으로 관하여 예배하옵니다. 위로부터 내려오신 연종의 여러 조사들께서는 선종을 널리 펴시고 교리를 연설하셨지만, [마침내] 정토[법문]으로 돌아온 여러 대선지식들이시옵니다. 스스로 [정토법문]에 귀의하시어 수계·전법·관정을 행하신 여러 대사들이시여!

나무아미타불

(1번 절하면서 3번 부른다)

「위로부터 이어 오신 연종(蓮宗)의 여러 조사들,」 연종의 조사들이다. 여기에 문제가 하나 있으니, 모두 함께 (토론)할 수 있겠다. 현재 우리 연종의 조사에, 우리는 담란(曇鸞)과 도작(道綽)을 삭제하였다. 옛 기재에 따르면 많은 것들이 바로 이런데, 우리 조사는 **혜원(慧遠)**이고, 혜원 그 다음에 **담란(曇鸞), 도작(道綽), 선도(善導)**였다. 《사귀집(思歸集)》 같은 몇몇 저서에서 담란과 도작을 삭제하였다. 이 한 가지 원인은 바로 그들의 저서가 해외로 전해져 우리 중국에서 없어졌기 때문이다. 그래서 정토종에는 열 가지의 책이 있었는데, 국내에서는 바로 일실(佚失)되어, 잃어버린 본(本)이 되었다. 한 사람 인(人) 변에 하나의 실(失)자인데, 국내에는 아무것도 없었다. 현재 다시 모두 돌아왔으니, 우리는 지금 매우 좋은 인연이다. 여러분 모두 알아야 하는데, 그래서 이것은 소위 **법이 장차 흥한다**는 것으로, 이것은 매우 좋고, 우리를 기쁘게 하는 일로, 이 책들이 돌아왔다. **연지**나 **우익** 같은 [분의 저서는] 예전에 본 적이 없다. 하지만 지금 우리가 볼 수 있는 것은 매우 수승한 (일)이다. 《무량수경》은 1,000여 년 동안 선본(善本)을 얻지 못했다. 이때의 선본은 일본 항복 이후에야 출현하였는데, 몇 년이 되지 않는다. 나는 어머니 생신을 축하하기 위해 어머니를 대신하여 경을 찍어드렸는데, 이때 최종 정본(定本)이 정하여졌다. 최후 정본의 네 구 말씀을 추가할 데가 없어서, 이 정오표에 추가하였는데, 인쇄가 잘못되어서 이것을 뒤에 넣은 것이다. 그래서 정본(定本)은 일본이 모두 투항하는 중의 일로서, 나는 중경(重慶)에서 돌아왔는데, 이것은 몇 년이 되지 않았다. 우리가 조우하게 되었는데 이는 또 전에 없었던 일이다.

[밀종의] 홍교(紅), 백교(白教)는 종래 대륙에 온 적이 없는데 홍콩, 대만, 미국은 더 말할 것도 없다. 과거에 온 것은「황교(黃教)」였고, 원왕조(元朝)에 온 사람은「사가파(薩迦派)」였다. 모두 비교적 새롭다. 이런 종류의 고대 홍교는 연화생상사(蓮花生上師)의 가르침이고, 백교의 이 방법은 줄곧 중국에는 없었고, 단지 티베트에만 있었다. 티베트는 과거 교통이 불편하고, 생활이 불편하여 각종 장애가 있었기 때문에, 이 교법을 우리 쪽으로 전하지 않았다. 이것은 낙나조사가 시작한 것이다. 낙나조사와 (제13대) 달라이라마는 견지(見地)가 같지 않았다. 달라이라마는 영국에 붙어있었는데, 영국이 티베트를 침략하였다 ; 그때는 역시 제정 러시아였는데, 제정 러시아가 몽골을 침략하여 몽골은 없었다. 영국이 티베트를 침략하여, 그들은 많은 편의(便宜)를 빼앗았는데, 아직 그것을 빼돌리지는 않았다. 그러나 달라이라마는 여전히 친영이고, 낙나조사는 친중을 주장하니 이것이 대립되었다. 그래서 달라이조사가 그를 잡아 얼굴에 먹을 바르고, 유행(遊行)을 시키고, 지하감옥(土牢)에 가뒀다. 게다가 감시인을 보내 몇 차례 독이 든 약을 먹도록 건넸다. 나중에 죽었다고 보고를

하니, 사람을 보내 시체를 검사하게 하였는데 죽었다고 말하였다. **낙나조사**가 스스로 말하기를 「손으로 동굴을 파서, 아주 멀리 아주 멀리, 옆을 따라서 그 동굴입구에서 나왔다.」 낙나조사가 스스로 이런 말을 하였다. 혹자는 이렇게 말하는데, 아마 낙나조사는 말하려 하지 않았을 것이지만, 신통이었을 것이다. 나는 평론하지 않는데, 어쨌든 모두 가능하며, 결국은 나왔다. 나온 뒤로 옷이 온통 나비처럼 너덜너덜해져서 머리털이 발끝까지 자라나왔으니, 이 날들이 얼마나 괴로운지 봐라. **독약을 먹어서 죽지 않는 건 녹도모(綠度母)를 수행했기 때문**이다! 바로 오늘은 녹도모회(綠度母會)의 공양일인데, **[녹도모는] 관세음보살의 화신으로, 대자대비로 구원과 제도를 한다. 이제야 중국에 왔다.**

이것은 확실히 **밀교가 그 당시 용수의 일파와 연화생조사가 아난에게서 얻은 일파를 회합하여, 홍교, 백교회가 연화정사(蓮花精舍)에 모였다.** 요컨대 이 가르침들이 들어 온 것은 또한 매우 수승한 인연이기도 하다. 이 모든 것이 현재 말하자면, 이전 사람들이 만나지 못했던 것이다. 하지만 그전 사람들만 못한 것은 지금 많은 사람들이 전 사람들의 정진과 같지 못하다는 것이다! 모두가 기꺼이 정진하려 하고, 무엇이든 하려고 하여, 이러한 장점이 발휘되어 나온다면, 중흥할 것이다. 여기서 고봉(高峰)을 세웠는데, 기왕 고봉을 세웠는데, 앞과 뒤보다 모두 높다. (비유하면) 당신은 지금 여기가 평평해, 저기 호(弧)가 나와, 이 호가 고봉이다. 호가 미래보다 높고, 과거보다 높다. 물론 이전에는 또 더 높은 곳이 있었지만, 지금부터는 전체가 평면은 아니다. 바로 티베트의 전설에 의하면, 우리의 **가까운 장래에 불교가 매우 빛을 발하여 중흥의 고봉이 나타나는데, 봉우리는 여전히 매우 높다**

고 한다.

그래서 여전히 잦은 기복이 있다. 우리 모두는 이 시기를 이용하는데, 상승하는 단계로서 이것이 바로 특별한 인연이니, 여러분은 매우 잘 발심하고 있다. **300년 후에 봉우리를 하나 더 세우니, 불교가 또 융성한다.** 어쨌든 가장 어려운 시간이 온 후에 이때 호전되는 것이 하나 있는데, 그 봉우리는 지금과 같지 않다. 그것이 다시 지나가고 더 이상 봉우리가 없으며, 하루가 다르게 계속하여 곧바로 최후에 이른다. 최후의 사람은 10여 세밖에 살지 못하므로, 만나기만 하면 죽이려 하고, 최후의 이 시기에 도달한 후, 100년 동안 《무량수경》에 의지한다. 전체적인 법운(法運)이 바로 이와 같다. 그래서 《무량수경》의 중요성을 여러분이 명백히 알 수 있다. **(《정수첩요》) 이 경도 무량수경과 서로 보조적이다.** 그래서 이 《정수첩요》는 항상 존재할 수 있고, 여러분이 항상 수행한다면, 《무량수경》도 반드시 발달하게 된다. 이것은 현재부터인데, 중흥하든 중흥하지 아니하든 상관하지 말고, 어쨌든 인도에서 온 것이든 티베트에서 온 것이든, 당분간은 제쳐둘 것이다. 요컨대, 법은 말법이니 현재부터 최후까지 법은 모두 소멸하고, 여전히 100년은 이 《무량수경》에 의지하는데, 이것은 긍정적이다. 그래서 우리가 여기서 일을 하고 있는데, 「강철은 칼날에 쓴다(鋼用在刀刃上)」로, 그렇지, 이런 것이다.

방금 정종(淨宗) 여러 조사를 말을 했는데, 우리는 장래에 여전히 담란과 도작을 회복시킬 것이다. **담란은 2조, 도작은 3조, 선도는 4조이다.** 이것은 앞으로 이런 (책을) 다시 찍어낼 때, 우리가 이러한 종류의 주장을 한다. 옛날에 양인산(楊仁

山)의 《불교삼자경(佛教三字經)》 같은 것에는 모두 담란과 도작이 있었는데, 이 책들은 없어졌다. 그래서 그의 책, **담란의 《왕생론주(往生論註)》**, 내가 법원사(法源寺)의 학생일 때 학생들 일부가 그것을 보았는데, 그들은 《논주(論註)》가 《논(論)》보다 더 좋다고 말했다. **(《왕생론(往生論)》)은 천친보살**이 (지은 것이고, 천친보살은 「삼경일론(三經一論)」으로, 정토종 3부의 경(三部經)과 1부의 논(一部論)이다. 담란은 《논주(論註)》를 짓고, **도작은 《유심안락집(游心安樂集)》**인데, 염불법문을 강설하였고, 그 속에 많은 법회(法會)가 있는데 모두 지명염불을 강설하는 것이다. 그들은 그들이 관상(觀想)[한다고] 여겼는데 그들은 확실히 그렇다. **담란은 관(觀)을 수행했다.** 담란은 본래 도교를 공부했고 장생(長生)을 닦았다. 나중에 어떤 사람이 말하기를, 당신들[238]의 장수는 무엇인가? 장생하는 법은 우리 불교에 있다. 《관경(觀經)》을 그[239]에게 주자, 그는 한번 보더니 그 도교의 책을 모두 태워 버렸다. (불태운 책은) 기공(氣功)에 비해, 그것은 현재 저런 기공보다 훨씬 높은데, 필요가 없어서, 그냥 [《관경》의] 관(觀)을 닦는다. 그러나 그는 지명염불을 찬탄하였는데, 그것은 이 《논주(論註)》 속에 있고, 도작도 마찬가지이다. 이 저작들은 장차 (마땅히 인쇄되어야 한다.) 정공법사도 찍어내는 것 같은데, 논주는 (또) 어떤 것인가? 이 두 권의 책은 모두 인쇄해야 한다. 《통찬소(通贊疏)》와 같은 것도, 또 모두 잃어버린 것이지만, 다시 돌아온 것이다. 그래서 우리는 여기서 「연종조사」를 언급하는데, 우리는 역시 담란과 도작을 기념해야 한다. 지금 이 자리에서 말했듯이, 선도는 물론, 모두가 함께 인정하니, 그분은 마땅히 훌륭한 대덕에 해당한다. 「여러 조사」

---

238) 담란을 포함한 도교인들
239) 담란

는 **연지(蓮池), 우익(蕅益),** 계속하여 **철오(徹悟)조사**까지이다.

다시 「선종을 널리 펴시고 교리를 연설하심(弘宗演教)」이다. 선종을 널리 펼치고(弘揚), 교리(教)를 강설하는 것이다. 교리(教)를 강설하는 것은 정토뿐만이 아니라, 유식(唯識)을 강설하는 것, 《법화》를 강설하는 것, 어떤 어떤 것을 강설하는 것, 이것 모두 가르침을 널리 펴는 것(弘教)이다. 「선종을 널리 펴시고 교리를 연설하셨다.」 그러나 그분들은 정토종의 이러한 대선지식으로 귀향하였다. 그리고 본인이 귀의하고, 당신에게 귀의를 전하며, 당신에게 수계(授戒)를 전해주고, 당신에게 법을 전해주며, 밀법(密法)을 전해주고, 당신에게 관정(灌頂)을 주신 여러 노스승들이다. 스승을 존경하여(尊師), 늘 이 노스승들을 생각한다. 그래서 이곳은 정토종의 조사와 과거에 정토를 찬탄하고, 정토에 귀향한 선종(禪宗)과 교하(教下) 여러 방면의 분들에 대한 것이다. 그리고 나 자신에까지, 나에게 전적으로 귀의하도록 하고, 나에게 수계를 주며, 나에게 법을 전해주고, 나에게 관정(灌頂)을 주신 여러 노스승들로, 이 1배는, 32배 [중]의 1배이다.

【주역】

138. 《무량수경》 회집본 끝에 네 구절의 경문을 덧붙여 정본(定本)이 되는데, 이 네 구절은 : 「위교보살(為教菩薩), 작아사려(作阿闍黎), 상습상응(常習相應), 무변제행(無邊諸行)」이다.

139. 낙나활불(諾那活佛)이 내지(內地)[240]에 도착한 후에, 장몽불교(藏蒙佛教)를 시작하여, 과거 티베트족·몽고족 및 만주

240) 중국내륙

청나라 황실 귀족에게만 전하던 **무상밀종의 대법(無上密宗大法)**을 광범위하게 한인(漢人) 평민에게 보편적으로 전하기 시작하여, 민족과 계급에 대한 편견을 철저하게 타파하였다. 낙나활불은 북경(北京)·천진(天津)·중경(重慶)·상해(上海)·항주(杭州)·홍콩(香港)·남창(南昌)·여산(廬山) 등지에서 전법도생(傳法度生)하여, 10여 년 동안 수법제자(受法弟子)가 백천만인에 달하였다. 그는 평소에 또 숙달된 의술로 병을 치료하여 사람을 구하였다. 곧 **춥고 깊은 밤이라도 반드시 치료를 원하는 자의 소원을 들어주었다.** 1933년, 낙나활불은 전승 제자인 오윤강(吳潤江)과 함께 상해로 가서 홍법(弘法)을 하였는데, 법사(法事)가 끝난 후, 낙나활불은 남경으로 돌아가 서강선위사(西康宣慰史)를 맡았다. 장차 서강(西康)으로 돌아갈 때, 이후로 한지(漢地)의 제자들을 지도할 사람이 없음을 느꼈기 때문에, 다시 오윤강 거사에게 화장성자華藏聖者(티베트 이름은 別瑪別乍이다)라는 법호(法號)로 수기(授記)를 주고 금강대아사려(金剛大阿闍黎)로 삼았다. 이분이 낙나활불의 전승법사(傳乘法嗣)이다. 낙나활불은 전통을 깨고, 대법을 조금의 분별도 없이 신도들에게 전파하여, 장몽불교(藏蒙佛教)를 위해 내지(內地)에 법맥(法脈)을 남겼다.

140. 19세기 말에, 영국과 프랑스의 자본주의 국가와 제정 러시아의 침략 세력은 이미 우리나라의 청장고원(青藏高原)과 몽고지역에까지 뻗쳐 들어왔다. 영국제국주의는 티베트와의 통상을 수단으로 침략을 실시하였다. 1884년, 영국은 약 300명의 무장부대로 티베트에 침입하여, 건패(乾壩)지방에서 티베트인의 저지를 받았다. 1886년, 또 대규모 병력을 티베트 아동(亞東) 이남의 국경에 집결시켜 무장도발을 감행하였다. 티베트 갈하(噶廈)지방정부는 티베트군을 파견하여 열납

종(熱納宗) 융토산(隆吐山)에 차단할 방어시설을 세웠다. 1888년 3월 20일, 영국군은 서슴없이 융토산에 주둔하고 있는 티베트군을 향해 공격을 개시하였다. 여러 날 전투 후, 융토산을 잃었다. 전쟁이 끝난 후, 청나라 정부는 영국과의 회담을 위하여 승태(升泰)를 아동(亞東)에 파견하였다. 1890년과 1893년에, 청나라 정부와 영국은 《장인조약(藏印條約)》과 《장인속약(藏印續約)》을 잇따라 체결하였고, 시킴(錫金, Sikkim)이 영국에 귀속되고, 아동(亞東)을 상업지역으로 개방하며, 영국은 아동에서 치외법권 및 수입 화물의 5년간 불납세 등의 특권을 누리는 것을 승인하였다. 이때부터 영국 침략세력은 티베트로 밀고 들어갔다. 1904년 4월에 시작하여 7월에 끝날 때까지 강자보위전(江孜保衛戰)은 대략 100일을 지속하였는데, 티베트 근대 역사상 외국 침략자에게 저항하여 싸운 규모가 가장 크고, 가장 처참하고 비장한 전투였다. 7월 14일, 맥도널드(麥克唐納)는 영국군을 이끌고 장쯔(江孜)를 출발하여, 거침없이 라싸(拉薩)로 진군하였다. 8월 3일 영국군이 라싸를 점령하였다. 9월 7일 티베트 지방정부는 강요에 의해 영국측과 《라싸조약(拉薩條約)》을 체결하였다. 조항에는 티베트에 대한 중국의 주권을 배척하고, 영국의 티베트에 대한 보호관계를 맺으려는 음모가 숨어 있었다. 청나라 정부는 영국의 음흉한 속셈을 알아차렸다. 1905년, 청나라 정부는 당소의(唐紹儀)를 전권대표로 임명하여 1년여의 힘든 담판을 거쳐 1906년 4월 27일 북경에서 영국과 《중영속정장인조약(中英續訂藏印條約)》(즉, 《북경조약》)을 체결하였다. 영국 제국은 두 차례의 티베트 전쟁을 통해, 각종 티베트 특권을 낚아채 영국이 후에 티베트에서 분열 활동에 종사하는 조건을 제공함과 동시에, 중국에 심각한 국경 위기를 조성하고, 이후 중국과 인도의 국경 분규의 화근을 남겼다. 티베트 민중은 결사적으로 영국군의 영용(英勇)한 행위에 대항하여, 침략자의 대단한 기염을 꺾었다. 강적의 침공에 맞서 보여준 티베트인들의 불굴의 투쟁정신은, 중화민족의 역사책에 영원히 아로새겨질 것이다. (《환구시보(環球時報)》 2005년 3월 2일 제23판에서 발췌)

141. 《불교삼자경(佛教三字經)》은 명나라 천계(天啟)연간 취운사(聚雲寺) 취만노인(吹萬老人) 석광진(釋廣真)이 지은 것이다. 근대에 계속하여 인광(印光) 노법사가 뒤를 이어 원문과 주석을 수정하였다. 이후 양인산(楊仁山)이 신·구 두 권으로 다시 개작하여 《불교초학과본(佛教初學課本)》으로 개명하였다. 현재 그 중에서 정토종에 관한 글을 발췌하였다. 독자들은 그 속에서 양인산 공이 담란(曇鸞)과 도작(道綽) 두 조사를 기념한 은근한 마음을 느낄 수 있을 뿐만 아니라, 정토염불법문의 수승절묘함에 대하여 또 「대롱 구멍으로 표범을 엿봄(管中窺豹)」과 같이 하나의 얼룩을 볼 수 있다(可見一斑).[241] 공경하게 이하에서 기록한다 : 「진(晉)의 혜원(慧遠)은 광려(匡廬)에 머물면서 연사(蓮社)를 결성하여 덕이 외롭지 않았다(德不孤)[242]. 위(魏)의 담란(曇鸞)은 묘관(妙觀)을 닦아 왕생의 품위가 높았으며 서상이 나타났다. 당(唐)의 도작(道綽) 및 선도(善導)는 전수(專修)를 제창하였고 묘도(妙道)를 위하였다. 이 법문은 「삼경(三經)」에서 말하길, 《대경(大經)》의 포괄이고 《소경(小經)》의 절요이다. **《관경(觀經)》의 말씀은 사람을 가장 놀라게 하는데, 오역(五逆)죄를 지은 자에게 왕**

241) 견일반지전표(見一斑知全豹)는 얼룩무늬 하나를 보고 표범(豹)임을 알 수 있다는 뜻으로, 사물(事物)의 일부(一部)를 보고 그것의 전체(全體)를 미루어 알 수 있다는 말임(출전: 네이버 한자사전)

242) 덕불고 필요인(德不孤 必有隣)은 덕이 있으면 따르는 사람이 있으므로 외롭지 않다는 뜻(출전: 네이버 한자사전)

생을 허락한다. 삼장교(三藏教)로는 포섭하지 못하는 바인데, 부처님의 원력은 실로 예측하기 어렵다. 한번 칭명으로 뭇 죄가 소멸하고, 임종시에는 부처님께서 오셔서 접인하신다. 하·중·상 근기(根)가 같지 않아도 한 마디 부처님 [명호]면 같이 서방에 왕생한다. 즉시 왕생하여 모두 불퇴전에 이르고, 부처님을 친견하여 수기(授記)를 얻는다. 정토종은 진실로 간단요긴하고(真簡要), 시의적절하며(協時機), 묘 중의 묘이다(妙中妙).

제31배 삼보를 두루 예배하다

한마음으로 관하여 예배하옵니다. 진허공 변법계에 항상 계시는 삼보님과 시방의 호법보살·금강·범천·천인·용·신·성현 등이시여!

나무아미타불

(1번 절하면서 3번 부른다)

아래는「진허공 변법계에 항상 계시는 삼보(三寶)」를 관하여 예배하는 것이다. 이는 삼보에 널리 예배하는 것으로, 불·법·승 삼보이다.「시방의 호법보살」이다. 우리의 이 밀법(密法) 속에는 세 가지 근본이 있다. 그래서 이것은 [처음] (1배에서 강의한 바와 같이) 하나의 근본이다. 우리 **밀법에서「삼근본(三根本)」은 상사(上師)·본존(本尊)·호법(護法)」**인데, 이것은 모두 당신의 근본 방면으로 마땅히 존경하고 마땅히 의지해야 한다. **「상사」는 가지(加持)의 근본**이다. 밀종은 가지력(加持力)에 의지한다. 우리 정토종처럼 죽기 직전에 부처님이 와서 영접하는 것이 가지력이다. 현재 이 시방불, 아미타불이 사람을 보내 당신을 호지(護持)하고, 대세지보살, 관음보살이 당신을 섭수(攝受)하는 것이 모두 가지력이다. 이것은 밀종에서 더욱 강조하는데, 가지력을 강조한다. 이 가지는「상사」를 근본으로 한다. 마치 발전소의 전기와 같다. 상사라는 도선을 통해 당신의 주택까지 전송해서 이것으로 전도(傳導)하는 것이다. 발전소가 있지만 당신의 주택 사이에는 도선에 의존해야 한다. 무엇이 도선인가? 노사(老師)가 도선으로, 그래서 이「상사(上師)」가 가지의 근본이다.

「본존(本尊)」, 우리는 자기 역량에 의지해야 할 뿐만 아니라,

게다가 불보살의 가지를 얻는다. 이렇게 작용하면 그것이 더 빠르지 않겠는가? 당신은 깨달음(覺悟)에 이르러야 하고, 부처와 같은 깨달음(覺悟)을 요한다. 이것이 성취의 근본으로, **본존은 성취의 근본**이다. 당신이 현재 염불하는데, 아미타불이 당신의 「본존(本尊)」으로, 당신이 성취하고자 하는 것은 아미타불이다. 그렇지 않은가, 이 성취의 근본은 아미타불에 의지한다. 그래서 「본존(本尊)」이다. 당신이 법을 수행하는 것을 원하여 녹도모(綠度母)를 수행하고, 관음(觀音)을 수행하고, 금강살타(金剛薩埵)를 수행한다. 그럼 이것이 당신의 「본존(本尊)」이다. 당신의 성취가 (바로 당신이 수행하는 저 불보살을 성취하는 것이다.) 녹도모를 수행한다면 녹도모를 먼저 성취하는 것, 이것이 성취의 근본(이다).

그리고 사업방면에서, 중생을 구제하고, 많은 원을 만족시켜야 하고, 많은 일을 해내야 한다. 내가 경을 인쇄하려는 것도 사업이라 말할 수 있다 ; 당신은 경비, 장소, 누군가의 도움, 아주 많은 일이 있어야만, 일부 책을 인쇄할 수 있을 것이다. 그래서 사업을 하는데 있어, **사업의 근본은 바로 「호법(護法)」**이다. 이 세상에도 있어서, 그가 당신이 바쁜 것을 돕고, 어떤 이는 돈을 보내며, 어떤 이는 당신의 교정을 돕는다. 이것은 사람 호법(人的護法)이다. 그리고 허공에 많은 호법신들이 있는데, 이런 호법들, 그래서 이들이 사업의 근본이다. 이것이 「삼근본(三根本)」이다. 이 (1배)가 사업의 근본이고, 또 이것과 같은 의미이다.

나는 「삼보(三寶)」에, 그러나 특별히 「시방의 호법보살」에 대해 정례한다. **위타보살(韋馱菩薩)**은 여러분 모두 아시다시피, 이분은 호법보살인데, 그렇다. 그래서 현교의 경전에서는, 어면 것에 공양을 올리고, 호법가람(護法伽藍), 위타보(살), 제천(諸天)에 (공양하며), 또 호법에 대하여 공경을 요한다. 그리고 **「금강(金剛)」**은 현존하는 위풍당당한 모습의 부처이다. 또 **「범(梵)」**이 있다. 범(梵)은 색계천(色界天)으로 범천(梵天)이라 칭하는데, 매우 청정하다. **「천(天)」**은 각종 천(天)을 포괄하는데, 범천(梵天), 욕계천(欲界天)이다. 「용(龍)과 신(神),」이 천(天)과 용(龍)이 같이 있어, **「천룡팔부(天龍八部)」**를 대표하는데, 천룡팔부도 「용신팔부(龍神八部)」라고 부른다 ; 그래서 **「천(天), 용(龍), 신(神)」**이라는 세 글자를 함께 놓았는데, 이 세 글자는 세 가지 방면을 대표하여 암암리에 8가지 방면을 거둔다. 이 팔부(八部)를 나는 많이 염하지 않는다. 그 속에 **「금시조(金翅鳥)」**도 있는데, 부처님 앞(佛前)에 금시조가 있는데, 바다 속에서 용을 먹는 것이, 마치 저 닭이 작은 벌레를 먹는 것과 마찬가지이다. 그래서 용은 어쩔 수 없이 부처님께 보호를 구한다. 부처님은 그들에게 가사를 나누어 주어서, 용머리에 한 가닥을 매는데 용머리에는 부처의 가사가 감겨 있으니, 금시조는 먹지 않는다. 바닷물은, [금시조가] 저 두 개의 부채 (같은) 날개를 한번 퍼덕이면, 바닷물이 한쪽으로 흩어져 나가는데, 용을 먹는 것이 닭이 벌레를 먹는 것과 같다. 이것이 금시조이다. 아수라 등등으로, 그래서 이것이 「팔부(八部)」이다.

이 일체 「성현(聖賢)」 등이다. 이 속에 「금강(金剛)」은 「성(聖)」이고, 매우 많은 「호법」은 「현(賢)」이다. 그러나 매우 많은 호법이 여전히 육도를 벗어나지 못했고, 이러한데, 그도 거기에서 보호하고 있다. 그는 여전히 귀신에 속하는데, 귀신은 기왕 하늘(에 있으니), 육도를 벗어나지 않았다. 용은 하늘보다 조금 낮다. 이들은 모두 「호법」의 일부이다. 아무튼, 그들이 기왕 모두 정법(正法)을 호지하고 있는 이상, 우리는 그들을 공경한다. 게다가 그들은 불교사업의 근본이기도 하다.

제32배 두루 대신 참회 회향하다

한마음으로 세세생생 살아오면서 만났거나 혹은 현생에 계신 부모님, 스승님과 어른, 가족과 친척, 원수거나 친한 중생들을 대신하여 삼보에 정례하고 애절하게 참회를 구하옵니다. 널리 법계중생을 대신하여 서방 극락세계에 회향하옵니다. 다 같이 극락정토에 왕생하고, 다 같이 일체종지를 원만히 이루게 하여 주시옵소서.

나무아미타불

(1번 절하면서 3번 부른다)

최후의 1조이다. 「한 마음으로 대신하여(一心代為)」는, 대체(替代)이다. 그러므로 우리의 이 모든 수지(修持)는 모두 중생을 위한 착상이다. 어떤 것을 대신하는가? 나의 「세세생생」 및 「현재 이 일생 중의 부친과 모친」을 대신한다. 우리가 법을 수행하는 것은 나 자신의 수행을 위한 것이 아니고, 나의 아버지의 수행을 대신하고, 나의 어머니의 수행을 대신하는 것이다 ; 여전히 이 일생 중의 부친과 모친뿐만 아니라, 지금까지 **많은 생 동안의 많은 부친과 모친을 내가 모두 대신해야 한다.** 그래서 우리 이 마음은 매우 광대하다! 당신의 이 효가 진정한 「대효(大孝)」인데, 결코 이번 생의 부모에게만 효도해야 하는 것은 아니지 않는가! 그래서 우리 개인을 위대하게 하는 것으로, 이것이 학불(學佛)의 수승한 의의이다! 나는 늘 말하는데 : 「**확 달라진 사람(大變活人)**이야!」 그래서 **부처님을 배우는 과정은 개조하는 과정**이다. 당신은 한 나절이나 불교를 배웠는데, 비단 학불(學佛)이 이와 같을 뿐만 아니라, 계속해서 유가(儒家)에서도 모두 이렇게 말한다.

당신이 사서(四書)를 읽었는데도, 여전히 구태의연하다면, 당신은 사서를 읽을 줄 모르는 것이다. 당신은 반드시 공자의 말씀에 따라, 당신 자신을 변화시켜야 한다. 그래서 우리는 늘 이렇게 하고, 이렇게 회향하는데, 보라, 알지 못하고 느끼지 못하는 사이에 변한다. 지금 당신은 이것 [즉 정수첩요]을 읽는 것을 안다. 당신은 본래 이것을 생각하지 못했지만 현재 당신이 읽으며, 당신이 생각지도 못한 것을 실행한다. 그렇지 않은가, 위대하다! 게다가 실행하고 실행하면, 당신은 「무르익게(純熟)」되는데, 당신의 저 훈습(勳熟)의 역량, 이것이 습관으로 이루어지면, 일체를 대하는 것이 바로 이 광대한 마음이다. 비단 「부모」뿐 아니라, 게다가 「육친권속(六親眷屬),」 친척도 모두 있다. 게다가 「원수와 친한 이 등의 중생」으로 원수와 친한 이는 평등하다. 원수와 친한 이는 평등하다. 단지 평등할 뿐만 아니라, 또 먼저 「원수」를 거론하여, 「원수」는 다시 「친한 이」의 위에 있다. 이것이 바로 불교의 위대함이다! 누군가 나에게 한 가지 질문을 하면서, 그가 말하길 : 「모든 중생을 대신해서 제가 회향하고 싶습니다만, 단지 이런 몇 사람이 있는데, 만약 내가 나의 공덕을 만약 그들에게로 돌려서 그들에게 (받도록 한다)면, 나는 결코 달갑게 여기지 않을 것입니다! (염공이 여기까지 와서 실컷 웃으면서) 이 사람은 정말 못됐다! 왜, 왜 [내가 그 사람에게] 미안해야 하는데, 내가 누구를 위해서도 회향할 수 있지만, 다시 그 사람들을 포함시켜야만 해? 그 사람들을 대신해야만 해?」 그래서 이 마음은 여전히 분별이 있다. 그래서 우리들은 계속해서 이것도 (분별하지 말아야 하는데,) 바로 당신이 가장 거슬리고, 가장 기억에 남으며, **당신이 가장 용서할 수 없는 것에 대하여, 당신도 용서할 수 있도록 당신을 발전시켜야 한다.** 그러니까 이 마음이야, 아!

「삼보에 정례한다(頂禮三寶).」 **나의 이 고두(磕頭)는 그들을 대신해서 정례하는 것이다.** 그러므로 이 수지(修持)는 완전히 개인을 위한 것이 아니다. 이러한 실천들을 통해서, 당신을 전환하고 변화시킬 수 있다. 이 밀법(密法)에는 이런 것들이 아주 많으니, 당신의 실천을 통해서 당신의 인식을 전환하고 변화시킨다. 이 밀법은 앞에다 물건을 하나 공양하는 것인데, 바로 많은 더러운 물건들을 여기에 진열해 놓고 부처님께 올리는 것이다. 그렇지 않으면 (더러운 것은 부처님께 드릴 수 없을 것 같다.) 그렇지 않으면 이 《반야심경》에 있는 그 「불구부정(不垢不淨)」을 당신은 그렇게 읽을 뿐으로 당신은 여전히 「유구유정(有垢有淨)」이다. 이는 당신이 한 번에 지나칠 수 없는데, 내가 어떻게 이런 더러운 물건을 가지고 와서 부처님께 공양한단 말인가? [그럼] 당신은 「유구유정」이다. 오랜 시간이 지나면, 이것 모두를 「청정(清淨)」하다고 (느낄 것이다). 모두가 「청정」이니, 당신의 분별심도 적어지는데, 이것은 「불구부정」이다. 요컨대, 「자비희사(慈悲喜捨)」가 필요하다. **「사(捨)」은 무엇인가? 이 일체 분별을 「버리는 것」으로, 허망한 분별이다.**

「삼보에 정례하고 애절하게 참회를 구한다.」 내가 그들을 대신하여 구한다. 나는 매우 애절하게, 그들의 참회를 대신한다. 보아라, 고두를 할 뿐만 아니라, 또 그것은 단지 이 범위가 아닌데, 다음에 또 「널리 법계중생을 대신하는 것으로,」 전 **법계의 일체중생을 널리 두루 대신한다.** 그래서 우리가 말하길, 「우리 한 사람의 수행은 당신 한 사람이 이익을 얻는 것이 아니다.」 내가 항상 말하길 : 하나의 지구, 이는 아직 작게 말하는 것이다 ; 법계 전체가 이익을 얻는 것으로 바로 이와 같다. 그래서 이렇게 우리는 곧 우리의 이 생명의 의미, 우리 생명의 고귀함을 알게 되었다. 이런 사람이 세상에 많으면, 전법계의 중생들이 모두 이득을 본다.」 널리 법계중생을 대신하여 「서방극락세계에 회향」하는데, 「함께 정토에 왕생하고 함께 원만하게 일체종지를 이룬다.」 **모두 함께 극락세계에 왕생하고, 함께 「일체종지(一切種智)」를 원만하게 이룬다.** 「일체종지를 원만히 이루는 것」은 일체불의 지혜를 원만하게 이루는 것으로, 또 바로 성불이다. 「나무아미타불」, 이는 완전히 원만하다.

맺음말

그럼, 우리들은 매우 순조로운데, (염공은 책상 위의 시계종을 보면서 말씀하시길 :) 현재 여전히 …… 11시가 되지 못하여서, 현재 여전히 좀 [강설할] 시간이 [남아] 있다.

수승, 이것은 매우 확실하다. 매우 많은 사람들이 현재 수행하고 있으며, 모두 이익을 얻을 수 있다. 그러니까 내가 바쁘면, 나는 이 32(단)을 8로 나눌 수 있는데, 4 x 8 = 32, 하루에 4개의 단락을 암송한다. [그럼 8일이면 다 마친다.] 하루에 4개의 단락을 암송하는 것은 (단지) 두 쪽[243]일 뿐이다. 외우지 않아도 (되는데), 당신은 그것을 가지고 확인하면서 읽을 수 있는데, 한편으로 읽으면서 한편으로는 절한다. 당신이 아무리 바빠도 이 시간은 낼 수가 있다. 이 절을 한 후에 염주를 가지고 몇 바퀴 돌리면 이것은 공과(功課)를 이룬 것이 아닌가? 읽기를 완료한 후에, 자기는 다시 묵묵히 자신의 마음속의 발원을 기도할 수 있다. 우리들은 염불하는 시간에, 바로 《정수첩요》를 읽는 시간에, 세간의 이런 일을 생각하는 것이 불요하므로, 이런 세간사를 내려놓도록 한다. 이러한 시간에 한마음이 부처님을 향하는데, 서방으로 향한다. 최후에는 **중생들을 대신하여 참회를 구하는 이러한 마음으로 세상의 일은 한쪽에 제쳐둔다.** 단 세상의 일은 당신이 읽기를 완료한 후를 기다려서, 당신이 발원을 구하는 때에 당신은 모두 구할 수 있다. 당신이 재물을 구하면 가능하고, 자식을 구하면 가능하고, 처를 구하면 가능하고, 당신이 연인을 구하면 가능하여, 일체 모두를 구할 수 있다. 이것을 말하자면, 당신은 바로 법을 수행하고 있는 때에, 당신은 모

243) 원문의 분량으로 두 쪽이다라는 말씀임

든 것을 한 덩어리로 모아 놓지 말고, 전부 내려놓아야 한다. 단 당신은 구하는 것이 허락되는데 애절한 기도를 해야 한다. 그리고 **많은 호법신 등이 기다리는데, 그는 당신이 간절히 간청하는 것을 보고, 당신을 호지(護持)하기 위해 왔고, 그는 당신의 희망(願望)을 성취하게 할 것이다.** 호법의 수준이 (부처님과 같지는 않고), 어떤 이는 아직 육도윤회를 벗어나지 못했는데, 그렇지 않은가? 그래서 필수적으로 마음속으로 매일 매일 생각하고, 매일 매일 구하고, 기도하면, 그는 곧 안다.

이것을 말하자면, 당신들은 당신들 모두가 (읽기를 마치고 절을 완료한 후에) 기도할 수 있는데, 「삼보의 가피, 호법의 호념으로」 구하러 오신다. 노(盧)거사처럼 그는 먼저 그의 아이가 건강하게 자라는 것을 요구했다. 허락된다! 당신의 이것은 사바세계에 미련을 남기는 것이 아니다. 당신의 이것은 여전히 중생의 몫(份上)이다. 이 일체 모두는 이러한데, 결코 당신이 여전히 이것을 구하고 있다는 말이 아니라, 당신의 수법공덕(修法功德)이 적고 없다는 것이다. 아. 게다가 확실히 이 「가피력(加被力)」은 불가사의하다. 자기의 노력(用功)으로 그래서 한편 능히 느낄(感) 수 있다 ; 그래서 느낌은 능히 응함(應)에 이르는데, (매우) 정성스럽고 간절하기 (때문이다.) 당신의 마음은 매우 분산되어 있고, 마음이 매우 분산되어 빛이 초점이 없는 것과 같아서, 확대경 하나를 사용하는데 혹자는 화경(火鏡)이라 칭한다. 당신은 이것을 햇빛 아래서 비추도록 하면, 능히 성냥에 붙일 수 있고(就能把洋火點著), 석탄을 사용하여 붙이지 않아도 되는데, 그것은 집중하기 (때문이다). 그래서 우리들의 마음을 분산하여, 또 이것을 생각하고 저것을 생각할 필요가 없다. 능히 그것을 한곳에 집중하게 할 수 있으면, 《사십이장경(四十二章經)》의 **「마음을 한곳에 제어하면(制心一處) 이루지 못할 일이 없다(無事不辦)」**로, 성공하지 못함이 없다. 그래서 우리들은 매일 매일 일정한 시간을 가지고 우리들의 심념(心念)에 집중하여 열심히 노력한다. 우리들 세상의 이러한 일도 잘 되길 희망하면서, 그렇게 이곳에 기도하러 왔는데, 그래서 그것은 이런 것이다. 심선등(沈善登)의 말인데, 그가 말하기를 **정토종의 좋은 점은, 「세간법을 폐지하지 아니하고 불법에 오르고, 불법을 여의지 않고 세간법을 행하는 것」이다.** 그래서 우리 모두는 재가인(在家人)이고, 우리 세간은 모두 책임을 가지는데, 아, 갖가지이다. 우리가 이 법을 행함에 있어 우리는 불법을 떠나지 않고 세간법을 행한다. 나는 매일 정해진 일과(定課)가 있는데, 나는 [불법을] 떠나지 않고서 나는 여전히 나의 교사가 되어 나의 이것을 하며, 나의 기업을 경영한다. 동시에 나는 약간의 시간을 쓰지 않는가? 나는 이 시간도 기도로 보낼 것이다. 게다가 **당신은 일정한 시간을 빼내어 기도하는데,** 나의 경험에 비추어 보면 아마 이와 같을 것이다. **당신이 세간(일)을 하는데 전부 시간을 보내는 것보다도, 아마 훨씬 효과적일 것이다. 이 (결과는) 불가사의하다!**

하지만 이제 막 단번에 수행을 시작하려는데, 때때로 믿음이 못 미치기는 하지만, 다만 당신이 간절하게 믿으면, 그것은 확실히 이와 같다. 최근 한 사람이, 며칠 전에, 여러분 모두 잘 아는 손(孫)거사가 허리가 아파서 참을 수 없을 정도였다. 어쩔 수 없이 필사적으로 《육자대명주》를 염하였다. 필사적으로 염했다. 이 사람은, 바로 역가지(逆加持)인데, 핍박하는 것이 여기에 있다. 나는 늘상 말하는데, 병 중에 염해야 하는데, 가끔 특별히 잘 염하기도 한다. 나는 때때로 나 자신

을 욕하는데 :「천한 놈아!」 나는 말하는데, **「내가 아팠을 때처럼 그렇게 염하였다면, 나는 일찍이 성공했을 것이다!」** 병에 걸리지 않고 강요하지 않는 한 게을러진다. **그 (손거사)는 계속 염하고 염하여 내가 없게 되었는데, 나를 찾아도 내가 없었다.** 나를 찾아도 찾을 수 없었고, 이어서 또 한바탕 염하였다. 물론 여전히 세상 사람은 여전히 세상일을 해야 하는데, [염하다가도 세상일을 처리하기 위하여] 염하지 않고 일찍 돌아가야 한다. [손거사가 염하다가] 마지막에 이걸 다시 보니, 내 허리가 어떤가? 허리가 아프지 않았다! 그래서 이런 일이 있었다.

나 자신은 한번 이러한 경험이 있다. 밀종의 방법을 사용한 **초도(超度)**로, **중생을 대신하여 왕생을 구하는 것[즉 의식]**이다. 이러한 초도(超度)는 기(氣)를 사용해야 하고, 관상(觀想)을 해야 한다 ; 이 마음속의 종자가 튀어 나온다 ; 소리(喊)를 지르려면 여전히 힘을 써야 하는데, 흑(嘿)! 그들에 대해 모두 (이미) 위패를 썼고, 오늘 밤에 천도(超薦)를 베푸는데 밤이 되었다. 밤이 되어, 밤중인데, 8시가 넘어 피를 토한다. 가래가 한번 나와도 빨갛고, 한번 더 뱉어도 빨갛다. 이 생각 :「이것은 유감인데, 아이고, 나는 누워야겠다.」 다리도 모두 후들거리는 것 같다. 나는 다시 생각하는데 : 내가 누워서 이 법을 베푸는 것을 겁내면, 나는 천도(超薦)되는 이 망령들에게 믿음을 잃는다. 나는 이미 위패(牌位)를 썼는데, 당신이 이것을 베풀지 않으면 믿음을 잃는 것이다. 하하(嗨)! 죽어도 베푼다!」 다시 자리로 돌아왔다. 또 그것[244]이 좋지 않다는 것을 아는데, 내가 이것을 베푸는 것은 베푸는 것이 아닌데, 여전히 [목] 거기가 찢어져 있고, 나는 여전히 그것

---

244) 눕지 않고 다시 천도를 베푸는 것

을 조장한다. 상관없다! 그냥 베푼다. 그런데 점점, 응(嗯)? 가래 한 모금과 가래 한 모금 사이의 거리가 길어지고 색깔도 점차 옅어지는 것 같다. 법을 베푼 후에도, 여전히 가래 두 마디는 피가 섞여 있었다. 이튿날 새벽에 일어나니, 가래 한 모금에 피가 섞여 있었고, 다시는 [가래에 피가] 없었는데, 더 이상 아무 치료도 없었다. 또 다른 나이 든 동학(老同學), 그는 피를 토하며 의원에 입원하여 여러 날 묵었다가 나왔고, 다시 토하고 또 (의원에) 입원하여, 두 번 입원하였다. 나도 그때 누웠다면, 또 병원에 입원하였을 것이다 ; 병원에 입원을 하지 않아도 오래 누워 있어야 했을 것이다. **당신이 진정으로 이 모든 것을 도외시하는 것이, 탁 트이는 것이다. 본래 병은 없다!**

어느 대조사께서 병이 났는데, 그는 말하길 나는 어째서 병이 있는가? 나는 신체가 있다. **내가 신체가 없으면 (병도 없다).** 허리가 아픈데 당신의 허리 때문이지 않은가? 당신이 만약 허리가 없다면 누가 아프겠는가? 머리가 아픈데 머리가 있지 않은가? 배가 아픈데 배가 있지 않은가? 당신은 신체가 있다. 당신은 감각이 있는데 당신은 신경을 가지고 있지 않은가? 당신은 통증을 아는데 이것은 당신의 신경의 작용이다. 그래서 저 「**통증한계(痛閾兒)**」는 각자가 다르다. 「통증한계」는 어떤 사람은 높고 어떤 이는 낮다. 나의 「통증한계」는 비교적 높다. 의원에 있을 때, 그들은 나에게 가시를 가져다 주었는데 (손바닥을 찌르고 있는 가시를 뽑아서 주었다.) 옆 사람이 보고 말하길, 「당신의 이것은 정말 관공(關公)[245]의 뼈를 깎는 치료법입니다.」 그가 나에게 말했다. 나는 내가 「통증한계」가 비교적 높다고 생각하지 않는다. 그는 매우 놀

245) 관우

라서, 그가 말하길 당신이 정말 관공(關公)이다. 한 번은 주사를 놓는데, (어느 간호사 그녀가) 한 바늘 한 바늘 찔러서 내 정맥을 찾지 못하였고, 아직 찾을 수 없었다. 그녀는 한 손을 찌르는 것이 끝나면 다른 한 손을 찔렀다. 나는 아무렇지 않은데, 단지 그녀가 찔러 댄다. 나중에 그녀는 실제 방법이 없어, 또 [다른] 간호사를 청했다. 그 간호사는 바늘을 한 번 찔렀는데, 그녀가 나에게 7, 8 바늘을 찔러도 나는 상관없었다. 「통증한계」는 어떤 사람은 높고 어떤 사람은 낮다. 그래서 이 신경, 신경도 몸이 있기 때문이다. 그래서 병은 왜 있는 것인가? 내가 몸을 가지고 있기 때문이다. **왜 몸을 가지는가? 업(業)이 있어서이다! 당신이 업이 없으면** 어디서 오는 몸인가? **어디서 이 과보를 받을 수 있다는 것인가? 왜 업이 있는가? 당신은 망상을 가지고 있어! 모두 진여(真如)인데 어디서 오는 업인가? 나는 이 망상이 있어서 망상이 바로 업을 만든다**. 「망상은 본래 공(妄想本空)」인데, 기왕에 망(妄)인데, 허망(虛妄)은 곧 공(空)이다. **「망상은 본래 공」**으로, **「무명(無明)」도 본래 공**이다. 그래서 부처님은 마지막에, 《반야심경》 이 부경(部經)은 수승한데, 「무무명(無無明)」이어서, 우선 「무명」조차도 모두 없다. 그래서 현재 일체 모두는 우리가 자기를 교란(攪亂)하는 것인데 현재 그렇다. 「무명」이 있기 때문에 그래서 미혹(迷惑)이 있다. 실제상 「무명」의 근본은 없고, 「무중생유(無中生有), 무사생비(無事生非)」이다! 그래서 「웃기고 불쌍한 것」은 여기에 있다. 진실로 여기에 어떤 어떤 것이 있는 것은 아니다. 그래서 「무중생유(無中生有), 무사생비(無事生非), 자심고뇌(自尋苦惱)」이다! (이 대조사) 그분이 말씀하시길 : 「**저 망상은 본래 공이고, 그 망상이 본래 공한데 어느 곳에 병이 있겠는가?**」 (병은) 좋다! 이것은 남악사(南岳思)[의 말씀]이시다! (남악혜사南岳慧思 선사禪師는 남악사南岳思 대선사라고 칭한다.)

여전히 어떤 사람이, 어느 선종 조사가 길을 가다가, 산불이 갑자기 나더니, 많은 사람들이 후두둑 탁탁거리며 불을 끄고 있다. 그는 마음속에 생각하고, 그가 말하길, 「**이 불은 여전히 자심(自心)에서 생긴 것이 아닌가? 어디에 불이 있는가?**」 그래서 그는 불을 끄지 않아도 불은 그에게 붙지 않는다. 그래서 이러한 조사들, 다시 약산(藥山)이 있는데, (유엄惟儼선사, 별호가 약산이다.) 여러분 모두 아는 바와 같이, 우리는 옛날 절에서 전체 모두가 노동에 참가했다. 땔나무를 자르려면, 여러 사람이 모두 해야 한다. 가서 땔나무를 베면, 당신이 방장이든 누구든 상관없다. 그것을 「보청(普請)」이라 부른다. 「**보청(普請)**」 두 글자는, 매우 겸손하게 보이는데, 실제로 전체가 참가해야 하는 노동의무이며, 모두 가야하고, 매우 힘든 일이다. 게다가 매우 깊은 산인데, 그렇지 않으면 어떻게 큰 호랑이가 나타날 수 있겠는가. 한참 땔나무를 베고 있을 때, 제자가 한 마디를 크게 외쳤다. 「사부님, 호랑입니다.」 큰 호랑이를 보았습니다. 약산(선사)가 뒤를 돌아보며, 그에게 욕설을 퍼부었다 : 「**무슨 큰 호랑이? 네가 호랑이야!**」 그래서 그는 이 침착함이 이 정도에 도달하고, 신심이 이 정도에 도달하여, 그래서 대조사가 되었다. 너! 큰 호랑이? 네가 큰 호랑이다.

구양수는 문학가이다. 한번 산에 올랐다가 호랑이를 우연히 만나니, 너무 무서웠다. 나중에 한 화상(和尙)을 찾아서 화상에게 이야기를 하였다 : 아이고, 호랑이를 만나다니 어찌나 아슬아슬하던지! 이야기하고 또 이야기 했다. 화상이 그에게 말하길 : 「이 큰 호랑이는 산에서 매우 평상적인 일입니다.」

「오! 큰 호랑이가 어찌 평상적인 일일 수 있단 말인가?」 그는 매우 놀라움을 느꼈다. 이 화상이 말하길 : 「**대공아(大空兒), 소공아(小空兒)!**」 한번 외치니, 화상의 상 밑에서 큰 호랑이 두 마리가 기어 나왔다. 저 큰 호랑이의 발톱은 손님만 보면 발톱으로 잡으려 하는데, (화상이 말하길) : 「흡! 손님에게 무례해서는 안 된다!」 이 두 호랑이는 저쪽에서 푸푸하고 뛰어나갔다. 구양수가 말하길 : 아이고! 놀라서 아직도 떨면서, 「노화상, 당신은 무엇을 닦는가요?」 그가 말하길 : 「**노승은 단지 관세음을 염합니다!**」 그래서 이런 것은 「**용을 항복시키고 호랑이를 복종시키는(降龍伏虎)는 (고사**이다). 저 광흠화상(廣欽和尚)에게는 큰 호랑이가 있었는데 매우 순종하지 않았는가? **당신이 단지 「무심(無心)」이라면 모두 평안할 수 있다.** 당신이 마음을 일으킨다면 되지 않는다. 그래서 「어부는 기회를 놓치고(漁人忘機), 갈매기는 배에 가득하다(海鷗滿舲).」

[한 어부가] 고기를 잡다가, 그날 할멈에게 돌아가, 말하길 : 「오늘 재수가 없어 고기 한 마리도 잡지 못했는데, 괜히 나갔다.」 나중에 다시 그가 말하길 : 「오늘은 정말 이상해, 내 배 위에 한가득 바다새, 갈매기가 모두 내 배 위에 내려왔어, 지금까지 없었던 일인데, 정말 이상해!」 할멈이 말하길 : 「이 맹추야, 네가 새 두 마리만 잡아도 되잖아. 네가 잡아 만들어서 먹을 수도 있고, 또 팔 수도 있잖아. 물고기를 잡지 않고 새 두 마리를 잡는 것도 좋잖아.」 이 늙은 어부가 말하길 : 「그래, 나는 그때 생각이 나질 않았어.」 「내일,」 그가 말하길, 「그럼 내가 꼭 잡아올게.」 (둘째 날) 또 배를 띄웠다. 하지만 이날은, 새가 한 마리도 내려오지 않았다. 이런 분위기다. 서로 느끼는 것이다. 그들은 무엇 때문에 감히 내

려오는가? 그것은 분위기의 문제이다.

중국에는 예전에 오조추(伍朝樞)라는 한 공사(公使)가 있었는데, 매우 늙은 외교관이었다. 그는 그때 의회에 참석했고, 방청했다. 그는 먼저 어떤 사람에게 말했는데, 당신은 [의회에서] 누가 누구와 논쟁을 벌이는지 보아라. 그들은 잠시 후 바로 논쟁하였다. 어떤 사람이 말하길 「당신[246]은 어떻게 [미리] 알았는가?」 그가 말하길 : 「**그들 머리 위의 화가 먼저 한데 뒤섞여 있다.**」 그래서 그런 것이다. (염공이 말하길 : 정토법문은 『시방여래께서 함께 찬탄하고, 천 가지 경전과 만 가지 논서가 가리킨다.』 믿음·발원·지명염불 이 묘법(妙法)이 이 여래대광명장(如來大光明藏)에서 나타난 것임을 알 수 있다. 그래서 일체 중생에게 능히 가장 견고하고, 가장 장구(長久)하며, 가장 철저하고, 가장 구경(究竟)이며, 가장 원만하고, 가장 진실한 대안락을 준다. 끝에 축원하길 : 『두루 원하오니 보고 듣는 자, 모두 대안락을 얻고, 믿음·발원·염불을 구족하여, 함께 극락국에 태어날지이다.』」 - - 이상 몇 마디 말씀은 염공의 《불교적대광명여대안락(佛教的大光明與大安樂)》의 강의 원고의 끝부분에서 나온 것으로, 오늘 본편의 맺음말로서, 나와 동료들(同仁)을 함께 격려하기를 원한다.)

【주역】

143. 「양화(洋火)」 : 성냥을 가리키는 말로, 일찍이 성냥을 부르는 방법이다.

246) 오조추

144. 염공시대에는 석탄난로에 점화하여 밥을 짓고, 난방을 하였다 ; 당시 성냥갑은 품질이 좋지 않아서, 항상 몇 번 그은 후에 다시 성냥을 켤 수 없게 되는데, 그래서 사람들은 항상 석탄난로 안의 화염에 직접 성냥을 붙였다.

145. 「통역(痛閾)」은 사람이든 동물이든, 자극의 강도가 점점 증가함에 따라, 통증을 느끼기 시작할 때의 그 값이다. 이것은 순수 주관적 현상이다. 통역은 각기 다른 자극 환경과 다른 사람 혹은 동물 사이에 구별이 있다. 국제통역연구협회(IASP)는 「통역」을 특정 환경에 있는 사람 또는 동물이 느낄 수 있는 통증의 최소 강도로 정의한다.

146. 남악혜사(南岳慧思) 선사는 또 남악사(南岳思) 대선사라 칭한다. 《석씨통감(釋氏通鑒)》에 기재되길 :「**남악사 대선사가 여름에 21일을 좌선하여, 숙명통을 얻었다.** 용맹을 배가하는데, 장애가 일어나 사지가 느려지고 걸을 수 없었다. 곧 스스로 생각하여 이르길, 병은 업을 따라 생기고, 업은 마음으로 말미암아 일어나며, 마음은 무(無)에서 일어나고, 바깥 경계는 어떤 상황인가? **병업(病業)과 마음은 모두 구름 및 그림자와 같다. 이와 같이 관하니 전과 같이 편안해졌다.**」 염공이 언급한 「조사가 스스로 말하길 『**망상이 본래 공한데 어느 곳에 병이 있겠는가(妄想本空何處得病)?**』 (병)은 좋다.」의 내용과 일치한다.

147. 유엄(惟儼)선사는 별호가 약산(藥山)으로, 당나라의 고승이고, 석두희천(石頭希遷) 선사의 법사(法嗣)이다. 강주絳州(지금의 산서山西 후마시侯馬市 동북東北) 사람으로, 속성은 한(韓)이다. 유엄은 선종(禪宗) 남종(南宗) 청원계(青原系) 스님

으로, 조동종(曹洞宗)의 시조 중 한 명이다. 그는 마도조일(馬祖道一) 선계(禪系)와 석두희천 선계(禪系)의 중요한 선사로, 선종 역사상 매우 중요한 지위에 있다. 당 문종이 홍도대사(弘道大師)라는 시호(諡)를 내렸는데, 탑은 화성(化城)이라 말한다.

148. 《심성록(心聲錄)》(황념조노거사선집)에 수록된 《불교적광명여대안락(佛教的大光明與大安樂)》의 문장 중에, 염공이 강설하길 : 「당나라에, 육조 이하의 제4대, 약산선사, 그는 선문의 용상(禪門的龍象)이다. 당시 그곳의 현지 태수는 **이고(李翱)**라 불렸는데, 그분의 명망을 우러러 약산을 예방하러 갔다. 약산은 바로 편안하게 좌선을 하고 있다가, 태수가 오는 것을 보고, 태수를 거들떠보지 않았다. 태수는 재주를 믿고 오만하게, 천부적 자질이 있다고 생각했는데, 선사가 나를 보았으면, 마땅히 예를 갖춰 환영해야 할 터인데, 자기를 거들떠보지 않자, 매우 언짢았다. 말하길 : 『원래 직접 보는 것이 명성을 듣는 것만 못합니다.』 약산이 대답하여 말하길 : 『태수! 당신은 어찌 귀는 귀하게 여기고 눈은 천하게 여깁니까?』 어찌하여 당신의 귀로 듣는 것은 귀하게 여기고 눈으로 보는 것은 천하게 여깁니까? 이태수는 역시 매우 총명하여, 그는 약산이 선사라는 것을 알았다. 그리하여 법을 물었는데 : **『도라는 것은 어떤 것입니까?』 약산이 바로 하늘의 구름을 가리키고, 땅속의 물병을 가리키며, 또 묻기를 : 『당신은 알았습니까(你明白了嗎)?』** 태수가 말하길, 『알지 못합니다(不明白).』 약산이 말하길 : **『구름은 맑은 하늘에 있고, 물은 병에 있습니다.』** 이고는 예배하였다. 그의 회답(答覆)이 이러한 선종의 개시(開示)인데, 당신의 이야기에 매우 많은 도리를 말해주는 것이 아니라, 모두 곧바로 사람의 마음을 가리키는 것

(直指人心)이다. 무엇이 도인가? 『구름은 맑은 하늘에 있고, 물은 병에 있다.』 이태수는 근기(根器)가 매우 뛰어나, 그는 바로 깨달아, 약산의 매우 중요한 제자가 되었다. 우리는 선종의 어구가 단지 기봉민첩(機鋒敏捷)하고, 어구가 교묘(巧妙)할 뿐만 아니라, 절대로 틀리지 않는다는 것을 모른다. 선종 **대덕의 일언일구는 모두 그 사람의 진실한 수용(真實受用)으로, 본지풍광이 여실히 드러난다(本地風光如實透露).** 다시 약산의 공안(公案) 하나를 인용하여, 선사의 답화(答話)가 구두선(口頭禪)이 아님을 실증할 수 있다. 일차로 약산이 대중을 따라 산에 들어가 나무를 베었다. (고덕이 방장이 되었다고 해서, 결코 그분을 우대하는 것은 아니며, 이런 노동은 모두 요청을 받아 함께 가는 것이다.) 산이 매우 깊어, 바로 나무를 벨 때, 제자가 큰 호랑이가 오는 것을 보고, 제자가 큰 고함을 쳤다 : 『사부님! 호랑이, 큰 호랑이가 옵니다.』 사부가 서둘러 몸을 피하길 바란 것이다. 누가 약산이 제자의 말을 배척할 줄 알았겠는가 : **『어떤 호랑이? 네가 호랑이다.』** 어떤 큰 호랑이가 있는가? 바로 너, 네가 현재 큰 호랑이다. 이 생사의 고비, 위기가 순간 속에 있을 때, 진실의 수준을 바로 알아차린다. **약산선사 그는 호랑이가 없다! 그것은 너의 호랑이다.** 그래서 수지인(修持人)은 진실한 수용이 필요하다. **약산선사에게는 호랑이가 없고, 그래서 호랑이도 선사를 상해하는 법이 없다.**」

149. 「어부는 기회를 잃고(漁人忘機), 갈매기는 작은 배에 가득하였다(海鷗滿舲)」는 《분감여화(分甘餘話)》라는 책에서 나온 것이다. 작자는 왕사정王士禎 (원명은 왕사진王士禛이고, 자字는 자진子真이고, 사람들은 왕어양王漁洋으로 칭하며, 시호는 「문간(文簡)」이다. 청나라 초에 걸출한 시인이고, 학자이

며, 문학가이다)이다. 《분감여화》는 견문과 학문을 겸비한 한 부의 필기이다. 《사고전서총목(四庫全書總目)》에서 그것을 평론하여 말하길 : 「대체로 수필의 기록은, 사소한 것이 많다. 대략 나이가 칠십을 넘었는데, 적을 두고 한가하게 날을 보내어, 다시 교묘하게 증명할 공(功)이 없다. 그러므로 《지북우담(池北偶談)》과 《거이록(居易錄)》에서 상세하게 검토한 것과는 같을 수 없다.」 현재 책에서 관련 부분을 발췌하여, 염공이 인용한 「어부는 기회를 잃고(漁人忘機), 갈매기는 작은 배에 가득하였다(海鷗滿舲)」의 출처를 보인다. 선생이 부수(滏水) 노인의 말을 이르기를 : 신묘(神廟) 때, 남고(南皐), 경일(景逸), 소허(少墟) 세 명의 선생은 서울(京師)에서 강학하였는데, 첫째로 재상(首輔) 엽대산(葉臺山)[247]을 보좌하는 것을 주로 하였다. 이 치평(治平)의 계책은 세 명의 선생이 서로 경계하여 조정에 간언을 하지 않으니, 결국은 치세에 아무런 도움이 되지 않았고, 배워도 무용지물이었다.」 부수가 말하길 : 삼공(三公)은 조정(朝政)을 말하지 않고, 오로지 절의(節義)만을 말하며, 자기와 다른 사람은 쓰지 않고, 부절불의(不節不義)의 자는 꺼렸다. 얼마 되지 않아, 대산(台山)이 가기를 원하였는데, 하봉손 군자(夏鳳孫君子)[248]는 그가 남기를 원했다. 대산이 말하길 : 『내외의 풍파가 일제히 일어, 군(君) 등은 불공평한 마음으로 나를 대하는데, 여기에서 무엇을 하는가?』 조제학(趙儕鶴) 선생을 총재(塚宰)[249]로 기억하였기 때문인데, 고양(高陽) 손상국(孫相國)이 일찍이 이르길 : 『조정의 관직은, 천하인이 모두 분수가 있으니, 우리들이 자기와 다른 자들과 그것을 반드시 공유할 필요가 없다.』 이것은 위험한 길인데, 위[250]환관의 화는(魏璫之禍), 여기에서 심하게

247) 엽향고(葉向高), 대산(臺山)은 호(號)임 (1559年－1627年)
248) 손기봉(孫奇逢), 세칭 하봉선생(夏峰先生)임 (1585年－1675年)
249) 이부상서(吏部尙書)

되었다.」《유보(遊譜)》 중에서 볼 수 있다. 나는 세 명의 선생이 서로 경계하여 조정에 간언을 하지 않으니, 바로 소인의 시기를 막는 것이고, 만일 조정에 간언을 하면, 서원(書院)이 무너질 것이니, 환관을 거역할 때가 아니다라고 논평하였다. 손문정공(孫文正公)[251]의 말씀에 이르러서는, 즉 [예전에] 범충선공(范忠宣公)[252]이 원우(元祐)[253], 희녕(熙寧)[254]의 설(說)을 조정하였다. 그러나 **군자와 소인은 세력이 병립할 수 없다. 소인은 늘 밀접(密)하고, 군자는 늘 소원(疏)하다** ; 소인이 뜻을 얻으면, 다함없이 선한 것을 추구하지 않는다. 고금에 소인은 늘 필승의 기세를 누렸으나, 한(漢)·당(唐)·송(宋) 이래로 이미 명백하여, 귀감이 될 만하다. 그러면 벼슬을 소인과 함께 하는 것, 그것이 마침내 [물고기 잡을] 기회를 놓친 [후의] 갈매기(忘機之海鷗)가 될 수 있을까? 《월절서(越絕書)》에 이르길 : 「벽은 쥐를 잊는데, 쥐는 벽을 잊지 않는다.」 진실하다 이 말이여. 《유보(遊譜)》를 읽고 감명을 받아, 마침내 글을 썼다.

150. 오조추(伍朝樞)는 자가 제운(梯雲)으로, 광동(廣東) 신회현(新會縣) 회성진(會城鎮) 사람으로, 천진(天津)에서 출생하였으며, 그는 오정방(伍廷芳)의 아들(오정방은 청말민초淸末民初의 걸출한 외교가, 법학가, 중국근대 최초의 법학박사이고, 나중에 홍콩으로 돌아가 변호사를 하였으며, 홍콩 입법국 최초의 중국인 의원議員이 되었다)이다. 청나라 광서(光緒) 24년(1898년), 오정방이 외교적 사명을 띠고 미국으로 출국하

---

250) 환관 위충현(魏忠贤) (1568年－1627年)
251) 손기봉을 이르는 것으로 보이나, 자세히 고증하지 못함
252) 범순인(范純仁) (1027年－1101年)
253) 송 철종의 첫 번째 연호
254) 송 신종의 첫 번째 연호

자, 그도 아버지를 따라 미국으로 갔고, 계속하여 미국경과사학교(美京科士學校), 미국경서구고등학교(美京西區高等學校), 대서양성고등학교(大西洋城高等學校)를 다녔다. 광서(光緒) 32년(1906년), 귀국 후 경도(京都)에서 거주하였고, 국학(國學)을 전공하였다. 오래지 않아, 영국에 가서 런던대학에 입학하여 법률을 전공하였다. 3년 시험을 수석으로 졸업하고, 법학학사를 획득하였다. 후에 다시 링컨프랑스(林肯法國)연구원으로 옮겨 깊게 공부하였다. 졸업 후 런던대변호사시험에 응모하여 또 1등을 하여 대변호사 자격을 취득하였으며, 한때 영국 수도에서 명성을 떨쳤다.

從聞入流 返聞自性

들음으로써 성품의 흐름에 들어가서 돌이켜 자성을 들어야 하네

법문은 무량하나 요점은 마음을 밝히는데 있네.
공이 높고 들어가기 쉬운 것은 염불만한 것이 없구나.
염불의 진실한 가르침의 체體는 청정하게 소리를 듣는데 있으니.
염불삼매를 이루려고 하면 먼저 이근耳根을 닦아야 하네.
하루 모든 시간 가운데 부처님의 명호가 역력하고
소리는 구멍을 넘지 않아도 귀로 듣는 것이 항상 가득차면
인연따라 자재하고 듣는 성품 안으로 훈습되네.
생각이 전일하고 상념이 적정寂靜하면
쌓인 정情은 원융하고 밝아지니
부처는 본각本覺이며, 염하는 것은 시각始覺이라.
염念으로써 들음을 열고, 들음으로써 염을 닦으면
듣는 것이 바로 염하는 것이며, 염하는 것이 듣는 곳에서 이루어져
염이 있으면 반드시 듣게 되며, 들음이 없으면 염함이 아니네.
염함이 있어도 염이 쉬어지고, 들음이 없어도 들음이 다하네.
들음으로써 (성품의) 흐름에 들어가서
돌이켜 자성을 들어야 하네.
오직 소리 소리에 자기를 일깨우면
바로 생각 생각이 항상 깨달으며,
단지 전도망상을 따르지 않으면
즉 이것은 무명을 뒤엎어 깨뜨리는 것이네.
처음에는 번뇌를 등지고 깨달음으로 향하나
계속 나아가면 시각始覺이 본각本覺과 합해지며
오래되면 시각始覺과 본각本覺도 서로 없어져서
자연히 능(能: 주체)과 소(所: 객체)를 모두 잊게 되네.
– 하련거夏蓮居 대사大師의 「청불헌기聽佛軒記」

황념조 거사 사략(事略)

황념조 거사는 1913년(계축 3월 6일)에 출생하여, 법호는 연화용존(蓮花龍尊), 또 심시(心示), 낙생(樂生)이고, 별호는 노념(老念), 불퇴옹(不退翁)이다.

거사는 일찍이 북경대학교 공학원을 졸업하였다. 무선통신 및 방송사업에서 공무과장, 공장업무주임, 엔지니어 등을 역임하였다. 항일전쟁 승리 후 거사는 북평(北平)으로 돌아와 방송사업을 주관하고 방송국장과 평진구(平津區) 방송사업담당관 등의 직책을 맡았다. 신중국 성립 후 거사는 고등교육에 종사해 산서(山西)대학·북양(北洋)대학·천진(天津)대학·북경우전(郵電)학원 등 학교의 교수를 지냈다. 1974년 거사는 북경우전학원을 퇴직했다.

거사는 불교집안 출신으로 어려서 모친의 훈계와 외삼촌의 강론을 받들어, 불승(佛乘)을 알고, 어릴 때 기쁘게 지명염불하면서 불상의 주위를 돌았다. **21세 때 어느 날 집에서 밤에 《금강경》을 읽는데, 「무주생심(無住生心)」이라는 구절에서, 마치 감로관정처럼 심신이 활연(豁然)하였는데, 더불어 「범부의 마음으로 이 경지에 이르려면 오직 염불과 주문을 해야 한다」는 생각을 발하고, 이로부터 불법에 대한 대숭경심(大崇敬心)이 일어났다.**

28살에 거사는 중경에 살면서 선문(禪門)의 용상이신 허운법사를 의지하고, 다행히 귀의하여, 선요(禪要)를 들을 수 있었다. 또 연화정사(蓮花精舍) 왕가제 상사를 의지하여 밀승(密乘)을 받아 수행하였다. 33세에 거사는 공갈 상사에게 의지하여 원견(圓見)을 갖추게 되었다.

항일전쟁 승리 후 거사는 북평으로 돌아와 외숙부 매광희와 장인 소룡우가 특별히 추천하여 하련거 거사를 알현하고, 문과 벽을 치고, 매우 장려를 받으면서, 서론(緖論)을 들을 준비를 하였다. 거사는 하련거 사부의 20년에 달하는 교수를 받들었는데, 유불(儒佛), 현밀(顯密) 심지어 선정(禪淨) 두 종까지 스승의 은혜를 깊이 입어 그 요지를 엿볼 수 있었다. 근대 불교계에서 **「남매북하(南梅北夏)」**라고 존칭하는데, 남매(매광희)는 외숙부이고, 북하(하련거)는 은사이다.

1955년 천진에 있는 동안 《종경록(宗鏡錄)》을 연구하고 읽었는데, 하루 만에 의단(疑團)을 돌파하여 놀라움을 자아내고, 순식간에 3수의 게를 만들어 왕가제와 하련거 두 사부에게 보냈는데, 모두 인가를 받았다. 1960년 왕가제 상사는 해남(海南)에서 시적(示寂) 전에 미리 유촉을 남기시어 연화정사의 법위(法位)를 수여하였다. 1965년에 하련거 사부도 왕생 전에 보살의(菩薩衣)와 계발(戒鉢)을 부촉하였다.

문화대혁명의 재앙에서 거사도 힘든 고난을 겪었는데, 그 기간 동안 더욱 용맹정진하여 얻은 진실한 이익은 이루 다 기억할 수가 없다. 1974년 정년퇴임 후에 불법에 전념할 수 있었다.

거사는 일찍이 하련거 사부의 《불설대승무량수장엄청정평등각경》(이하 《대승무량수경》 또는 《대경》으로 약칭한다)을 직접 듣고, 또 자세히 필기하였다. **1960년 초 거사는 이미 《대경현의제요(大經玄義提要)》를 저술하여 하련거 사부가 검증하도록 보냈고, 깊은 인가를 받았고, 더불어 거사에게 이 경전을 널리 알리고 자신의 의견을 솔직하게 표현하여 마음대로 발휘할 수 있도록 하였다.** 아끼던 원고가 문화혁명 중에 산실되었다.

1979년, 거사는 문을 닫고 손님을 사양하면서, 하련거 사부가 회집하신 《대승무량수경》에 대한 주해를 시작했다. 다섯 가지 원역(原譯)을 두루 연구하고, 여러 불교종파의 교본을 널리 참작하고, 여러 주해(註)를 깊이 연구하여 **6년 동안 책을 완성하였는데, 전체는 《불설대승무량수장엄청정평등각경해》라고 칭하며, 줄여서 《대승무량수경해》라고 칭한다.**

거사의 저술로는 곡향집(谷響集), 정토자량(淨土資糧), 심성록(心聲錄), 화엄염불삼매론강기(華嚴念佛三昧論講記), 미완성작으로 《대승무량수경백화해(大乘無量壽經白話解)》가 있으며, 많은 시사(詩詞)와 서예가 세상에 남아 있다. 이 중 《불설대승무량수장엄청정평등각경해》, 《무량수경백화해》 초판 때 양수명과 조박초가 각각 직접 위의 두 저서에 제목을 썼다.

거사가 생전에 저술한 것은 미완성작 《대승무량수경백화해》를 제외하고도, 《정수첩요보은담》, 《선정밀삼법일미론(禪淨密三法一味論)》 수필 등이 미처 저술되지 못했다.

거사는 일찍이 중국불교협회 이사, 중국불학원 원무위원, 북경불교협회 상무이사, 북경거사림 고문과 강사 등을 지냈다. 중국불학원, 북경거사림, 북경 광화사(廣化寺) 등에서 「과학촬요」, 「정토종」 등 방면의 강의를 진행하였다. 특히 1988년 9월부터 1990년 8월까지 중국불학원에서 학승들을 위해 《대승무량수경해》를 강의했다.

거사는 일찍이 동남아, 북미의 여러 불교단체에서 영구 명예회장, 고문 등으로 예우되었다. 1980년대에는 미국에 초청되어 신도들에게 불법을 가르쳤다.

거사는 일생동안 정진하여 배움과 수행을 더불어 중시하고 과학기술에 통달하여 불법에 깊이 들어가 ; 현교를 널리 배우고, 경건하게 밀승을 수행하였다 ; 몸소 가르침의 바다에 다니며, 마음속으로 종풍(宗風)을 숭배하고, 만법을 널리 찬양하여, 극락으로 이끌었다.

거사는 1992년 3월 27일(임신년 2월 24일)에 질병을 보여 왕생하였고, 80세였다.

[출전: 黃念祖居士法音宣流網]

편집후기

부처님의 은혜를 깊이 입고, 스승의 은혜와 자광(慈光)을 섭수하여, 염공이 만년에 선연(宣演)한 《정수첩요보은담》 완결판의 문자 편집이 곧 끝나는데, 다시 홍콩불타교육협회의 부탁을 받아 편말(篇末)에 발문(跋)을 짓는다. 안타깝게도 불초(不肖) 제자는 비록 정업학인(淨業學人)을 자칭하나, 때가 무겁고 장애가 깊으며, 구박(具縛)되어 스스로 밝지도 못한데, 이 「최상이고, 수승하고 묘하며, 부처님의 은혜를 갚는 성품에 맞는 극담(極談)」에 발문 짓는 것을 바라겠는가. 그러나 본서의 청교문고(聽校文稿)[255]의 수정자로서, [발문을] 덧붙이는(隨附) 의무를 거절하는 것은 불가하다. 그래서 쓸데없이 몇 마디를 《후기》로 하여 수정편집의 인연과 느낌을 간략하게 서술한다.

요진 삼장법사 구마라십 등이 번역한 《선비법요경(禪祕法要經)》이 있는데, 경 중에서 세존께서 이르시길 : 「천년이 지나, 이 무상관(無常觀)은 비록 다시 염부제 중에서 유행하지만, 억억천만 무리의 많은 제자는 만약 하나나 만약 둘이 무상관을 닦으면 해탈을 얻는다. 「말법시대의 수행자 억억천만에 제도를 받는 자가 드물게 하나 둘이 있다 ; [하나나 둘 정도가] 무상관을 닦아 해탈이 가능하다.」 현세를 줄곧 보면, 투쟁이 견고하고 사음이 치성한데, 전도되고 잘못된 견해로 온 세상이 다 같은 기풍이다. 누가 감히 욕망의 바다에 몸을 두고서 거친 파도를 따라 들어가지 않을 수 있겠는가? 「탐·진·치·만(貪瞋痴慢)」에 능숙한 자가 비일비재하지만, 평등각

---

255) 영상녹화를 들어서 교정한 문장의 원고라는 뜻

중에서 [사바세계로부터] 벗어남(出離)을 구하는 자는 매우 어렵고 희유하다. **몇 사람이나 장차 「범소유상(凡所有相)」을 「몽환포영(夢幻泡影)」으로 여기겠는가? 설령 무상을 관할 수 있어, 「몽환포영(夢幻泡影)」으로 여기는 자라도, 만약 즉생성불(即生成佛)을 할 수 없다면 어찌 「해탈을 얻음(得解脫)」이라 이를 수 있는가.** 「삼현위보살(三賢位菩薩)」은 머묾이 없을 때(無住時)에 마음을 낼 수 없고(不能生心), 마음을 낼 때(生心時)에는 머물 수가 없으며(不能無住), 머묾이 없는 것(無住)과 마음을 내는 것(生心)이 동시일 수가 없다. 「머묾이 없으면서 마음을 내는 것」은 불가능한데, **「진흙보살이 강을 건너는 것」처럼, 자신도 아직 구경(究竟)이 아닌데, 어떻게 「무변중생을 모두 제도하여」 홍원(弘願)을 원만하게 한다는 것인가?**

「해탈이라는 것」은 결국 말하자면, 곧 「제일의제(第一義諦)」로 「즉생성불(即生成佛)」을 직접 가리킨다. 여래께서 세상에 나오신 본래 회포는 어찌 악도의 원귀가 만겁동안 밤에 참혹하게 비명을 지르는 것에 임하고, 도업행자(道業行者)가 다생에 많은 고통을 겪으면서 그것을 찾는 것에 임하는 것이란 말인가? 오호! 슬프다! **여래께서 세상에 나오신 까닭은 오직 장차 제불이 성취한 무상보리의 밀법(密法)을 통째로 내놓기 위한 것이다. 장차 부처자리의 과각(佛地果覺)의 공덕 전체를 일체 중생에게 주어, 진허공의 함령(含靈)이 모두 「즉생성불」할 수 있도록 한다.** 이것은 여래의 진실의 본제(真實之際) 중에서 흘러나온 바 진실한 지혜(真實之慧)이고, 진실한 지혜로 말미암아 일체 함령이 즉생(即生)에 진실한 이익(真實之利)을 얻게 한다. 《무량수경》은 바로 이 3개의 진실을 다 드러낸다. 또 유일하고, 온당(穩當)하며, 구경(究竟)이고, 원만하며,

당생성불(當生成佛)하게 하고, 광대하게 널리 제도(廣大普度)하는, 여래의 가장 성실하고 진실한 말씀이다. **중생이 이 경을 수지하여, 단지 「보리심을 발하고(發菩提心) 일향으로 전념(一向專念)」할 수 있으면, 즉 생각 생각 극락의 의정장엄(依正莊嚴)을 마음에 떠올릴 때에, 즉 일체제불의 지혜각해(智慧覺海)에 들어간다** ; 소리 소리에 아미타불 명호를 칭념할 때, 즉 무상도(無上道)에서 영원히 불퇴전(不退轉)을 얻는다. 청(淸)나라 팽제청(彭際清)의 《무량수경기신론(無量壽經起信論)》에서 말하길 : 이 경은 무량수의 전신(全身)을 갖추었다 ; 다시 일체 제불의 전신을 갖추었다.」 그러면 **무량수의 전신과 일체제불의 전신은 어디에 있는가? 진허공 변법계에 있어서 있지 않을 때가 없다. 즉 상적광이고, 대열반(大涅槃)의 경계이다. 「대열반이라는 것」은 제불이 증득한 이체(理體)이고, 밀종에서 말하는 대원만경계(大圓滿境界)이며, 선종에서는 구경과지(究竟果地)를 철저하게 깨달은 바이다**. 그래서 우리 **정업수행인은 미혹의 업을 끊지 못할지라도, 단지 《무량수경》의 「보리심을 발하고(發菩提心) 일향으로 전념함(一向專念)」에 의지하여, 단지 소리 소리 [염불]하면, 생각 생각에 「불생불멸(不生不滅), 불거불래(不去不來), 상적상조(常寂常照), 진공묘유(真空妙有)」의 대원만구경여래경계(大圓滿究竟如來境界)에 들어간다**. 진실로 불가사의한 일이라 이를 수 있어, 바로 당나라의 현장법사가 소본(小本) 《아미타경》을 번역한 바 중에서 이 법을 「일체 세간이 극히 믿기 어려운 법이다(一切世間極難信之法)」라고 칭한 것과 같다. 지명염불(持名念佛) 하나의 법은 그래서 극히 믿기 어려운데, 그것이 범부의 일체 정견(情見)을 초월하기 때문이다 ; 비록 불가사의하지만, 그런데 또 극히 행하기 쉬우며, 또 세 가지 근기를 두루 가피한다(普被三根). 현장법사의 《당역본(唐譯本)》은 시방제불을 나열하였는데, [시방불께서] 모두 광장설상(廣長舌相)을 내시어, 삼천대천세계를 두루 덮으시면서, 빙 둘러 둘러싸고서, 성실하고 진실한 말씀을 하셨다 ; 너희 유정들은 모두 불가사의한 불국토의 공덕을 칭찬하는 일체제불이 섭수(攝受)하는 이와 같은 법문을 마땅히 믿어야 하느니라. 이로써 알 수 있는데, **지명염불법문의 행하기 쉬움은 모두 시방 항하사 수의 제불이 섭수하기 때문이다. 지명하는 때가 곧 일체제불이 섭수하는 때이다. 삼대아승기겁 동안 전적으로 [자력에] 의지하던(全賴) 박지범부(薄地凡夫)가 장차 일체제불의 무량겁의 공덕을 가져와 자기를 위해 사용한다. 바야흐로 지상보살(地上菩薩)을 초월할 수 있고, 속히 무상정등보리를 증득할 수 있다.**

중생은 혹시 의문이 있을 수 있는데, 설마 시방제불이 오직 정토를 수행하는 자만 가지하고 섭수(加持攝受)하며, 기타 법문을 행하는 자는 가지를 하지 않는다는 말인가? 아니다. 일체 법문은 평등하여, 모두 제불의 호념을 받을 수 있다 ; 그러나 팔만사천법문은 오히려 여래의 「방편권설(方便權說)」로, 중생에게 당생성불(當生成佛)의 이익을 얻도록 하지 못하기 때문에, 즉 진실이라고 이를 수 없다. 비유하자면 온몸을 칭칭 휘감은 밧줄을 풀고 [사람을] 구해내는 것과 같은데, 며칠을 배고프고 목이 말라 참기 힘든 자가 눈앞에 놓여 있는 달콤한 음료와 맛있는 음식을 수용(受用)하고 싶어도, 반드시 [누가] 먼저 그 얽어 묶은 것을 푸는 것을 돕는 것이 필요하다. 손과 발이 모두 동여매어 있어서, 단지 다른 이의 도움에 의지하여야 곧 장차 줄을 완전하게 풀 수 있다. 그런 후에 풀고 나서 완전하게 눈앞에 달콤한 음료와 맛있는 음식을 수용(受用)한다. 팔만사천 문(門)은 문문마다 자기를 의지하여 무시겁 이래의 업력이 얽어 묶은 것을 필사적으로 벗어나야 한다. 그래서 업력이 만약 형상(體相)이 있다면, 허공으로도 오히려 그것을 수용할 수 없다. 그럼 무시겁 동안 얽어 묶인 업력의 밧줄은 반드시 헤아리기가 어려운데, 어찌 겨우 자력에 의지하여 능히 해탈할 수 있다는 말인가. 만약 자력으로 해탈하는 것에 의지할 수 있다면, 시방제불은 본사 석가모니불을 칭찬하는 것이 불필요하다. [석가모니불께서] 곧 능히 감인세계(堪忍世界)에서 「제 유정의 이익과 안락을 바라고, 세간에서 극히 믿기 어려운 법을 설하시는데, 매우 희유하고 불가사의」하다.

「제 유정을 이익되게 하고 안락하게 하는 것」은 곧 일체제불이 세상에 출현하신 대사인연(大事因緣)이다. 「이익이라는 것」은 진실한 이익(真實之利)으로, 즉 당생성불(當生成佛)이다. 「안락이라는 것」은 대열반의 수능엄삼매(首楞嚴三昧), 일체사구경견고의 경계(一切事究竟堅固之境界)에 들어가는 것이다. 이 진실한 이익과 안락은 오직 지명염불, 이 극히 믿기 어려운 법에 의지해서만 바야흐로 곧바로 들어갈 수 있다. **어떠한 선근과 복덕이 능히 이와 같은 인연을 얻을 수 있는가? 오직 일대사인연(一大事因緣), 즉 정토에 왕생을 발원한 자는 시방제불과 동심동덕(同心同德)으로, 일체중생의 안락과 이익을 위한다. 그러므로 제불의 가지를 얻고, 성불에서 물러나지 않는다.** 따라서 석가법왕여래와 마찬가지로 무량한 몸을 나타내, 이 사바세계에 나타내 보이는데, 같은 모양으로 정토지명염불법문(淨土持名念佛法門)을 연설하여, 널리 일체 함령이 이 법으로 인하여 대환희, 대이익의 구경해탈을 얻도록 한다. **이 대원을 발한 자는 반드시 제불의 대력호념(大力護念)을 얻고, 아미타여래의 대원대력(大願大力)과 염불**

하여 성불하는 것(念佛成佛)을 얻는다. 성불 후에는 다시 일체중생에게 염불로 성불하는 것을 가르친다. 교화를 계속하여, 제석천궁의 구슬처럼, 서로 비추고 서로 거두어, 대광명장(大光明藏)에 머물러 움직임이 없는데(不動), 또 중생을 모두 제도한다 ; 중생을 다 제도하니 늘 고요한데(湛寂常然), 즉 또 실제로 제도할 만한 중생이 없다. **현묘한 의리(玄妙之義理)는 모두 아미타불 명호 한 구절 중에 남김없이 거두어지고, 극락과 밀엄 불토 중의 장엄은 이 《정수첩요보은담》 중에 농축되어 있다.**

갑오년 가을 끝 무렵, 오스트레일리아에 머무는 기간에 은사의 부촉을 받아, 염공의 《정수첩요보은담》을 듣고 정리하여 오디오북 같은 법보(法寶)로 정리할 수 있도록 하여, 널리 중생을 이익하게 하였다. 초기에 기타 사무에 책임을 겸하여, 이 「보은극담(報恩極談)」에 일심으로 전념하는 것이 불가능하였다. 동지 후에 역증상연(逆增上緣)이 성숙하여, 누겁(累劫)에 일체 중생과 광범위한 선연을 맺지 못하였기 때문에, 내 원고(文稿)에 대하여 아무도 교정(校對)을 원하는 사람이 없었다. 비회(悲悔)를 느낄 때, 매번 컴퓨터 앞에 초고(草稿)문자를 입력하려 할 때마다, 모두 손을 쓸 수가 없었다. 이것이 비록 업장이 현전한 것임을 스스로 알고, 일심으로 《보은담》을 듣고 교정하는 바로 이때였다. 손은 비록 업장에 속박되었지만, 눈과 귀는 오히려 임무를 할 수 있었다. 마침내 만 가지 인연을 내려놓겠다고 발원하였다. 행주좌와(行住坐臥) 간에 잠시도 《정수첩요보은담》의 음성 훈습(薰習)을 떠나지 않았으며, 부족하고 한계가 있는 힘으로도 한 가지 일에 몰두하여, 비로소 은사의 한편 은근한 마음을 욕되게 하지 않았다.

《정수첩요보은담》이 선연(宣演)된 지 2년 후에, 염공은 곧 미소를 머금고 왕생하였는데, 이로 인하여 《보은담》은 노인의 만년의 역작이라 이를 수 있다. **목숨을 무릅쓰고 대경을 주해할 때 염공은 이미 대철대오, 명심견성한 불문의 대덕(佛門大德)이었다. 그래서 《보은담》은 노인이 이미 말한 것처럼 진실하다** :「본래 은혜에 보답하기 위한 것인데, 은혜를 갚을수록 점점 부처님 은혜를 갚기가 어렵다는 것을 느낀다.」 불법의 깊고 깊은 의리(義理)를 노인은 이야기꽃을 피우면서, 집안의 상투적인 이야기 사이에 시원시원하고 투철하게 선연하였다. 《보은담》이 20여년 된 이래, 세간에 유통되는 비디오문자가 적지 않아, 노인과 친근할 인연이 없던 무수한 인연이 없는 사람들에게 노인의 자광(慈光)이 깊이 비추도록 하였다. 그러나 《보은담》의 문자 판본을 언급하자면, 인자는 인을 보고(仁者見仁), 지혜로운 사람은 지혜를 보게 된다(智者見智). 원본 녹화 및 녹음을 대조하면 차이를 피할 수 없다. 일부는 완벽하게 좋은 문자의 필요를 보완하기 위해 약간 수정한 것이고, 일부는 노인의 말을 정확하게 자세히 듣지 못한 것이다. 여러 인연으로, 결국 원본의 선강(宣講)과 대비하여 완벽하게 일치하는 판본을 이루는 것은 극히 어려운 일이 되었다. 그래서 「그 본래면목으로 환원하는 것은 후세에 계승할 만한 사람이 있다」는 뜻을 세웠다.

처음 《보은담》 녹음을 듣는 것이 50번이 채 못 되었을 때, 언어의 미세한 부분도 모호하여 분명히 알 수 없었다. 등산함에 있어 멀리 바라보는 것은 필수적인 것으로 착실하게, 실제로 한 걸음에 한 층계여야 바야흐로 여러 산을 모두 볼 수가 있다. 염공이 《보은담(報恩談)》 강해(講解) 중에 개시(開

示)하였는데, 「모두 한번의 진실한 노력이 필요하다.」 한차례 추위가 뼈에 사무침이 아니면(若不是一番寒徹骨), 어찌 매화향기가 코를 찌를 수 있는가(爭得梅花撲鼻香)」이다! 후에 비록 60~70번 공경히 청취한 기초가 있었지만, 그러나 단어를 정확하게 듣는 것만으로는 문자로 만들기에 충분하지 않았다. **귀에는 「듣는 성품(聞性)」이 있어 철저하게 들을 수 있지만, 마음이 경계에 물들었기 때문에 명백하게 분별할 수 없었다.** 이로 인하여, 장차 「극히 어려운」 일을 가능하도록 변하게 하려면, 단지 유일한 방법은 반복하여 듣고, 한 편씩 듣는 것이다.」 한 구절을 알아듣지 못하면, 이 한 구절을 반복해서 듣는다 ; 한 단어를 알아듣지 못하면, 이 단어를 반복해서 듣는다. 설령 한 글자까지도 미세하게, 또 다시 이와 같이 한다. 10편이 안 되면 20편을 듣고, 20편으로 안 되면 다시 들으며, 또 안 되면 계속 듣고, 직접 이해가 되어야 그친다. 비록 그렇다하더라도, 여전히 오류가 없다고 분별하기 어려운 많은 곳을 만났다. 이런 곳은 잠시 우선 내려놓고, 매 1배의 문자가 원고로 완료된 초교(初校)시를 기다려, 머리를 돌려 다시 듣고, 귀찮아하지 않으면서 계속 들었다. 이런 모양으로, 난관이 하나하나 돌파되었다. 그러나 여전히 발라먹기 어려운 뼈들이 있었는데, 비록 동영상의 입모양(對口型)을 보더라도, 또 모호하거나 말이 너무 빠른 곳은 도대체 무슨 뜻인지 확실하지가 않았다. 그러나 제자가 시종 굳게 믿고 있는 한 가지가 있는데 ;《보은담》에서 강해한 「32배」는, 매 1배가 모두 독립한 존재가 아니고, 1배의 강해 중에 들어서 이해하지 못하는 부분은 다른 1배의 의취(義趣)를 개시하는 때에 말이 미칠 수 있다. 이것은 우리들이 전문(通篇)을 숙달하는 것이 필요하다는 것이다. 이러한 종류의 느낌(感覺)은 마침내 실제로 증명이 되어, 그리하여 또 약간의 「극히 이해하기 어려운 부분」을 돌파하였다. 그러나 듣고 교정함에 있어 가장 어려움은 그것들[어느 곳에서 언급된 말씀]이 근본적으로 기타 예배문 속에서는 흔적을 찾을 수가 없는 것이다. 이것은 우리들로 하여금 고개를 돌려서 가장 오래된 방법인 「귀를 씻고 공경히 들음(洗耳恭聽)」을 찾게 하였다. **귀는 이 「한 가지 일(一事)」을 제외하고 그 나머지 모두를 듣지 않았다. 《보은담》은 한 마디 「아미타불」 성호(聖號)여서, 자성에서 흘러나온 것이기 때문이다.** 「이해하기 가장 어려운 데는」 추측(猜測)과 사색(揣摩)을 사용하여 변별을 이끌어 내지 않고, 백여 편 [들은] 후에, 홀연히 어느 날 「확 밝아져」 자연히 듣고 이해하였다. **사(事)와 리(理)는 본래 통달무애적(通達無礙的)인 것으로, 장애는 자기의 마음에 청정, 공경이 부족하고, 늘 착실하게 기꺼이 하려는 마음이 부족해서이다.**

삼국(三國)시대의 동우(董遇)가 이르길 : 「백 편의 책을 읽으면, 그 뜻을 저절로 안다.」 또 《주자가훈》은 : 잘 읽었다고 한다면, 즉 해설을 기다리지 않고, 스스로 그 뜻을 알게 된다. 소식(蘇軾)이 말하길 : 「사람의 정력(精力)은 모든 것을 다 취할 수가 없어 ...... 그러므로 배우기를 원하는 자는 매번 그것을 구하려는 하나의 뜻을 짓는다.」 은사께서는 다시 늘상 노파심으로 젊은이는 **「일문에 깊이 들어가(一門深入), 오래 훈습하여 수행하고(長時薰修) ; 1,000편을 독서하여, 그 뜻을 저절로 아는 것」이 필요하다고 권면하였다.** 이러한 선현과 대덕의 이치에 닿는 명언은 어찌하여 같은가? 「일문에 깊이 들어가(一門深入), 오래 훈습하여 수행하는(長時薰修)」 작용은 도대체 어디에 있는가? 스스로 《보은담》 70여 편을 오로지 들었을 때 비로소 약간의 체회(體會)가 있었다. 연공(蓮公)이 정수첩요 제15배에서 말씀하신 바와 같이 **「일향으**

로 전념하면 자연히 마음속의 때와 장애가 사라지고, 도심이 무르익을 뿐만 아니라 또 복과 지혜가 증장하게 된다.」 일향전념(一向專念), 일향전청(一向專聽)은 모두 마음을 한 곳에 돌아가게 한다는 뜻이다. **세간이나 출세간의 법을 성취하고자 하는 자는 먼저 장애를 제거하는 것이 필요하다. 장애를 제거하고자 하면 필히 계정혜 삼학에 의지하여, 오롯이 정일하게(專精專一), 오래오래 그것을 익히면, 자연히 마음이 열린다.** 정업(淨業)의 성취는 우선 부처님의 지혜에서 나오는 정성되고 진실한 말씀을 우러러 믿어야 하고, 그 다음에 일제중생을 구원하고 제도하겠다는 광대한 보리심을 발하고, 최후에는「정일(定一)」에 단정하게 있는 것이다. 이것이 바로 여래가 만겁 동안 수행하여 성취한 철안(鐵案)이다.

세간법은 노화순청(爐火純青)을 기예와 학문이 아주 순수하고 깨끗하며 완전한 아름다움(精粹完美)의 경계에 도달한 것을 형용하는데 사용한다. 불법은 바라밀을 집에 도달한 것을 가리키는데 사용하는데, 원만 등의 여러 뜻이다. **염공은 일생에 모든 간난신고(艱辛)를 겪었는데, 구사일생 중에 대철대오(大徹大悟)하였다. 선종에 통하고 교하에 통하며(通宗通教), 현교와 밀교가 원융하고(顯密圓融), 널리 배움은 원래 깊이 들어가기 위함으로서, 마지막에는 아미타불의 일승본원해(一乘本願海)에 회귀하였다.** 《정수첩요보은담》은 노인의 일생수행의 노화순청인데, 반야바라밀에서 흘러나온 아주 순수하고 깨끗함(精粹)이다. 제불보살께서는 [생활]리듬이 긴장된 현대인의 교화를 위하여, 《정수첩요》라는 이 정교한 과일쟁반을 만들어, 매 1배[의 내용]는 극락세계 불과(佛果) 중에서 쪼개어 낸 일부분같이, 비록 작기는 하나 원만하게 만덕을 갖추었다. 다만 또 이 한 덩어리의 작지만 교묘한 만덕의 불과

(萬德佛果)를 먹는다면, 어찌 성불하지 않을 도리가 있겠는가.

이는 원인은 작으나 결과가 큰 것(因小果大)으로, 하나 속에 여럿이 있는(一中有多) 사사무애(事事無礙)의 현묘한 이치로 곧 《화엄》의 경계이다. 그러므로 《무량수경》은 「중본(中本)」《화엄》이고, 《아미타경》은 「소본(小本)」《화엄》인데, 《정수첩요》는 「포켓용口袋本(袖珍本)」《화엄》으로, 네 가지[256] 본(本)이 본래 실제로 한 본(本)의 경이다. **「포켓용」《화엄》인 《정수첩요》는 비록 수행함에 있어 첩경 중의 첩경이면서, 일체 모두가 아미타불의 본원인 일체 함령을 평등하게 널리 제도하여 당생성불(當生成佛)하게 하는 대원에 부합한다.** 그러므로 아미타불의 과지(果地)를 성취하고자 하면, 반드시 아미타불의 수행의 원인자리(因地)에서의 대원을 준수해야 한다. 아미타불과 같아지기를 원하고 또 일향으로 전념할 수 있는 자는 반드시 이 생에 구경의 가장 높은 불과(究竟最頂佛果)를 원만하게 성취하는데, 본존 아미타불과 같이 한 모양으로 중생을 남김없이 제도하니 원만하지 않음이 없다.

무진년(서기 1988년), 은사상인(恩師上人)은 염공의 부촉에 따라 《대경해(大經解)》의 서문을 지었다. 27년의 시간적 격차로, 갑오년 겨울에 은사께서는 다시 만년필을 꺼내어 《정수첩요보은담》의 서문을 지었다. 그리고 연공이 서방으로 돌아가 일별(一別)한 지가 50년 아득한 세월이고, 염공이 구품연대의 영원히 함께 사는 곳에 가신 지가 23년이다. 《정수첩요보은담》 완성판의 문자 감교(勘校)가 곧 마쳐지는데, 또 정업후학(淨業後學)이 연공과 염공에게 보은하는 헌례(獻禮)가 될

256) 화엄경·무량수경·아미타경·정수첩요

수 있다. **스승의 학예를 제자에게 계속 전수하고(薪火傳燈), 한층 더 분발하여(再接再厲), 지명염불법문이 이 오탁악세에 크게 광명을 놓도록 한다.**

제자는 곧 완고하고 미욱하며 아주 어리석고 못났는데, 이상은 단지 마음이 체회한 것에 대하여 얕게 드러내 알린 것뿐으로, 억지로 편말(篇末)에 붙여 후기로 삼는다. 시방의 오래 수행하신 대덕께서는 가르침을 아끼지 말고, 자비로운 방망이를 드리우길 바라노니, 감격을 이기지 못하는 바이다.

정업제자가 공경하게 정례합니다.
을미년(乙未年) 무인월(戊寅月)에

출판 자금을 내거나
독송 · 수지하는 사람과
여러 사람 여러 장소에
유통시키는 사람들을 위해
두루 회향하는 게송

경을 인쇄한 공덕과 수승한 행과
가없는 수승한 복을 모두 회향하옵나니,
원하옵건대 전생 현생의 업이 다 소멸되고,
업과 미혹이 사라지고 선근이 증장되며,
현생의 권속이 안락하고, 선망 조상들이 극락왕생하며,

시방찰토 미진수 법계, 공존공영하고 화해원만하며,
비바람이 항상 순조롭게 불고 세계가 모두 화평하며,
일체 재난이 없어지고 사람들이 건강 평안하며,
일체 법계 중생들이 함께 정토에 왕생하게 하소서.

아미타부처님께서는 어디에 계십니까?
『무량수경』, 이 한 권의 책이 바로 아미타부처님이십니다.
우리들이 매일 독송하면 마치 아미타부처님을 마주하고,
그의 법문(여래지견)을 듣고 가르침을 받는 것과 같습니다.
우리들은 이렇게 진실하고 참된 태도로 독송해야 합니다.
이럴 때 비로소 감응이 있습니다.
-정공법사의 '당생성불'중에서

정수첩요 보은담

생사해탈 염불왕생성불 법문

1판 1쇄 펴낸 날 2022년 12월 10일(음11/17 아미타불 성탄일)
지음 하련거 **강설** 황념조 **옮김** 박영범
발행인 김재경 **편집** 허서 **디자인** 김성우 **마케팅** 권태형 **제작** 다산문화사
펴낸곳 도서출판 비움과소통
서울 금천구 가산디지털2로 43-14 한화비즈2차 7층 702호
전화 010-6790-0856 팩스 0505-115-2068
이메일 buddhapia5@daum.net

ISBN 979-11-6016-089-5 03220

* 경전을 수지독경하거나 사경하거나 해설하거나 유포하는 법보시는 한 사람의 붓다를 낳는 가장 위대한 공덕이 되는 불사입니다.
* 전법을 위한 법보시용 불서는 저렴하게 보급 또는 제작해 드립니다. **다량 주문시에는 표지·본문 등에 원하시는 문구(文句)를 넣어드립니다.**